HANDBUCH HAUSKAUF

Ulrich Zink

Stiftung Warentest

INHALTSVERZEICHNIS

DER EIGENE FINANZIRUNGSPLAN

SIE WERDEN EIGENTÜMER

SERVICE

TRÄUME, VISIONEN, WIRKLICHKEIT

Phase 1 nennen wir die Orientierungsphase auf dem Weg zur eigenen Immobilie: Für viele Menschen – und auch für Sie – ist das ein lange gehegter Traum, der nun Wirklichkeit werden soll. Und immer mehr Menschen entscheiden sich gegen einen Neubau, sie bevorzugen stattdessen eine bereits vorhandene Immobilie.

Doch tragen gebrauchte Häuser, wie alle gebrauchten Gegenstände, die Spuren der zurückliegenden Nutzung in und an sich. Jedes gebrauchte Haus ist ein Haus mit einer eigenen Geschichte. Aber es trägt auch das Potenzial in sich, ein Haus mit Zukunft zu werden. Wie es um dieses Potenzial bestellt ist, wie Ihre eigenen Wünsche mit der Wirklichkeit in Übereinstimmung gebracht werden und wie Sie Ihre eigenen Vorstellungen überhaupt erst klar formulieren können, ist Gegenstand der Orientierungsphase.

SUCHEN UND ENTSCHEIDEN

Wer ein Haus kauft, tut das in der Regel nicht infolge eines spontanen Entschlusses, sondern nach reiflicher Überlegung. Oft sind es geradezu Lebensentscheidungen, die mit dem Hauskauf verbunden sind:

- die Entscheidung für einen Ort, an dem man dauerhaft leben möchte,
- die Entscheidung für eine bestimmte Lebensweise und
- die Entscheidung für eine große finanzielle Investition, die den einen oder anderen Immobilienbesitzer bis an die Grenzen seiner wirtschaftlichen Leistungsfähigkeit führen kann.

Ein Haus kaufen

Solche Grundsatzentscheidungen stehen in unterschiedlichen Lebensphasen an. Manche treffen eine Immobilienentscheidung schon sehr früh, wenn sie ihre berufliche Laufbahn beginnen oder eine Familie gründen. Andere treffen ihre Entscheidung später auf dem Höhepunkt ihrer beruflichen Laufbahn – oder schon mit Blick auf den bevorstehenden Ruhestand. Manchmal ist die Entscheidung für den Hauskauf auch mit einer beruflich bedingten Ortsveränderung verbunden, und oft ist gerade dann das Haus aus zweiter Hand die erste Wahl.

Ein Haus erben

Nicht jeder führt aus eigenem Antrieb die Entscheidung für oder gegen den Immobilienerwerb herbei. Manchmal wird man auch aufgrund einer Erbschaft vor die Frage gestellt: Soll man die ererbte Immobilie selbst nutzen, gegebenenfalls Miterben auszahlen und die Familiengeschichte des Hauses fortschreiben oder das Grundstück samt Haus umgehend wieder loswerden?

Der Erbfall ist kein Ausnahmefall auf dem Weg zur eigenen Immobilie. Laut einer Studie des Deutschen Instituts für Altersvorsorge stieg die Immobilienquote bei den Erblassern jüngst deutlich an. So besitzt heute fast die Hälfte aller Erblasser auch Immobilien, während vor 15 Jahren noch zwei Drittel keine Immobilien zu vererben hatten. Das vererbte Immobilienvermögen überschritt damals nur in jedem fünften Erbfall die Schwelle von 150 000 Euro, mittlerweile immerhin in jedem vierten. In Deutschland, dem einstmals klassischen Mieterland, hat besonders nach dem Zweiten Weltkrieg die „Wirtschaftswunder-Generation" verstärkt Immobilienbesitz erworben. Entsprechend erhöht hat sich dadurch der Anteil der selbst genutzten Wohnimmobilien. In naher Zukunft wird sich also das Verhältnis der vererbten Vermögensklassen deutlich vom Geld hin zu Immobilien verschieben. Acht von zehn Deutschen werden in naher Zukunft Immobilienerben sein.

Der Erbfall ist aber nur scheinbar ein kostenloser Weg zum eigenen Haus. Denn unter Umständen müssen Miterben ausgezahlt werden, wenn man das Haus für sich in Besitz nehmen will. Möglicherweise müssen juristische Probleme ausgeräumt und Lasten übernommen werden, die man dem Haus äußerlich nicht unbedingt ansieht. Und eventuell muss man in ein geerbtes Haus mehr Geld hineinstecken, als es objektiv wert ist – jedenfalls wenn man von rein wirtschaftlichen Überlegungen ausgeht. Jeder Einzelfall ist anders und muss individuell betrachtet und bewertet werden. Der Erbe eines Hauses steht vor den gleichen

Problemen wie der Käufer. Grundsätzlich wird er die gleichen sachlichen Maßstäbe an die Bewertung der Immobilie anlegen müssen. Und die gleiche Abfolge an Analyse- und Bewertungsmaßnahmen, die er beim Kauf eines Hauses anwendet, um gegen unangenehme Überraschungen möglichst gefeit zu sein, sollte er auch bei einer geerbten Immobilie einhalten, wenn man entscheiden will, ob sie zum eigenen Haus werden soll oder besser nicht.

Gefühl und Verstand

Einen wichtigen Unterschied gibt es natürlich zwischen dem Kauf eines fremden Wohneigentums und dem Erben einer Liegenschaft, die sich womöglich seit Generationen im Familienbesitz befindet – die emotionale Aufladung eines „Familienerbstücks". Mag es ein noch so alter Kasten sein, war es das Elternhaus, hat man – ob man will oder nicht – eine besondere emotionale Bindung zu der Immobilie. Man fühlt vielleicht mehr, als es rationale Gründe geboten erscheinen lassen, eine besondere Verpflichtung, sich des Hauses ehrerbietig anzunehmen und vielleicht sogar finanzielle Belastungen auf sich zu nehmen.

Wie schwierig es sein kann, ererbtes Gut zu erhalten, mussten im 19. Jahrhundert auch viele Adelsfamilien erfahren, als die Gebote der wirtschaftlichen Rechnungsführung auch vor der einst privilegierten Aristokratie nicht haltmachten. So hielt beispielsweise die thüringische Adelsfamilie Erffa lange Zeit am Schloss Unterlind (im heutigen Kreis Sonneberg) fest, obwohl die Betriebskosten bereits Mitte des 19. Jahrhunderts die Erträge der zugehörigen Landwirtschaft überstiegen. Die Familie wollte das Schloss an den Herzog von Sachsen-Meiningen verkaufen, aber der lehnte das Angebot nach einem Wirtschaftlichkeitsgutachten ab. Als Eduard von Erffa das Schloss ein paar Jahre später abermals verkaufen wollte, schrieb ihm sein Bruder Hermann ziemlich ratlos und zugleich mahnend: „Es bliebe nur der Gedanke übrig, Lind aus Pietät für unsere alte, seit drei Jahrhunderten dort ansässige Familie zu erhalten, und da glaube ich nun, dass du … gewiss nicht dulden wirst, dass irgend ein Fabrikant in dem alten ehrwürdigen Hause Webstühle und Spinnmaschinen aufstellt, damit du jährlich eine Mehreinnahme von 1 500 Mark haben wirst." Zwar wurde das Schloss am Ende doch keine Textilfabrik, aber 1890 erwarb mit Gustav Luge ein bürgerlicher Käufer das Anwesen, der sich ein Schloss leisten wollte (und wohl auch konnte).

Entscheidungen in Immobilienangelegenheiten trifft man nicht allein aus dem Bauch heraus – jedenfalls sollte man das nicht tun. Aber die Entscheidung für oder gegen eine selbst genutzte Immobilie wird niemals frei von Emotionen sein. Schließlich will man in diesem Haus wohnen, vielleicht auch arbeiten – und zum Leben gehören Gefühle ebenso wie Verstand. Mag der Verstand auch die Entscheidung für oder gegen eine Immobilie bestimmen: Wenn man sich in einem Haus nicht wohlfühlt, kann der Verstand das Unbehagen nicht schöndenken. Manchmal kann es durchaus nützlich sein, dem sogenannten Bauchgefühl zu vertrauen: vor allem dann, wenn es rät, den Verstand kritisch zu schärfen.

Gefühl und Verstand haben beim Erwerb eines Hauses immer nebeneinander ihren Platz. Gut ist es, wenn sie nicht gegeneinander antreten, sondern miteinander arbeiten. Mit anderen Worten: Die Vernunft erwirbt eine Immobilie. Das Gefühl kauft ein Haus.

Eine Wohnung kaufen

Wer vor dem Entschluss steht, sich eine eigene Wohnimmobilie anzuschaffen, wird sich mit unterschiedlichen Bewertungen der verschiedenen Immobilientypen konfrontiert sehen. Und aus den unterschiedlichen Bewertungen werden oft sehr verschiedene Ratschläge abgeleitet. Acht von zehn Deutschen möchten am liebsten im eigenen Heim wohnen. Aber nur vier von zehn haben sich diesen Wunsch bislang erfüllt. Vielen Deutschen – das ergeben Umfragen immer wieder – bedeutet das Häuschen im Grünen die Erfüllung all ihrer Wohnträume und Immobilienwünsche. Manchmal sind das aber sehr romantische Träume, die einer nüchternen Analyse der tatsächlichen Wohnbedürfnisse nicht standhalten.

So spricht für eine Wohnung in der Regel zunächst ihre Lage in einem urbanen Umfeld, sofern man auf diese Urbanität Wert legt. Bei gleicher Lage spricht für die Wohnung der relativ günstigere Preis gegenüber einem Haus. Die Preisunterschiede zwischen Wohnung und Haus schwinden allerdings. Besonders in den Metropolen wie Berlin, Hamburg, München, Köln, Düsseldorf, Frankfurt a. M. und Stuttgart haben sich die Preise für Wohnimmobilien nicht nur verteuert; vergleicht man die Quadratmeterpreise, so musste ein Käufer im Jahr 2020 etwa in Berlin für eine Eigentumswohnung sogar tiefer in die Tasche greifen (4668 Euro pro Quadratmeter) als für ein Haus (4550 Euro pro Quadratmeter). Das teuerste Haus in Berlin erzielte einen Quadratmeterpreis von 9718 Euro, das günstigste lag bei 1575 Euro. Die günstigsten Eigentumswohnungen hingegen waren erst für einen Einstiegspreis von 2654 Euro je Quadratmeter zu haben.

Indes ist auf dem Immobilienmarkt vieles in Bewegung geraten. Ob eine Wohnung wirklich „relativ günstiger" ist als ein Einfamilienhaus, lässt sich schwer sagen, wenn die Vergleichbarkeit nicht mehr gegeben ist. Die Binnenmigration, der Zuzug in die Ballungszentren, treibt die Nachfrage nach Eigentumswohnungen in attraktiven Stadtlagen nach oben. Die Entscheidung für eine Eigentumswohnung ist oft durch andere Kriterien bestimmt als den Preis: Die Lage ist der überwiegend entscheidende Faktor; sie wird von den Interessenten in Beziehung gesetzt zu den persönlichen Bedürfnissen, zur beruflichen Perspektive, zum Lebensalter …

Und nicht zuletzt spielt auch die Frage eine Rolle, ob eine Eigentumswohnung als Wertanlage taugt. Unter diesem letzten Gesichtspunkt kann der Umstand nicht verschwiegen werden, dass Eigentumswohnungen auch als Spekulationsobjekte gehandelt werden, deren Marktpreise weit über die unmittelbaren Nutzungserwägungen hinausgehen.

Warum eine Wohnung und kein Haus?

Nicht immer handelt es sich gleich um Lebensentscheidungen, wie sie mit einem Hauskauf verbunden sind. Aber Entscheidungen grundsätzlicher Natur werden gleichwohl regelmäßig getroffen:

- die Entscheidung für einen Ort, an dem man dauerhaft leben möchte, die Entscheidung für eine bestimmte, womöglich urbane Lebensweise;
- die Entscheidung für (oder gegen) eine große finanzielle Investition, die den Immobilienkäufer bis an die Grenzen seiner wirtschaftlichen Leistungsfähigkeit führen kann;
- die Entscheidung gegen ein Haus und für die scheinbar „kleine Lösung", eben für eine Wohnung;
- die Entscheidung für die Option „Mobilität"; eine Wohnung ist weniger „ein Klotz am Bein" als ein Haus und lässt sich leichter vermieten oder veräußern, wenn man erneut den Standort wechselt;
- die Entscheidung, eine Wohnung als Wertanlage zu kaufen, die man vielleicht nur in einer bestimmten Lebensphase selbst bewohnt und in einer anderen Lebensphase als Renditeobjekt oder für die Altersvorsorge unterhält;
- die Entscheidung aufgrund der individuellen Situation, der Lage des Objekts, der Infrastruktur und der Erwartungshaltung, die man dem Objekt gegenüber hegt.

Äpfel und Birnen

Aber hieße es mit dem Vergleich von Haus und Wohnung nicht Äpfel mit Birnen zu vergleichen? Genau das hieße es. Doch ist ein solcher Vergleich ja bei Weitem nicht so unsinnig, wie es die Redensart glauben machen will. Bei beiden handelt es sich schließlich um Obst! Es ist sogar sehr nützlich und notwendig, Äpfel mit Birnen zu vergleichen! Wie sollte man sonst herausbekommen, ob der Apfel oder doch eher die Birne das passende Obst für den eigenen Bedarf und Geschmack ist?

Mit anderen Worten: Die Analyse beginnt nicht beim Objekt, sondern beim Käufer, beim Subjekt des Immobilienerwerbs. Hier stellt sich zunächst die Frage nach den Bedürfnissen und den Möglichkeiten des potenziellen Wohnungseigentümers. Wenn klar ist, wonach er sucht und was seine wirtschaftlichen Möglichkeiten erlauben, beginnt die genauere Betrachtung der Objekte, die dafür infrage kommen.

Reihenhäuser sind juristisch oft Wohnungseigentumsanlagen.

Typisches Etagenhaus aus der Mitte Berlins, erbaut 1879

Dafür gibt es einen genauen Fahrplan, der in diesem Buch an ausgewählten Beispielen vorgestellt wird.

Glauben Sie nicht, dass die Diagnose einer gebrauchten Wohnung weniger Aufmerksamkeit erfordert als die Diagnose eines kompletten Hauses. Die Untersuchungskriterien sind im Grunde dieselben, und die Diagnoseschritte haben die gleiche Reihenfolge. Manches gestaltet sich nur – wegen der besonderen Rechtsform des Wohnungseigentums – ein wenig komplizierter.

Kaufen statt zu mieten

Deutschland ist das klassische Mieterland. Das selbst genutzte Wohneigentum ist hier – trotz des Aufschwungs in den letzten Jahren – immer noch weniger verbreitet als bei manchen unserer west- und nordeuropäischen Nachbarn. Hierin ist zunächst kein Werturteil zu sehen, sondern lediglich die Beschreibung europäischer Verschiedenartigkeit. Und diese Verschiedenartigkeit hat historische Ursachen. Für Deutschlands besondere Situation erlangen mindestens drei dieser Ursachen besondere Bedeutung.

Die erste Ursache liegt im ausgehenden 19. Jahrhundert. Nach dem deutsch-französischen Krieg und der Reichsgründung 1871 begab sich Deutschland auf den Weg vom spätfeudalen Agrarland zur Industrienation. Zwischen 1880 und 1900 entstanden die großen industriellen Ballungszentren. Deren Arbeitskräftehunger ließ die Städte explosionsartig anschwellen. Der Wohnungsbedarf wurde überwiegend mit Geschossbauten befriedigt; wegen der Gleichförmigkeit der Bebauung und der hohen Bebauungsdichte sprach man von Mietskasernen. Die zuziehenden Arbeitskräfte hätten weder genügend Fläche vorgefunden, um sich darauf ihre eigenen Häuser zu bauen, noch wären sie dazu wirtschaftlich in der Lage gewesen. Und nicht nur dank der drastischen Zeichnungen Heinrich Zilles sind die oft katastrophalen sozialen und hygienischen Zustände in den großen Mietshauskomplexen bekannt geworden. Auch die Akten der Baupolizeibehörden sind voller Klagen und behördlicher Eingriffe wegen unerlaubter Überbauung, unzureichender Lüftung, miserabler Sanitäreinrichtungen, nicht genehmigter Gewerbebetriebe und vieler anderer Mängel, die das Leben in

Berlin-Britz, sogenannte Hufeisensiedlung, zwischen 1925 und 1928 entworfen und erbaut von Bruno Taut und Martin Wagner sowie dem Gartenarchitekten Leberecht Migge

den Mietskasernen um 1900 kennzeichneten. Heute, dies sei angemerkt, bilden die einstigen Mietskasernen – sofern sie den Zweiten Weltkrieg unzerstört überstanden haben – oftmals die begehrtesten Wohnquartiere in den Innenstädten, sobald die enge Bebauung entkernt und die Gebäude und Wohnungen saniert und modernisiert sind.

Nach dem Ersten Weltkrieg versuchten Architekten, Sozialreformer und fortschrittliche Politiker, dem weit verbreiteten Wohnungselend mit neuen Ideen zu begegnen. Es war die große Zeit des Siedlungsbaus in aufgelockerter Bebauung und der bautechnischen Experimente. Wohnungsbaugenossenschaften bildeten ein Gegengewicht zum privaten Haus- und Grundbesitz, der bis dahin den Mietwohnungsbau allein dominierte. Aber auch die Wohnungsbaugenossenschaften und gemeinnützigen Baugesellschaften bauten Mietwohnungen. Sie konnten auch gar nichts anderes bauen, denn für sogenannte Eigentumswohnungen, wie wir sie heute kennen, gab es noch keine rechtliche Grundlage.

Der Zweite Weltkrieg hatte einen beträchtlichen Teil des – schon vor dem Krieg nicht ausreichenden – Wohnungsbestands vernichtet. In den Westzonen waren 1945 von 10,6 Millionen Wohnungen 2,3 Millionen total zerstört, weitere 2,3 Millionen galten als schwer beschädigt. In der sowjetischen Zone waren etwa 10 Prozent der 5,1 Millionen Wohnungen vollkommen vernichtet. Zur angestammten Bevölkerung kamen Millionen Flüchtlinge und Umsiedler aus den deutschen Ostgebieten und dem Sudetenland hinzu, denen Wohnraum zugewiesen werden musste. Der Wohnraummangel war in West wie Ost eine Tatsache.

In dieser Situation standen beide deutschen Staaten vor einer Mammutaufgabe: der Beseitigung der Wohnungsnot und dem Wiederaufbau. Im Westen wurde, was nicht überrascht, diese Aufgabe gänzlich anders gelöst als im Osten.

Wiederaufbau in der Bundesrepublik Deutschland

In den Westzonen gab es für 14,6 Millionen Haushalte nur 9,4 Millionen Wohnungen – Behelfsheime wie Baracken und Gartenlauben eingeschlossen. Fünf Personen teilten sich statistisch gesehen eine Wohnung, pro Person standen 15 qm Wohnraum zur Verfügung. Die Qualität dieser Wohnräume bleibt bei dieser Statistik außer Betracht.

Der jungen Bundesrepublik standen drei alternative Wege offen, um die Wohnungsbauförderung anzugehen:

- Förderung über die Bauträger,
- Förderung über das Gebäude (Objektförderung),
- Förderung der Mieterkaufkraft (Subjektförderung).

Man entschied sich für den Weg der Objektförderung. Aus Haushaltsmitteln des Bundes wurden zinslose Baudarlehen mit Tilgungsfristen von 30 bis 35 Jahren an private Investoren vergeben. Im Gegenzug verlangte man den Investoren für die Dauer der Förderung eine Sozialbindung ab: Die geförderten Wohnungen durften nur an solche Haushalte vermietet werden, deren Einkommen bestimmte Grenzen nicht überschritt. Anders als bis 1933 war die Förderung nicht mehr nur auf Unternehmen beschränkt, die eine Gemeinnützigkeit langfristig garantierten. Mit diesen Direktsubventionen gelang es innerhalb kurzer Zeit, den sozialen Wohnungsbau anzukurbeln. Auch im internationalen Vergleich lagen die staatlichen Subventionen für Mietwohnungen und Eigenheime außerordentlich hoch. So war der Anteil der privaten Bautätigkeit im Wohnungsbau schon 1950 groß und stieg in der Folgezeit weiter an: In der Mobilisierung privater Investoren für den Mietwohnungsbau liegt die zweite historische Ursache dafür, dass in (West-)Deutschland nach dem Zweiten Weltkrieg ein dynamischer Mietwohnungsmarkt entstand. Dazu trug auch die flexible Handhabung der Mietpreisbindung bei, die in Deutschland die Marktmechanismen nicht aushebelte. In anderen europäischen Ländern wie beispielsweise Großbritannien führten starre Regulierungen der Wohnungsmieten dazu, dass sich private Investoren mehr und mehr aus dem Mietwohnungsmarkt zurückzogen und die „Sozialwohnung" zu etwas Anrüchigem wurde, das ihre Bewohner regelrecht stigmatisierte. Es ist daher wohl kein Zufall gewesen, dass die Brandkatastrophe im Londoner Grenfell Tower, einem 24-geschossigen Wohngebäude aus den 1970er-Jahren, ausgerechnet einen Sozialwohnungsbau zerstörte, obwohl er 2015/16 erst saniert worden war. Offenbar war man bei dieser Sanierung mit Brandschutzvorschriften so nachlässig umgegangen, dass sich ein Wohnungsbrand über die hinterlüftete Fassade mit brennbarer Dämmung auf das gesamte Gebäude ausbreiten konnte. 71 Menschen kamen bei dieser Brandkatastrophe ums Leben.

Eigentumsförderung

1951 begann in der Bundesrepublik Deutschland die Eigentumsförderung. Man erreichte die direkte Förderung der Bauherren, indem man die steuerliche Abzugsfähigkeit von Investitionen in selbst genutztes Wohneigentum einführte. Ein Jahr darauf schuf das Wohnungs-

Wohneigentumsquoten ausgewählter europäischer Staaten

Rumänien	95,80 %
Ungarn	91,30 %
Litauen	90,30 %
Polen	84,20 %
Estland	81,70 %
Norwegen	80,30 %
Spanien	76,20 %
Griechenland	75,40 %
Portugal	73,90 %
Belgien	71,30 %
Finnland	71,10 %
Niederlande	68,90 %
Schweden	63,60 %
Dänemark	60,80 %
Österreich	55,20 %
Deutschland	**51,10 %**
Schweiz	41,60 %

Quelle: eurostat 2020

bauprämiengesetz Grundlagen für eine besondere Form der privaten Vermögensbildung, die dem selbst genutzten Wohneigentum zugutekam. Die in den folgenden 35 Jahren gezahlten Subventionen machten etwa 40 Prozent der Finanzierungsmittel aus, die in dieser Zeit für den Wohnungsbau aufgewendet wurden.

Im Lauf der Zeit kamen mehrfach neue Förderwerkzeuge zur Anwendung, zum Beispiel wurde die direkte Förderung zugunsten der indirekten Förderung über Steuervergünstigungen nach § 7 b Einkommensteuergesetz zurückgefahren. Ein bedeutsamer Schritt war die Ausdehnung der Förderung auch auf Altbauwohnungen im Bestand. Dadurch verschob sich der Fokus von den bis dahin favorisierten Eigenheimen auf die sogenannten Eigentumswohnungen. Seit 1996 gab es dann eine neue Art der direkten Förderung, die Eigenheimzulage. Sie war eine der größten direkten Subventionen, die in die Förderung des selbst genutzten Wohneigentums flossen. Gefördert wurden sowohl klassische Eigenheime als auch Wohnungseigentum. Seit 2004 waren Altbauten den Neubauten hinsichtlich der finanziellen Förderung gleichgestellt. Allein in diesem Jahr wurden 11,4 Milliarden Euro als Eigenheimzulage ausgereicht. 2006 wurde die Eigenheimzulage schließlich abgeschafft. Seit 2008 gibt es direkte Förderung im Rahmen der sogenannten Riester-Verträge.

Besondere Lage in der DDR

Die Regierung der DDR, die 1952 den „Aufbau des Sozialismus“ beschloss, hatte 1950 das sogenannte Aufbaugesetz erlassen. Mit seiner Hilfe wurde es möglich, Besitzer von Grundstücken zu enteignen, wenn der Staat diese Grundstücke für den Wiederaufbau in Anspruch nahm. Zwar erfolgte die Enteignung gegen Zahlung einer Entschädigung, doch lagen diese Entschädigungen regelmäßig unter dem Verkehrswert, den diese Grundstücke unter marktwirtschaftlichen Bedingungen gehabt hätten, und sie wurden überdies auf Sperrkonten deponiert. Somit konnten die enteigneten Grundstücksbesitzer über die Entschädigungen nicht frei verfügen, sondern durften nur minimale Beträge von den Sperrkonten abrufen. Nichtsdestominder hat die Bundesrepublik Deutschland im Rahmen des Vereinigungsprozesses 1990 die Rechtswirksamkeit der Enteignungen nach dem Aufbaugesetz der DDR nie angezweifelt.

INFO **§ 14 AUFBAUGESETZ DER DDR VON 1950**

1. Die Regierung der Deutschen Demokratischen Republik kann Städte, Kreise und Gemeinden oder Teile hiervon zu Aufbaugebieten erklären.
2. Die Erklärung zum Aufbaugebiet bewirkt, dass in diesem Gebiet eine Inanspruchnahme von bebauten und unbebauten Grundstücken für den Aufbau und eine damit verbundene dauernde oder zeitweilige Beschränkung oder Entziehung des Eigentums und anderer Rechte erfolgen kann.
3. Die Entschädigung erfolgt nach den zu erlassenden gesetzlichen Bestimmungen.

Zur Ideologie des Sozialismus passte weder privater Grundbesitz noch Wohnungseigentum; zwar wurden Eigentümer selbst genutzter Einfamilienhäuser, Doppelhäuser und vergleichbarer Immobilien in ihrem Besitzstand nicht angetastet, sofern nicht der Staat, wie bei grenznahen Immobilien, mittels „Aufbaugesetz“ zugriff. Die Privatbesitzer von Mietshäusern konnten jedoch die Erhaltung ihrer Immobilien aus den staatlicherseits eingefrorenen Mieten bald nicht mehr bestreiten. Der Neubau von Mietwohnungen war Aufgabe des Staates und seiner staatlichen Baubetriebe, auch wenn ein Teil des Wohnungsbestands in „genossenschaftliches Eigentum“ der AWGs (Arbeiterwohnungsbaugenossenschaften) überführt wurde.

Indes forcierte die DDR in weit höherem Maß, als es der regierenden SED ideologisch ins Konzept passte, den Bau von sogenannten Eigenheimen. Damit wurde nicht nur zusätzlicher Wohnraum geschaffen, es gelang auch, Geldreserven privater Bauherren abzuschöpfen und deren Eigenleistungen zu mobilisieren. Zwischen 1971 und 1989 entstanden 207 679

Karl-Marx-Allee (vormals Stalinallee) Nord, Block C, heutiger Zustand nach Rekonstruktion

Eigenheime. Die Bildung von Wohnungseigentum allerdings, wie sie in der Bundesrepublik nach dem Wohnungseigentumsgesetz von 1951 möglich wurde, war in der DDR bis 1990 nicht gegeben. Im wohnungspolitischen Weg der DDR ist der dritte wesentliche Grund für die hohe Mietwohnungsquote in Deutschland zu sehen.

Beispiel Berlin

Immobilienverhältnisse, die „typisch deutsch" sind, treffen in Berlin aufeinander, obwohl und gerade weil die Stadt bis 1990 geteilt war. Hier lässt sich das ganze Spektrum der Wohn- und Eigentumsverhältnisse auf engstem Raum überblicken: von klassischen Villen über Mietskasernen zu luxuriösen Lofts, von traditionellen Reihenhäusern über einstmals futuristisch anmutende Wohnmaschinen bis zu den Großsiedlungen in Großtafelbauweise.

Berlin ist eine Mieterstadt. Der Anteil des selbst genutzten Wohneigentums liegt im gesamten Stadtgebiet bei 14 Prozent. Die Berliner wohnten Ende 2020 in 1 982 800 Wohnungen, die sich auf zirka 330 400 Wohngebäude verteilen. Das sind immerhin rund 20 000 Wohngebäude und 115 000 Wohnungen mehr als im Jahr 2010. Ein beträchtlicher Teil des Wohnungsbestands, nämlich 42 Prozent, ist bereits in den Jahren bis 1950 entstanden. Die meisten dieser Altbauwohnungen stehen in den Bezirken Mitte (einschließlich der alten Bezirke Tiergarten und Wedding), Friedrichshain-Kreuzberg und Charlottenburg-Wilmersdorf. Rund 49 Prozent der Berliner Wohnungen entstanden zwischen 1949 und 1990 – also im Zeichen der Teilung der Stadt. Aus dieser Zeit stammen auch die typischen Bauten in Großtafelbauweise im Osten der Stadt – oft kurz mit „die Platte" umschrieben –, die heute ungefähr 14 Prozent des Wohnungsbestands der Hauptstadt ausmachen. In den 20 Jahren nach der Wiedervereinigung entstanden lediglich 9 Prozent des Berliner Wohnungsbestands. Allein diese Gegenüberstellung macht deutlich: Man stößt in Großstädten wie Berlin bei der Wohnungssuche viel eher auf gebrauchte Wohnungen, die mehr als 20 Jahre alt sind, als auf Neubauwohnungen zum Erstbezug.

Wohnungseigentum bedeutete aber auch für Altbauten eine Chance. Wie in anderen Großstädten überlagerten sich dabei

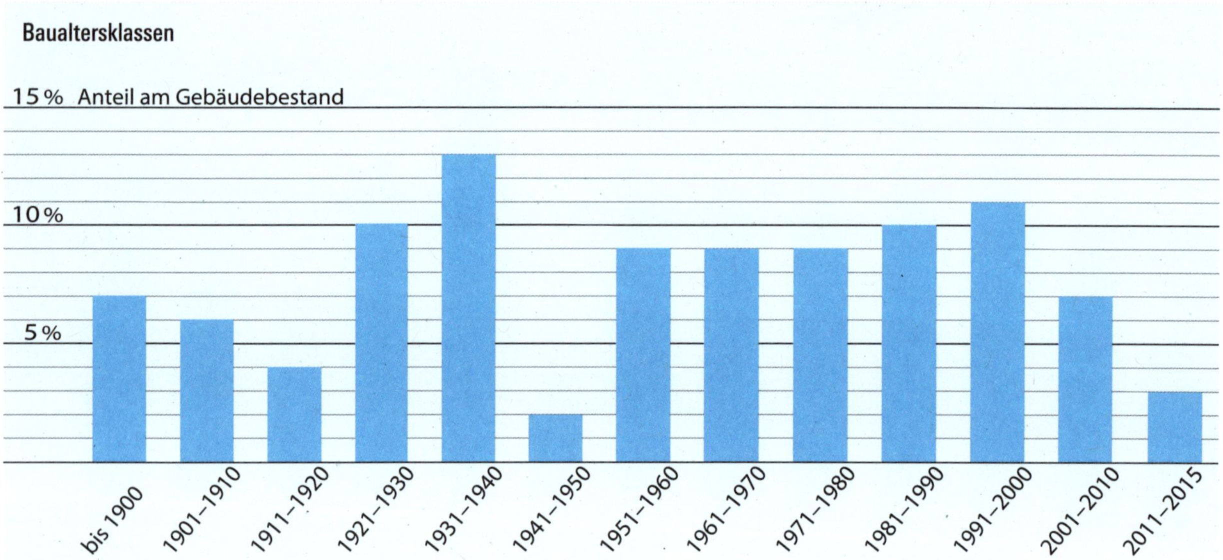

Baualtersklassen des Gebäudebestands am Beispiel Berlin (stadtentwicklung.berlin.de)

wirtschaftliche Interessen, bautechnische Lösungen und soziale Konflikte. Die Hausbesetzerszene war in den Achtzigerjahren in West-Berlin (ab 1990 auch im Ostteil der Stadt) besonders aktiv. Der großflächige Abriss von Altbauquartieren sollte verhindert werden. Was 1980 die „Schlacht am Fraenkelufer" für Kreuzberg war, das war zehn Jahre später der Barrikadenkampf in der Mainzer Straße für Friedrichshain: Symbol für den Widerstand gegen Entmietung und befürchtete Edelsanierung und Umwandlung in unerschwingliche Eigentumswohnungen. Den Straßenkämpfern folgten die Bautrupps, die Aufsteiger verdrängten die Aussteiger. 1992 beschrieb die „taz" die Situation mit der ihr eigenen ideologischen Färbung: „Längst ist die Schickeria lecker geworden auf diese Gegend (…) Keine Fassade, die nicht erneuert würde. Kein Hinterhof, der nicht völlig umgestaltet würde. Statt der gemeinsamen Außenklos nun die individuelle Nasszelle (…) Richtig schick wird es hier und richtig teuer." Zwanzig Jahre später sind manche der damals sanierten Wohnungen als Eigentumswohnungen auf dem Immobilienmarkt: „Zum Verkauf steht eine außergewöhnliche Maisonettewohnung, die einen Vergleich mit Wohnungen zum Beispiel im Pariser Montmartre-Viertel nicht zu scheuen braucht", heißt es in einem Immobilienangebot.

Auch weiter im Osten der Stadt hat sich einiges getan; hier war der Nachholbedarf bei der Altbausanierung besonders groß. Mittlerweile sind Friedrichshain und Prenzlauer Berg zu Modequartieren geworden, und Stadtteile wie Weißensee und Pankow werden von Jahr zu Jahr attraktiver. Typisch ist aber auch, dass viele Sanierungen aus den Achtziger- und Neunzigerjahren bereits wieder zu Sanierungsfällen geworden sind, nicht zuletzt weil sich die gesetzlichen Vorgaben für Wärmeschutz und Energieeffizienz seither wesentlich verschärft haben. Nach 1990 standen zudem zahlreiche Plattenbauten in den großen Wohngebieten des Ostens zur Sanierung an. Eine Anzahl dieser Wohnanlagen ist in Wohnungseigentum umgewandelt worden, und die meisten dieser Objekte wurden bereits nach den neuesten Standards saniert. Der Ruf der „Platte" haftete ihnen weiter an. Der Quadratmeterpreis für eine 22 bis 30 Jahre alte Wohnung liegt je nach Lage und Ausstattung zwischen etwa 980 bis 1700 Euro.

Was ist eigentlich Wohnungseigentum?

Ein Gebäude ist in der Regel nicht aus einzelnen Wohnungen modular zusammengesetzt (dass es natürlich auch solche Experimentalbauten gab, kann für die hier dargestellten

Fragen unberücksichtigt bleiben), sondern ein Ganzes, das nicht ohne Weiteres in kleinere Einheiten, sprich Wohnungen zerlegt werden kann. Eine Wohnung in einem Mehrparteienhaus, an welcher der Eigentümer seine Eigentumsrechte ebenso unbeschränkt ausüben könnte, als wäre er Eigentümer eines Hauses, kann es also nicht geben. Die Eigentumswohnung existiert demgemäß nicht real gegenständlich, sondern als Rechtskonstrukt, noch dazu als historisch gesehen sehr junges Rechtsgebilde. Erst das Wohneigentumsgesetz von 1951 schuf in der Bundesrepublik Deutschland die gesetzliche Grundlage dafür. Seitdem können nicht nur komplette Grundstücke nebst den auf ihnen gelegenen Bauten ihre Eigentümer bekommen, sondern auch Anteile des Grundstücks mitsamt abgeschlossenen Wohneinheiten, die sich in einem auf dem Grundstück gelegenen Gebäude befinden.

Mit diesem Gesetz wurde ein Rechtsgrundsatz des Bürgerlichen Gesetzbuchs durchbrochen, das in § 93 bestimmt:

„Bestandteile einer Sache, die voneinander nicht getrennt werden können, ohne dass der eine oder andere zerstört oder in seinem Wesen verändert wird (wesentliche Bestandteile), können nicht Gegenstand besonderer Rechte sein."

Es ist völlig klar, dass eine einzelne Wohnung in einem Mehrparteienhaus nicht realiter vom übrigen Haus getrennt werden kann, ohne dass dem Gebäude irreversibler Schaden entsteht. Folglich war nach dem Verständnis des Bürgerlichen Gesetzbuchs ein Eigentumsrecht an einer Wohnung, das unabhängig vom Eigentumsrecht an dem gesamten Gebäude besteht, nicht denkbar.

Somit schuf das Wohnungseigentumsgesetz von 1951 in diesem Punkt eine völlig neue Rechtskonstruktion, indem es in § 1 Abs. 2 festlegte:

„Wohnungseigentum ist das Sondereigentum an einer Wohnung in Verbindung mit dem Miteigentumsanteil an dem gemeinschaftlichen Eigentum, zu dem es gehört."

Was umgangssprachlich Eigentumswohnung heißt, muss korrekt und gesetzeskonform eigentlich Wohnungseigentum genannt werden. Diese neue Rechtskonstruktion des Wohnungseigentums hat drei konstitutive Faktoren. Es ist a) Sondereigentum, das b) als solches nur in Verbindung mit einem definierten Miteigentumsanteil am gemeinschaftlichen Eigentum existiert, und c) das zugleich das Mitgliedschaftsrecht in einer Wohnungseigentümergemeinschaft begründet.

Das Miteigentum nach Bruchteilen wird in den §§ 1008–1011 des BGB geregelt. Der kreative Akt der Gesetzgebung von 1951 bestand darin, dem Miteigentum ein bestimmtes Sondereigentum zuzuordnen.

Dazu trifft das Wohnungseigentumsgesetz in § 3 folgende Festlegung:

„(1) Das Miteigentum (§ 1008 des Bürgerlichen Gesetzbuchs) an einem Grundstück kann durch Vertrag der Miteigentümer in der Weise beschränkt werden, dass jedem der Miteigentümer abweichend von § 93 des Bürgerlichen Gesetzbuchs das Sondereigentum an einer bestimmten Wohnung oder an nicht zu Wohnzwecken dienenden bestimmten Räumen in einem auf dem Grundstück errichteten oder zu errichtenden Gebäude (Sondereigentum) eingeräumt wird. Stellplätze gelten als Räume im Sinne des Satzes 1."

„(3) Sondereigentum soll nur eingeräumt werden, wenn die Wohnungen oder sonstigen Räume in sich abgeschlossen sind ..."

Balkone sind Sondereigentum, aber die konstruktiven Teile wie Bodenplatte und Brüstung zählen zum Gemeinschaftseigentum – mit Konsequenzen für die Sanierung.

Das Miteigentum nach Bruchteilen ist keine reale Teilung der Sache, sondern eine ideelle Teilung des Eigentumsrechts, das sich auf die gesamte Sache bezieht. Das Wohnungseigentum besteht also aus zwei untrennbar miteinander verbundenen Eigentumsformen, dem Sondereigentum und dem Miteigentum nach Bruchteilen. Beide Bestandteile sind nicht losgelöst voneinander juristisch „handhabbar".

Reformen des Wohnungseigentumsgesetzes

Das Wohnungseigentumsgesetz (WEG) wurde in den Jahren 1973 und 2007 reformiert. Dennoch ergab sich Veränderungsbedarf, der vor allem aus den Notwendigkeiten der energetischen Ertüchtigung älterer Gebäude herrührt. Darum hatten die Regierungsparteien im Koalitionsvertrag 2018 vereinbart: „Wir werden die Regelungen des Wohnungseigentumsrechts reformieren und mit dem Mietrecht harmonisieren, um die Vorbereitung und Durchführung von Beschlüssen der Wohnungseigentümer über bauliche Maßnahmen insbesondere in den Bereichen Barrierefreiheit, energetische Sanierung, Förderung von Elektromobilität und Einbruchschutz zu erleichtern."

Eine länderübergreifende Arbeitsgruppe unter Vorsitz des Bundesministeriums der Justiz und für Verbraucherschutz (BMJV) und des Bayerischen Staatsministeriums der Justiz (BStMdJ) arbeitet daran. Die Justizminister beschlossen im Juni 2018, eine länderoffene Arbeitsgruppe einzurichten. Den Vorsitz in dieser Arbeitsgruppe führen das BMJV sowie das BStMdJ. Vorab erarbeiten beide Ministerien Diskussionsentwürfe: das BMJV zu einem „Gesetz zur Förderung von Barrierefreiheit und Elektromobilität im Miet- und Wohnungseigentumsrecht" und das BStMdJ für ein „Gesetz für zukunftsfähiges Wohnen im Wohneigentum". Zuletzt brachten die Länder Baden-Württemberg und Bayern im Oktober 2019 im Bundesrat einen „Entwurf eines Gesetzes zur Änderung des Bürgerlichen Gesetzbuchs und des Wohnungseigentumsgesetzes zur Förderung der Elektromobilität" ein.

- Es soll möglich werden, dass die Eigentümerversammlung flexibler über bauliche Veränderungen und Aufwendungen am Gemeinschaftseigentum entscheidet. Insbesondere soll die Kostenverteilung neu geregelt werden, sodass es möglich wird, einen oder mehrere Eigentümer nicht nur die unmittelbaren Kosten einer Maßnahme, sondern ausdrücklich auch die Folgekosten und etwa die künftigen Kosten der Instandhaltung dauerhaft übernehmen zu lassen.
- Bauliche Maßnahmen in Wohnungseigentumsgemeinschaften, die im Interesse der Gemeinschaft liegen, sollen erleichtert werden. So soll bestehender Modernisierungsstau abgebaut und die Schaffung neuen Wohnraums (beispielsweise durch Ausbau bestehender Gebäude) ermöglicht werden.
- Bauliche Maßnahmen, die der Modernisierung oder Anpassung an den Stand der Technik dienen, sollen gefördert beziehungsweise erleichtert werden.
- Ferner sollen Maßnahmen zum Einbruchschutz, dem Ausbau der Ladeinfrastruktur für Elektromobilität und zur Herstellung von Barrierefreiheit für Menschen mit Behinderungen und ältere Menschen erleichtert und gefördert werden.
- Die Handlungsfähigkeit der Wohnungseigentümerversammlungen soll dadurch gestärkt werden, dass die schwerfälligen formalen Anforderungen an die Beschlussfähigkeit der Eigentümerversammlungen geändert werden.
- Missbrauchsmöglichkeiten vonseiten eines Mehrheitswohnungseigentümers sollen abgestellt werden.

Am Ende des Gesetzgebungsprozesses stand das Wohnungseigentumsgesetz in der Fassung der Bekanntmachung vom 12. Januar 2021 (BGBl. I S. 34).

Zwischen der Bildung des Wohnungseigentums durch die Teilungserklärung des teilenden Alleineigentümers und dem Zeitpunkt, zu dem der letzte Ersterwerber ins Wohnungsgrundbuch eingetragen und damit eine Wohnungseigentümergemeinschaft im vollen Rechtssinn entstanden ist, ergibt sich eine Übergangsphase, in der eine Art Vorgemeinschaft entsteht, die bestimmte Rechte innehat und Pflichten übernehmen muss. Sie wird als „werdende Wohnungseigentümergemeinschaft" bezeichnet und kann unter Umständen auch längere Zeit Bestand haben. Diese Rechtsfigur basiert nicht auf Gesetzestext, sondern auf anerkannter höchster Rechtsprechung und der Meinungsbildung in der Rechtswissenschaft. Darum sieht das Diskussionspapier vor, diese Rechtsfigur der „werdenden Wohnungseigentümergemeinschaft" nunmehr auch in einem Gesetzestext zu kodifizieren. Näheres zum Sachstand finden Sie im Internet unter www.bmjv.de, wenn Sie nach dem Begriff Wohnungseigentumsgesetz suchen. Dort können Sie auch den Gesetzentwurf des Bayerischen Staatsministeriums der Justiz einsehen.

Wichtige gesellschaftliche Verbände wie der Dachverband Deutscher Immobilienverwalter, der Bundesverband Freier Immobilien- und Wohnungsunternehmen e. V. (BFW), die Bundesnotarkammer, der Deutsche Anwaltsverein und der Deutsche Mieterbund plädierten bereits 2018 für eine umfassende Reform des Wohnungseigentumsrechts. Ob das mit der 2021 verkündeten Neufassung gelungen ist, muss die Praxis zeigen. Auf jeden Fall dürfte die Reform des Gesetzes auch die bislang geltenden Regularien in Wohnungseigentümergemeinschaften nachhaltig beeinflussen. Eigentümern ist jedenfalls anzuraten, sich mit dem Gesetzestext vertraut zu machen und die Rechtsprechung zu verfolgen.

Weitere Formen des Eigentums

Damit ist es aber noch nicht getan, denn für den Betrieb und Bestand einer Eigentumswohnanlage müssen bestimmte Bauteile eines Hauses nicht einzelnen, sondern allen Nutzern zugerechnet werden.

- Teileigentum – Neben dem eigentlichen Wohnungseigentum, dem Sondereigentum als Alleineigentum an den Räumen einer Wohnung, kann Teileigentum eingeräumt werden. Dabei handelt es sich ebenfalls um Sondereigentum, aber an den nicht zu Wohnzwecken dienenden Räumen und Flächen (etwa separate Abstellräume, Schuppen, Kellerräume, auch Laden- und Gewerbeflächen).
- Gemeinschaftseigentum – Zum Gemeinschaftseigentum gehören alle gemeinschaftlich genutzten Teile des Grundstücks und des Gebäudes, beispielsweise die Grundfläche des Gebäudes selbst und natürlich alle statisch notwendigen Bauteile (Außenwände, Wohnungstrennwände, Geschossdecken, Dach, Gebäudehülle einschließlich Fenster und Außentüren), die gemeinsam genutzten Verkehrsflächen (Eingänge, Durchgänge, Treppen und Treppenhäuser) und die Haustechnik (Heizung, Sanitär- und Elektroinstallation, Entwässerungsanlage, gegebenenfalls Aufzug). Zum Gemeinschaftseigentum zählen aber auch die notwendigen Finanzmittel der Eigentümergemeinschaft (zum Beispiel die Instandhaltungsrücklagen).

INFO

KRITERIUM ABGESCHLOSSENHEIT

Im Einzelfall ist genau zu prüfen, was dem Sonder- oder Teileigentum zugeordnet werden kann und woran nur Sondernutzungsrechte bestehen. So ist die Abgeschlossenheit die Voraussetzung, um Sondereigentum an einer Wohnung zu begründen. Um als abgeschlossen zu gelten, muss eine Wohnung nicht nur Wohnungstrennwände und Decken besitzen, sondern einen eigenen, abschließbaren Zugang vom Freien, vom Treppenhaus oder von einem Vorraum, und sie muss mindestens über Wasserversorgung, Ausguss und Toilette sowie über eine Kochmöglichkeit verfügen. Dauerhaft markierte Kfz-Stellplätze in einer Sammelgarage begründen Abgeschlossenheit, allerdings nur dort und nicht auf Freiflächen. Ebenso gelten sogenannte Doppelparker in Garagen nicht als abgeschlossen, insofern kann an ihnen nur Sondernutzungsrecht entstehen.

- Sondernutzungsrecht – Mit dieser besonderen Rechtsform werden gemeinschaftliche Flächen, Räume oder Bauteile (zum Beispiel eine Treppe oder eine Terrasse, typischerweise auch ein Stück Garten, das an eine Erdgeschosswohnung grenzt) einem bestimmten Wohn- oder Teileigentum zugeordnet. Damit verfügt der Berechtigte dann allein über diese Fläche, den Raum oder das Bauteil, die Verfügung der anderen Eigentümer darüber wird ausgeschlossen. Sofern dies in der Teilungserklärung so vereinbart ist, trägt der Berechtigte die Kosten der Bewirtschaftung. Instandhaltungen sind Sache der Eigentümergemeinschaft, sofern sie nicht anders beschlossen hat.

Gemeinschafts- oder Sondereigentum

In einem Gebäude ist oft nicht leicht zu entscheiden, was zum Gemeinschaftseigentum und was zum Sondereigentum des Miteigentümers gehört. Die gesetzlichen Bestimmungen sind nicht immer hilfreich, wie „bei allen Teilen der Fassade, welche die äußere Gestalt des Gebäudes bestimmen". Grundsätzlich stehen sie im Gemeinschaftseigentum, aber an einigen Punkten berühren sich Gemeinschafts- und Sondereigentum nahezu! So sind die Außenseiten der Fenster (einschließlich der Verglasung) zweifelsfrei Gemeinschaftseigentum. Die Innenseiten der Fenster stehen im Sondereigentum. Außenjalousien vor den Fenstern sind Gemeinschaftseigentum, die Zugvorrichtungen und die Gurte aber Sondereigentum.

Noch kurioser mutet die Rechtslage bei Balkonen an. Der Balkonraum als solcher ist grundsätzlich sondereigentumsfähig. Die festen Bauteile des Balkons aber sind Teile des Gemeinschaftseigentums. In manchen Teilungserklärungen wird der Balkon per Sondernutzungsrecht dem jeweiligen Wohnungseigentümer zugewiesen. Eine gemeinschaftliche Nutzung scheidet auch aus, weil der Zugang zum Balkon ja nur über abgeschlossenes Sondereigentum möglich ist. Streit kommt regelmäßig auf, wenn Balkone saniert werden müssen, was besonders bei älteren Mehrfamilienhäusern vorkommen wird. Die Miteigentümer, deren Wohnungen über keinen Balkon verfügen, werden sich nur ungern zur Kostentragung heranziehen lassen. Nun kommt es darauf an, wie das Sondernutzungsrecht in der Teilungserklärung definiert wurde. Dem Grundsatz nach existiert ein Sondernutzungsrecht

Aufteilung der Eigentumsverhältnisse in Mehrparteienhäusern

Bauteil/ Ausstattungselement	Gemeinschafts- eigentum	Sonder- eigentum	Anmerkung
Absperrventile			
Abwasserhebeanlagen			
Alarmanlage			sofern auf den Bereich des Sondereigentums beschränkt
Armaturen			
Aufzüge			
Außenanlagen			
Badezimmereinrichtung			
Balkon			alle festen Bauteile einschließlich Abdichtungen, Abflüsse und Gitter im Gemeinschaftseigentum; der Raum auf dem Balkon selbst sowie darauf zusätzlich angebrachte Gegenstände im Sondereigentum
Briefkastenanlage			auch Briefeinwurf an der Wohnungseingangstür
Carports			
Dachfenster			Eine Aufteilung in außen (Gemeinschaftseigentum) und innen (Sondereigentum) ist bei Dachfenstern unzulässig.

Bauteil/ Ausstattungselement	Gemeinschafts- eigentum	Sonder- eigentum	Anmerkung
Dachterrassen	■	■	bei Nutzung durch alle Eigentümer im Gemeinschafts- eigentum; bei Nutzung durch nur einen Eigentümer im Sondereigentum, sofern in der Teilungserklräung ent- sprechend ausgewiesen
Dämm-/Isolierschichten	■		
Decken	■		als konstruktive Elemente des Gebäudes
Deckenverkleidung		■	
Doppelparkanlagen	■		Rechtsprechung nicht einheitlich
Estrich	■	■	
Etagenheizung		■	
Fenster (Teil der Gebäude- hülle)	■		Innenanstrich der Fenster im Sondereigentum
Fensterbänke und -sims	■	■	außen: Gemeinschaftseigentum; innen: Sondereigentum
Fensterläden (Außen- rollläden, Außenjalousien)	■		Zugvorrichtungen und Gurte sowie Innenverkleidung der Rollädenkästen im Sondereigentum
Fußböden	■		als konstruktive Elemente des Gebäudes
Fußbodenbeläge innerhalb- der Wohnung		■	
Fußbodenheizung	■		
Garagen	■		können ggf. dem Sondereigentum zugewiesen werden
Gasuhren	■		
Gemeinschaftsantennen	■		Antennen einzelner Wohnungseigentümer im Sonder- eigentum
Hauptwasser-, Gas- und Elektroleitungen	■		
Haussprechanlagen und Türöffner	■		Endgeräte in der Wohnung im Sondereigentum
Heizkörper		■	einschließlich der waagerechten Zuleitungen in die ein- zelnen Wohnungen von der Steigleitung an. Die Zuord- nung zum Gemeinschaftseigentum ist grundsätzlich zu- lässig, weil die Gesamtheizungsanlage einen funktionel- len Zusammenhang bildet.
Heizungsanlage	■		Zentralheizung, einschließlich Kessel, Brenner, Steuer- einheit, Rohre
Kamine, offene		■	Schornstein als Teil des Kamins im Gemeinschafts- eigentum
Kanalisation	■		

Bauteil/ Ausstattungselement	Gemeinschafts-eigentum	Sonder-eigentum	Anmerkung
Kinderspielplatz	■		
Leitungen	■		bis zur Abzweigung in die einzelnen Wohnungen
Licht-/Luftschächte	■		
Müllabwurfanlagen	■		
Putz innen		■	sofern Fläche durch dauerhafte Markierung abgegrenzt ist
Putz außen	■		
Schlösser, Schlüssel	■	■	Schlüssel und Schlösser zu gemeinsam genutzten Räumen und zur gemeinsamen Haustür im Gemeinschaftseigentum
Schornstein	■		
Solaranlagen	■		soweit sie dem gemeinschaftlichen Gebrauch dienen, aber nicht wenn ein Miteigentümer eine Solaranlage auf seinem Teileigentum füpr den eigenen Gebrauch betreibt
Stellplätze für Pkw im Freien	■		
Stellplätze in Sammelgaragen		■	
Tapeten		■	innerhalb der Wohnung
Telefonanschlüsse	■		
Terrassen, ebenerdige	■		
Treppen	■		
Trittschalldämmung	■		
Türen	■		Haustüren, Türen zu Gemeinschaftsräumen, Wohnungseingangstüren außen
Türen innerhalb der Wohnung		■	Wohnungstür im Gemeinschaftseigentum, deren Innenseite verantwortet der Inhaber des Sondereigentums
Verbrauchsmessgeräte für Warmwasser- und Heizkosten	■		auch wenn sie sich innerhalb der Wohnung befinden
Wände, nicht tragende innerhalb der Wohnung		■	nicht tragende Wände zwischen zwei Wohnungen gehören zum Sondereigentum der beiden Wohnungen
Wände, tragende	■		
Wandverkleidungen		■	
Wärmedämmung	■		Wärmeschutz des Gebäudes steht dem Grundsatz nach im Gemeinschaftseigentum
Wasseruhren	■		auch innerhalb der Wohnung

nur für Gemeinschaftseigentum – wofür auch sonst? In einigen Teilungserklärungen wird das Sondernutzungsrecht an einem Balkon aber dem Sondereigentum grundsätzlich gleichgestellt. Ist dies der Fall, muss der Inhaber dieses besonders ausgestatteten Sondernutzungsrechts wohl allein für die Sanierungskosten „seines" Balkons aufkommen, obwohl er eigentumsrechtlich gesehen tatsächlich Gemeinschaftseigentum ist.

Was ist eine Wohnungseigentümergemeinschaft?

Das Verhältnis der Wohnungseigentümer zueinander richtet sich nach den Regelungen des Wohnungseigentumsgesetzes (WoEigG) und, sofern dieses Gesetz keine besonderen Regelungen trifft, nach den Bestimmungen des Bürgerlichen Gesetzbuchs (BGB). Das WoEigG spricht in Abschnitt 2 (§§ 10–19) ausdrücklich von einer „Gemeinschaft der Wohnungseigentümer", was die Gesamtheit der Wohnungseigentümer einer Liegenschaft meint. Das Gesetz beschreibt die Rechte der Eigentümergemeinschaft gegenüber Dritten sowie die Rechte und Pflichten der Eigentümer gegenüber der Gemeinschaft und der Gemeinschaft gegenüber den einzelnen Eigentümern.

In § 10 Absatz 6 heißt es: „Die Gemeinschaft der Wohnungseigentümer kann im Rahmen der gesamten Verwaltung des gemeinschaftlichen Eigentums gegenüber Dritten und Wohnungseigentümern selbst Rechte erwerben und Pflichten eingehen. Sie ist Inhaberin der als Gemeinschaft gesetzlich begründeten und rechtsgeschäftlich erworbenen Rechte und Pflichten. Sie übt die gemeinschaftsbezogenen Rechte der Wohnungseigentümer aus und nimmt die gemeinschaftsbezogenen Pflichten der Wohnungseigentümer wahr, ebenso sonstige Rechte und Pflichten der Wohnungseigentümer, soweit diese gemeinschaftlich geltend gemacht werden können oder zu erfüllen sind. Die Gemeinschaft muss die Bezeichnung ‚Wohnungseigentümergemeinschaft' gefolgt von der bestimmten Angabe des gemeinschaftlichen Grundstücks führen. Sie kann vor Gericht klagen und verklagt werden."

Die Wohnungseigentümerversammlung ist das oberste Selbstverwaltungsorgan der Gemeinschaft. Sie kann einen Verwaltungsbeirat wählen, der sie bei den laufenden Geschäften der Verwaltung unterstützt, zum Beispiel indem er die Jahresabrechnung und den Wirtschaftsplan prüft, bevor diese Dokumente der Wohnungseigentümerversammlung vorgelegt werden. Rechtsgrundlage für die Wohnungseigentümerversammlung ist das Wohnungseigentumsgesetz (namentlich die §§ 23–25) und die jeweilige Teilungserklärung, die in vielen Fällen von den allgemeinen gesetzlichen Regelungen abweicht. Insbesondere ist die Wohnungseigentümerversammlung zuständig für:

- die Gebrauchsregelungen des gemeinschaftlichen Eigentums,
- Instandhaltung und Instandsetzung,
- die ordnungsgemäße Verwaltung, gegebenenfalls für die Bestellung, Ermächtigung und Abberufung eines Verwalters,
- die Jahresabrechnung samt Rechnungslegung sowie den Wirtschaftsplan,
- bauliche Veränderungen und Aufwendungen.

Beschlüsse der Wohnungseigentümerversammlung werden in der Regel mit der Mehrheit der anwesenden Wohnungseigentümer gefasst, sofern die Versammlung beschlussfähig ist, das heißt wenn die anwesenden stimmberechtigten Eigentümer mehr als die Hälfte der Miteigentumsanteile vertreten.

INFO

MEHR ALS EINFACHE MEHRHEIT?

Eine sogenannte qualifizierte Mehrheit (es müssen mehr als 50 Prozent aller Stimmen im gesamten Objekt – beispielsweise bei 15 Eigentümern mindestens 8 Eigentümer – über den Beschluss abstimmen) war bislang erforderlich, um bauliche Veränderungen (über die reguläre Instandsetzung hinaus) durchzusetzen. Einer doppelt qualifizierten Mehrheit (drei Viertel aller Eigentümer) bedurfte es des Weiteren, um den modernen Stand der Technik (z. B. Verlegung von Glasfaserkabeln) zu erreichen.

Das Wohnungseigentumsmodernisierungsgesetz (WEMoG) aus dem Jahr 2020 ermöglichte dagegen die einfachere Umsetzung von Maßnahmen zur

Förderung der Elektromobilität, der Digitalisierung, von Barrierefreiheit und Einbruchschutz. Das Wohnungseigentumsgesetz (WEG) von 2021 überführte diese Erleichterungen in einen einheitlichen Gesetzestext.

Wie wird Wohnungseigentum gebildet?

Um die besondere Form des Wohnungseigentums herzustellen, müssen verschiedene sachliche und rechtliche Bedingungen erfüllt werden. Wohnungseigentum kann durch vertragliche Einräumung von Sondereigentum (gemäß § 3 WoEigG) zwischen Miteigentümern oder durch Teilungserklärung des Grundstückseigentümers (gemäß § 8 WoEigG) begründet werden. Erforderlich sind

- ein Aufteilungsplan, der die räumlichen Verhältnisse der Wohnungseigentumsgemeinschaft darstellt und von der Baubehörde (oder, je nach Landesrecht, auch von einem öffentlich bestellten oder anerkannten Sachverständigen für das Bauwesen) bestätigt sein muss,
- eine Abgeschlossenheitserklärung für die jeweiligen Wohnungseinheiten, aus der hervorgeht, dass das Wohnungseigentum separat nutzbar ist,
- eine Teilungserklärung des Verkäufers beziehungsweise Eigentümers oder ein Teilungsvertrag der Grundstücksmiteigentümer, worin die Umgestaltung in Wohnungseigentum vereinbart wird.

Für jeden Miteigentumsanteil wird von Amts wegen ein gesondertes Grundbuchblatt (Wohnungsgrundbuch, Teileigentumsgrundbuch) angelegt. Eingetragen werden, neben dem zum Miteigentum gehörenden Sondereigentum, als Beschränkungen die Einräumung der Sondernutzungsrechte, die zu anderen Miteigentumsanteilen gehören. Die Teilung wird mit der Anlage der Wohnungsgrundbücher wirksam. Das Grundbuchblatt des Grundstücks wir danach von Amts wegen geschlossen.

INFO **HAUS ODER NICHT HAUS …** das ist oft die Frage. Ein Wohnungseigentum im Sinne des Gesetzes unterscheidet sich von einem Haus nicht in erster Linie durch die Gestalt des Gebäudes und der darin befindlichen Räume. Entscheidend ist das Grundbuch. Hat das Grundstück ein eigenes Grundbuchblatt? Oder wurde das Grundbuchblatt des Grundstücks geschlossen, nachdem aufgrund einer Teilungserklärung oder eines Teilungsvertrags Wohnungsgrundbücher angelegt worden waren? Auch eine Doppelhaushälfte kann unter Umständen Wohnungseigentum sein. Ebenso stehen Reihenhäuser oft auf einem Grundstück, für das keine Realteilung vorgenommen wurde, obwohl das praktisch möglich gewesen wäre, sondern eine Teilungserklärung im Sinne des Wohnungseigentumsgesetzes abgegeben wurde. Dann kann es sich architektonisch zwar um ein Haus handeln, rechtlich gesehen ist es ein Wohnungseigentum, für das die gleichen Beschränkungen der Eigentümerrechte gelten wie beispielsweise für eine Wohnung im zweiten Geschoss eines Mehrparteienhauses.

Historischer Exkurs

Die Notwendigkeit, etwas eigentlich Unteilbares zu teilen entstand nicht erst in den Jahren nach dem Zweiten Weltkrieg. Schon im Mittelalter sahen sich manche Adelsfamilien mit der Tatsache konfrontiert, dass mehrere Erben ein und dieselbe unteilbare Sache besaßen – seit altdeutscher Zeit existierte das Rechtsinstitut der Ganerbschaft. Erbten beispielsweise mehrere Zweige einer Familie eine Burg gemeinschaftlich, so konnten sie auch nur gemeinschaftlich darüber verfügen. Auf der sogenannten Ganerbenburg mussten die verschiedenen Erben miteinander auskommen, bis zu einem gewissen Grad kooperieren, um nebeneinander friedlich zu koexistieren. Den Alltag des Nebeneinanders verschiedener Familienzweige, die Fragen der Zugangswege und der Nutzungsrechte an gemeinschaftlichen Bauteilen wurde meist in sogenannten Burgfriedensverträgen geregelt, die den heutigen Teilungserklärungen, die das Wohnungseigentum begründen, grundsätzlich vergleichbar waren. Ähnlich wie

Burg Eltz, Rheinland-Pfalz, eine der bekanntesten Ganerbenburgen Deutschlands – eine wirkliche „Mehrfamilienburg"

bei einer heutigen Eigentümergemeinschaft versammelte man sich regelmäßig, meist jährlich, um anstehende Probleme zu besprechen und Beschlüsse zu fassen.

Die vielleicht bekannteste Ganerbenburg ist die Burg Eltz in Rheinland-Pfalz. Hier erbten 1268 drei Linien der Familie die Burg gemeinschaftlich und mussten sich miteinander arrangieren: Eltz vom Goldenen Löwen (Kempenich), Eltz vom Silbernen Löwen (Rübenach) und Eltz von den Büffelhörnern (Rodendorf). Die drei Familienzweige bewohnten einerseits separate Teile der Burg, nutzten aber auch andere Teile der Anlage als Gemeinschaftseigentum. Die von den Büffelhörnern starben 1440 aus; deren Anteil wurde unter den beiden Löwenfamilien aufgeteilt. Aber erst 1815 kaufte ein Goldener Löwe die Anteile eines Silbernen Löwen und brachte damit die gesamte Burg in seinen eigenen Besitz.

Bevor in Deutschland im Jahr 1900 das Bürgerliche Gesetzbuch in Kraft trat, kannten die Rechtsordnungen verschiedener deutscher Länder das sogenannte Etagen- oder Stockwerkeigentum. Zu unterscheiden war dabei echtes und unechtes Stockwerkeigentum.

Beim echten Stockwerkeigentum lagen Teilungsverhältnisse mittels Sondereigentum und Miteigentumsanteilen vor, die denen unseres heutigen Wohnungseigentums vergleichbar waren. Beim unechten Stockwerkeigentum hingegen gehörte das Grundstück nebst Gebäude in all seinen Teilen allen Berechtigten gemeinsam – die Zuweisung konkreter Gebäudeteile (zum Beispiel Stockwerke) an einzelne Berechtigte erfolgte lediglich zur Benutzung. In vielen Fällen solcher unklaren Teilungen waren Fragen des Gemeinschaftseigentums nicht bindend geregelt; daher gab es häufig Auseinandersetzungen in solcherart geteilten Häusern, die im Volksmund deshalb auch „Streithäuser" genannt wurden. Überraschenderweise landeten selbst fast 100 Jahre nach Inkrafttreten des Bürgerlichen Gesetzbuchs noch Streitfälle vor deutschen Gerichten, die auf Rechtsverhältnisse des 19. Jahrhunderts zurückgingen. So verlangte in einem Verfahren vor dem Landgericht Mosbach 1995 der Kläger die Zustimmung zur Berichtigung eines Grundbucheintrags, der sich auf einen längst abgerissenen Gebäudeteil bezog, an dem der Kläger Stockwerkeigentum nach badischem Recht hatte.

Die DDR brach in ihrem Zivilgesetzbuch ebenfalls den Grundsatz des BGB, dass Gebäude das rechtliche Schicksal des Grundstücks teilen – nur auf ganz andere Weise als das Wohnungseigentumsgesetz der Bundesrepublik Deutschland. Das DDR-Recht trennte Grundstückseigentum vom Eigentum an Gebäuden und führte das besondere Rechtsinstitut des Nutzungsrechts ein. So lautete § 287 im Zivilgesetzbuch (ZGB) der DDR:

„(1) Bürgern kann zur Errichtung und persönlichen Nutzung eines Eigenheims oder eines anderen persönlichen Bedürfnissen dienenden Gebäudes an volkseigenen Grundstücken ein Nutzungsrecht verliehen werden."

Viele Eigenheime, Doppel- und Reihenhäuser, die seit 1971 in der DDR gebaut wurden, sind auf Grundstücken errichtet worden, an denen der Bauherr kein Eigentum hatte, sondern ein „durch das zuständige staatliche Organ" verliehenes Nutzungsrecht. Die „Grunderkrankung" dieses Nutzungsrechts war allerdings nicht die Verleihung, sondern das „Volkseigentum": In allzu vielen Fällen war es ein lediglich angemaßtes Recht, das sich über die Rechte der Alteigentümer einfach hinwegsetzte. Nach 1990 wurde die Trennung von Grundstück und Gebäude wieder aufgehoben.

Mehrfamilienhaus – Umwandlung in Eigentumswohnungen

Nicht nur Bauträger, die einen Neubau errichten, schaffen mittels einer Teilungserklärung Eigentumswohnungen – man sieht in den Städten häufig die Bautafeln der Unternehmen, die den Neubau „exklusiver Eigentumswohnungen" ankündigen; wobei das Adjektiv „exklusiv" derzeit reichlich überstrapaziert wird. Auch Eigentümer von Mehrfamilienhäusern, die bislang Mietwohnungen beherbergten, haben die Möglichkeit, den Wohnungsbestand ihrer Häuser in Eigentumswohnungen umzuwandeln.

Ein Hauseigentümer, der genau dies tun möchte, braucht dazu keine generelle Genehmigung. Nur bei Mietwohnungen im sozialen Wohnungsbau bedarf es der ausdrücklichen Zustimmung der Bewilligungsbehörde. Die Umwandlung kann sich von den Mietern völlig unbemerkt vollziehen – auf dem Grundbuchamt. Dort reicht der Eigentümer eine Abgeschlossenheitsbescheinigung mit einem Aufteilungsplan ein. Der Bauaufsichtsbehörde gegenüber muss der Eigentümer mit diesem Aufteilungsplan nachweisen, dass die einzelnen Einheiten seines Gebäudes über einen eigenen Eingang verfügen und hinreichend gegen andere Einheiten abgegrenzt sind – worin eben das Wesen der „Abgeschlossenheit" liegt. Dabei ist nicht erforderlich, dass eine abgeschlossene Einheit auf einer Etage liegt, auch eine Wohnung über zwei Etagen kann eine solche abgeschlossene Einheit bilden, wenn die Etagen durch eine gemeinsame Treppe miteinander verbunden sind.

Vor einem Notar kann der Eigentümer dann die Teilung vollziehen, indem er eine Teilungserklärung beurkunden lässt. Hierzu gehört ein Teilungsplan, aus dem exakt hervorgeht, wie die abgeschlossenen Einheiten beschaffen sind (Sondereigentum einschließlich beispielsweise Kellerraum und/oder Speicherplatz und/oder Garage) und welche Sondernutzungsrechte am Gemeinschaftseigentum (z. B. Nutzung eines Stellplatzes in der Tiefgarage, Nutzung eines Gartenabteils) bestehen. Sodann wird die Teilung dem Grundbuchamt gegenüber erklärt. Dort wird in der Folge ein Wohnungsgrundbuch angelegt, das jede Wohnung einem Eigentümer zuordnet. Das ursprüngliche Grundbuchblatt des (vormals ungeteilten) Grundstücks selbst wird dann von Amts wegen geschlossen.

Gibt es einen Kaufinteressenten für eine Wohnung in einem Mehrfamilienhaus, das jüngst von einem Mietshaus in eine Eigentumswohnanlage umgewandelt worden ist, dann sollte dieser Interessent Folgendes beachten:

- Die Umwandlung in eine Eigentumswohnung bricht einen bestehenden Mietvertrag nicht.
- Zudem genießt er das Vorkaufsrecht für die Wohnung, die er als Mieter bewohnt. Er muss dieses Vorkaufsrecht aber nicht sofort ausüben, sondern kann so lange mit der Entscheidung warten, bis die Wohnung an einen anderen Kaufinteressenten – also

beispielsweise Sie – verkauft worden ist. Legt der Verkäufer seinem Mieter diesen Kaufvertrag vor, hat der Mieter immer noch zwei Monate Zeit, sich zu überlegen, ob er das Vorkaufsrecht ziehen oder weiter Mieter bleiben will.

- Übt der Mieter sein Vorkaufsrecht nicht aus, gilt der Mietvertrag weiter. Der neue Eigentümer der Wohnung – das sind also eventuell weiterhin Sie – muss jetzt den Weg der Eigenbedarfskündigung gehen.
- Mieter, deren Wohnungen in Eigentumswohnungen umgewandelt wurden, genießen einen besonderen Kündigungsschutz. Eine Eigenbedarfs- oder Verwertungskündigung ist regelmäßig für drei Jahre ausgeschlossen. Für Gebiete, in denen Mietwohnungen besonders knapp sind, können die Landesregierungen diese Sperrfrist auf bis zu zehn Jahre ausweiten. Verschiedentlich ist das auch schon geschehen.

Es kann also eine lange Zeit dauern und einen hohen juristischen Aufwand bedeuten, wenn Sie als Kaufinteressent in den tatsächlichen Besitz einer vermieteten Eigentumswohnung kommen wollen, sofern es sich um eine erst kürzlich in eine Eigentumswohnanlage umgewandelte Immobilie handelt.

Das Haus behalten

Geerbt oder gekauft – aber das liegt schon einige Zeit zurück. Jetzt wohnen Sie in Ihrem Haus, und nach und nach stellt sich heraus, hier und dort stimmt etwas nicht. Es beschleicht Sie das Gefühl, dass umso mehr Unangenehmes ans Tageslicht tritt, je tiefer Sie bohren. Und das kann ganz wörtlich gemeint sein: Das einzelne Bohrloch bringt die erste Fliese zu Fall. Und als die zweite fällt, stellen Sie fest, dass hinter den Fliesen ein Raum ist, der da nicht sein sollte, und dass da jedenfalls nicht die Wand ist, die stattdessen dort sein sollte, und dass Sie hinter der nicht vorhandenen Wand etwas vorfinden, was Ihnen ganz und gar nicht gefällt. Es ist die sprichwörtliche Leiche im Keller; sie kann Ihnen in Gestalt des Echten Hausschwamms oder des Braunen Kellerschwamms begegnen oder in anderer Furcht einflößender Gestalt. Die Bausünden der Väter straft der Gott der Baukunst bis ins vierte Glied.

Nicht immer ist der Immobilieneigentümer gleich mit einem Katastrophenszenarium konfrontiert. Gut möglich auch, dass sich die individuellen Bedürfnisse des Eigentümers im Lauf der Jahre und Jahrzehnte verändern.

- Es ist ein ganz normaler Vorgang, dass man mit Mitte 60 von seinem Haus andere Dinge erwartet, als man es mit Mitte 30 tat. Möglicherweise tauchen Überlegungen auf, dass, wenn man das Haus weiter nutzen will, Fragen der Barrierefreiheit gelöst werden müssen.
- Ein klassischer Fall: Die Kinder sind ausgezogen und die früheren Kinderzimmer sollen nicht als Museum genutzt, sondern stattdessen eine Einliegerwohnung geschaffen werden.
- Gesetzliche Vorschriften ändern sich. Beispielsweise entspricht der Heizkessel nicht mehr den aktuellen Normen und muss ausgetauscht werden. In diesem Zusammenhang stehen weitergehende Fragen der energetischen Modernisierung auf dem Plan: etwa die Wärmedämmung, die Abdichtung der Gebäudehülle, die Erneuerung der Fenster, die Beseitigung bislang vernachlässigter Wärmebrücken.

Sitzen Sie als Eigentümer nun in der Falle? Nein. Auch für den Problemfall gibt es einen Lösungsweg, wenn Ihnen die Immobilie bereits gehört. Er unterscheidet sich nicht wesentlich von dem Weg, den der potenzielle Käufer oder Erbe gehen wird, nur dass die Zeitverläufe geringfügig verschoben sind und der Eigentümer einer Bestandsimmobilie einiges nacharbeiten muss, was der potenzielle Käufer vernünftigerweise als Vorarbeit erledigt. In jedem Fall steht am Beginn eine ehrliche und sachliche – man kann ruhig sagen schonungslose – Bestandsaufnahme.

Geteilte Schenkung

Ein Modell, das sich zunehmender Beliebtheit erfreut, ist die Immobilienübertragung mittels geteilter Schenkung. Sinn dieses Modells ist es, die Vermögensübertragung so steuersparend wie möglich zu bewerkstelligen.

Im Regelfall ist eine Schenkung steuerlich genauso zu behandeln wie eine Erbschaft. Hier fällt die Schenkungssteuer, dort die Erbschaftssteuer an. Wann der Erbfall eintritt, lässt sich nicht vorhersagen. Wie hoch der Wert der Immobilie sein wird, um die es geht, ist ebenso ungewiss. Den Zeitpunkt einer Schenkung, der eine vorweggenommene Erbschaft darstellen soll, kann man dagegen sehr wohl planen und bestimmen. Und als Bemessungsgrundlage dient der gegenwärtige Wert der Immobilie.

Wollten also die Eltern Müllermeyer ihren beiden Kindern im Jahr 2022 eine Immobilie im Wert von 700 000 Euro übertragen, unternähmen sie das im Weg einer „geteilten Schenkung". Der Immobilienwert würde an beide Kinder zu gleichen Teilen – jeweils 350 000 Euro – übertragen und es bliebe immer noch ein Rest. Die Kinder profitierten davon, dass ihnen ein Freibetrag von 400 000 Euro zusteht, Schenkungssteuer also nicht anfiele. Dieser Freibetrag stünde nach zehn Jahren abermals zur Verfügung. Die Eltern Müllermeyer könnten also im Jahr 2032 erneut zweimal 400 000 Euro steuerfrei verschenken – jedenfalls sofern Gesetzesänderungen das Verfahren nicht obsolet machen.

Das Konstrukt ist nicht ganz so schlicht, wie hier beschrieben. Die Eltern Müllermeyer sollten sich, wenn sie im verschenkten Haus wohnen bleiben wollen, ein lebenslanges Wohnrecht im Grundbuch eintragen lassen. Auch an Rückfallklauseln wäre im Schenkungsvertrag zu denken, damit die Immobilie aus Unglücksfällen wie Scheidung, Insolvenz oder Weiterverschenkung herausgehalten werden kann. Als Sicherheit gegen den Fall, dass sich die Müllermeyer-Kinder grob undankbar verhalten oder das geschenkte Vermögen verprassen, könnte sich ein Widerrufsrecht empfehlen. Was an dieser Stelle vor allem zu empfehlen ist: sich vor dem Abschluss eines Schenkungsvertrags, der im Übrigen vor einem Notar geschlossen werden muss, qualifizierten Rechtsrat einzuholen.

Gemischte Schenkung

Ist die Immobilie so wertvoll, dass selbst eine geteilte Schenkung die Freigrenzen sprengt, kann es die Familie Müllermeyer mit einer sogenannten gemischten Schenkung versuchen. Eine Schenkung ist grundsätzlich ein Vorgang, bei dem eine Person einer anderen Person etwas (einen Gegenstand, eine Immobilie oder Geld) überlässt, ohne dafür eine Gegenleistung zu verlangen. Eine gemischte Schenkung hingegen ist nur eine zum Teil unentgeltliche Überlassung. Die Eltern Müllermeyer überlassen beispielsweise ihr Haus ihren Kindern, aber nicht gänzlich ohne Gegenleistung. Sie könnten dafür ein lebenslanges Wohnrecht verlangen oder Pflegedienstleistungen oder den altersgerechten Umbau des Hauses, der von den Müllermeyer-Kindern finanziert wird. Die Eltern bekommen also eine Gegenleistung, die aber dem Wert des Geschenks – der Immobilie – nicht entspricht. Die Gegenleistung lässt sich in Geld ausdrücken und sie mindert den Wert des Geschenks um diesen Betrag. Das wiederum könnte dazu beitragen, innerhalb des Schenkungssteuerfreibetrags zu bleiben. Auch hier ist eine qualifizierte Rechtsberatung dringend zu empfehlen. Denn wer jemals als juristischer Laie ein Gerichtsurteil in Sachen gemischte Schenkung gelesen (und kaum ein Wort verstanden) hat, wird begreifen, wie wichtig das ist.

Weitere Formen des Erwerbs

Der normale Weg zum Erwerb eines Hauses ist, von Erbschaft und Schenkung einmal abgesehen, der Kauf. Verkäufer und Käufer schließen vor einem Notar einen Kaufvertrag, der die Bedingungen der Zahlung, des Lastenübergangs regelt. Dieser Prozess ist in Deutschland weitgehend formalisiert (siehe Kapitel „Schlüsselübergabe und Lastenübergang" ab S. 222).

Daneben gibt es weitere Möglichkeiten, Eigentum an einer Immobilie zu erlangen. Die beiden häufigsten sind Zwangsversteigerung und Mietkauf.

Zwangsversteigerung
Unter Zwangsversteigerung versteht man die Durchsetzung des Gläubigeranspruchs gegen einen Schuldner mit staatlichen Mitteln. Einschlägig ist das „Gesetz über die Zwangsversteigerung und die Zwangsverwaltung" von 1897, zuletzt geändert am 22. Dezember 2020 (abgekürzt ZVG). Es bezieht sich zuallererst auf Grundstücke und die darauf befindlichen Bauten. Während die Zwangsverwaltung auf die „Früchte" des Grundstücks (z. B. Mieteinnahmen, land- und forstwirtschaftliche Erträge) zielt und hier daher vernachlässigt werden kann, beabsichtigt die Zwangsversteigerung die Verwertung der Substanz. Es geht also um unbewegliches Vermögen, etwa Grundstücke und deren Aufbauten, Wohnungseigentum, Teileigentum sowie grundstücksgleiche Rechte wie das Erbbaurecht.

Zeiten steigender Immobilienpreise locken viele Interessenten, auf einer Zwangsversteigerung günstig an ein Haus zu kommen. Denn oft werden Immobilien zu einem Preis weit unter Marktpreis ausgelobt. Aber Achtung! Bestimmte rechtliche Hürden verhindern, dass ein Haus zum Ramschpreis weggeht. Oder anders herum: Wo ein Ramschpreis draufsteht, ist auch meist nur Ramsch drin.

Als Immobilienlaie müssen Sie darauf gefasst sein, dass Sie bei einer Zwangsversteigerung in eine Expertenrunde geraten. Rechnen Sie besser damit, dass alle anderen mit den Verfahren vertrauter sind, die Immobilie besser einschätzen können als Sie und sich vielleicht sogar untereinander kennen, weil sie häufiger bei Zwangsversteigerungen bieten.

Als Laie können Sie Glück haben. Glück können Sie aber auch im Spielcasino haben. Doch alle wichtigen Voraussetzungen und Maßnahmen, die in diesem Buch zusammengefasst sind und zu einer Kaufentscheidung beitragen sollen, können Sie vor der Versteigerung gar nicht erledigen. Der Schuldner, dessen Haus unter den Hammer kommt, muss Sie nicht einmal zu einer Besichtigung einlassen – von einer weitergehenden Bestandsaufnahme ganz zu schweigen. Er muss Sie weder über Reparaturbedürftigkeit, Renovierungsstau, Bauschäden oder verdeckte Mängel aufklären, muss Ihnen keine Akten und Pläne zeigen, er muss Sie nicht einmal über eventuell bestehende Miet- oder Nutzungsverträge aufklären. Auf einen Energieausweis haben Sie bei einem Eigentumswechsel via Zwangsversteigerung ohnehin keinen Anspruch. In den meisten Fällen wissen Sie über die Immobilie, bevor der Hammer fällt, nicht mehr als im Grundbuch und im Verkehrswertgutachten des Amtsgerichts steht und was Sie von außen gesehen haben. Daraus können Sie dann zwar entnehmen, was alles nicht begutachtet worden ist. Aber das Risiko ist sehr hoch. Zumal Sie bereits mit dem Hammerschlag des Auktionators Eigentümer (mit allen Rechten und Lasten) sind. Insofern weicht die Praxis hier von dem Grundsatz ab, dass der Eigentumsübergang erst mit der Eintragung ins Grundbuch vollzogen ist.

Wenn Sie das Risiko eingegangen und ein glückliches Händchen – das sei Ihnen gewünscht! – gehabt haben, beginnt für Sie das gleiche Prozedere nach dem Erwerb, das für alle anderen Immobilienkäufer vor dem Erwerb steht.

Achtung Blindkauf!

Gekauft wie (flüchtig) gesehen oder – schlimmer noch – nach Exposé gekauft, ohne die Immobilie je in Augenschein genommen zu haben – das kann sich als fataler Fehler herausstellen. Schon manches Schnäppchenhaus ist so zum Millionengrab geworden. Sanierungskosten werden von Laien oft viel zu niedrig veranschlagt. Folgen Sie auch hier den elf Stationen (siehe auch die Übersicht auf Seite 35), wenn Sie auf der sicheren Seite sein wollen.

Mietkauf
Deutschland ist ein klassisches Mieterland. Der Anteil an Mietwohnungen ist bei uns höher als bei vielen unserer Nachbarn. Dennoch wünschen sich viele Mieter früher oder später Eigentum – Wohneigentum in Form eines eigenen Haues oder einer Eigentumswohnung. Oft spricht beim Kassensturz der Mangel an Eigenkapital dagegen. Oder der Bankberater runzelt die Stirn, wenn ihm ein Selbstständiger gegenübersitzt, dessen Einkommensverhältnisse so

wechselhaft sind, dass die regelmäßige Bedienung eines Annuitätendarlehens zweifelhaft erscheint. In dem Fall scheint der Mietkauf (auch in Form des Optionskaufs gepflegt) eine vielversprechende Alternative zur Finanzierung über ein Bankdarlehen zu sein. Das Prinzip ist einfach: Die monatlichen Mieten werden teilweise auf den Kaufpreis angerechnet. Nach einer vereinbarten Frist – oftmals handelt es sich um zehn oder fünfzehn Jahre – wird dann der Restbetrag des Kaufpreises fällig. So weit die Theorie.

In der Realität verlangt der Verkäufer beim Abschluss eines Mietkaufvertrags (und vor der notariellen Beurkundung) in der Regel eine Anzahlung auf den Kaufpreis von bis zu 20 Prozent. Das entspricht in etwa dem Eigenkapitalanteil, den auch eine finanzierende Bank vom Immobilienkäufer oder von Bauherren mindestens erwartet. Der Vorteil, dass ein Mietkaufvertrag ohne Beteiligung einer Bank zustande kommt (und womit die Anbieter des Mietkaufmodells gerne à la „Schuldenfrei ins Eigenheim" werben), erweist sich zumindest in diesem Punkt als unstimmig. Statt einer einmaligen Anzahlung kann aber auch eine Ratenzahlung vereinbart werden, sofern dem Mietkäufer das nötige Kapital für die einmalige Anzahlung fehlt. Damit erhöht sich aber auch die monatliche Belastung; der Vorteil, keine Verbindlichkeiten gegenüber einer Bank oder Bausparkasse zu haben, besteht damit nur noch nominell. Und diese Belastung verwandelt sich schnell in einen Nachteil, denn der Mietkäufer ohne nennenswertes Eigenkapital ist quasi dreifach belastet: Er zahlt erstens die Raten für die Anzahlung, zweitens die überhöhte Miete und muss drittens noch selbst dafür vorsorgen, dass er das Kapital für den schlussendlichen Kauf der Immobilie auch aufbringen kann. Ist keine Restzahlung vereinbart, erhöht sich die Belastung aus der überhöhten Mietzahlung entsprechend oder die Zeit bis zur tatsächlichen Entschuldung verlängert sich. Die Verführung kehrt sich ins Gegenteil, wenn Einkommensschwache neben den Belastungen der Mietkaufraten kein Eigenkapital aufbauen können.

Werden dem Mietkäufer die regelmäßigen Belastungen zu hoch, kommt er nur mit beträchtlichen wirtschaftlichen Verlusten aus dem Mietkaufvertrag wieder heraus. Außerdem muss er Vermittlungs- und Abschlussgebühren, Provisionen und erhöhte Versicherungsbeiträge einkalkulieren.

Die Gefahr einer wirtschaftlichen Überlastung besteht allerdings auch beim Immobilienerwerb mithilfe einer finanzierenden Bank und/oder Bausparkasse. Würden Eigentümer in einem solchen Fall ihre Immobilie auf dem Weg der Zwangsversteigerung – und meist weit unter Wert – verlieren und oftmals obendrein auf Schulden sitzenbleiben, könnten Mietkäufer den Vertrag kündigen, aus der Immobilie ausziehen und das angesparte Guthaben mitnehmen, argumentieren Befürworter des Mietkauf-Modells. Kritiker erwidern: Gerät der Anbieter von Immobilien zum Mietkauf in wirtschaftliche Schwierigkeiten oder gar in die Insolvenz, steht der Anleger praktisch vor dem Nichts; im schlimmsten Fall hat er weder eine Immobilie noch bekommt er das angesparte Geld zurück.

Auf jeden Fall sollte man genau hinschauen, mit wem und worauf man sich bei einem Mietkauf einlässt. Vor Jahren schon warnten Kritiker davor, dass mit diesem Modell auch Schrottimmobilien angeboten würden, die auf anderem Weg nicht mehr zu vermarkten waren. Insbesondere komme es auf eine genaue Prüfung des Bauzustands an, womit wir wieder beim Thema dieses Buches sind.

Auch die Gesellschaftsform einer Genossenschaft schützt einen Anbieter von Mietkaufobjekten nicht vor Insolvenz, wie das Beispiel der Geno Wohnbaugenossenschaft eG aus Ludwigsburg der Jahre 2018/19 belegt.

INFO **MIETKAUF UND OPTIONSKAUF** Mietkauf und Optionskauf sind nicht immer sehr klar voneinander abzugrenzen. Beim gewissermaßen klassischen Mietkauf schließen Vermieter und Mieter einen Mietkaufvertrag. In ihm werden zwei Komponenten miteinander verbunden: der Mietvertrag und der Vertrag über den Erwerb des künftigen Eigentums. Dieser Doppelvertrag regelt alle Rechte und Pflichten der Vertragspartner und muss von einem Notar beurkundet werden. Eine Auflassungsvormerkung im Grundbuch sichert

den Anspruch des Mieters/Käufers. Der Mieter verpflichtet sich, die Immobilie zu einem bestimmten Zeitpunkt zu kaufen. Der Vermieter stundet bis zu diesem Zeitpunkt den Kaufpreis für die Immobilie. Die Schulden (inklusive Zinsen) begleicht der Mieter auf dem Weg eines entsprechend erhöhten Mietzinses.
Ein Optionskauf hingegen beinhaltet keine Kaufverpflichtung. Oft wird dieses Modell von Genossenschaften angeboten. Auch hier zahlt der Mieter einen höheren Mietzins, von dem ein bestimmter Teil auf den Kaufpreis angerechnet wird. Der Mieter erwirbt aber eine Option, die Immobilie zu einem späteren Zeitpunkt zu kaufen. Das Optionsrecht des Mieters muss im Grundbuch eingetragen werden.

Mietkauf ist fast immer teurer als eine klassische Immobilienfinanzierung mittels Hypothekendarlehen. Insbesondere ist Vorsicht geboten, wenn der Mietzins nicht transparent dargestellt wird.

- Wie hoch ist der Mietanteil, der auf den Kaufpreis angerechnet wird, tatsächlich?
- Wie hoch ist die verbleibende Netto-Kaltmiete im Vergleich zu den ortsüblichen Vergleichsmieten?

Die Stiftung Warentest hat in den letzten Jahren immer wieder Mietkaufmodelle untersucht und bewertet. Auf folgende Bedingungen und Kostenfaktoren sollten Sie besonders achten und diese in Ihre Kalkulation einbeziehen:

- Der Anbieter kassiert häufig eine hohe Gebühr für Finanzberatung und Vermittlung. Sie müssen damit rechnen, dass Ihnen diese Gebühr nicht erstattet wird, wenn Ihnen keines der angebotenen Häuser zusagt.
- Manche Anbieter verlangen zusätzlich eine Monatsgebühr über die gesamte Laufzeit des Mietkaufvertrags.
- Der Mietkäufer muss darüber hinaus eine Risikolebensversicherung abschließen und die Beiträge zahlen.
- Die Miete ist oft überhöht. Setzen Sie sie ins Verhältnis zur ortsüblichen Vergleichsmiete, bevor Sie den Vertrag abschließen!
- Für Reparaturen und Instandhaltung wird der Mietkäufer finanziell verantwortlich gemacht, etwa für ein neues Dach oder eine neue Heizung.
- Besonders findige Anbieter versprechen hohe Renditen (bis zu 10 Prozent) bei dem zugrunde liegenden Sparplan. Das ist unrealistisch. Selbst bei Anlagen in Aktienfonds ist das Sparergebnis auf einen Endtermin bezogen immer unsicher.
- Wer die Doppelbelastung aus Miete und Sparplan nicht mehr zahlen kann, kommt nur unter finanziellen Verlusten aus dem Vertrag heraus.
- Einige Länder und Kommunen fördern den Immobilienkauf. Mietkäufern entgehen diese Mittel meist.

DER STRATEGISCHE PLAN

Wer ein eigenes Haus besitzen will, verbindet damit Wünsche und Ziele. Für manchen potenziellen Immobilienkäufer sind diese Wünsche und Ziele noch so unbestimmt, dass er sie gar nicht so recht zu formulieren weiß. Oft sind es Träume und Visionen, vage Vorstellungen – Luftschlösser. Und Luftschlösser sind bekanntlich die Immobilien mit den höchsten Nebenkosten und dem geringsten Verkehrswert. Die Redewendung „ein Schloss in der Luft bauen" stammt übrigens schon aus dem 16. Jahrhundert und bedeutete so viel wie „auf dem Dachboden sitzen und träumen". Eine Betätigung, die schon damals den Spott der Zeitgenossen auf sich zog, weil sie nichts Nützliches schuf, vielmehr notwendiges Handeln verhinderte. Das ist heute nicht anders. Wer sich mit dem Gedanken trägt, eine Immobilie zu erwerben, wird möglichst viele seiner persönlichen Wünsche und Vorstellungen verwirklichen wollen – am besten natürlich alle. Da kommen viele Ideen zusammen, werden Träume gesponnen, Visionen entwickelt, Luftschlösser gebaut. Sie alle lassen sich in den seltensten Fällen im Rahmen der eigenen finanziellen Möglichkeiten vollständig realisieren.

Es ist nicht schlimm, wenn man gelegentlich einmal Luftschlösser baut. Man muss nur akzeptieren, dass man darin nicht wohnen kann. Wenn Sie also schon einmal so weit gekommen sind, dass Sie auf dem Dachboden Ihres künftigen Traumhauses sitzen, dann unterbrechen Sie das Träumen für einen Augenblick und schauen sich bei dieser Gelegenheit die Beschaffenheit des Daches an. Doch das sind bereits Einzelheiten, auf die später noch einmal ausführlicher eingegangen wird.

Warum alt und nicht neu?

Zurück zum Thema Hauskauf. Warum verliebt man sich in ein altes Gebäude, in ein Haus, das man nicht selbst hat bauen lassen, das schon steht und eine eigene Geschichte hat? Es mag viele unterschiedliche Gründe dafür geben – alle, die man auch benennen kann, bilden niemals vollständig alle Motive ab, die ein Haus für den Erwerber attraktiv machen.

Immobilien, die bereits eine Zeit lang stehen, drücken immer auch den Charakter, den Geschmack und die Lebensweise der vorherigen Bewohner aus. Selbst wenn das Haus schon eine Weile leer stand, kann man sich bei einer ersten Besichtigung nicht der Frage erwehren: Was mag sich der Bauherr seinerzeit dabei gedacht haben? Kaufinteressenten berichteten etwa von einem großen Einfamilienhaus, das in einer sächsischen Kleinstadt zum Verkauf stand. Es war 1938/39 erbaut worden und verfügte über eine massive, bombensichere Kellerdecke aus Stahlbeton. Die Bauherren müssen sehr wohlhabend gewesen sein (wie sich später herausstellte, waren sie Textilfabrikanten gewesen). Im Keller befanden sich nicht die „üblichen Verdächtigen" von Haustechnik über Waschhaus bis zum Weinregal, sondern die Raumordnung ließ es zu, im Kellergeschoss eine komplette zweite Familienwohnung zu installieren. Die Kellerdecke übertraf die seinerzeitigen Anforderungen an den Luftschutz. Selbst wenn das Haus oberhalb der Kellerdecke komplett zerstört worden wäre, hätte den Bewohnern in der Kellerwohnung ein komfortables Ambiente zur Verfügung gestanden.

Alte Häuser können Geschichten erzählen. Das übt einen ganz besonderen Reiz aus. Je nach Alter des Hauses kann den Erwerber mitunter der „Atem der Geschichte" anwehen. Dieser Odem aber kann auch etwas abgestanden duften, und man möchte als künftiger Eigentümer schon wissen, was man da – im wörtlichen wie im übertragenen Sinn – einatmet … Stichwort „Altlasten".

Baukultur

Neben den Befindlichkeiten der jeweiligen Bauherren gibt es den wichtigen Aspekt, der für die Bewahrung und Modernisierung von Bestandsimmobilien spricht – die Baukultur. „Bei der Weiterentwicklung gebauter Strukturen sind bestehende Qualitäten zu erkennen, wertzuschätzen und zu pflegen. Umbaukultur geht über die rein ökonomische Bewertung hinaus und beinhaltet gesamtgesellschaftliche und ökologische Interessen. Qualifizierte Handwerkstechniken, nachhaltige Baustoffe und flexible Lösungen sichern baukulturelle Werte, von kleineren Umbaumaßnahmen über energetische Sanierung bis hin zu stadtverträglichen Neubauten", hieß es im Baukulturbericht 2018/19. Zwei Jahre später formulierten die Gutachter: „Nicht nur angesichts des Klimawandels und schwindender Ressourcen wächst die Erkenntnis, dass ein Wechsel von einer vorrangigen Neubaukultur zu einer Umbaukultur notwendig ist. Zunehmend wird die in Bestandsgebäuden gebundene graue Energie berücksichtigt und die identitätsstiftende Bedeutung von ortsbildprägenden Bestandsgebäuden gesehen."

Stadtplaner und Stadtverwaltungen – namentlich in mittleren und kleineren Städten – stehen heute oft vor einem Dilemma. Während in den Großstädten der Zuwanderungsdruck zunimmt und die Kommunen nach Kräften – wenn auch nicht immer mit gleichem Erfolg – bemüht sind, bezahlbaren Wohnraum zu schaffen, beschäftigen die Abwanderung der Bewohner und mancherorts leerfallende Ortszentren die kleineren Kommunen und die Verantwortlichen für ländliche Räume. Wandern Bewohner aus einer Kommune ab, verringern sich die Zahlungen, die sie aus dem kommunalen Finanzausgleich beanspruchen kann. Der Kampf um Bürger ist also zugleich immer auch ein Kampf um Geld. Um diesen Kampf erfolgreich zu bestehen, sollen die Kommunen natürlich attraktiv sein. Attraktivität bedeutet auch ansprechende Wohnbedingungen, deren Anziehungskraft wiederum mit der Nähe zur Innenstadt steigt. Als besonders attraktiv gelten intakte, wohlsanierte Altstädte. Attraktivität aber kostet Geld.

Erst neu und alt nebeneinander schafft ein abwechslungsreiches Stadtbild.

Um welche Größenordnungen geht es dabei eigentlich?

- Für den Gesamtgebäudebestand 2030 geht die Bundesstiftung Baukultur von folgenden Proportionen aus: 30 Prozent des Siedlungsbestands sind „besonders erhaltenswerte Bauten", 59 Prozent entfallen auf sogenannte Alltagsbauten, 8 Prozent umfassen Neubauten, die zwischen 2017 und 2030 voraussichtlich fertiggestellt werden, 3 Prozent der Gebäude sind ausgewiesene Denkmale.
- 57 Prozent der Bevölkerung gefallen Alt- und Neubauten, 36 Prozent ziehen einen Altbau einem Neubau vor, nur 7 Prozent favorisieren Neubauten. Das ergab eine Bevölkerungsbefragung zum Baukulturbericht 2018/19.
- Nach Schätzung des Deutschen Instituts für Wirtschaftsforschung (DIW) Berlin entfielen 2017 66,2 Prozent der Bauleistungen (im Volumen von 142,1 Milliarden Euro) auf Arbeiten an bestehenden Gebäuden; das Neubauvolumen machte 33,8 Prozent (72,6 Mrd. Euro) aus.

Auch unter den verschiedenen Aspekten des Klimaschutzes ist der sorgsame Umgang mit vorhandenen und erhaltenswerten Gebäuden wichtig. Das Bundesministerium für Umwelt, Naturschutz, Bau und Reaktorsicherheit machte bereits 2014 darauf aufmerksam: „Der Erhalt von Gebäuden ist unter Klimaschutzaspekten ein besonders effektiver Beitrag zur Reduzierung des CO_2-Ausstoßes. Die Weiterverwendung bereits gebundener Baustoffe erspart an anderer Stelle zusätzlichen Aufwand für die Produktion und Verteilung von Baumaterialien." Dieser Grundsatz gilt natürlich nicht nur für Denkmale und „besonders erhaltenswerte Gebäude", sondern auch für die Alltagsgebäude, also vielleicht für das Einfamilienhaus, auf das Ihr Blick gerade gefallen ist. „Alltagsbauten gelten als Zweckbauten ohne besonderen funktionalen oder baukünstlerischen Anspruch. Das heißt jedoch nicht, dass sie aus baukultureller Sicht nicht wertvoll sind. Sie beinhalten mindestens ökonomische und ökologische Werte als Ressource für neue Nutzungen und baukulturelle Weiterentwicklung und sind darüber hinaus Wohnorte, Arbeitsplätze und Orte der Freizeit für Millionen Menschen."

Schwächen aufdecken

Wenn Sie sich mit dem Gedanken tragen, ein Haus mit Geschichte zu erwerben, werden Sie sich wahrscheinlich schon die Frage gestellt haben, was Sie als Erstes tun müssen. Das Haus besichtigen? Mit der Bank wegen der Finanzierung sprechen? Einen Gutachter beauftragen? Einen Energieberater konsultieren?

Glauben Sie nicht, dass Sie alles allein können. Sie sind kein Experte für Bestandsimmobilien, für Sanierung, Aus- oder Umbau. Wären Sie es, brauchten Sie dieses Buch nicht. Sie werden auch nach der Lektüre dieses Buches keinen Expertenstatus erreichen, doch werden Sie wissen, wo man Experten findet und wozu man sie einsetzt. Sie werden besser darstellen können, was Sie von ihnen erwarten, ja verlangen dürfen.

Der Erwerb eines Hauses in Gestalt einer Altbauimmobilie, muss kein Risiko darstellen, wenn man die ersten wichtigen Schritte in der richtigen Reihenfolge durchläuft. Dabei geht es vor allem um das Erkennen und Benennen von Schwächen, aber auch um das Herausarbeiten besonderer Stärken und Chancen, die in der Immobilie stecken. Dies sollte vor allem rechtzeitig geschehen, also möglichst bevor Sie endgültige Entscheidungen treffen, die Sie finanziell stark fordern. Aber auch wenn die Immobilie bereits ihr Eigentum ist: Es ist keine Lösung, die Augen vor Schwächen zu verschließen. Von daher ist die Gebäudeanalyse in jedem Fall eine unumgängliche Station.

Die ehrliche Bestandsaufnahme beginnt indes nicht beim Gebäude, sondern beim Erwerber oder Besitzer. Das größte Risiko beim Erwerb eines Gebäudes ist nämlich nicht das Haus, sondern der Käufer.

INFO **ERFOLGREICHE DOKU-SOAPS** Der TV-Sender RTL2 hat sich scheinbar auf das Thema Bauen und Umbauen und die damit verbundenen Schwierigkeiten und Katastrophen spezialisiert. Formate wie „Unser Traum vom Haus", „Zuhause im Glück" oder „Die Schnäppchenhäuser" laufen mitunter seit fast 20 Jahren und erfreuen sich auch nach bisweilen 300 Folgen (zum Teil schon als Wiederholungen ausgestrahlt) nach wie vor großer Beliebtheit. Vielleicht liegt es daran, dass mancher Zuschauer selbst auf die eine oder andere Weise betroffen und deshalb froh ist, den Unwägbarkeiten der eigenen Baustelle entronnen zu sein.

Ihr Musterfahrplan für das Haus – die Logik der elf Stationen

Jedes Gebäude zeigt bestimmte charakteristische Merkmale, die auf gleich oder ähnlich gelagerte Probleme hinweisen. Und – freuen Sie sich schon drauf! – Sie werden auch auf immer wiederkehrende Verhaltensmuster bei Ihren Partnern im Architekturbüro, beim Makler oder in der Bankfiliale stoßen –, um diese Muster sollten Sie wissen, damit Sie nicht in die Irre laufen.

Betrachten Sie die Beispiele in diesem Buch wie Verkehrsschilder im Straßenverkehr. Deren Symbole können niemals die konkrete Verkehrs- oder Gefahrensituation abbilden, aber sie machen dort, wo sie stehen, auf diese ganz besondere Verkehrs- oder Gefahrensituation aufmerksam. Richtig reagieren und situationsadäquat handeln müssen Sie selbst.

Der BAKA Bundesverband Altbauerneuerung hat einen Musterfahrplan entwickelt, der sich in einer Vielzahl praktischer Fälle bereits bewährt hat. Dieses Konzept begleitet den Weg des Interessenten, der ein Haus kaufen und zukunftsfest machen möchte, in Gestalt von elf Geboten beziehungsweise Stationen. Es geht davon aus, dass das gesamte Vorhaben von der ersten Besichtigung bis zur endlichen Inbetriebnahme des Hauses ein ganzheitlicher Prozess ist. Während dieses Prozesses, so hat sich herausgestellt, kann der Kaufinteressent, der zum Käufer und dann zum Bauherrn werden will, in der Regel nicht nur strikt geradeaus voranschreiten, sondern muss an bestimmten Punkten einen Abgleich von Wunsch und Wirklichkeit, von Planung und Realisierung vornehmen. Unter Umständen ist eine Korrektur erforderlich. Man muss sich an eine frühere Station erinnern, an der man nicht gründlich genug war, etwa wenn zusätzliche finanzielle Belastungen absehbar sind.

Für das „Handbuch Hauskauf" bilden die „Elf Stationen für die Bestandsimmobilie" gewissermaßen das statische Gerüst des Textes. Diese Statik wird nicht immer sichtbar, ist allerdings notwendig, damit Sie die richtigen Entscheidungen treffen können. Die Stationen 7 bis 11 spielen schon auf die Baustelle während der Sanierungs- und Modernisierungsarbeiten an. Das muss auch so sein: Hier geht es um das Herausarbeiten der Kriterien, unter denen Sie eine Entscheidung für oder gegen einen Hauskauf treffen, für oder gegen das Antreten eines materiellen Erbes, für oder gegen das Festhalten an einem Haus, das Ihnen bereits gehört.

Warum das alles? Weil Sie sich selbst reinen Wein einschenken müssen! Es ist ein Unterschied, ob Sie eine Immobilie allein aufgrund ihrer gegenwärtigen Beschaffenheit erwerben oder ob Sie die Maßnahmen einkalkulieren, die erforderlich sein werden, um Ihr Haus zukunftsfähig zu machen. Unter Umständen stellt sich dieser Unterschied in einer Summe von mehreren hunderttausend Euro dar. Die Analyse fungiert also nicht nur als Zustandsbeschreibung, sondern zugleich als Maßnahmenkatalog – sie untersucht zwar die Gegenwart, erfasst aber die Zukunft gleich mit.

S Die elf Stationen

- **Die erste Station:** Erstellen Sie ein Käuferprofil (siehe Seite 44).
- **Die zweite Station:** Stellen Sie eine Vermögensanalyse und ein Finanzierungskonzept auf (siehe Seite 80).
- **Die dritte Station:** Finden Sie einen Altbauexperten, Ihren „Hausarzt" (siehe Seite 88).
- **Die vierte Station:** Nehmen Sie eine Gebäudediagnose mit den folgenden Optionen vor: Grunddiagnose / Kostengrobschätzung/ Energiegutachten/ Thermografieaufnahmen/ Maßnahmenkonzept (siehe Seite 100).
- **Die fünfte Station:** Beginnen Sie mit der Planung und nehmen Sie den Abgleich mit den Bestandsplänen vor (siehe Seite 115).
- **Die sechste Station:** Klären Sie, ob und welche fachlich Beteiligten noch eingeschaltet werden können und müssen, wie Statiker, Holzschutzgutachter, Vermesser usw. (siehe Seite 131).
- **Die siebte Station:** Erstellen Sie eine Maßnahmen- und Leistungsbeschreibung (siehe Seite 147).
- **Die achte Station:** Holen Sie Angebote ein; die Ausschreibung sollte ein Fachmann vornehmen (siehe Seite 164).
- **Die neunte Station:** Vergeben Sie die erforderlichen Arbeiten (siehe Seite 170).
- **Die zehnte Station:** Sorgen Sie für professionelle Bauleitung und Qualitätssicherung (siehe Seite 172).
- **Die elfte Station:** Organisieren Sie die Abnahme und Dokumentation der Arbeiten (siehe Seite 175).

Keine der BAKA-Stationen ist unwichtig, und Sie werden umso mehr auf der sicheren Seite stehen, je disziplinierter Sie sich an diese elf Stationen halten.

Die Reihenfolge der Stationen

Steht die Reihenfolge der angegebenen Stationen fest? Dieser Punkt kommt ein bisschen der Huhn- oder Ei-Frage gleich. Unterschiedlicher Auffassung kann man bei den ersten drei Stationen sein.

- Sollte man sich nicht über die eigene Finanzlage im Klaren sein, bevor man überhaupt daran denkt, ein Haus zu erwerben?
- Sollte man nicht besser gleich zu Beginn einen Berater hinzuziehen, bevor man sich ein konkretes Haus anschaut und die eigenen Finanzen überprüft?
- Oder sollte man erst dann Geld für einen „Hausarzt" ausgeben, wenn man sich über seine eigenen Wünsche und Vorstellungen klar geworden ist und seine Finanzlage überblickt?

Viel hängt hier von Ihrem Zeithorizont und Temperament ab. Es ist zunächst eine Temperamentfrage, ob die Wohnimmobilie als Gebrauchsgegenstand betrachtet wird, die praktikabel und möglichst preiswert sein soll, oder ob man sich mit dem eigenen Haus einen Lebenstraum erfüllen will. Beim ersten Typus wird wahrscheinlich das Budget im Vordergrund stehen, nach dessen Maßgaben sich der Käufer ein praktikables Haus aussucht. Seine einzige Bedingung ist, dass man darin angemessen wohnen kann. Der andere Typus hingegen wird für ein bestimmtes Objekt entflammt sein, das seinem Traum von einem Haus am nächsten kommt. Diesem Traumziel wird er sein Budget zuordnen, seine finanziellen Anstrengungen werden sich auf dieses Haus konzentrieren und unter Umständen – hier kommt wieder der Zeithorizont ins Spiel – wird er ein paar Jahre warten, bis er sich seinen Traum erfüllen kann.

In jedem von uns steckt etwas vom Potenzial des einen oder anderen Typus. Das ist ja gerade das Wesen der Huhn-oder-Ei-Frage, dass sie sich nicht letztgültig beantworten lässt. Muss man seine Vorstellungen vom eigenen Haus von vornherein am Budget orientieren, oder muss das Budget dem Traumhaus vielmehr folgen, den Wunschvorstellungen gleichsam hinterherwachsen?

Schließlich stellt sich zusätzlich die Frage: Schaffen Sie das überhaupt allein und ohne fachmännische Hilfe, Budget und Haus in ein annäherndes Gleichgewicht zu bringen? Trauen Sie sich wirklich zu, alle Kostenfaktoren realistisch abzuschätzen, die mit dem Erwerb eines bestehenden Hauses verbunden sind? Glauben Sie wirklich, dass Sie alle finanziellen Reserven, Hilfsquellen und Fördermöglichkeiten allein finden und mobilisieren können?

Bei den finanziellen Größenordnungen, um die es bei einem Hauskauf geht, sind Daumenpeilungen bei der Finanzierung ebenso gefährlich wie Daumenpeilungen bei der Beurteilung der Gebäudesubstanz oder auf der Baustelle bei möglicherweise erforderlichen Sanierungsarbeiten. Darum finden Sie unter den ersten drei Stationen auch den dringenden Rat, sich einen „Hausarzt" zu suchen, einen neutralen Experten, der weder die Interessen eines Immobilienverkäufers oder Maklers, noch eines Immobilienfinanzierers oder Baustoffhändlers, sondern allein Ihre Interessen vertritt. Entscheidend ist also nicht, welche der drei Stationen Sie an erste, zweite oder dritte Stelle setzen. Entscheidend ist, keine zu übergehen.

Orientierung

Bis zu diesem Zeitpunkt Ihrer Orientierungsphase sollte noch nichts Unumkehrbares passiert sein. Doch nähern Sie sich der Wegscheide zwischen Ja oder Nein zum Hauskauf.

Diesen Weg sollten Sie nicht ohne Ihren „Hausarzt" beschreiten. Damit ist ein Bauexperte gemeint, ein Architekt, der mit den Besonderheiten von Bestandsimmobilien vertraut ist. Er analysiert den Ist-Zustand des Gebäudes, findet Stärken und auch mögliche Schwachstellen. Gesichtspunkte wie Zustand der Bausubstanz und der Tragstruktur, Funktionstüchtigkeit einzelner Bauteile und der technischen Ausrüstung gehen in seine Diagnose ein. Nur mittels dieser ist es möglich, alle Risiken (beispielsweise die verbleibende Lebensdauer der verschiedenen Bauteile, die Belastbarkeit des Tragwerks oder eventuellen Schädlingsbefall) zu erkennen und auszuschließen. Ihr Baufachmann untersucht die konstruktiven und bauphysikalischen Eigenschaften des Hauses und macht Ihnen Therapievorschläge, die auch Ideen umfassen, wie vorhandene Konstruktionen und Bauteile sinnvoll in die Planung einbezogen und für die neue Nutzung des historischen Bestands aktiviert werden können.

Was sagt Ihnen der Makler über das Haus?

Die Tätigkeit und das Berufsbild des Immobilienmaklers gehen auf das 19. Jahrhundert zurück, was somit – vielleicht überraschend – jüngeren Datums ist. Das Bürgerliche Gesetzbuch (BGB) trifft in den §§ 652–654 entsprechende Festlegungen. Der Wortlaut dieser Paragrafen hat alle Reformen und Novellierungen des Schuldrechts unverändert überstanden, weshalb man dort heute noch die ungewöhnlich wirkenden Worte „Mäkler" und „Mäklerlohn" lesen kann.

Immobilienmakler sind selbstständig Gewerbetreibende, die sowohl bei Kauf- als auch bei Mietverträgen tätig werden. Das heißt, ein Immobilienmaker weist eine Gelegenheit zu einem Kauf- oder Mietvertrag für eine Immobilie nach oder vermittelt eine solche Gelegenheit zwischen Eigentümer/Vermieter einerseits und Kauf-/Mietinteressenten andererseits. Ist er erfolgreich, kommt also ein Vertrag zustande, erhält er eine Provision. Deren Höhe richtet sich üblicherweise nach dem Kaufpreis respektive der Höhe des Mietzinses.

Geht es auch ohne?

Manchmal kommen Sie ohne einen Makler nicht aus: nicht, weil seine Informationen so wertvoll und umfassend wären, sondern weil Sie ohne ihn gar nicht ins Haus kommen. Das ist immer dann der Fall, wenn der aktuelle Eigentümer einen Makler mit der Vermarktung seiner Immobilie beauftragt hat. In vielen Fällen treten Sie also gar nicht mit dem Eigentümer selbst in Verhandlung, sondern mit dem beauftragten Makler.

Entspricht die Leistung des Maklers der Höhe der Provision, die er verlangt?

Die Rolle des Maklers ist seit jeher umstritten. Fakt ist, dass der Immobilienmakler für die „Vermittlung einer Gelegenheit" zum Verkauf (oder zur Vermietung) einer Immobilie seinen „Mäklerlohn" bezieht: die Provision auf den Verkaufspreis (oder auf die Miethöhe), die auch Courtage (aus dem Französischen, steht für Maklergeschäft im Allgemeinen) oder Maklergebühr genannt wird. Der Immobilienmakler hat also ein wirtschaftliches Interesse am Zustandekommen eines wirksamen Kauf oder Mietvertrags. Auch wenn der Makler juristisch unabhängig zwischen Eigentümer und Käufer beziehungsweise Mieter steht, schleichen sich in diese Zwischenposition unausweichlich seine wirtschaftlichen Interessen ein. Das muss man nicht beklagen, sollte darum nur wissen. Schließlich wird der Makler für all seine Aktivitäten ausschließlich mit der Courtage bezahlt; sein Einkommen ist ein Erfolgshonorar. Verständlicherweise wird er alles tun, um einen Erfolg zu erzielen und alles unterlassen, was seinen Erfolg gefährden könnte. Das bedeutet, dass er die Vorzüge einer Immobilie herausstreichen und die Nachteile, Schwächen und Probleme nicht in den Vordergrund stellen wird. Schwächen, um die ein Makler weiß, wird er jedoch auch nicht verschweigen, denn das könnte die Wirksamkeit des Vertrags gefährden.

Wann darf der Makler keine Courtage verlangen?

Da der Makler nur im Erfolgsfall honoriert wird, kann er seinen Kunden keine Stunden- oder Tagessätze berechnen oder spezielle Beraterhonorare verlangen – auch dann nicht, wenn er Stunden und Tage über Exposés und Angeboten gebrütet hat und seinen Kunden eine hervorragende Beratung zuteilwerden ließ. Zu den Fällen, in denen der Makler keine Courtage beanspruchen kann, gehören außerdem:

- Vertragsabschluss nicht erfolgt: Kommt der Hausverkauf nicht zustande und wird kein Mietvertrag geschlossen, wird auch keine Courtage fällig.
- Verlängerung oder Erneuerung bestehender Verträge: Besteht bereits ein Mietvertrag, kann der Makler bei Verlängerung (z. B. Aufhebung einer Befristung) oder Erneuerung (ein „alter" Mietvertrag wird durch einen „neuen" Vertrag bei sonst ununterbrochen bestehendem Mietverhältnis ersetzt) keine Courtage beanspruchen.
- Preisgebundene Wohnungen: Sozialwohnungen oder andere preisgebundene Wohnungen lösen bei ihrer Vermittlung nicht die Zahlung einer Maklercourtage aus.
- Makler als Eigentümer: Ist der Makler zugleich Eigentümer, der Verwalter, der Vermieter oder selbst noch Mieter der vermittelten Immobilie, darf er keine Courtage be-

Ortsübliche Maklerprovisionen in % der Kaufpreissumme und bisherige Aufteilung der Kosten

Bundesland	Maklerprovision gesamt	Anteil Verkäufer	Anteil Käufer
Baden-Württemberg	7,14 %	3,57 %	3,57 %
Bayern	7,14 %	3,57 %	3,57 %
Berlin	7,14 %	0 %	7,14 %
Brandenburg	7,14 %	0 %	7,14 %
Bremen	5,95 %	0 %	5,95 %
Hamburg	6,25 %	0 %	6,25 %
Hessen	5,95 %	0 %	5,95 %
Mecklenburg-Vorpommern	5,95 %	2,38 %	3,57 %
Niedersachsen[1]	7,14 % oder 4,76–5,95 %	3,57 % oder 0 %	3,57 % oder 4,76–5,95 %
Nordrhein-Westfalen[2]	7,14 %	3,57 %	3,57 %
Rheinland-Pfalz[3]	7,14 %	3,57 %	3,57 %
Saarland	7,14 %	3,57 %	3,57 %
Sachsen	7,14 %	3,57 %	3,57 %
Sachsen-Anhalt	7,14 %	3,57 %	3,57 %
Schleswig-Holstein[1]	7,14 %	3,57 %	3,57 %
Thüringen[4]	7,14 %	3,57 %	3,57 %

1) Je nach Region werden unterschiedliche Provisionen vereinbart. 2) In Münster bis zu 4,75 % Käuferprovision. 3) Im Kreis Mainz-Bingen bis zu 5,95 % Käuferprovision. 4) In Westthüringen üblicherweise bis zu 5,95 % Käuferprovision. Quelle: immoverkauf24

anspruchen. Sind Makler, Eigentümer und/ oder Verwalter rechtlich oder wirtschaftlich eng miteinander verbunden, darf für Mietvermittlung ebenfalls keine Maklercourtage erhoben werden.

Beim Immobilienverkauf sind in die Provisionen von Bundesland zu Bundesland verschieden. Außerdem ist unterschiedlich geregelt, wer für die Maklerprovision aufkommen muss. In Berlin, Brandenburg, Bremen, Hessen und Hamburg zahlt in der Regel nur der Käufer eine Maklerprovision, während sich in den übrigen Bundesländern Verkäufer und Käufer die Maklerprovision zumeist teilen.

Die Tabelle auf Seite 38 zeigt die übliche Höhe der Maklerpovision je Bundesland. Die Aufteilung der Provision muss nun seit 2021 jeweils hälftig erfolgen. Hat ein Makler vor dem 23.12.2020 einen Maklervertrag mit Verkäufer und Käufer geschlossen, können die getroffenen Vereinbarungen allerdings auch nach Inkrafttreten des neuen Gesetzes weiter Gültigkeit besitzen. Die wiedergegebene Tabelle erweckt den Anschein, als hätten Käufer und Verkäufer die Provision schon in den meisten Bundesländern zu gleichen Teilen aufgebracht. Das war in der Praxis aber nicht der Fall. Eine Untersuchung (d. h. eine Auswertung relevanter Immobilienanzeigen) des bundesweit tätigen Maklerunternehmens Homeday GmbH hat ergeben, dass in den einzelnen Bundesländern, auch dort, wo eine Provisionsteilung zwischen Verkäufer und Käufer bereits üblich geworden war, von Kreis zu Kreis sehr unterschiedliche Verhältnisse herrschten.

Seit Jahren arbeitete die Bundesregierung an einer Reform des Maklerrechts. Damit widmete sie sich spät und viel zu schwerfällig einem Problem, das in anderen Ländern längst – mit positiven praktischen Ergebnissen – neu geregelt worden ist. So gilt in Großbritannien und in den Niederlanden das Bestellerprinzip – mit erfreulichen Folgen für den Verbraucher: Die Courtagen sind dort auf durchschnittlich 2 Prozent gesunken; in Deutschland liegen sie bei deutlich über 5 Prozent im Schnitt.

Auf ein Bestellerprinzip (nach dem Motto: „Wer das Essen bestellt, bezahlt es auch.") konnte man sich nicht einigen. Stattdessen setzte man bei einer entsprechenden Änderung des Bürgerlichen Gesetzbuches (namentlich des § 656 a–d) auf das Teilerprinzip. Nun ist es dem Verkäufer einer Immobilie nicht mehr möglich, die gesamten Maklerkosten auf den Käufer abzuladen. Die Maklerkosten werden hälftig geteilt. Das setzt den Käufer in eine bessere Position, weil seine Finanzierungskosten geringer werden. Zudem wurde die Fälligkeit neu geregelt: Der Anteil des Käufers wird nun erst fällig, wenn der Verkäufer seinen Anteil komplett an den Makler gezahlt hat. Gerechter ist es jetzt geworden, einfacher sicher nicht.

Was bedeutet das Bestellerprinzip?

Wer die Leistung bestellt, der bezahlt die Rechnung. So einfach. Aber für die bundesdeutsche Gesetzgebung offenbar ein ganz harter Brocken. Erst mit dem 1. Juni 2015 wurde das Bestellerprinzip bei der Vermietung eingeführt. Bis dahin war überhaupt nicht geregelt, wer die Maklerprovision zu zahlen hatte. Und, wie so oft in solchen Fällen, setzt sich dann der wirtschaftlich Stärkere gegen den wirtschaftlich Schwächeren durch. In Deutschland hatte sich eingebürgert, dass faktisch immer der Mietinteressent den Makler bezahlte, selbst wenn der vom Vermieter beauftragt worden war. Seit dem 1. Juni 2015 ist das anders. Wer den Makler beauftragt, zahlt ihn auch. 98 Prozent der Maklerprovisionen werden seitdem von Vermietern getragen. Klagen und Beschwerden dagegen sind in den Jahren seit 2015 ohne Erfolg geblieben.

Kritiker wenden ein, die Neuregelung habe unerwünschte Nebenwirkungen. Allerdings wurzeln manche dieser Nebenwirkungen in ganz anderen Ursachen, die durch die Neuregelung nur ans Licht getreten sind. So beklagen sich die Makler über den Rückgang des Vermietgeschäfts, anstatt sich zu fragen, ob sie für das Vermietgeschäft überhaupt eine am Markt nachgefragte Leistung angeboten oder nur ein über Jahrzehnte tradiertes Geschäftsmodell für sich ausgenutzt haben. Mieter beklagten sich angeblich darüber, viele Wohnungen werden nicht mehr (per Anzeige) angeboten, weil Vermieter lieber einen direkten Nachmieter akzeptieren; die Nachfrage bei Nachmietern hätte ohne Zweifel einen hohen Zufriedenheitsgrad ergeben. Und schließlich sei die Nachfrage nach Wohnungen, die auf den (Anzeigen) Markt gelangten, seit Einführung des Bestellerprinzips noch einmal deutlich gestiegen. Indes stieg die Nachfrage nach Mietwohnungen in Ballungszentren in den letzten Jahren – unabhängig vom Bestellerprinzip – deutlich an. Und das dürfte eher mit der Verknappung geeigneter Vermietungsangebote zusammenhängen als mit dem Provisionsmodell.

Bestellerprinzip beim Immobilienkauf/-verkauf

Nach den Erfahrungen mit dem Bestellerprinzip auf dem Mietwohnungsmarkt wuchs der Druck auf eine Veränderung der Courtage-Regularien auch für den Immobilienkauf beziehungsweise -verkauf. Die Fraktion der Grünen im Bundestag hatte die Einführung des Bestellerprinzips beantragt. Das Bundesjustizministerium sprach sich im August 2018 ebenfalls für das Bestellerprinzip aus, wollte jedoch nicht so weit gehen wie die Grünen, die überdies eine Deckelung der Courtagen auf 2 Prozent gefordert hatten. Der FDP hingegen gingen die Regierungspläne nicht weit genug; sie fordert einen Freibetrag bei der Grunderwerbsteuer, um die hohen Kaufnebenkosten wirksam zu senken.

Mit dem Datum des 12. Juni 2020 erschien das „Gesetz über die Verteilung der Maklerkosten bei der Vermittlung von Kaufverträgen über Wohnungen und Einfamilienhäuser". Die Kernaussage dazu steckt in Buchstabe c des Paragrafen 656: „Lässt sich der Makler von beiden Parteien des Kaufvertrags über eine Wohnung oder ein Einfamilienhaus einen Maklerlohn versprechen, so kann dies nur in der Weise erfolgen, dass sich die Parteien in gleicher Höhe verpflichten." Zur weiteren Absicherung sagt Buchstabe d: „Hat nur eine Partei des Kaufvertrags über eine Wohnung oder ein Einfamilienhaus einen Maklervertrag abgeschlossen, ist eine Vereinbarung, die die andere Partei zur Zahlung oder Erstattung von Maklerlohn verpflichtet, nur wirksam, wenn die Partei, die den Maklervertrag abgeschlossen hat, zur Zahlung des Maklerlohns mindestens in gleicher Höhe verpflichtet bleibt."

Lohnt sich ein Makler für den Käufer?

Für bequeme Immobiliensuchende, die genug Geld übrig haben, ist es vielleicht am einfachsten, sich mit einem bestimmten Wunsch an einen Makler zu wenden.

Zunächst muss sich der potenzielle Käufer keine Gedanken über die Objektbeschreibung machen, haftet der Makler doch dafür, dass die Angaben im Exposé stimmen. Der Makler muss sich dafür verbürgen, dass die Zukunftspläne, die der potenzielle Kunde mit seiner Immobilie hat, auch realisierbar sind, technische und baurechtliche Hindernisse nicht bestehen und der Renovierungs- oder Sanierungsstand die im Exposé zugesicherten Eigenschaften aufweist. Wer aber Umbaupläne hat oder wessen Traumhaus erst saniert oder renoviert werden muss, wird ohnehin einen Architekten beauftragen – und dessen technische und baurechtliche Sachkenntnis macht einen Makler überflüssig.

Ein Makler sagt gewöhnlich über sich, er kenne den örtlichen Immobilienmarkt genau. Marktkenntnis sei von Vorteil, wenn ein Umzug über große Distanz oder unter besonderem Zeitdruck vollzogen werden müsse. Indes sollte ein Immobilienkauf niemals, aber wirklich niemals unter Zeitdruck vollzogen werden! Erst recht nicht, wenn der Zeitdruck vom Makler selbst aufgebaut wird, etwa mit dem Argument, der Makler könne das Wunschobjekt für den Kunden nicht mehr lange reservieren. Wenn er sich aber Zeit lässt, kann der potenzielle Käufer sich aus der Distanz einen Eindruck von den Marktverhältnissen verschaffen. Onlineplattformen für Immobilienangebote gibt es genug.

Ein qualifizierter Immobilienmakler wird in der Regel auf seine Objektdatenbank zurückgreifen; der Kunde darf davon ausgehen, dass er sich mit diesen Objekten schon über längere Zeit beschäftigt hat und sie genau kennt. Er sollte in der Lage sein, einen halbwegs realistischen Wert der Immobilie festzustellen, der

den im Raum stehenden Kaufpreis auch rechtfertigt. Was der Makler im Vorhinein natürlich nicht abschätzen kann, sind Ihre eigenen Pläne mit der Immobilie.
Beauftragen Sie als Käufer selbst einen Makler, sollte er Sie bei der Marktanalyse und auch bei den Preisverhandlungen gegenüber dem Verkäufer unterstützen. Er sollte Ihnen sämtliche relevanten Unterlagen rund um Ihr Traumhaus in spe besorgen können. Das täte Ihr Architekt, den Sie gegebenenfalls mit Sanierung und Umbau beauftragen, ebenfalls.

Wenn Sie einen Makler beauftragen wollen, für Sie ein passendes Objekt zu suchen (und möglichst natürlich auch zu finden), müssen Sie mit hohen Kosten rechnen. Bei einem Haus, das Sie für 300 000 Euro erwerben, liegen Sie bei einem Satz von 7,14 Prozent deutlich über 20 9000 Euro. Eine Menge Geld. Selbst wenn Sie nur die Hälfte zahlen: Wäre das Geld nicht besser in das Haus selbst investiert als in den Makler?

Den Experten schon vor dem Makler konsultieren

Wie schon erwähnt: Unter Umständen kommen Sie um einen Makler nicht herum. Wenn er beispielsweise den Alleinauftrag des Verkäufers ausführt, können Sie an dem Vertrag zwischen Verkäufer und Makler nicht rütteln.

Was können Sie dennoch tun, um sich nicht unter Zeitdruck setzen zu lassen?

Gehen Sie so vor, als ob! Als ob Sie selbst einen Makler beauftragten, der für Sie die Traumimmobilie sucht – nur dass Sie eben keinen Makler beauftragen, sondern einen ausgewiesenen Altbauexperten, also vorzugsweise einen Architekten mit einschlägigen Referenzen, oder einen Bauingenieur mit der entsprechenden Kompetenz bei Altbausanierungen.

Warum dieser Umweg sinnvoll ist?

Es geht für Sie vor allem darum, nicht unter Zeitdruck zu geraten und möglichst viele Informationen über den Zustand der Immobilie einzusammeln. Wenn Sie also die Phase 2 (siehe ab Seite 43 in diesem Buch) so weit vorziehen, dass Sie sich über Ihre eigenen Bedürfnisse und Ihr Raumprogramm weitgehend im Klaren sind, dann suchen Sie sich am besten schon jetzt einen Experten, der für Sie später die Planung und Sanierung oder den Umbau übernehmen kann. Er sollte Sie von Anfang an als „Hausarzt" begleiten.

Fazit: Makler ja oder nein?

Maklersituationen entstehen meistens auf Verkäuferseite. Manchmal kann man sie nicht vermeiden, um überhaupt in die Nähe des Hauses zu gelangen.

Nutzen Sie andere Möglichkeiten der Recherche, um nach Ihrem Traumhaus zu suchen. Das Internet bietet viele Möglichkeiten; die Netzwerke von Altbau-Experten helfen ebenfalls.

Sollten Sie als Käufer dennoch nicht auf einen Makler verzichten wollen, achten Sie darauf, dass im Maklervertrag so etwas steht wie: „Provision fließt erst bei Kauf."

Vorsorge treffen

Selbst wenn Sie das Haus schon jahrelang bewohnen: Vielleicht beschleicht Sie erst jetzt das unsichere Gefühl, dass „etwas nicht stimmt", dass am Haus „etwas gemacht" werden müsste. Das Gefühl von Unsicherheit ist ein schlechter Ratgeber für Investitionsentscheidungen. Vor jeder Sanierung oder Modernisierung sollte eine Begutachtung durch den Fachmann stehen. Fassen Sie nichts an! Das können Sie wörtlich und im übertragenen Sinn verstehen.

Als gesundheitsbewusster Mensch werden Sie sich mehr oder weniger regelmäßig einer Vorsorgeuntersuchung unterziehen. Sie tun das, weil Sie selbst kein Arzt sind und wissen, dass es Erkrankungen gibt, die sich unbemerkt anschleichen, ohne dass man selbst deutliche Krankheitsanzeichen bemerkt.

Als Autofahrer bringen Sie Ihr Fahrzeug regelmäßig zur Inspektion. Sie tun das nicht nur, weil das Gesetz Sie dazu verpflichtet, sondern weil Sie wissen, dass Verschleißerscheinungen und verdeckte Schäden unmerklich die Verkehrs- und Betriebssicherheit des Fahrzeugs herabsetzen können, ohne dass gleich etwas klappert oder ein Blech abfällt.

Ein gebrauchtes Fahrzeug werden Sie wahrscheinlich auch nicht allein deshalb kaufen, weil Ihnen der Lack besonders gut gefällt und der Eigentümer versichert, dass der technische Zustand „wie neu“ sei: Sie werden vielmehr wenigstens einen Blick unter die Motorhaube werfen, an den kritischen Stellen nach Rost oder „verschleiernden“ Reparaturen suchen, den Wagen auf eine Bühne fahren und von unten betrachten und auf einer Probefahrt bestehen. Am sichersten fahren Sie aber, wenn Sie den Wagen auf dieser Probefahrt in einer Werkstatt vorstellen.

Warum sollten Sie sich beim Kauf eines alten Hauses anders verhalten?

Horizont erweitern

Das Haus, das Sie kaufen wollen, steht in der Regel nicht allein für sich in einer leeren Landschaft. Als Teil eines Siedlungszusammenhangs können Probleme, die Ihr Haus möglicherweise hat, auch die Probleme anderer Häuser sein. Das gilt insbesondere für die Themen Energieversorgung und Heizung. Der Schlüssel zur Lösung liegt vielleicht in einer Quartierslösung – sie steht quasi zwischen Eigenlösung und Fernlösung. Anders als große Wohngebiete lassen sich kleinere Einheiten, definierte Quartiere, effizient mit erneuerbaren Energien versorgen. Fernwärmenetze hängen oft an kohle-, gas- oder ölbetriebenen Großkraftwerken. Nahwärmenetze öffnen sich hingegen Energieträgern wie Biomasse, Photovoltaik oder Solarthermie leichter und können mittels neuer Technologien mehr als nur ein Medium managen und zum Beispiel auch mit dem Zukunftsgas Wasserstoff operieren. Im Quartier besteht die Möglichkeit, neben Wärme auch Mieterstrom, E-Mobilität und digitale Kommunikation miteinander zu vernetzen und sowohl klimafreundlich als auch wirtschaftlich zu nutzen.

Denken Sie, wenn Sie an Ihr Haus denken, auch über Ihr Haus hinaus, wo immer das möglich ist. Ihr Altbauexperte berät Sie in diesen Fragen.

KÄUFERPROFIL UND HAUSSUCHE

Phase 2: Das größte Risiko beim Hauskauf liegt nicht beim Haus, sondern beim Käufer. Im ersten Schritt, den wir vorschlagen, erstellen Sie bitte für sich selbst ein ausführliches und qualifiziertes Käuferprofil. Es könnte auch Bauherrenprofil heißen, aber solange noch nicht gebaut wird, sind Sie ein potenzieller Käufer. Sie werden sich in dieser Rolle jedoch mit Fragen beschäftigen müssen, die Ihre Rolle als Bauherr vorwegnehmen.

Nicht zuletzt betrifft das die Kosten der Maßnahmen, die Sie in der Zukunft möglicherweise durchführen wollen: Diese müssen in die Kalkulation der Gesamtkosten und Ihre Finanzierungsplanung bereits eingehen, die Sie vor der Kaufentscheidung aufstellen – sie bestehen nicht aus dem Kaufpreis allein.

DAS KÄUFER-/ BAUHERRENPROFIL

S

AN UNSERER ERSTEN STATION definieren Sie genau Ihre Erwartungen und Ansprüche an das neue Heim. Warum eigentlich „Bauherr"? Das Haus steht doch schon und soll nicht neu gebaut werden. Dieses Argument, mit dem noch viel zu oft auf ein strukturiertes Profil verzichtet wird, ist ein Scheinargument. Denn zum einen wissen Sie noch gar nicht, ob und wie viel in Ihrem Haus noch gebaut werden muss. Und zum anderen soll das Haus ja nicht abstrakt beurteilt werden. Es geht darum, welche Qualitäten das Haus für Sie hat.

Wenn Sie sich die kleine Mühe machen, Ihre eigenen Wünsche und Vorstellungen, Vorlieben und Abneigungen, Ihre finanziellen Möglichkeiten und vielleicht noch nicht erschlossenen Reserven in einem qualifizierten Bauherrenprofil abzubilden, kommen Sie am sichersten zum ersten Teilziel. Dieses Teilziel besteht schlicht gesagt darin, dass der Bauherr (der selbstverständlich auch eine Bauherrin sein kann, ohne dass das im Folgenden immer wieder erwähnt werden muss), genau weiß, wer er/sie ist und was er/sie will.

Mit einem Käufer-/Bauherrenprofil können nicht nur viele Fragen bereits in einem ersten Arbeitsschritt beantwortet werden. Viele andere Fragen werden Sie auch zum ersten Mal überhaupt exakt formulieren können.

Ein vollständiges Käuferprofil, wie es sich in der Praxis seit Jahren bewährt hat, finden Sie auf den folgenden Seiten. Sie können sich die entsprechenden Listen als Vorlage kopieren oder sich unter der Adresse www.test.de/hauskauf-checklisten als PDF-Datei herunterladen.

Es liegt in Ihrem ureigenen Interesse, wenn Sie alle Fragen so genau wie möglich beantworten und sämtliche Rubriken ausfüllen, selbst wenn einige Ihnen im ersten Moment vielleicht überflüssig erscheinen.

Auch wenn es dabei manchmal schon ans „Eingemachte" geht: Mit diesen Basisfragen werden grundsätzliche Entscheidungen vorbereitet. Besonders die ersten fünf Abschnitte des Käuferprofils sind von ausschlaggebender Bedeutung, können hier doch Fehlentscheidungen besonders schwerwiegende Folgen haben.

Was genau suchen wir?

Das Käufer-/Bauherrenprofil, wie es hier vorgeschlagen wird, gliedert sich in acht Abschnitte:

1 Käufer/Bauherr: Angaben zu Personen und Nutzern, Angaben zu Objekt und Grundstück

2 Nutzung: Wer soll das Gebäude nutzen?
Welche Art von Nutzung ist geplant oder kommt infrage?
Für wie viele Personen ist das Gebäude gedacht?
Welche Nutzungsdauer ist ins Auge gefasst?
Was ist Ihnen für das künftige Wohnen besonders wichtig/unwichtig?
Welche Rolle spielen Architektur, Ambiente, Material?
Welche Technik wird gewünscht?
Wie sollen Klima-, Heiz- und Lüftungsanlage aussehen?

3 Baustoffe, Materialwelt und Form: Welche Baustoffe bevorzugen Sie/lehnen Sie ab?
Welche Farben und Formen bevorzugen Sie?
Welche Grundrisslösung wünschen Sie?

4 Finanzen: Wie hoch sind die Investitionskosten?
Welche finanziellen Mittel stehen zur Verfügung?

Sollen öffentliche Mittel genutzt werden?
Sind steuerliche Aspekte zu beachten?
Sind Eigenleistungen geplant?

5 Zeitrahmen: Wollen Sie sofort einziehen? Gibt es einen Zeitrahmen zwischen Planung und Einzug?
6 Wie möchten Sie bauen oder umgestalten?
7 Wie schätzen Sie den Zustand des Gebäudes selbst ein?
8 Erforderliche Unterlagen

Und was die Schrittfolge in der Reihe unserer elf Stationen betrifft, so sind wir an dieser Stelle zwar erst bei der ersten Haltestelle – das bedeutet aber nicht, dass Sie sich nicht schon jetzt einmal einen Vorgriff auf die zweite Station erlauben dürfen. Es ist also durchaus angezeigt, das Bauherrenprofil zusammen mit einem Architekten oder Bauingenieur Ihres Vertrauens durchzugehen.

Das eigene Raumprogramm – Wünsche definieren

Wichtig für Ihre eigene Disposition ist das Raumprogramm, das Ihnen vorschwebt – im Einklang mit der Art der Nutzung der Räumlichkeiten. Dabei können beispielsweise folgende Fragen auftauchen:

- Soll das Gebäude ausschließlich Wohnzwecken dienen?
- Soll in dem Wohngebäude auch ein Gewerbe ausgeübt oder eine Praxis eingerichtet werden? Wenn ja, welchen Raumbedarf hat dieses Projekt?
- Wünschen die Bewohner spezielle, ihrem Beruf entsprechende Arbeitsräume?
- Sind Kinderzimmer vorzusehen? Wenn ja, wie viele?
- Ist an ein Mehrgenerationenhaus gedacht?
- Wird eine Einliegerwohnung benötigt, und wie soll diese beschaffen sein?
- Spielt Barrierefreiheit eine Rolle?
- Soll ein Hobby- oder Fitnessraum eingerichtet werden?
- Muss eine Sammlung untergebracht werden?
- Sind besondere Anforderungen an die Haltung von Haustieren zu berücksichtigen?
- Sind separierte Gästezimmer erforderlich?
- Reicht ein Badezimmer aus, oder soll es ein Gäste-WC geben? Sind zwei Badezimmer in unterschiedlichen Etagen sinnvoll?

Auch diese Fragen stehen nur beispielhaft für eine Fülle tatsächlicher und sehr konkreter Fragen, die Sie sich selbst stellen müssen, bevor Sie an den Kauf eines gebrauchten Hauses denken. Die ausführlichere Checkliste zum Raumprogramm finden Sie auf Seite 46 und im Internet unter www.test.de/hauskauf-checklisten.

Es wäre schließlich keine sehr gute Idee, sich zuerst ein Haus zu kaufen, um anschließend festzustellen, dass Sie in der Einliegerwohnung im zweiten Stock keine Studentin, sondern Ihre gehbehinderte Großtante unterbringen wollen. Oder dass das Schlafzimmer zu klein für den Kleiderschrank ist und demzufolge ein zusätzliches Ankleidezimmer benötigt wird. Oder dass Sie für die Sammlung alter Rundfunkgeräte, wegen der Sie ja eigentlich die beengte Innenstadtwohnung verlassen und sich ein Haus am Stadtrand gekauft haben, nun doch keinen Platz finden können. Die Checkliste „Raumprogramm" (siehe Seite 46) soll Ihnen dabei helfen, sich über den eigenen Raumbedarf klar zu werden.

- In der ersten Spalte finden Sie die häufigsten Raum- und Nutzungsarten.
- In der zweiten Spalte sehen Sie Quadratmeterzahl, wie sie üblicherweise bei einer Wohnimmobilie veranschlagt wird.
- In die dritte Spalte können Sie die Quadratmeterzahl eintragen, die Sie mindestens benötigen.
- In der vierten Spalte stehen bereits Alternativvorschläge für eine mittlere Quadratmeterzahl.
- In der fünften Spalte können Sie die Flächen in der maximalen Größe definieren, die Ihrem Wohn- und Lebensgefühl entsprechen.
- In der letzten Spalte ist Raum für Hinweise und Bemerkungen, welche die Besonderheiten eines Raumes oder einer Raumnutzung definieren.

Diese Checkliste stellt ein grobmaschiges Netz dar. Scheuen Sie sich nicht, die Maschen feiner zu knüpfen, wenn Sie ein ganz anderes Stück Leben damit einfangen wollen. Insbesondere sollten Sie die Zeile „Arbeiten" modifizieren, wenn es für Sie um das Thema „Leben und Arbeiten unter einem Dach" geht. Dann planen Sie womöglich nicht nur ein schlichtes Arbeitszimmer, das auch gern als Homeoffice bezeichnet wird. Sie zielen etwa auf eine kleine Werkstatt oder einen Behandlungsraum für eine ergotherapeutische Praxis ab. Auch lassen sich Räume ganz aus Ihrer Planung streichen, wenn etwa ein Kinderzimmer nicht mehr benötigt wird oder Sie die Fläche des Hobbyraums lieber dem Thema „Arbeiten" zuschlagen wollen. Die Checkliste will Ihnen keine Grenzen setzen, sondern im Gegenteil dazu ermuntern, gedankliche Grenzen zu durchbrechen und Ihre Ziele zu formulieren. Nehmen Sie sich für diese Checkliste viel Zeit und sprechen Sie sie mit Partnern, Familie und anderen Beteiligten

Checkliste Raumprogramm

	Üblich qm	Mindestens qm	Mittel qm	Maximal qm	Hinweise
Küche	12				
Essen	12				
Wohnen	28				
Wohnküche			32		Spart Platz
Balkon	6		10		
Kind 1	14		18		Für 2 Kinder
Kind 2	14				
Kind 3	14		14		
Gäste	14				
Schlafen	16		18		
Arbeiten	14		12		
Hobby	16		12		
Diele	8		6		
Badezimmer	10		8		
Gäste-WC	4		2		
Zwischensumme	**182**		**132**		
Keller	26				
Speicher/Dach					
Garten					
Grundstück	600				

durch. Sie wird sich als entscheidende Planungsgrundlage entpuppen.

Auch wenn Sie sich mehr für eine Wohnung interessieren als für ein Haus, können Sie diese Checkliste nutzen. Sie müssen sich natürlich auf die Einschränkungen einstellen, die Ihnen das Gemeinschaftseigentum und die Sondernutzungsrechte daran auferlegen.

INFO **WOZU DAS RAUMPROGRAMM GUT IST** Gehen Sie getrost davon aus: Mit dem Raumprogramm werden Sie sich nicht nur einmal beschäftigen. Denn dass Sie sofort eine Immobilie finden, die all Ihren Wünschen ohne Abstriche gerecht wird, entspricht nicht dem Regelfall. Sie werden Ihr eigenes Raumprogramm den vorgefundenen Verhältnissen also entweder anpassen oder die Verhältnisse nach Ihrem Raumprogramm verändern (das heißt umbauen) müssen. In jedem Fall wird bei umfangreicheren Umbaumaßnahmen das Raumprogramm von der Planung über die Vergabe der Arbeiten bis zur Abnahme und Dokumentation eine wichtige Rolle spielen.

Gewerbe im Wohnhaus

Geht man heute durch alte Städte oder Altbaubezirke moderner Großstädte und betrachtet kleine Ladengeschäfte und frühere Gewerbebetriebe in den Höfen etwas genauer, fällt auf, dass die Geschäfte und Betriebe seinerzeit oft mit den Wohnungen der Geschäftsinhaber verbunden waren. Diese Verbindung von Arbeiten und Wohnen ging eine Zeit lang fast völlig verloren.

Zum einen hatte die sogenannte Charta von Athen zur Folge, dass die „schmutzigen" Gewerbe aus den Wohngebieten entfernt wurden. Dabei ging man ziemlich radikal vor. Nicht nur verschwanden die Gewerbebetriebe zusehends aus den Hinterhöfen, auch Handelseinrichtungen und Dienstleister schlossen sich dem Trend an; der viel beschworene und nostalgisch wieder herbeigesehnte Tante-Emma-Laden steht dabei nur als Beispiel für das Verschwinden einer Einkaufs- und Dienstleistungskultur kleiner Läden.

INFO **DIE CHARTA VON ATHEN** Die sogenannte Charta von Athen wurde 1933 auf dem IV. Congrès Internationaux d'Architecture Moderne (CIAM, Internationaler Kongress für neues Bauen) in Athen verabschiedet. Sie war im Grunde ein städtebauliches Manifest führender avantgardistischer Architekten zum Thema „Die funktionale Stadt". „Allem Städtebau liegen die vier Funktionen des Wohnens, der Arbeit, der Erholung und des Verkehrs zugrunde", heißt es in dem Dokument. Federführend bei der Ausarbeitung der Charta war der französische Architekt Le Corbusier (1887–1965), der das Manifest 1943 im von Deutschen besetzten Paris veröffentlichte. Starke Wirkung entfaltete die Charta vor allem in der Nachkriegszeit: Nach diesem Leitbild wurde besonders im Städtebau der westlichen Industrieländer verfahren.
Ballungsräume in räumlich klar abgegrenzten Nutzungszonen ergaben fast zwangsläufig ein Metastasieren in ausufernde Stadtlandschaften mit großflächigen Industrie- und Gewerbegebieten auf der grünen Wiese, suburbane Wohngebiete und Schlafgemeinden im Umland der Städte, die mit Entleerungseffekten (Abwanderung von Bewohnern und städtischen Arbeitsplätzen, sinkendem Steueraufkommen und funktionalem Verfall) der Kernstädte korrelierten. Zudem gewann eine fünfte Stadtfunktion an Bedeutung: das Einkaufen. Große Einkaufzentren, Autohäuser, Möbelmärkte, Bau- und Gartenmärkte liegen heute regelmäßig außerhalb der Kernstädte oder zwischen den Wohnsiedlungen und sind anders als mit dem Auto kaum zu erreichen oder sinnvoll zu nutzen. Parallel wachsen mit diesem Städtebaukonzept die Verkehrsprobleme, die Versiegelung der Flächen nimmt dramatisch zu: Die klimatischen Auswirkungen beider Faktoren bleiben nicht aus.

Zum anderen haben die Wohnbedürfnisse nach dem Zweiten Weltkrieg ein viel höheres Niveau erreicht als in der ersten Hälfte des 20. Jahrhunderts und um die Jahrhundertmitte prognostiziert werden konnte.

Der Vergleich zwischen Ost- und Westdeutschland (siehe Tabelle Durchschnittliche Wohnfläche in qm pro Einwohner, Seite 48) ist

Durchschnittliche Wohnfläche in qm pro Einwohner

Jahr	Bundesrepublik (West)	DDR/Bundes-republik (Ost)	Bundesrepublik gesamt
1950	15	12,2	
1960	19,4	16,5	
1970	25	20,3	
1980	30	24,5	
1990	36,4	28,2	34,8
2000	41,5	31,6	39,5
2010	45,9	41,7	45
2020	47,4	44,5	48,1

im Grunde viel zu grob; auch innerhalb der früheren beiden deutschen Teilstaaten gibt es sehr starke Differenzierungen und ebenso innerhalb kleinster territorialer Einheiten zwischen Stadt und Land. Der unübersehbare Trend bleibt jedoch: Die Größe der einem Durchschnittsdeutschen zur Verfügung stehenden Wohnfläche ist in den letzten 70 Jahren ständig gewachsen.

Erst die wachsende Diversifizierung des Dienstleistungsgewerbes und die stadtplanerisch gewollte Revitalisierung der alten Innenstädte machten das Konzept „Wohnen und Arbeiten unter einem Dach" wieder zunehmend attraktiver. Für viele Selbstständige und Freiberufler wird die Suche nach dem eigenen Haus heute durch den Beruf motiviert. In der eigenen Immobilie sollen Wohnen und Berufsausübung verbunden werden. Das kann auch finanziell positive Auswirkungen haben. Unter bestimmten Umständen sind steuerliche Effekte wie Absetzbarkeit von Investitionen, Abschreibungen und Ähnliches zu nutzen. Auch unterschiedliche Fördertöpfe können bei einer gut geplanten Trennung von Wohnung und Gewerbe angezapft werden. Zu beachten ist dabei unbedingt, dass:

- eine nachvollziehbare räumliche Trennung zwischen Wohnen und Gewerbe erfolgt;
- die nutzungsbedingten baurechtlichen Auflagen (etwa hinsichtlich des Brand- und Emissionsschutzes) beachtet werden und die eventuell erforderliche Genehmigungsfähigkeit vorab geprüft wird;
- eine Beeinträchtigung des Wohnumfelds durch Betriebsabläufe möglichst vermieden wird;
- alle notwendigen Anträge (auch für die Förderung) vor Beginn der Nutzung gestellt werden.

Besonders attraktiv ist das Konzept „Wohnen und Arbeiten unter einem Dach" im ländlichen Raum, namentlich in Gebieten, die vom Bevölkerungsrückgang und vom Immobilienleerstand besonders betroffen sind. Ein Klassiker dieses Lebensentwurfs ist das Haus des Arztes. In neuerer Zeit nutzen Künstler und andere Kreativberufe vielfach die Möglichkeiten, in einem alten Haus mit Zukunft zu arbeiten und zu wohnen. Besonders Häuser, die schon früher für Wohnen und Arbeiten entworfen worden waren, eignen sich heute besonders für diese Nutzungsform, die zunehmend beliebter wird.

Und beim Mehrfamilienhaus?

Leicht lässt sich vorstellen, dass ein Immobilieninteressent auch ein Mehrfamilienhaus in Betracht zieht: etwa weil die Lage besonders attraktiv ist oder die architektonische Qualität des Gebäudes überzeugt oder neben den eigenen Wohnbedürfnissen des Käufers auch die Möglichkeit des Hauses als Wertanlage in Betracht kommt.

Bei einem Mehrfamilienhaus ist die Herangehensweise wie bei Ein- oder Zweifamilienhäusern zwar nahezu gleich, doch müssen dabei einige weitere Fragen beantwortet werden:

- Kaufen Sie von einem einzelnen Eigentümer?
- Ist der Eigentümer eine Gesellschaft bürgerlichen Rechts?
- Handelt es sich bei dem Haus um ein Mietshaus?
- Besteht im Haus eine Wohnungseigentümergemeinschaft?

Im letzteren Fall einer Wohnungseigentümergemeinschaft ist dabei der wesentliche Unterschied zu den anderen Fällen, dass man zwischen dem Sondereigentum (SE) und dem

Gemeinschaftseigentum (GE) unterscheiden muss (siehe Seite 20).

Noch ein Hinweis: Es gibt verschiedene Sonderregelungen, die man hierbei beachten muss. Bei den Fenstern etwa zählt die äußere Ebene in der Regel zum Gemeinschafts- und die innere Ebene zum Sondereigentum. Bei einem Kastendoppelfenster, wie es in älteren Gebäuden häufig anzutreffen ist, kann dies dann noch komplizierter werden: äußere Flügelebene außen Gemeinschaftseigentum, alles andere Sondereigentum. Es sei denn, es gibt noch spezielle Festlegungen und Vorgaben, die örtlich unterschiedlich ausfallen können. Man sollte diese Details nie auf die leichte Schulter nehmen. Beachten Sie bitte die Übersicht auf den Seiten 20–22 über Sondereigentum und Gemeinschaftseigentum. Auch diese Übersicht kann naturgemäß nicht alle Fälle, in denen eine solche Unterscheidung getroffen werden muss, berücksichtigen.

Im Übrigen gelten für diesen Fall die Ausführungen zum Wohnungseigentum im Abschnitt „Eine Wohnung kaufen", den Sie ab Seite 9 lesen können.

Der Standort

Für die Beurteilung einer Immobilie gibt es bekanntlich drei Kriterien: Erstens die Lage, zweitens die Lage und drittens die Lage. Dieses Bonmot wird sich kaum ein Makler verkneifen können, wenn er Ihnen den Preis für das Haus schmackhaft machen will. Wie das mit Allerweltsweisheiten oft ist – sie tragen einen unabweisbaren Wahrheitsgehalt in sich. Denn die Immobilienpreise stehen mit der Lage der Immobilien (bei sonst vergleichbaren Parametern) in einem sehr direkten Zusammenhang.

Wo steht eigentlich das Gebäude, das zum Ziel Ihrer Wünsche geworden ist? Haben Sie die Lage des Grundstücks bereits analysiert? Und wenn ja, nach welchen Kriterien?

Was ist?

Die Standortqualität Ihrer Wunschimmobilie wird von verschiedenen Faktoren bestimmt: Infrastruktur, Gefährdungen aus der näheren Umgebung, Umweltfaktoren wie Industrie- oder Autoabgase, Verkehrs- oder Fluglärm gehören dazu. Ebenso das nähere Siedlungsumfeld. Einige dieser Standortfaktoren wie Breitbandausbau oder schnelles Internet spielen in den letzten Jahren eine immer wichtigere Rolle. Sie avancieren vom ehemals „weichen Faktor" immer mehr zu einem entscheidenden Ausschlusskriterium, wenn man auf die Immobiliensuche geht.

Was kann noch kommen?

Häufig wird gegenwärtig die Erhebung von Erschließungsbeiträgen für öffentliche Straßen, an denen gebaut werden darf, und – nach der endgültigen Erschließung – die Erhebung von Beiträgen „für die Verbesserung/den Ausbau einer bereits erstmals und endgültig hergestellten Erschließungsanlage" (sogenannte Straßenausbaubeiträge) diskutiert. Die Festsetzung und Erhebung dieser Beiträge erfolgt je nach Bundesland unterschiedlich. Die Verteilung der finanziellen Lasten wird durch die Gemeindesatzung festgelegt. Informationen darüber gehören zur Einschätzung des Faktors Standort – denn Sie sollten sich nicht überraschen lassen von Verpflichtungen, die eine erhebliche finanzielle Belastung für Sie darstellen können.

Wie der Standort sich Ihnen heute präsentiert, muss er in zwanzig Jahren nicht mehr aussehen. Also sollte Sie interessieren, wer unter welchen Umständen in der Umgebung Ihres künftigen Grundstücks etwas plant. Werden eines Tages Windkraftanlagen errichtet? Plant die Bahn den Ausbau ihres Streckennetzes? Wird eine Umgehungsstraße an Ihrem Gartenzaun entlanggeführt? Stehen bald Solarmodule auf dem sanften Hügel Ihrem Grundstück gegenüber? Werden Sie demnächst den Anblick einer Stromtrasse ertragen müssen?

Planungswege sind in Deutschland lang. Und sie verlaufen nicht hinter dem Rücken der Beteiligten. Dagegen schützt das Verfahren der Planfeststellung – in der Bundesrepublik Deutschland ein besonderes Verwaltungsverfahren über die Zulässigkeit raumbedeutsamer Vorhaben und Infrastrukturmaßnahmen.

Ein weiteres Moment der Bewertung sind Gegebenheiten, die nicht im Grundbuch stehen: die sogenannten Baulasten. Es gibt sie in allen Bundesländern außer Bayern (dort

Windkraftanlagen sorgen in der Nähe von Wohngebieten immer häufiger für Ärger durch Geräuschbelastungen und Verschattungen.

werden sie als Grunddienstbarkeiten in Abteilung II des Grundbuchs eingetragen). Baulasten sind per Definition öffentlich-rechtliche Verpflichtungen. Die folgende Definition ist der Landesbauordnung Baden-Württembergs entnommen, wobei die Bestimmungen in anderen Landesbauordnungen ähnlich lauten: „Durch Erklärung gegenüber der Baurechtsbehörde können Grundstückseigentümer öffentlich-rechtliche Verpflichtungen zu einem ihre Grundstücke betreffenden Tun, Dulden oder Unterlassen übernehmen, die sich nicht schon aus öffentlich-rechtlichen Vorschriften ergeben (Baulasten). Sie sind auch gegenüber dem Rechtsnachfolger wirksam." Daraus folgt, dass sich mögliche Baulasten mit dem Verkauf einer Immobilie nicht von selbst erledigen. Sie gehen vom Verkäufer auf den Käufer über.

Achtung Baulastenverzeichnis!

Üblicherweise werden Baulasten ins Baulastenverzeichnis der Gemeinde eingetragen. Dieses Verzeichnis besitzt aber – anders als das Grundbuch – keinen öffentlichen Glauben. Das bedeutet: Finden Sie in diesem Verzeichnis keine Baulast, die Ihr Grundstück betrifft, haben Sie keine letzte Sicherheit, dass es tatsächlich keine Baulast gibt. Beraten Sie sich mit Ihrem Architekten!

INFO BEISPIELE FÜR BAULASTEN

- **Abstandsflächenbaulast:** Verpflichtung, bestimmte Flächen eines Grundstücks nicht mit abstandsflächenrelevanten Gebäuden zu bebauen und nicht für eigene Abstandsflächen in Anspruch zu nehmen.
- **Anbaubaulast:** Es wird die Verpflichtung übernommen, im Falle einer Bebauung an das grenzständige Gebäude des Nachbargrundstücks anzubauen.
- **Anbindungsbaulast:** Werden Fahrzeugstellplätze, die auf dem Grundstück eines Wohngebäudes herzustellen sind, stattdessen auf einem anderen Grundstück als dem Baugrundstück hergestellt, ist das durch Baulast zu sichern. Auch Stellplatzbaulast genannt.
- **Erschließungsbaulast:** Die Verpflichtung, die Nutzung einer definierten Fläche als Zugang, Zufahrt und/oder für die Durchführung von Leitungen zu dulden.
- **Rückbauverpflichtungen** bei Nutzungsaufgabe im Außenbereich können als Baulast eingetragen werden.
- **Standsicherheitsbaulast:** Sie sichert die Nutzung von Gebäudeteilen, die der Standsicherheit dienen und auf mehreren Grundstücken errichtet wurden.

- **Vereinigungsbaulast:** Die Verpflichtung, zwei verschiedene Grundstücke baurechtlich als Einheit behandeln zu lassen.

Wer ein Grundstück (mit Wohngebäude) erwerben will, sollte sich bei der zuständigen Stadt- oder Gemeindeverwaltung nach dem Baulastenverzeichnis erkundigen und es möglichst einsehen. Beraten Sie sich mit Ihrem „Hausarzt", ob eventuelle Sanierungs-, An- oder Umbaupläne durch Baulasten beeinflusst oder verhindert werden können. Unter Umständen können Sie nämlich die Sommerterrasse nicht anbauen, weil die Fläche mit einer Stellplatzbaulast reserviert ist, von der Sie nichts wussten.

Schließlich kann man sich die Baulastfreiheit auch im notariellen Kaufvertrag versichern lassen.

Allgemeine Faktoren

Bevor Sie die Lage der Immobilie zu Ihren eigenen Bedürfnissen in Beziehung setzen, machen Sie sich einige der allgemeinen Einflussfaktoren bewusst, die den Wert einer Wohnlage entscheidend mitbestimmen können.

- **Äußere Erscheinung** Das äußere Erscheinungsbild eines bebauten Grundstücks kann je nach Jahreszeit, Wetterlage und Tageszeit sehr unterschiedlich ausfallen. Maklerfotos werden daher ein Haus immer von seiner schönsten Seite präsentieren: im Sommer, bei Sonnenlicht und am besten umgeben von blühenden Sträuchern oder wenigstens mit Blumenkästen geschmückt. Die Jahres- und Tageszeit beeinflussen zum Beispiel auch die mögliche Beschattung des Grundstücks, etwa durch hohen Baumbewuchs oder Nachbargebäude. Wenn Sie also selbst das Grundstück nicht ganzjährig beschatten wollen (was Sie wahrscheinlich auch gar nicht könnten), müssen Sie ein wenig Fantasie aufbringen (oder sich beraten lassen), um sich eine Vorstellung des tatsächlichen äußeren Erscheinungsbilds Ihrer Wunschimmobilie zu machen.

Häuser in Hanglagen können es mit komplizierten geologischen Verhältnissen zu tun haben. Das ist bei beabsichtigten Veränderungen oder Anbauten zu bedenken.

- **Gefährdungen** Die Lage des Grundstücks birgt womöglich Gefahrenpotenzial. Die geografische Nähe zu Flussläufen kann Hochwassergefahr bedeuten, wie im Sommer 2021 die Flutkatastrophe im Ahrtal gezeigt hat. Auch Hanglagen in engen Flusstälern gelten nicht als vollkommen gefahrenfrei. Auch in scheinbar sicheren Lagen in Innenstadtgebieten muss man mit feuchten Überraschungen rechnen, wenn die künftig immer häufiger erwarteten Starkregen die städtische Kanalisation überfordern. Darum sind die topografische Lage des Grundstücks, die Bodenbeschaffenheit oder der Grad der Versiegelung der näheren Umgebung Faktoren, die unbedingt berücksichtigt werden sollten. Gegen Naturgewalten lässt sich schwer anzubauen.
- **Siedlungsumfeld** Das Siedlungsumfeld beeinflusst die Bewertung der Lage. Befindet sich das Grundstück in einer Großstadt, in einer Kleinstadt, im Dorf oder in einer ländlichen Region? In einem Neubaugebiet oder in einem historisch gewachsenen Wohnviertel? Wie dicht ist das Viertel bebaut? Welche Infrastruktur können Sie in unmittelbarer Nähe nutzen?
- **Altlasten** Es lohnt sich auf jeden Fall, wenn Sie sich mit der Geschichte des Wohngebiets und des Grundstücks ein wenig näher

Vor der Standortentscheidung: unbedingt das Altlastenkataster einsehen!

befassen. Besonders, wenn in dieser Geschichte eine Umnutzung des Baugebiets festgestellt wird, sollte man sehr aufmerksam sein. In Deutschland gibt es viele Regionen, die zwischen 1880 und 1960 von der Industrialisierung erfasst wurden. Nach dem Zweiten Weltkrieg ging der Flächenbedarf für Industrie und Gewerbe allmählich zurück und wurde überdies räumlich neu geordnet. Viele aufgegebene Gewerbeflächen wurden anschließend als Bauland ausgewiesen, Wohngebiete entstanden. Seit 1990 wird außerdem Militärgelände verstärkt wieder in zivile Nutzung genommen. Auch auf diesen Konversionsflächen sollte man sich mit der Frage der Altlasten nicht nur oberflächlich beschäftigen (siehe dazu das Kapitel „Altlastenkataster" direkt im Anschluss).

- Störungen Störfaktoren können die Wohnqualität beeinträchtigen: viel befahrene Durchgangstraßen in der Nähe, Industriebetriebe und Gewerbehöfe, ein Flughafen, Hochspannungsleitungen, Baugeschehen in der Umgebung. Neuerdings sorgt der expansive Anlagenausbau zur Erzeugung erneuerbarer Energien auch für eine erhöhte Anzahl an Windkraftanlagen. Mancherorts spricht man schon von einer regelrechten Verspargelung der Landschaft. Und nicht jeder möchte unter der wechselnden Verschattung und im Lärmbereich der Rotoren leben oder den Ausblick auf ein Dutzend Windräder anstatt auf Wald und lauschige Seen genießen.

Um Verdachtsmomente auszuschließen oder andernfalls die Relevanz der Störfaktoren in Bezug auf Ihre Wohnbedürfnisse festzustellen, empfiehlt sich ein Blick über den Gartenzaun und eine Besichtigung des Grundstücks nicht nur am Sonntagvormittag, wenn alles ruhig ist und kaum Verkehr herrscht. Die Lage des Grundstücks sollte unter realistischen Alltagsbedingungen bewertet werden.

Altlastenkataster und Bodengutachter

Als Altlasten bezeichnet man in unserem Zusammenhang Boden-, Bodenluft- und Grundwasserverunreinigungen mit giftigen oder gesundheitsschädlichen Stoffen. Sie sind in den allermeisten Fällen Folge einer gewerblichen, industriellen oder militärischen Nutzung von Grundstücken oder entstanden infolge von Havarien oder der unsachgemäßen Lagerung von Schadstoffen. Altlasten auf ehemals militärisch genutzten Flächen (auch denen von „Gastarmeen" und Besatzungstruppen) fallen unter die Hoheit des Bundes, denn die betroffenen Flächen sind in aller Regel heute Liegenschaften des Bundes.

Das Land Brandenburg – es steht hier exemplarisch für die anderen Bundesländer mit vergleichbaren Regelungen – verfügt über ein Fachinformationssystem Altlasten (siehe https://lfu.brandenburg.de, Stichwort „Fachinformationssystem Altlasten"). Es basiert auf dem Altlastenkataster (Alkat). Darin werden unter anderem Daten zu altlastverdächtigen Flächen, Altlasten und stofflich schädlichen Bodenveränderungen von den unteren Bodenschutzbehörden erfasst und vierteljährlich an das Landesumweltamt übermittelt. Ein geografisches Informationssystem ermöglicht die Visualisierung der erfassten und gemeldeten Flächen. Der Bewertung von Einzelfällen sowie der vergleichenden Bewertung mit anderen Fällen dient ein Bewertungssystem, das damit eine Prioritätensetzung für die Altlastenbeseitigung ermöglicht. Im Altlastenkataster werden erfasst:

- Allgemeine Angaben (Lage, Größe, Zustand) zum Standort
- Angaben zu abgelagerten Abfällen/eingetragenen Schadstoffen (Art, Menge, Beschaffenheit)
- Art des früheren Betriebs, der stillgelegten Einrichtungen oder Anlagen
- Planerische Vorgaben zur Flächennutzung
- Ausbreitungsmöglichkeiten der Schadstoffe
- Rechtsverhältnisse (frühere Eigentümer, Besitzer u. Ä.) und für die Gefahrenabwehr relevante Sachverhalte
- Angaben zur Sanierung

Altlasten werden nicht in erster Linie ein Problem für den einzelnen Hauskäufer, sondern für die Planungsbehörden. So muss bei der Aufstellung eines Bauleitplans die Altlastensituation geklärt sein, was die geplante Nutzung für das betroffene Gebiet überhaupt ermöglicht. Sollte nicht alles „sauber" sein, muss die Sanierung der Altlastflächen erfolgen, bevor der Bauleitplan aufgestellt werden kann. Die untere Bodenschutzbehörde ist also bei der Aufstellung von Bauleitplänen grundsätzlich fachlich einzubeziehen.

Informationen im Altlastenkataster stehen auch privaten Interessenten zur Verfügung. Sie können allerdings kostenpflichtig sein. Rechtsgrundlage ist das deutsche Umweltinformationsgesetz (UIG), dessen letzte Änderung am 20. Juli 2017 in Kraft getreten ist.

Und worin besteht dann das Problem für den Hauskäufer? Die gesetzliche Pflicht zur systematischen Erfassung und Bewertung von Altlasten besteht erst seit 1998 mit dem „Gesetz zum Schutz vor schädlichen Bodenveränderungen und zur Sanierung von Altlasten", kurz Bundes-Bodenschutzgesetz (BBodSchG), das seit 1. März 1999 gilt. Dieses Gesetz definiert im Übrigen auch die Begriffe „Altlasten", „Altlastverdächtige Flächen" und „Schädliche Bodenveränderungen". Und davor? Da wurden Altlasten oder Verdachtsflächen oft rein zufällig oder aufgrund von Beschwerden der Bevölkerung oder betroffener Anwohner entdeckt und untersucht.

Altlastensanierungen können auch mitten in Wohngebieten erforderlich werden.

Diese von dem Jahr 1999 markierte Zeitgrenze gilt es zu berücksichtigen, wenn Sie sich für ein Haus interessieren. Besonders in der Nachkriegszeit, die ja eine Wiederaufbauzeit war, hat man Industriebrachen, aufgegebene Militär- und Bergbaustandorte relativ unbefangen bebaut. Aber zuweilen stinken – im wahrsten Wortsinn – auch noch viel ältere Hinterlassenschaften. Städtische Gaswerke zum Beispiel gab es um 1900 in allen größeren Städten Deutschlands, denn Stadtgas war einer der wichtigsten Energieträger dieser Zeit. Spätestens mit der kompletten Umstellung auf Erdgas wurden die alten Gaswerke abgerissen – manche allerdings schon viel früher, weil sie zu klein waren oder der Stadtentwicklung im Weg standen. Kurz: Man sollte nicht allerorten sofort schreckenerregende Altlasten vermuten. Aber wo ein Verdacht besteht, muss dem nachgegangen werden.

Weiterführende Informationen zum Thema Altlasten und deren Sanierung finden Sie auf der Seite des Umweltbundesamts www.umweltbundesamt.de/themen/boden-landwirtschaft/altlasten.

Ihr persönliches Profil

Was nützt das schönste Haus, wenn es an der falschen Stelle steht? Doch was die falsche oder die richtige Stelle für Ihr Haus ist, können Sie nur in Bezug auf Ihre eigenen Bedürfnisse ermitteln. Es kommt also immer auf die aktuelle Lebenssituation und die eigene weitere Lebensplanung für die nächsten zehn bis 20 Jahre an. Da kann ein Makler noch so oft sein Sprüchlein von der Lage wiederholen, wenn dem Standort des Hauses Eigenschaften fehlen, die für Ihr Leben unabdingbar sind, dann hat es – für Sie – keine gute Lage.

Diese Standortfragen sind auch dann relevant, wenn Sie das Haus gerade geerbt haben oder schon einige Zeit besitzen. Erfüllt es die Standortbedingungen, die zu Ihrer Lebensplanung passen? Wer beruflich oder familiär bedingt einen anderen Lebensmittelpunkt wählen muss, wird beinahe zwangsläufig über eine andere Immobilie nachdenken. Lohnen sich Investitionen für Sie, wenn Sie vielleicht schon daran denken, diesen Standort früher oder später zu verlassen? Bei dieser Frage stehen Immobilienerben, -käufer und -besitzer am gleichen Ausgangspunkt.

Ein Standortprofil zu den Außenbeziehungen der Immobilie ist das gegebene Instrument, um sich – ähnlich wie mit dem Raumprogramm zu den „inneren Werten" des Hauses – über die eigenen Anforderungen an den Standort des Hauses ein möglichst klares Bild zu machen. Für das Standortprofil nutzen Sie die Methodik, welche die sogenannte Nutzwertanalyse zur Verfügung stellt.

Dazu kann man eine einfache Tabelle zusammenstellen, bei der man in der Senkrechten die unterschiedlichen Kriterien untereinan-

Standortprofil: Junge Familien

Wichtung	Punkte max.	Faktor	Kriterium	Schlecht	Neutral	Gut	Punkte SOLL	Punkte IST
			Gesamtwertungszahl				**140**	
A	10	1,5	Umfeld Landschaft				15	
A	10	1,5	Erschließung Verkehr, Straße				15	
A	10	1,5	Infrastruktur Versorgung				15	
A	10	1,5	Bäume, Pflanzen				15	
A	10	1,5	Schulen				15	
A	10	1,5	Arbeitsplatz				15	
B	10	1	Krankenhaus, Klinik				10	
B	10	1	Umfeld Architektur				10	
B	10	1	Öffentlicher Verkehr				10	
C	10	0,5	Soziale Einrichtungen				5	
C	10	0,5	Umfeld Bewohner/Menschen				5	
C	10	0,5	Umfeld Geräusche				5	
C	10	0,5	Aussichten/Einsichten				5	
D	10	0	Ausrichtung/Himmelsrichtung				0	
D	10	0	Restaurant, Kneipe				0	

der schreibt, während man auf den waagerechten Zeilen die Möglichkeit hat, bestimmte Gewichtungen vorzunehmen. Zur Illustration dieses Verfahrens sollen die drei folgenden Beispiele dienen. Als Fallbeispiele konstruieren wir die Wohnbedürfnisse einer jungen Familie, eines Paares der Altersgruppe 50+ und einer Familie, die sich das Wohnen auf dem Land als Lebensziel gesetzt hat.

Für jedes Kriterium kann je nach Vorhandensein und Beschaffenheit eine Punktzahl von 0 bis 10 vergeben werden.

Kriterien der Wichtung A (die obersten Reihen) gehen mit dem Faktor 1,5 in die Bewertung ein, Kriterien der Wichtung B (mittlere Reihen) mit dem Faktor 1,0, Kriterien der Wichtung C mit dem Faktor 0,5. D-Faktoren sind im gegebenen Zusammenhang so gering gewichtet, dass sie praktisch vernachlässigt werden können und nicht in die Gesamtbewertung des Standorts eingehen.

Fallbeispiel 1: Junge Familie

Eine junge Familie mit zwei Kindern hat bestimme Anforderungen an den Standort einer Wohnimmobilie. Bei der Suche nach einem Haus sollten zunächst die K.O.-Kriterien definiert werden. Das könnte zum Beispiel die Anbindung an den öffentlichen Verkehr sein, damit für die Kinder die Schule und für die Eltern der Arbeitsplatz auch ohne privates Kraftfahrzeug erreichbar ist. Wird der öffentliche Nahverkehr zum K.O.-Kriterium, heißt das: Eine unzureichende Anbindung an das öffentliche Ver-

Standortprofil: Seniorenehepaar

Wichtung	Punkte max.	Faktor	Kriterium	Schlecht	Neutral	Gut	Punkte SOLL	Punkte IST
			Gesamtwertungszahl				**140**	
A	10	1,5	Umfeld Architektur				15	
A	10	1,5	Öffentlicher Verkehr				15	
A	10	1,5	Infrastruktur Versorgung				15	
A	10	1,5	Soziale Einrichtungen				15	
A	10	1,5	Krankenhaus, Klinik				15	
B	10	1	Umfeld Landschaft				10	
B	10	1	Umfeld Geräusche				10	
B	10	1	Erschließung Verkehr, Straße				10	
B	10	1	Bäume, Pflanzen				10	
B	10	1	Restaurant, Kneipe				10	
C	10	0,5	Umfeld Bewohner/Menschen				5	
C	10	0,5	Ausrichtung/Himmelsrichtung				5	
C	10	0,5	Aussichten/Einsichten				5	
D	10	0	Schulen				0	
D	10	0	Arbeitsplatz				0	

kehrsnetz führt zum Ausschluss der Immobilie aus dem Wettbewerb. Eine solche Entscheidung spart Ihnen zumindest viel Zeit bei der Untersuchung weiterer Standortfaktoren und bei der späteren Gebäudeanalyse. Auch das Fehlen einer geeigneten Schule für die Kinder könnte zu einem K.O.-Kriterium geraten.

Fallbeispiel 2: Seniorenehepaar

Für ein Seniorenehepaar – oder Eigentümer in den besten Jahren, die sich bereits Gedanken über ihre Zukunft im Seniorenalter machen – ergeben sich einige andere Anforderungen an den Standort einer Immobilie als für eine junge Familie. Unter den Kriterien mit der Wichtung A finden sich die Nähe der Schule und die Erreichbarkeit des Arbeitsplatzes verständlicherweise nicht. Hingegen spielen medizinische Einrichtungen und die Möglichkeiten der klinischen Versorgung im Alter naturgemäß eine stärkere Rolle. Das Fehlen solcher Einrichtungen könnte ein K.O.-Kriterium sein. Auch der öffentliche Nahverkehr könnte sich, wenn man das eigene Auto nicht mehr benutzen will oder kann, als ein solches Ausschlusskriterium herausstellen.

Fallbeispiel 3: Leben auf dem Land

Wer sich entschließt, der Großstadt den Rücken zu kehren und seinen Lebensmittelpunkt in den ländlichen Raum zu verlegen, verzichtet damit bewusst auf bestimmte Annehmlichkeiten der großstädtischen Infrastruktur, meidet aber gleichzeitig eine Reihe störender Stand-

Standortprofil: Landleben

Wichtung	Punkte max.	Faktor	Kriterium	Schlecht	Neutral	Gut	Punkte SOLL	Punkte IST
			Gesamtwertungszahl				**140**	
A	10	1,5	Umfeld Landschaft				15	
A	10	1,5	Erschließung Verkehr, Straße				15	
A	10	1,5	Infrastruktur Versorgung				15	
A	10	1,5	Bäume, Pflanzen				15	
A	10	1,5	Schulen				15	
A	10	1,5	Arbeitsplatz				15	
B	10	1	Krankenhaus, Klinik				10	
B	10	1	Umfeld Architektur				10	
B	10	1	Öffentlicher Verkehr				10	
C	10	0,5	Soziale Einrichtungen				5	
C	10	0,5	Umfeld Bewohner/Menschen				5	
C	10	0,5	Umfeld Geräusche				5	
C	10	0,5	Aussichten/Einsichten				5	
D	10	0	Ausrichtung/Himmelsrichtung				0	
D	10	0	Restaurant, Kneipe				0	

ortfaktoren. Persönliche Lebensplanung und Standort sollten zusammenpassen.
Das landschaftliche Umfeld sowie die Anwesenheit von Bäumen und Pflanzungen werden zu A-Kriterien (siehe Seite 56), aber auch die Verkehrsanbindung, sofern die Landbewohner in der Stadt berufstätig sind, sowie die Erreichbarkeit von Versorgungseinrichtungen gewinnen Bedeutung. Von geringerem Rang sind unter Umständen Kriterien wie der öffentliche Nahverkehr und das architektonische Umfeld. Das Kriterium Umfeld Landschaft kann zu einem K.O.-Kriterium werden, denn wer möchte schließlich – mögen alle anderen Kriterien zur Zufriedenheit bewertet werden – in einer Landschaft leben, die ihm überhaupt nicht zusagt?

Fallbeispiele „Generationen"
Ob Alt oder Jung, alle leben in Gebäuden und alle wollen dabei ihre eigenen Bedürfnisse erfüllt sehen. Was dabei meist zu kurz kommt, ist die Überlegung, was geschieht, wenn sich die Anforderungen drastisch ändern. Sei es durch Familienzuwachs, den Wandel der „Altersklassen" oder gar Einschränkungen durch Hindernisse, Handicaps, Krankheiten, Unfälle oder ganz einfach geänderte Bedürfnisse.

Hierfür ist ein dynamischer Rahmen vonnöten, ein Plan mit der Option zur Anpassung. Das kann sogar in denselben Räumen des Hauses oder der Wohnung sein, solange dies technisch realisierbar ist. Andererseits kann aber auch ein Wechsel der bisherigen Behausung zwingend erforderlich werden, etwa bei gewissen Anforderungen an Barrierefreiheit.

Wie dem auch sei, man muss in einem Leben auf Veränderungen und mögliche Anpassungen vorbereitet sein. Und das kann die Rahmenbedingungen erheblich beeinflussen.

Fallbeispiel „Zwei-Phasen-Modell"
Hierbei entscheidet man sich zu einem Modell in zwei Phasen. Zunächst fällt die Wahl auf ein Modell für den Lebensabschnitt A „Junge Familie". Danach orientiert man sich zu einem Modell für den Lebensabschnitt B mit Aussicht zum Alt werden um – ohne Barrieren.

Fallbeispiel „Dynamisches Ein-Phasenmodell"
Dieses Modell erfordert eine Wohnung beziehungsweise ein Haus, das eine dynamische Anpassung jederzeit ermöglicht. Ein Haus mit einer Wohnung im Erdgeschoss und einer weiteren im Ober- oder Dachgeschoss wäre eine solche Option. Hier lässt sich, je nach Lebenssituation, ein schneller Wechsel leicht bewerkstelligen. Verfügt das entsprechende Gebäude über einen Aufzug, befindet man sich in der luxuriösen Ausgangsposition, sich stets alle Möglichkeiten halten zu können.

Ihr persönliches Profil, Anforderungen, Wünsche
Die Kriterien, die wir in den Checklisten erfasst beziehungsweise vorgeschlagen haben, lassen sich Ihren Bedürfnissen entsprechend erweitern. Spielt zum Beispiel Wohnen und Arbeiten unter einem Dach eine Rolle, könnten Breitbandanschluss oder Netzabdeckung für die Mobiltelefonie eine Rolle spielen. Ergänzen Sie die vorgeschlagenen Checklisten um Ihre persönlichen K.O.-Kriterien!

Bauherrenprofil als Muss
Alles in allem entsteht das mögliche Modell immer schon an der Stelle, wo das eigene Anforderungsprofil erstellt wird (siehe die Kapitel „Käuferprofil und Haussuche" ab Seite 43 und „Die Vermögensanalyse" ab Seite 75). Dieses stellt auch ein Profil für die eigene Lebensplanung dar – sowohl in sozialer als auch in finanzieller Hinsicht. Dabei kommen beide Kriterien auf den Prüftisch (siehe auch die Übersicht der Stationen 1 bis 11, Seite 35).

DAS GEBÄUDE

Um welche Art von Gebäude handelt es sich eigentlich? Der Gebäudetyp, auf den Sie bei der Suche nach Ihrer Wunschimmobilie gestoßen sind, wird den Kaufpreis wesentlich mitbestimmen. Mehr noch: Auch der Wiederherstellungsaufwand, der unter Umständen bei einem sehr alten oder wenig gepflegten Haus beträchtlich sein kann, und der künftige Unterhaltungsaufwand werden von Art und Alter des Gebäudes beeinflusst. Man sollte also schon sehr genau wissen, auf welche Art von Architektur und Alter des Gebäude man sich einlassen will, bevor man auf die Suche geht.

Konstruktion und Material

Man kann die verschiedenen Typen von Gebäuden nach unterschiedlichen Kriterien sortieren. Eine mögliche Typologie lässt sich nach Art der Konstruktion und den verwendeten Materialien aufstellen.

Lehmbau

Die traditionelle Technik des Lehmbaus ist sowohl bei alten Fachwerkbauten als auch bei – selteneren – Stampflehmbauten anzutreffen. Am Fachwerkbau findet sich Lehm entweder bei der Ausfachung mit luftgetrockneten Lehmziegeln oder als Bewurf von Holzgeflecht in den Gefachen. Lehm vermag Wärme und Feuchtigkeit gut zu speichern und sorgt bauklimatisch für Temperaturausgleich und stabile Luftfeuchtigkeit, sodass sich in Lehmbauten ein für den Menschen angenehmes und gesundes Raumklima einstellt.

Holzbauten

Holz gehört zu den ältesten Baustoffen der Menschheitsgeschichte. Neben Vollholz – wie beispielsweise bei traditionellen Blockhäusern – werden auch verschiedene Holzwerkstoffe für den Holzbau eingesetzt. Holz findet sich oft in Verbindung mit anderen Bautechniken an ein und demselben Gebäude; häufig zum Beispiel in Form von Obergeschossen in Holzbauweise auf massiv gemauerten Untergeschossen. Fertighäuser werden oft aus Holz – beispielsweise in Holztafelbauweise – hergestellt. Auch große mehrgeschossige Stadthäuser sind in moderner Holzbauweise errichtet worden.

Mauerwerksbauten

Zu den traditionellen Massivbauten gehören die aus Mauerwerk errichteten Häuser. Typisch für Mauerwerksbauten ist die Verwendung von einzelnen, druckfesten Elementen, beispielsweise Mauerziegel, Werksteine, Betonformsteine, die in einem bestimmten Mauerwerksverband miteinander verbunden sind. Mauerwerksbauten haben landschaftlich sehr unterschiedliche Ausprägungen erfahren. In den werksteinarmen Regionen Norddeutschlands dominiert bis heute der Ziegelbau, während in Mittel- und Süddeutschland Mauerwerksbauten aus Werksteinen häufiger anzutreffen sind, wobei auch hier das verwendete Material – Sandstein, Porphyr, Kalkstein … – je nach den lokalen Angeboten schwankt.

Stahlbetonbau

Beim Stahlbetonbau wird Beton als druckfestes Material verwendet. Da Beton zwar äußerst druckfest, dafür allerdings recht zugschwach ist, wird zur Aufnahme der Zugkräfte Bewehrungsstahl eingesetzt; daher spricht man vom Stahlbetonbau. An Problembereichen (korrosionsgefährdete oder besonders stark beanspruchte Zonen) werden Bewehrungsstäbe aus Edelstahl oder – neuerdings – glasfaserverstärkten Kunststoffen eingesetzt. Durch Einbringen gespannter Stahleinlagen kann die Festigkeit des Stahlbetons erhöht und das Bauen mit größeren Stützweiten mittels Spann-

Links: Fachwerk mit Lehm-Ausfachung im Elsaß

Rechts: Haus in Holzbauweise, Rappertswil, Schweiz

Links: Klassisches Sichtmauerwerk

Rechts: Gängiger Stahlbetonbau zur Unterbringung vieler Wohneinheiten

Links: Stahlkonstruktion eines Einfamilienhauses in der Nähe von Siewierz, Polen

Rechts: Umgebindehaus in Ebersbach, Sachsen

beton erreicht werden. Risse sind beim Stahlbeton unvermeidlich und, sofern sie in der Norm bleiben, kein Mangel; sie sind Folge des Tragverhaltens, wenn beispielsweise das Eigengewicht eines Bauteils den Bewehrungsstahl in den Zugzonen aktiviert.

Stahl und Glas

Reiner Stahlbau – das heißt die Montage der tragenden Bauteile aus Stahl – ist bei Wohnimmobilien selten anzutreffen, häufiger indes beim Industrie- und Brückenbau. Bei Wohn- und Bürohäusern – namentlich bei Hochhäusern – findet man den Stahlskelettbau, der es erlaubt, Decken und Zwischenwände aus Fertigteilen einzufügen. Fassadenelemente bestehen häufig aus Glas – die gläserne und oft sogar verspiegelte Hochhausfassade ist nachgerade zu einem Symbol moderner, aber oft auch als unpersönlich empfundener Architektur geworden.

Mischkonstruktionen

Oft wird man die eine oder die andere Bauweise nicht in ihrer reinen Form antreffen; niemand kann schließlich einen Bauherrn oder Architekten auf eine bestimmte Materialreinheit verpflichten. Landschaftlich typisch sind seit alters Mischformen wie das Lausitzer Umgebindehaus, das sowohl Elemente des Holzbaus und des Mauerwerkbaus als auch des Fachwerkbaus in sich vereinigt.

Eine übersichtliche Wohngebäudetypologie zur ersten Einordnung finden Sie auf den Seiten 62 bis 68.

Bauen und Sanieren im Denkmal

Das Nachrichtenportal der Märkischen Oderzeitung schrieb auf MOZ.de anlässlich des Tags des Denkmals 2018: „In Bad Belzig, wo neben der Burg Eisenhardt die St. Bricciuskirche im Rampenlicht stand, konnte unter anderem das denkmalgeschützte Mehrfamilienhaus im Kreuzungsbereich von Puschkin- und Ernst-Thälmann-Straße besucht werden. Eigentümer desselben sind Ursula Heyder und Michael Memmler, die sich vor nahezu sechs Jahren in das um 1890 erbaute Haus mit damals hohem Sanierungsrückstand verliebt hatten."

Die Sanierung dieses Hauses wurde von der Bundesrepublik Deutschland, dem Land Brandenburg und der Stadt Bad Belzig gefördert. Die fachliche Begleitung lag in der Verantwortung des BAKA Bundesverband Altbauerneuerung e. V. und der Kreditanstalt für Wiederaufbau (KfW). Die denkmalgerechte Sanierung des Gebäudes firmierte als Modellprojekt „Effizienzhaus im Denkmal".

Das Denkmalschutzgesetz Brandenburgs verlangt von den Verfügungsberechtigten über Denkmale den Erhalt, den Schutz und die Pflege der Denkmale „im Rahmen des Zumutbaren" (§ 7). Das betrifft auch die Nutzung – zum Beispiel von Wohnimmobilien mit Denkmalstatus. Denkmale seien so zu nutzen, „dass ihre Erhaltung auf Dauer gewährleistet ist. Die bisher rechtmäßig ausgeübte oder eine der Lage und Beschaffenheit des Denkmals entsprechende Nutzung ist zulässig." Hier kann es passieren, dass der Nutzer in einen Zwiespalt gerät. Nutzt er zum Beispiel eine denkmalgeschützte Wohnimmobilie weiterhin so, wie sie bisher genutzt wurde, kann das die „Erhaltung auf Dauer" gefährden. Führt er hingegen Maßnahmen durch, die der „Erhaltung auf Dauer" dienen, könnte er genau damit gegen das Gesetz verstoßen.

Wer sich an eine Denkmalimmobilie wagt, der lässt sich nicht nur auf die Besonderheiten des Gebäudes selbst, sondern zudem auf die Gesetze und das Genehmigungswesen ein. Das gilt auch, wenn sich der Eigentümer des Denkmalcharakters seines Hauses gar nicht bewusst ist. Daran erinnert eine – ebenfalls aus Brandenburg überlieferte Anekdote. Ein Eigentümer wollte einem Mitarbeiter der Denkmalschutzbehörde sein Haus zeigen und wegen der Sanierung um Rat fragen. Der Denkmalschützer blieb vor dem Gartentor stehen und sagte: „Überlegen Sie sich gut, ob Sie mich hereinbitten. Denn sobald ich drin bin, ist das Haus ein Denkmal." Der Überlieferung nach wurden weitere Einzelheiten in einem „Nichtgespräch" erörtert.

Der § 9 des Brandenburgischen Denkmalschutzgesetzes bestimmt „erlaubnispflichtige Maßnahmen. Eine besondere Erlaubnis bedarf demnach, wer (1) ein Denkmal zerstören, beseitigen oder an einen anderen Ort verbringen; (2) ein Denkmal instand setzen, in seiner Substanz, seinem Erscheinungsbild oder in sonstiger Weise verändern; (3) die Nutzung eines Denkmals verändern; (4) durch die Errichtung oder Veränderung von Anlagen oder sonstige Maßnahmen die Umgebung eines Denkmals verändern oder (5) die bisherige Bodennutzung in Grabungsschutzgebieten oder von Grundstücken, von denen bekannt ist, dass sie Bodendenkmale bergen, verändern will."

Zu finanziellen Förderungen, die Sie beim Bauen und Sanieren im Denkmal beanspruchen können, lesen Sie Genaueres ab Seite 208. Dort finden Sie auch Hinweise, welche baurechtlichen Ausnahmen es für ausgewiesene Denkmäler gibt und welche Vorschriften – zum Beispiel hinsichtlich der energetischen Modernisierungen – bei Baudenkmälern nicht oder nicht uneingeschränkt gelten.

Auch wenn sich an oder in einem Denkmal nicht alle Maßnahmen der Energieeffizienz umsetzen lassen, gibt es Fördermittel und erhöhte Abschreibungsmöglichkeiten. Generelle Informationen bieten zum Beispiel die Kreditanstalt für Wiederaufbau (KfW) und das Bundesamt für Wirtschaft und Ausfuhrkontrolle (Bafa) innerhalb der aktuell aufgelegten Programme.

Es gibt auch eine besondere Förderung für Baudenkmale, zum Beispiel für die sogenannte BEBS: Besonders erhaltenswerte Bausubstanz. Dass es sich um eine solche handelt, muss dann jeweils von der Kommune bestätigt worden sein. Weiterhin fördern auch die Kommunen oder Städte direkt, zum Beispiel aus dem Etat der Städtebauförderung. Wenn man Glück hat, erhält man auch die direkte Förderung über die Deutsche Stiftung Denkmalschutz. Zu diesen Förderungen können Sie sich einlesen auf der Internetseite www.denkmalschutz.de/denkmale-erhalten/foerder-highlights.html

Immer wieder werden auch besondere Förderprogramme aufgelegt, etwa für besondere Maßnahmen wie für die Sanierung von historischen Fenstern (Kastendoppelfenstern). Nicht zu vergessen die Nutzung der steuerlichen Abschreibung, was mit dem jeweiligen Denkmalamt (untere Denkmalbehörde) und dem zuständigen Finanzamt vorher geregelt werden muss. Dieses Modell fließt gegebenenfalls in die Gesamtfinanzierung ein. Darum muss der Steuerberater allerdings wissen und dies in der Steuererklärung aktivieren.

Brauche ich einen Bodengutachter?

Bodengutachten ist ein landläufiger Begriff für ein Gutachten, das eigentlich Baugrund- und Gründungsgutachten heißt. Der längere Begriff schließt aus, dass man ein Bodengutachten für eine Einschätzung der Bodenqualität im landwirtschaftlichen Sinn hält. Ein Sachverständiger für Geotechnik verfasst es in Form eines geotechnischen Berichts.

Bei Neubauten in Deutschland ist seit 2008 ein geotechnischer Bericht als Planungs- und Realisierungsgrundlage eines Bauvorhabens bauordnungsrechtlich vorgeschrieben. Hingegen sind Baugrund- und Gründungsgutachten bei Bestandsgebäuden normalerweise nicht erforderlich. Das Haus steht ja schon auf sicherem Baugrund. Nur bei berechtigtem Verdacht auf Unsicherheit im Untergrund (das kann an kritischen Hanglagen oder an Uferböschungen der Fall sein) oder wenn ein Anbau beziehungsweise eine Erweiterung geplant ist, muss ein Bodengutachter eingeschaltet werden.

Ein weiterer Fall tritt ein, wenn Sie die Nutzung von Erdwärme planen. Dann ist gegebenenfalls ein geologisches Gutachten erforderlich um herauszufinden, ob und wie am speziellen Standort Erdwärme nutzbar ist. Der Bodengutachter untersucht den Untergrund bezüglich geologischer Schichten, aber auch auf kontaminierten Untergrund, beispielsweise bei stillgelegten Tankstellen oder früherem Werkstattbetrieb (Öle, Diesel Benzin, Abfälle …). Beachten Sie bitte auch den Abschnitt „Altlastenkataster und Bodengutachter" auf den Seiten 52f.

Bei unbekannten Untergrundverhältnissen (etwa Bergbaubetrieben in der Nähe) und anderen Verdachtsmomenten aus dem näheren und weiteren Umfeld empfiehlt sich die Konsultation eines Sachverständigen. Namentlich in früheren Bergbaugebieten steht manches inzwischen auf unsicherem Grund, weshalb an alten Häusern häufig Schäden auftreten, die auf Bodensenkungen zurückzuführen sind.

Wohngebäudetypen

Der deutsche Wohngebäudebestand wird entsprechend seiner energierelevanten Merkmale in eine Reihe von Baualtersklassen und Größenklassen eingeteilt (Erläuterungen dazu siehe „Merkmale der verschiedenen Bauepochen" auf Seite 67).

Baualtersklasse		EFH	RH	MFH	GMH
		Basis-Typen			
A	...1859				
B	1860 ... 1918				
C	1919 ... 1948				

Erläuterung der Kürzel: EFH = Einfamilienhaus; RH = Reihenhaus; MFH = Mehrfamilienhaus; GMH = großes Mehrfamilienhaus

Baualtersklasse		EFH	RH	MFH	GMH
		Basis-Typen			
D	1949 ... 1957				
E	1958 ... 1968				
F	1969 ... 1978				

Baualtersklasse		EFH	RH	MFH	GMH
		Basis-Typen			
G	1979 … 1983				
H	1984 … 1994				
I	1995 … 2001				
J	2002 … 2009				

Erläuterung der Kürzel: EFH = Einfamilienhaus; RH = Reihenhaus; MFH = Mehrfamilienhaus; GMH = großes Mehrfamilienhaus

Baualtersklasse		EFH	RH	MFH	GMH
		Basis-Typen			
K	2010 … 2015				
L	2016 …				
		Sonderfälle: Fertighaus			
F/F	1969 … 1978				
		Sonderfälle: Neue Bundesländer industrieller Wohnungsbau			
NBL_D	1946 … 1960				

Baualtersklasse		EFH	RH	MFH	GMH
		Sonderfälle: Neue Bundesländer industrieller Wohungsbau			
NBL_E	1961 … 1969				
NBL_F	1970 … 1980				
NBL_G	1981 … 1985				
NBL_H	1986 … 1990				

Erläuterung der Kürzel: EFH = Einfamilienhaus; RH = Reihenhaus; MFH = Mehrfamilienhaus; GMH = großes Mehrfamilienhaus

Merkmale der verschiedenen Bauepochen

Das Baualter bildet ein wichtiges Merkmal, weil sich in jeder Bauepoche allgemein übliche Konstruktionsweisen, aber auch typische Bauteilflächen (z. B. Fenstergrößen) finden lassen, die den Heizwärmebedarf deutlich beeinflussen. Die Baualtersklassen orientieren sich an historischen Einschnitten, den Zeitpunkten statistischer Erhebungen und den Veränderungen der wärmetechnisch relevanten Bauvorschriften ... Der deutsche Gebäudebestand lässt sich dementsprechend in folgende Zeitabschnitte unterteilen:

Nr.	Baualtersklasse	Zeitraum	Charakterisierung
1	A	... 1859	Vorindustrielle Phase, handwerklich geprägte Bautechniken, aufbauend auf Erfahrungen, kaum gesetzliche Regelungen; Verwendung von lokal verfügbaren Materialien der Region. Dominante Bauweisen: Fachwerk mit Strohlehm-Ausfachung, monolithische Wände aus unbehauenen oder behauenen Natursteinen oder Voll-Ziegeln, Holzbalkendecken; diskontinuierliche Beheizung über offene Feuerstellen oder Öfen in einzelnen Wohnräumen und offene Herdstellen oder geschlossene Herde in der Küche; kein fließend Kalt-/Warmwasser; Toiletten außerhalb des Gebäudes
2	B	1860 ... 1918	Gründerzeit: Ausdehnung der Städte und einsetzende Industrialisierung, Standardisierung und Normung der Bauweisen; jedoch noch regional geprägt. Dominanz von Mauerwerksbauten, im ländlichen Bereich auch Fachwerk mit Mauerwerksausfachung, häufig erhaltenswerte Gestaltung der Straßenfassaden (Stuck, Sandstein, Klinker), Holzbalkendecken, häufig massive Kellerdecken; diskontinuierliche Beheizung über Öfen in einzelnen Wohnräumen und Holz-/Kohle-Herde in der Küche; kein fließend Warmwasser; keine Badezimmer; Toiletten innerhalb des Gebäudes, z.B. im Treppenhaus
3	C	1919 ... 1948	Zunehmende Industrialisierung der Baustoffherstellung, Verwendung kostengünstiger und einfacher Materialien sowie materialsparender Konstruktionen, nationale Standardisierung und Normung; Dominanz von ein und zweischaligen Mauerwerksbauten, massive Kellerdecken, etwas verbesserter Wärmeschutz durch verstärkten Einsatz von Bauelementen mit Luftkammern (zweischalige Bauweise, Hohlkörperdecken); diskontinuierliche Beheizung über Öfen, bisweilen auch schon Kohle-Zentralheizung; in der Küche Kohle- oder Gasherd; Toiletten und Badezimmer in den Wohnungen
4	D	1949 ... 1957	Einfache Bauweise der Nachkriegszeit, häufig mit Trümmer-Materialien, Weiterentwicklung der Normen, Einführung von Anforderungen für den sozialen Wohnungsbau, Einführung der DIN 4108 „Wärmeschutz im Hochbau" (1952), überwiegend Mauerwerksbauweise; Holzbalkendecken nur noch bei Einfamilienhäusern, im Geschosswohnungsbau der DDR ab Anfang der 50er Jahre auch Bauten in vorgefertigter Block- oder Streifenbauweise; verstärkter Einsatz von Zentralheizungen (Koks, Gas, Öl), Gasetagenheizungen oder Gasöfen statt der Feststofföfen eingesetzt; in der DDR Verbreitung von Fernwärme; Neubauten haben damit im Winter ein kontinuierlich höheres Temperaturniveau

Nr.	Baualters-klasse	Zeitraum	Charakterisierung
5	E	1958 … 1968	Im Geschosswohnungsbau erste Hochhaussiedlungen; statisch wird Stahlbeton in vielen Variationen bestimmend, Zunahme konstruktiver Wärmebrücken (inbes. auskragende Betonbauteile); in der DDR Plattenbauten in Großserien; Kohle-, Öl- und Gaszentralheizungen oder Fernwärme sind Standard; fließend Warmwasser
6	F	1969 … 1978	Neue industrielle Bauweisen (Sandwich-Konstruktionen), Fertighaus-Konzept im Einfamilienhaus-Bereich; ausgelöst durch 1. Ölkrise erhält der Wärmeschutz größere Bedeutung
7	G	1979 ... 1983	1. Wärmeschutzverordnung als Folge der Ölkrise; auch in der DDR verbesserte wärmetechnische Anforderungen (Rationalisierungsstufe II); bei monolithischen Wänden immer kleinere Luftkammern bzw. porosierte Materialien; aber auch von außen gedämmte Mauerwerksbauten (Wärmedämmverbundsystem) stärker im Markt vertreten
8	H	1984 ... 1994	2. Wärmeschutzverordnung (WSchV 84); in der DDR weiter verbesserter Wärmeschutz (Rationalisierungsstufe III); erste Niedrigenergiehäuser im Markt vertreten, teilweise gefördert durch regionale / Landesprogramme
9	I	1995 ... 2001	3. Wärmeschutzverordnung (WSchV 95)
10	J	2002 ... 2009	Energieeinsparverordnung EnEV 2002; Förderung für KFW-Energiesparhäuser 60 und 40
11	K	2010 ... 2021	Neue Anforderungen der EnEV ab Herbst 2009: Niedrigenergiehäuser als Regelstandard; Förderung für KFW-Effizienzhäuser 70, 55 und 40; Bundesförderung für effiziente Gebäude (BEG)

(Quelle: IWU – Institut Wohnen und Umwelt, Darmstadt 2015; eigene Aktualisierung zu Nr. 11 der Bauepochenmerkmale)

In die Zukunft denken

Mit der Auswahl des Standorts im Zusammenhang mit Ihrem persönlichen Käuferprofil schließen sich augenblicklich Fragen nach der Zukunft an. Welches Nutzungs- und Energiekonzept kann man zukunftsfähig realisieren?

Wenn Sie heute ein Gebäude nach vielleicht fünfzig, hundert oder mehr Jahren erneut anfassen, geht es nicht um die Erhaltung eines Museums. Vielmehr steht die Frage im Zentrum, mit welchem Energiekonzept das Haus zukunftsfähig gemacht werden kann. Das betrifft die Gebäudehülle, die Ausstattung des Hauses und die Technik (einschließlich der Heizungs- und Lüftungstechnik). Im Grunde steht die gesamte Ökobilanz des Hauses auf dem Prüfstand. Dazu kann auch die Entscheidung für (und nicht gegen) die klassischen Holzfenster gehören; immerhin ist in diesen alten Holzfenstern CO_2 gebunden. Beachten Sie dazu bitte auch den Abschnitt „Smart Home" auf den Seiten 159–163.

Wenn Sie sich an unsere elf Stationen (siehe Seite 35) halten, werden Sie zusammen mit Ihrem „Hausarzt" entsprechende Zukunftskonzepte entwickeln.

Was lassen Flächennutzungsplan und Bebauungsplan zu?

Eine andere Frage ist, ob sich die Änderungen und Zukunftskonzepte überhaupt umsetzen lassen. Hierzu kommt dem Umstand entscheidende Bedeutung zu, die Nutzungs- und Bebauungsmöglichkeiten zu kennen.

Auf grundsätzlicher Ebene wird diese Frage von der Stadt oder Gemeinde durch einen Flächennutzungsplan geregelt und im Baugesetzbuch folgendermaßen beschrieben: „Im Flächennutzungsplan ist für das ganze Gemeindegebiet die sich aus der beabsichtigten städtebaulichen Entwicklung ergebende Art der Bodennutzung nach den voraussehbaren Bedürfnissen der Gemeinde in den Grundzügen darzustellen. Aus dem Flächennutzungsplan können Flächen und sonstige Darstellungen ausgenommen werden, wenn dadurch die nach Satz 1 darzustellenden Grundzüge nicht berührt werden und die Gemeinde beabsichtigt, die Darstellung zu einem späteren Zeitpunkt vorzunehmen; in der Begründung sind die Gründe hierfür darzulegen." Der Flächennutzungsplan (oder vorbereitende Bauleitplan) ist damit ein wichtiges Planungsinstrument der öffentlichen Verwaltung. Die Bauplanung der Gemeinden wird als Bauleitplanung bezeichnet und ist zweistufig aufgebaut.

Flächennutzungsplan (Vorbereitender Bauleitplan)

Der Flächennutzungsplan (vorbereitender Bauleitplan) ist ein Planungsinstrument (Planzeichnung mit Begründung) der öffentlichen Verwaltung im System der Raumordnung der Bundesrepublik Deutschland, mit dem die städtebauliche Entwicklung der Gemeinden gesteuert werden soll.

Die unterste Ebene der Raumordnung auf Ebene der Gemeinden wird als Bauleitplanung bezeichnet. Die Bauleitplanung kennt die Planinstrumente Flächennutzungsplan und Bebauungsplan.

Der Flächennutzungsplan ist somit förmliches Instrument der Stadtplanung und Ausdruck der gemeindlichen Planungshoheit.

Im Flächennutzungsplan werden in verschiedener Farbigkeit üblicherweise die folgenden Flächen und ihre baurechtliche Bedeutung ausgewiesen:

- Bauflächen und Baugebiete
- Flächen für den Gemeinbedarf, die Ausstattung des Gemeindegebiets
- Flächen für den überörtlichen Verkehr und für die örtlichen Hauptverkehrszüge
- Flächen für Ver- und Entsorgungsanlagen
- Flächen für Nutzungsbeschränkungen
- Grünflächen
- Wasserflächen
- Flächen für Aufschüttungen, Abgrabungen, Gewinnung von Bodenschätzen
- Flächen für Landwirtschaft und Wald
- Flächen zum Schutz von Natur und Landschaft

Der Bebauungsplan

Im Normalfall ist das Maß der baulichen Nutzung im Bebauungsplan (Verbindlicher Bauleitplan) geregelt. Ein Bebauungsplan muss aber nicht zwingend erstellt werden. Wo es keinen gibt, gilt § 34 des Baugesetzbuchs. Darin heißt es: „Innerhalb der im Zusammenhang bebauten Ortsteile ist ein Vorhaben zulässig, wenn es sich nach Art und Maß der baulichen Nutzung, der Bauweise und der Grundstücksfläche, die überbaut werden soll, in die Eigenart der näheren Umgebung einfügt und die Erschließung gesichert ist. Die Anforderungen an gesunde Wohn- und Arbeitsverhältnisse müssen gewahrt bleiben; das Ortsbild darf nicht beeinträchtigt werden."

Wurde für ein Gebiet kein Bebauungsplan aufgestellt, haben die Bauherren in diesem Gebiet etwas größere Spielräume, wenn Sie sich an den relativ weitgefassten Bestimmungen des § 34 Baugesetzbuch orientieren können. Die Gemeinde kann (muss aber nicht) mit einem Bebauungsplan konkretere Bestimmungen treffen, die unter Umständen die Bauherren einschränken.

Ein Bebauungsplan regelt und sichert im Verbund mit den Vorschriften der Landesbauordnung die städtebauliche Ordnung sowie die Art und Intensität der Nutzung (zum Beispiel Gewerbegebiet im Vergleich zu einem Industriegebiet). Er bildet eine rechtsverbindliche Satzung der Gemeinde.

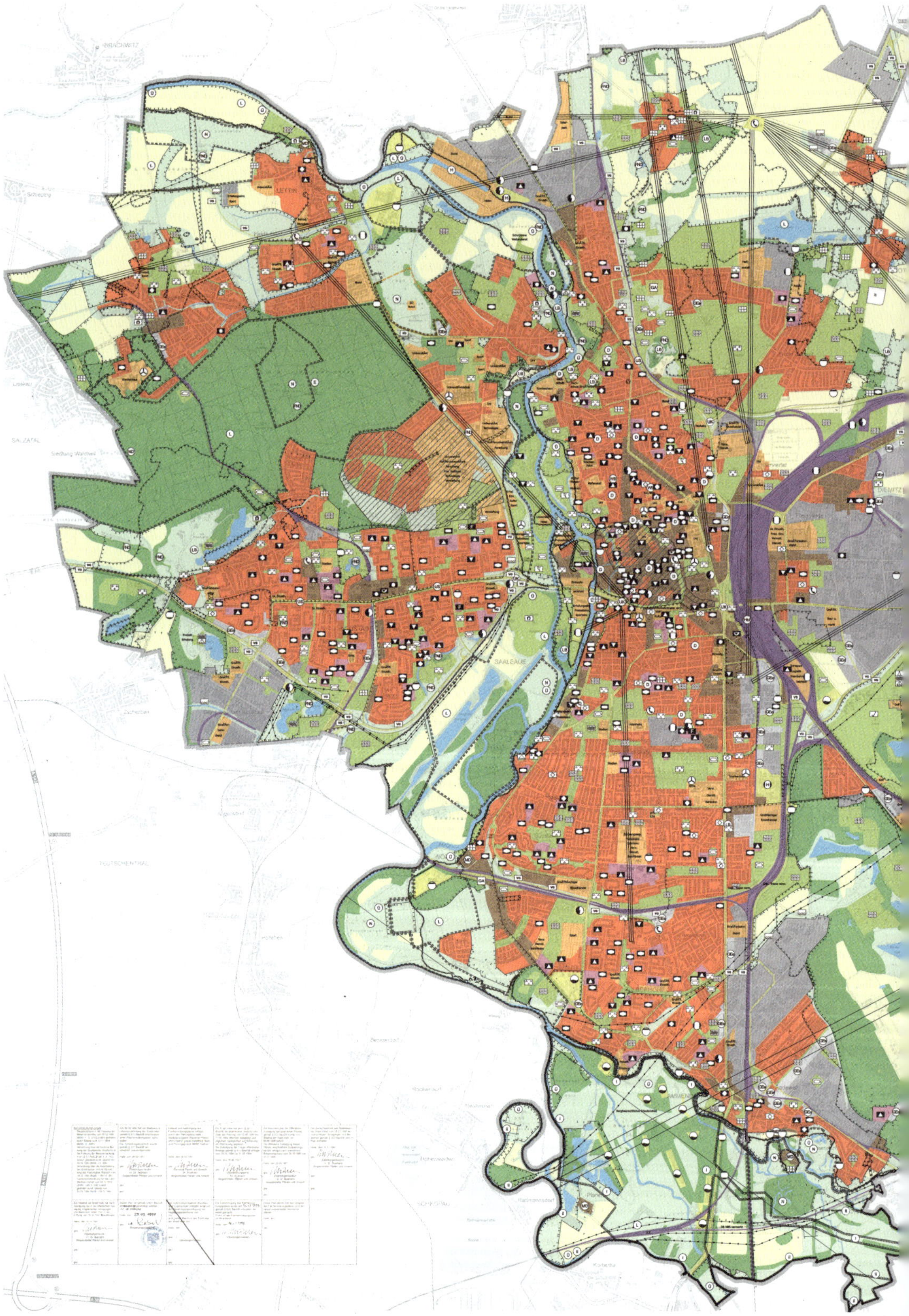

Flächennutzungsplan Halle (Saale)

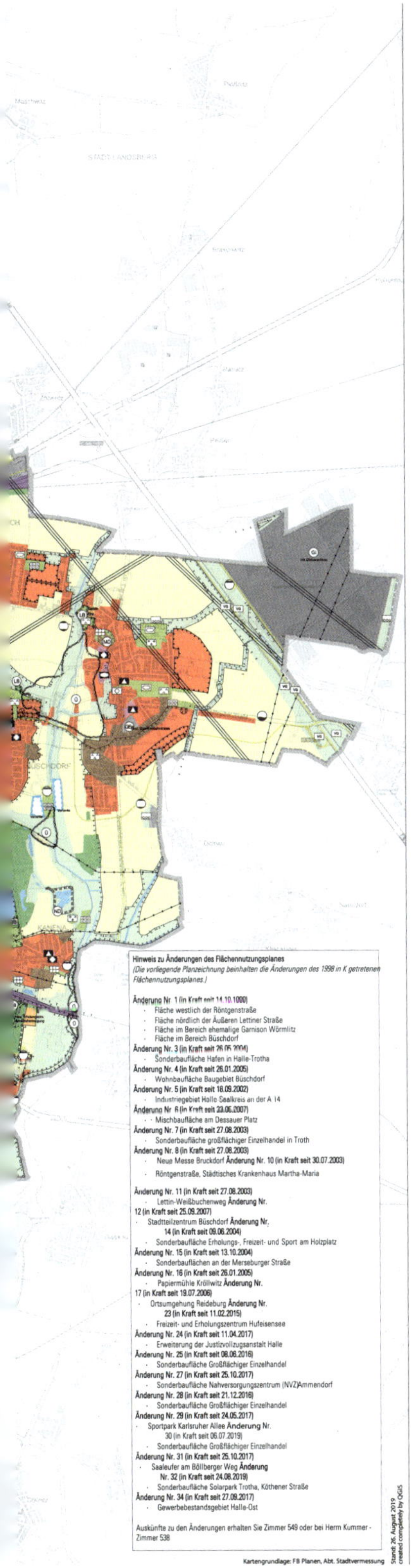

hallesaale HÄNDELSTADT

Flächennutzungsplan

Bauflächen und Baugebiete

- Wohnbauflächen
- Gemischte Bauflächen
- Gewerbliche Bauflächen [2]
- Sonderbauflächen mit Zweckbestimmung (z. B. Klinik, Einzelhandel)
- besondere Wohngebiete [1]
- Dorfgebiete
- Industriegebiete [3]
- Gewerbegebiete, eingeschränkt
- Denkmalbereiche (siehe auch Erläuterungskarte im Erläuterungsbericht)

Flächen für den Gemeinbedarf

- Flächen für den Gemeinbedarf

Einrichtungen und Anlagen [4]

- Öffentliche Verwaltung
- Kirchen und kirchlichen Zwecken dienende Gebäude und Einrichtungen
- Kulturellen Zwecken dienende Gebäude und Einrichtungen
- Feuerwehr
- Postdienst
- Schulen
- Sozialen Zwecken dienende Gebäude und Einrichtungen
- Sportlichen Zwecken dienende Gebäude und Einrichtungen
- Jugendherberge

Flächen für den überörtlichen Verkehr und für die örtlichen Hauptverkehrszüge

- Autobahnen und autobahnähnliche Straßen
- umzugestaltender Knoten
- Garagenanlagen
- Bahnanlagen
- Straßenbahn, Planung
- Hubschrauberlandeplatz
- Sonstige überörtliche und örtliche Hauptverkehrsstraßen
- umzugestaltender Straßenzug
- Hauptbahnhof
- Trassenalternativen

Flächen für Versorgungsanlagen, für die Abfallentsorgung und Abwasserbeseitigung

- Flächendarstellung

Zweckbestimmung [4]

- Fernmeldeanlagen
- Gas
- Heizkraftwerk
- Abwasser
- Elektizität
- Fernwärme
- Wasser

Grünflächen

- Grünflächen mit Versorgungsfunktion

Zweckbestimmung [4]

- Parkanlage Eigentümergärten/
- Grabeland
- Badeplatz, Freibad
- Tennisplatz
- Reitsportanlage
- Wassersportanlage
- Dauerkleingärten
- Sportplatz
- Friedhof
- Golfanlage
- Zeltplatz
- begrünter Stadtplatz

- Sonstige Grünflächen

Zweckbestimmung [4]

- Schutzpflanzung/Ortsrandeingrünung
- Verkehrsbegleitgrün

Ohne Zweckbestimmungssymbol: natürliche und naturnahe Offenlandflächen (Sukzessionsflächen, Extensivgrünland, Streuobstwiesen, Nassbiotope u. a.)

Wasserflächen und Flächen für die Wasserwirtschaft, den Hochwasserschutz und die Regelung des Wasserflusses

- Wasserflächen
- Umgrenzung von Flächen für die Wasserwirtschaft
- Umgrenzung von Flächen für den Hochwasserschutz und die Regelung des Wasserflusses
- Umgrenzung von Flächen mit wasserrechtlichen Festsetzungen
- Hafen
- Überschwemmungsgebiet

Wasserschutzzonen

- Zone I
- Zone II
- Zone III

Flächen für die Landwirtschaft und für den Wald

- Flächen für die Landwirtschaft
- Flächen für den Wald
- Erholungswald

Planungen, Nutzungsregelungen, Maßnahmen und Fläche n für Maßnahmen zum Schutz, zur Pflege und zur Entwicklung von Natur und Landschaft

- Umgrenzung von Flächen für Maßnahmen zum Schutz, zur Pflege und zur Entwicklung von Natur und Landschaft
- Umgrenzung von Schutzgebieten und Schutzobjekten im Sinne des Naturschutzrechts
- Naturschutzgebiet
- Landschaftsschutzgebiet
- Geschützter Landschaftsbestandteil
- Naturdenkmal
- Flächennaturdenkmal

Sonstige Planzeichen

- Umgrenzung der Flächen, bei deren Bebauung besondere bauliche Vorkehrungen gegen äußere Einwirkungen oder bei denen besondere bauliche Sicherungsmaßnahmen gegen Naturgewalten erforderlich sind sowie Flächen, unter denen der Bergbau umgeht oder die für den Abbau von Mineralien erforderlich sind
- Stadtgrenze (Grenze des räumlichen Geltungsbereichs des Flächennutzungsplanes)
- Richtfunk
- Hochspannungsfreileitung
- Lärmschutzmaßnahmen erforderlich
- Grenzen für Gebiete nach Besonderem Städtebaurecht
- 3) Mit Verfügung des Regierungspräsidiums Halle vom 20.7.1998 von der Genehmigung ausgenommene Fläche
- Umgrenzung der Bauflächen, für die eine zentrale Abwasserbeseitigung nicht vorgesehen ist, gemäß Auflage LVwA vom 14.01.2015

[1] Besondere Wohngebiete - Erhaltung und Fortentwicklung der besonderen Nutzungsstruktur: Kultur, Bildung, Wissenschaft und Wohnen
[2] Aus den gewerblichen Bauflächen können gemäß §5 Abs. 2 Nr. 1 BauGB nach den örtlichen Gegebenheiten des Einzelfalles Gewerbe- oder Industriegebiete entwickelt werden
[3] Industriegebiete - Gemeindegrenze übergreifende Entwicklungsschwerpunkte für produzierendes Gewerbe
[4] Die nachstehenden Zeichen werden zur Kennzeichnung der Lage auch ohne Flächendarstellung verwendet

Maßstab des Originals: 1:10.000

0 1 2 3 4 km

Geschäftsbereich II - Stadtentwicklung und Umwelt
Fachbereich Planen

Mit einem Bebauungsplan können unzweckmäßige oder unsoziale Siedlungsstrukturen verhindert werden.

Der Bebauungsplan besteht aus einem zeichnerischen (Planzeichnung) und einem Textteil. Letzterer definiert Festsetzungen zum zeichnerischen Teil genauer. Diese müssen in einem gesonderten Teil begründet werden.

Daneben können weitere Festsetzungen getroffen werden. Sie können als Örtliche Bauvorschriften (nach den Regularien der Landesbauordnung), als Grünordnungsplan oder als Gestaltungsplan erlassen werden. Insbesondere können Gestaltungsvorschriften entweder als eigenständige Gestaltungssatzungen gefasst werden oder in Form sonstiger gestalterischer Festsetzungen in den Bebauungsplan aufgenommen werden. Diese gestalterischen Festsetzungen können in einzelnen Fällen sehr weit gehen. Beispielsweise können sie die Dachformen und die Fassadengestaltung (bis hin zur Farbigkeit) betreffen. Immer wieder hört man von Gestaltungssatzungen, die sogar Details wie Türklinken vorschrieben. Quasi alles kann für Sie als neuen Eigentümer und künftigen Bauherrn von Bedeutung sein, wenn Sie zum Beispiel das Dach ausbauen wollen oder anbauen müssen, um Ihren Raumbedarf zu decken. Daher ist eine Klärung – in jedem Fall vor wichtigen Entscheidungen – zwingend erforderlich.

Für die Aufstellung eines Bebauungsplans gelten Vorschriften, die im Baugesetzbuch (§§ 8–10) zusammengefasst sind. Der Ablauf des Bebauungsplanverfahrens ist formell genau geregelt. Das betrifft die Rechte und Pflichten der kommunalen Körperschaften und insbesondere die Beteiligung der Öffentlichkeit. In diesem formal streng geregelten Verfahren wird in mehreren Schritten ein rechtskräftiger und verbindlicher Bebauungsplan aufgestellt. Die einzelnen Schritte eines Bebauungsplanverfahrens sind folgende:

1 Der Planaufstellungsbeschluss erfolgt durch den Stadt- oder Gemeinderat und wird öffentlich bekannt gegeben. Mittels einer Veränderungssperre werden laufende Planungen gewissermaßen angehalten, bis der neue Bebauungsplan rechtskräftig ist.
2 Ein Vorentwurf wird angefertigt.
3 Die frühzeitige Beteiligung der Öffentlichkeit wird eingeleitet. Der Vorentwurf liegt öffentlich aus. Bürger und Behörden können jetzt mündlich oder schriftlich Anregungen, Beschwerden oder Einwendungen vorbringen.
4 Die Überarbeitung des Vorentwurfs erfolgt unter Auswertung und Abwägung der eingebrachten Anregungen.
5 Der Billigungs- und Auslegungsbeschluss erfolgt wiederum durch den Stadt- oder Gemeinderat.
6 Die öffentliche Auslegung muss für einen Monat gesichert werden. In dieser Zeit kann er von jedem eingesehen werden. Bürger und Behörden können sich abermals äußern und Stellung nehmen.
7 Die Planungsbehörde nimmt anschließend die Abwägung der eingegangenen Stellungnahmen vor und passt den Planungsentwurf gegebenenfalls an.
8 Der Satzungsbeschluss des Stadt- oder Gemeinderats muss in öffentlicher Sitzung gefasst werden.
9 Die Mitteilung der Abwägungsergebnisse folgt dem Beschluss des Stadt- oder Gemeinderats.
10 Mit der Ausfertigung des Plans schließt das Verfahren ab. Der Bebauungsplan ist jetzt rechtskräftig und kann umgesetzt werden.

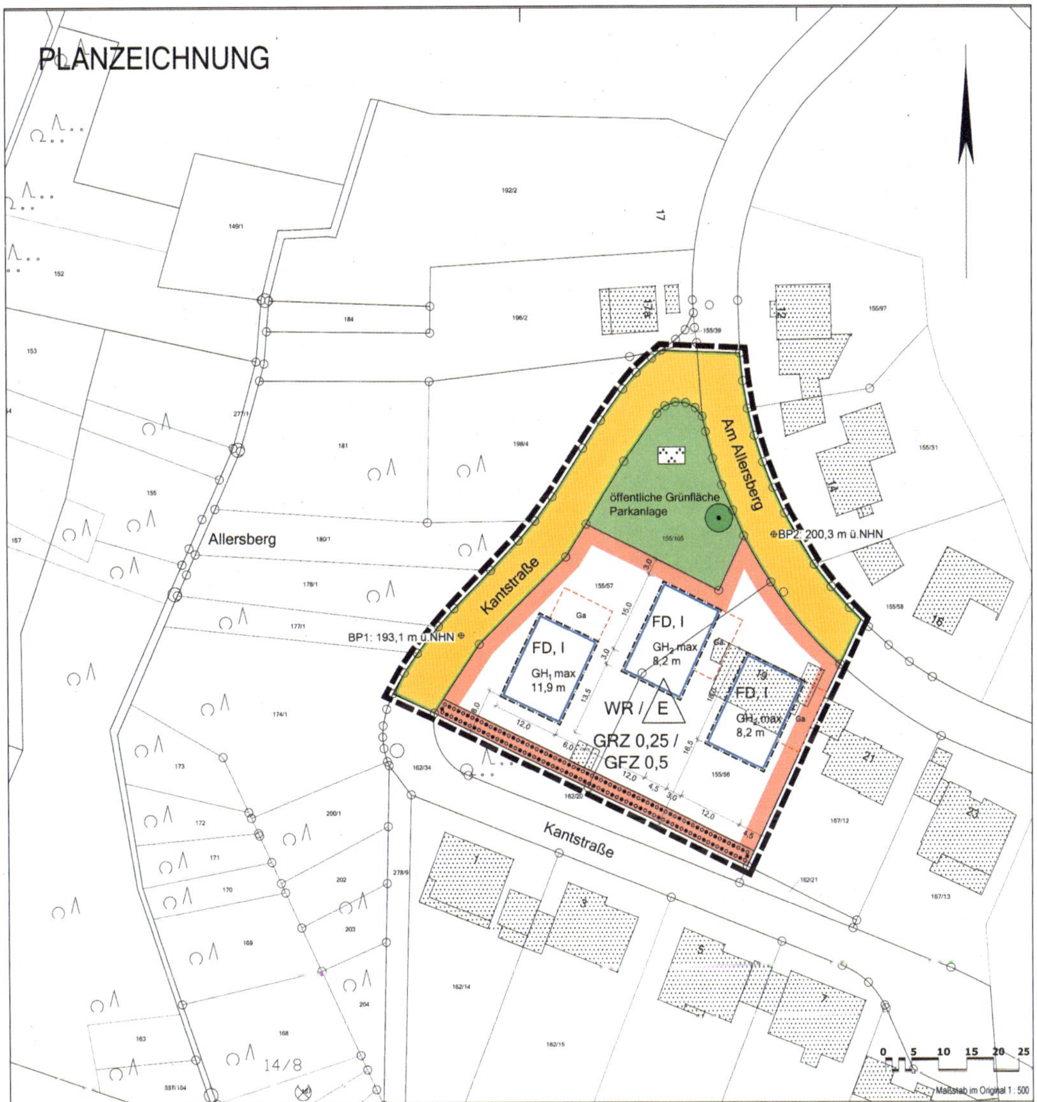

Bebauungsplan Wiesbaden, Ortsbezirk Sonnenberg, An der Kantstraße (2019/01)

ZEICHENERKLÄRUNG

Art der baulichen Nutzung

WR — Reines Wohngebiet

Maß der baulichen Nutzung

I — Zahl der Vollgeschosse (Z) als Höchstmaß

GRZ 0,25 — Grundflächenzahl (GRZ) als Höchstmaß

GFZ 0,5 — Geschossflächenzahl (GFZ) als Höchstmaß

GH max — maximale Gebäudehöhe in Metern über Bezugspunkt

BP: x,x m ü. NHN ⊕ — Höhe des Bezugspunktes in Metern über Normalhöhennull (NHN)

Bauweise, Baulinien, Baugrenzen

E — nur Einzelhäuser

Baugrenze

Grünflächen

Öffentliche Grünfläche, Parkanlage

Maßnahmen und Flächen für Maßnahmen zum Schutz, zur Pflege und zur Entwicklung von Boden, Natur und Landschaft / Flächen zum Anpflanzen

Erhaltung von Bäumen

Fläche für die Erhaltung und das Anpflanzen von Bäumen und Sträuchern

Sonstige Planzeichen

Flächen für Garagen

Ga — Garage

Grenze des räumlichen Geltungsbereichs des Bebauungsplans

Gestaltungs- und Erhaltungssatzungen
Die Bauordnungen der Länder ermächtigen die Gemeinden, besondere Vorschriften zu erlassen, die im Einzelnen über das allgemeine Regelwerk des Baugesetzbuches und der Landesbauordnungen hinausgehen können. Bei Gebäuden betreffen sie zum Beispiel häufig die Dach- und Fensterformen, aber auch Materialien und Farben. Ferner können Freibereiche betroffen sein, insbesondere Zäune und sonstige Einfriedungen. Diese Vorschriften der Gemeinde können in Form einer Gestaltungssatzung oder als einzelne Vorschriften erlassen werden. Es lohnt sich also zu ermitteln, ob das Haus, das Sie kaufen wollen, davon betroffen ist.

Weiterhin können Gemeinden Erhaltungssatzungen erlassen, die folgende Ziele haben:

- die städtebauliche Eigenart eines Gebiets zu erhalten,
- die Zusammensetzung der Wohnbevölkerung zu erhalten (sog. Milieuschutz) und
- städtebauliche Umstrukturierungen zu unterstützen.

Ist das Gebiet, in dem Ihr Haus steht, von einer solchen Erhaltungssatzung betroffen, bedürfen beispielsweise Abbruch (im Zuge von Umbaumaßnahmen), Änderung baulicher Anlagen, die Nutzungsänderung des Gebäudes oder auch neue Anbauten einer speziellen Genehmigung durch die Gemeinde. Die gesetzliche Grundlage bildet das Baugesetzbuch § 172.

DIE VERMÖGENS-ANALYSE

Phase 3: Ein Sprichwort sagt: „Vor dem Haus aus Steinen errichtet man das Haus aus Scheinen." In Zeiten des bargeldlosen Zahlungsverkehrs mag der bildhafte Vergleich schon etwas schräg anmuten, immerhin ist es aber einer, mit dem jeder noch etwas anfangen kann. Wenn das alte Gebäude eine gute Zukunft haben soll, muss nicht nur die Bausubstanz selbst solide sein, sondern auch die finanzielle Konstruktion. Dies beginnt mit der Bestandsaufnahme: Welche Geldmittel sind vorhanden, und welche monatliche Belastung kann man realistisch betrachtet auch langfristig für den Schuldendienst stemmen? Prüfen Sie dann, welche zusätzlichen Mittel sich beispielsweise aus der Verwandtschaft mobilisieren lassen. Schließlich analysieren Sie die Konditionen, die Banken, Bausparkassen oder Versicherungen Ihnen bieten, und die möglichen Fördermittel.

NÜCHTERNE PLANUNG

Zwar sind Kredite fürs Bauen seit einigen Jahren – vielleicht auch noch für ein paar weitere Jahre – so billig wie selten einmal zuvor, doch liegt darin zugleich eine Gefahr. Nicht nur die Aussicht, dass die Zinsen irgendwann wieder steigen können, wenn die finanzpolitischen Werkzeuge von Niedrigzins- und Strafzinspolitik nicht den erhofften Effekt bringen, sollte Sie zu einer maßvollen Kalkulation veranlassen. Gerade die Attraktivität von Immobilien als Kapitalanlage zieht viel Geld, das angesichts von Negativzinsen statt Rendite eine neue Heimat sucht, auf sich. Kurz gesagt: Eine Immobilie kann einen derart hohen Preis haben, dass der mit ihrem materiellen Wert nichts mehr zu tun hat. Nur weil das Geld gerade günstig zu haben ist, müssen Sie es nicht in eine überteuerte Immobilie investieren. Aber auch diese Aussage ist natürlich zu relativieren. Wer das Geld hat, zahlt (fast) jeden Preis, wenn Lage und Qualität der Immobilie stimmen. Nur: Wer das Geld nicht hat und es sich leihen muss, sollte bedenken, dass er sich auf ein sehr langfristiges Engagement bei einem Kreditinstitut einlässt.

So banal es klingen mag, müssen Sie sich wieder ins Gedächtnis rufen: Auch wenn Sie selbst zum ersten Mal (oder nach vielen Jahren zum ersten Mal wieder) den Immobilienmarkt betreten, besteht dieser Markt selbst schon lange. Und Sie sind jetzt nicht derjenige, der die Regeln bestimmt. Somit müssen Sie sich über die gegenwärtigen Marktbedingungen möglichst genau informieren, da sich diese permanent verändern. Wir betrachten hier die materielle Seite des Marktes, das Gebäude selbst, seine Substanz und seine Zukunftsaussichten. Was Sie hinsichtlich der Finanzplanung aber ermitteln können und sollen: Steht dem geforderten Preis für ein Haus auch eine adäquate materielle Grundlage gegenüber?

Großer Kassensturz

Kennen Sie Ihre finanziellen Möglichkeiten? Die Frage ist nicht so banal, wie sie zunächst anmutet. Denn die meisten Menschen verwalten ihr eigenes Geld oder ihr Familienbudget nicht nach strengen betriebswirtschaftlichen Maßgaben, sondern eher nach Augenmaß. Dabei hat der eine bessere Augen, der andere hat schlechtere. Fragt man willkürlich ausgewählte Personen nach der Höhe ihrer Ausgaben für ihre Lebenshaltung, wird man meist Angaben erhalten, die von ihren tatsächlichen Lebenshaltungskosten mehr oder weniger stark abweichen. Nicht einmal von ihren monatlich wiederkehrenden fixen Ausgaben – etwa für Versicherungen, Ratenkredite, Beiträge – machen sich die meisten Menschen ein exaktes Bild.

Im Alltag eine lässliche Leichtfertigkeit, die in der Regel folgenlos bleibt, solange nicht regelmäßig am Ende des Geldes noch ein ganzes Stück Monat übrig ist, kann so eine Leichtfertigkeit hingegen in einer finanziellen Katastrophe enden, wenn man sich im Rahmen einer großen Immobilieninvestition zu großzügig verhält. Zumindest einen groben realistischen Überblick sollten Sie sich schon im ersten Schritt zur gebrauchten Immobilie, in der Phase des Bauherrenprofils, verschaffen.

- Über welche Eigenmittel verfügen Sie, und wie sind diese derzeit angelegt? Was alles dazugehört, können Sie in den Aufstellungen „Verfügbares Eigenkapital" auf den Seiten 79f. sehen.
- Welche zusätzlichen Eigenmittel oder eigenkapitalähnliche Mittel (wie beispielsweise Verwandtendarlehen) können Sie einsetzen?
- Welche handwerklichen Eigenleistungen trauen Sie sich zu, die den Bedarf an Fremdkapital mindern?

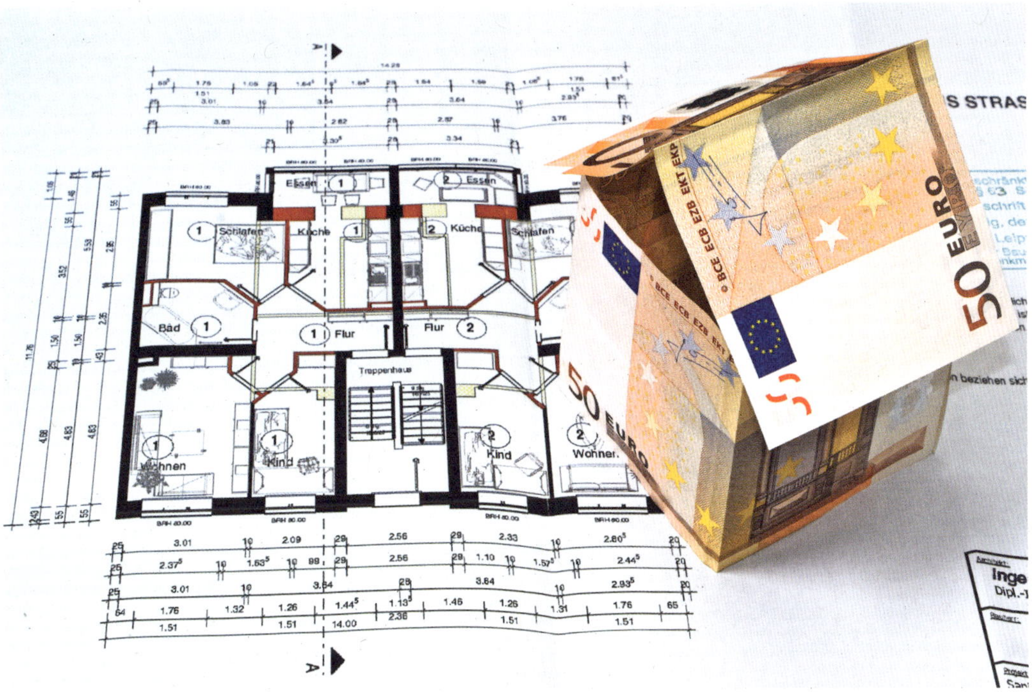

Vor dem Haus aus Steinen errichtet man ein Haus aus Scheinen.

- Wie hoch ist Ihre Belastungsquote, das heißt die positive Differenz zwischen Einkommen und laufenden Ausgaben? Dabei dürfen Sie sich gutschreiben, dass die monatlichen Mietzahlungen ab dem Einzug ins Eigenheim entfallen.
- Welche zusätzlichen finanziellen Belastungen (etwa durch Ausbildung der Kinder) können Sie für die Zukunft bereits voraussehen?

Der erste Überblick bietet zwar noch lange kein Finanzierungskonzept, aber er kann Ihnen wenigstens etwas über die Größenordnungen sagen, innerhalb derer Sie disponieren können. Wer lediglich 50 000 Euro Eigenkapital aufbringt, wird es schwer haben, ein Objekt für satte fünf Millionen Euro zu finanzieren. Umgekehrt könnte sich aber auch herausstellen, dass Sie gar nicht allzu bescheiden sein müssen, wenn es darum geht, Ihren Lebenstraum zu realisieren.

Realistische Zeitpläne

Wie viel Zeit haben Sie? Vom ersten Moment an, da Sie erkennen lassen, dass Sie ein Haus erwerben wollen, wird man versuchen, Sie unter Zeitdruck zu setzen: Der Makler wird Sie drängen, möglichst schnell abzuschließen, weil er ein dermaßen passendes und günstiges Angebot angeblich nicht so bald wieder hereinbekomme – und er für dieses Haus auch noch andere Interessenten an der Hand habe. Die Hausbank wird Ihnen ein Kreditangebot machen und nicht versäumen darauf hinzuweisen, dass die angebotenen Konditionen nur wenige Wochen garantiert werden können. Das war zwar schon immer üblich, aber gegenwärtig (Stand Februar 2022) haben die Banken ein besonderes Interesse daran, ihr Geld möglichst schnell wieder loszuwerden; parken sie es nämlich bei der Zentralbank, müssen sie Strafzinsen zahlen – das Geld verbrennt regelrecht. Die Bausparkasse – so Sie einen Bausparvertrag haben – wird Ihnen eine Zwischenfinanzierung bis zur Zuteilungsreife Ihres Bausparvertrags anbieten, denn sie muss Ihnen, wenn Sie einen etwas älteren Bausparvertrag haben, einen hohen Guthabenzins bezahlen, der auch erst einmal erwirtschaftet werden muss. Und wenn Sie bei Ihrem Lebensversicherer nachfragen, wie Sie Ihren Vertrag für eine Immobilien-

Wann soll der Umzug stattfinden?

finanzierung einsetzen können, wird auch der Sie mit fürsorglicher Freundlichkeit überschütten.

Und schließlich werden Sie sich selbst unter Druck setzen, wollen Sie doch möglichst bald die Miete Ihrer bisherigen Wohnung sparen, weil Sie glauben, das Geld sinnvoller für die Finanzierung der eigenen vier Wände einsetzen zu können.

Sie müssen Ihre Vermögenswerte, die Sie wahrscheinlich nicht gerade ins Kopfkissen eingenäht haben, eventuell erst einmal verflüssigen. Das bedeutet, die Verfügbarkeit Ihrer Finanzmittel muss zeitlich so koordiniert werden, dass Ihnen das Geld zum richtigen Zeitpunkt in der richtigen Menge zur Verfügung steht.

So verständlich diese von allen Seiten vorgelegte Betriebsamkeit auch ist: Lassen Sie sich nicht unter Termindruck setzen! Und tun auch Sie selbst dies nicht. Vor allem: Lassen Sie sich nicht zu finanziellen Leistungen drängen, bevor Sie einen genauen Überblick über den Zustand des Hauses, die möglichen Sanierungs-, Renovierungs- oder Modernisierungskosten und Ihren eigenen finanziellen Status haben. Halten Sie sich so eng wie möglich an die aufgestellten elf Stationen (siehe Seite 35).

Realistische Umzugsplanung

Welchen Zeitplan Sie konkret aufstellen, hängt nicht zuletzt von der eigenen Lebensplanung und einer Reihe äußerer Umstände ab. Nicht immer bestimmen ausschließlich Sie selbst die Zeitabläufe. Es gibt ein ganzes Netz von Abhängigkeiten, in dem Sie sich bewegen – das muss nicht unbedingt negativ sein, ein solches Netz bietet auch Sicherheit, zum Beispiel durch festgelegte Vertragslaufzeiten und Kündigungsfristen.

Auch Ihre Finanzplanung kann von unterschiedlichen Zeitabläufen geprägt werden. Unter Umständen liegt Ihr potenzielles Eigenkapital in Anlageformen fest, die Sie nicht sofort auflösen können, wenn Sie mögliche finanzielle Verluste vermeiden wollen.

Ebenso beeinflussen Ihre familiäre Situation und Ihre Arbeitsverhältnisse die Zeitplanung. Sind Einschulungstermine zu berücksichtigen? Nötigt eine Scheidung Sie zum Umzug? Müssen Sie zu einem bestimmten Zeitpunkt eine neue Arbeitsstelle antreten? Häufig kommt es vor, dass einer der beiden „Erwachsenen" einer Familie zeitweilig abwesend ist, weil er zum neuen Arbeitsort vorauszieht, um sich dort erst einmal zu etablieren, bevor die gesamte Familie nachzieht. Auch wenn das keine ruhigen Zeiten sind: Nutzen Sie diese Zeit, um sich in aller Ruhe mit allen Fragen des Immobilienerwerbs zu beschäftigen.

All diese Einflussfaktoren bedeuten nicht, dass Sie sich äußeren Zwängen unbedingt beugen müssen. Sie sollten Sie nur kennen und in Ihrer Planung berücksichtigen, um bei Terminkonflikten gegebenenfalls Lösungen zu finden.

Zum eigenen Käuferprofil gehört also auch ein realistischer Zeitplan, der Ihnen die Möglichkeit gibt, Unwägbarkeiten des Umbaugeschehens – und sogar eigentlich für unmöglich Gehaltenes – notfalls noch abpuffern zu können.

Verfügbares Eigenkapital

	Sofort verfügbar	Später verfügbar
Barmittel (Giro- und Tagesgeldkonten)		
+ Sparguthaben und Termingelder		
+ Wertpapiere (Aktien, Anleihen)		
+ Investmentzertifikate		
+ Unternehmensanteile, Beteiligungen		
+ Edelmetalle		
+ Bausparguthaben		
+ Guthaben aus Lebensversicherungen		
+ Veräußerbare Sachwerte		
– Sicherheitsreserve		
= Verfügbares Eigenkapital		

Verfügbares Eigenkapital (Muster)

	Sofort verfügbar	Später verfügbar
Barmittel (Giro- und Tagesgeldkonten)	25 000 €	
+ Sparguthaben und Termingelder	45 000 €	
+ Wertpapiere (Aktien, Anleihen)	15 000 €	
+ Investmentzertifikate	40 000 €	
+ Unternehmensanteile, Beteiligungen	10 000 €	
+ Edelmetalle	24 000 €	
+ Bausparguthaben	20 000 €	
+ Guthaben aus Lebensversicherungen		60 000 €
+ Veräußerbare Sachwerte	13 600 €	
– Sicherheitsreserve	20 000 €	
= Verfügbares Eigenkapital	**172 600 €**	60 000 €

DAS IST DRIN: VERMÖGENSANALYSE

AN UNSERER ZWEITEN STATION geht es ums Geld. Wer sich mit dem Gedanken trägt, eine Immobilie zu erwerben, sollte sich möglichst früh darüber klar werden, in welchem finanziellen Rahmen er sich bewegen will oder überhaupt kann. Darum müssen drei Grundfragen beantwortet werden:

- Was wird benötigt? Um diese Frage zu beantworten, wurde das Raumprogramm entworfen (siehe Seiten 45–47).
- Wie kann man die Lage beurteilen und welche Lage wird gewünscht? Um diese Frage zu klären, wurde eine qualifizierte Standortanalyse vorgenommen (siehe Seiten 49–57).
- Was darf das Haus kosten? Um dieser Frage auf den Grund zu kommen, muss jetzt eine Vermögensanalyse folgen.

Analyse mit Weitblick

Eine Vermögensanalyse ist mehr als nur eine Momentaufnahme Ihrer finanziellen Situation. Sie muss vielmehr eine strategische Orientierung und Perspektive geben. Wichtig zu wissen ist also:

- Wie viel Geld können Sie aktuell flüssig machen?
- Welche Reserven lassen sich aktivieren?
- Werden Sie voraussichtlich mittel- oder langfristig Vermögenszuwächse erzielen?
- Welche weiteren – gegebenenfalls alternativen – Finanzierungsquellen können für Sie erschlossen werden?

Hauskauf aus der Portokasse? Das ist selten. Da das vom Käufer aufgebrachte Eigenkapital für den Kauf eines Hauses in den meisten Fällen nicht ausreicht, muss ein beträchtlicher Teil des Kaufpreises regelmäßig fremdfinanziert werden. In diesem Zusammenhang steht Ihre finanzielle Belastbarkeit auf dem Prüfstand.

So Sie kein Finanz- und Baufachmann sind, werden Sie auf viele Unsicherheiten stoßen. Beispielsweise ist es fast unmöglich, den Sanierungs-, Renovierungs- oder Umbaubedarf „freihändig" abzuschätzen und eine entsprechende Pauschale für Rückstellungen festzulegen. Hier kann der erste Augenschein bei einer Besichtigung allenfalls Anhaltspunkte geben. Wenn auf dem Dach zum Beispiel die Hälfte der Ziegel fehlt, können Sie sicher davon ausgehen, dass das Dach erneuert werden muss. Ist die Eindeckung dem Augenschein nach intakt, heißt das aber noch lange nicht, dass die Dachsteine tatsächlich weiterhin jedem Wetter standhalten werden. Ein Dach aus gebrannten Dachpfannen hält bis zu 80 Jahre. Wenn es in den zurückliegenden 60 Jahren keine Neueindeckung gegeben hat, darf der Käufer davon ausgehen, dass diese Maßnahme auf ihn zukommen wird und er einen entsprechend höheren Betrag für künftige Sanierungsmaßnahmen zurücklegen muss. Welche Lebensdauern man bei bestimmten Bauteilen durchschnittlich veranschlagt, finden Sie in der Übersicht auf Seite 98.

Die eigene Belastbarkeit

Die ersten drei Schritte auf dem Weg zum eigenen Haus stehen in einem sehr engen Zusammenhang. War es bei der ersten Station, dem Bauherrenprofil, noch relativ leicht möglich, die eigenen Bedürfnisse, Wünsche und Vorstellungen zu präzisieren, wird es bei der Finanzanalyse schon schwieriger. Hier gibt es nämlich einen besonders unwägbaren Posten –

Aufstellung der monatlichen Einnahmen und Ausgaben

Familien-Nettoeinkommen in Euro	pro Monat
Nettogehalt Hauptverdiener	
+ Nettogehalt Partner*	
+ Einnahmen aus Nebentätigkeiten**	
+ Einkünfte aus Gewerbebetrieb**	
+ Tantiemen, Prämien	
+ Kindergeld	
+ Unterhaltsleistungen	
+ Renten	
+ Mieteinnahmen	
+ Zinserträge***	
+ Weitere Einkünfte	
= Summe Familien-Nettoeinkommen	

* Nicht ansetzen, wenn die berufliche Tätigkeit absehbar endet

** Aus mehrjährigem Durchschnitt errechnen, falls stark schwankend

*** Nur auf Restkapital nach Einsatz der Eigenmittel

Ausgaben der Familie in Euro	pro Monat
Gebühren, Beiträge	
+ Verkehrsmittel (Monatskarte)	
+ Bauspar- und Versicherungsbeiträge	
+ Sonstige Sparraten	
+ Kreditraten	
+ Unterhaltszahlungen	
+ Wohnnebenkosten	
+ Lebenshaltungskosten (inkl. Freizeit)	
+ Kfz-Kosten	
+ Telekommunikationskosten	
= Summe Familienausgaben	

Aufstellung des Finanzbedarfs

A Kosten für den Hauskauf in Euro			
Kaufpreis	400 000		
Grunderwerbsteuer	14 000		
Maklercourtage	23 000		
Notarkosten für Kauf	2 150		
Grundbuchgebühren für Eigentumsübertragung	1 150		
Kosten für Sanierung, Renovierung, Modernisierung	40 000		
Zwischensumme A	**480 300**		

B Kosten der Finanzierung in Euro			
Notargebühren für Sicherheitenbestellung	1 020		
Grundbuchgebühren für Sicherheitenbestellung	480		
Schätzkosten	800		
Zwischensumme B	**2 300**		

C Sonstige Kosten in Euro			
Gutachten	4 000		
Zusätzliche Anschaffungen	15 000		
Umzugskosten	3 000		
Beiträge zur Berufsgenossenschaft	400		
Sonstiges	600		
Zwischensumme C	**23 000**		

Gesamtkosten in Euro	**505 600**		

das sind die Sanierungs-, Renovierungs- und Modernisierungskosten. An diesem Punkt empfiehlt es sich, einen unabhängigen Experten hinzuzuziehen, denn hier können grobe Schätzungen wirklich ins Auge gehen.

Der Makler wird dieser unabhängige Experte in der Regel nicht sein; denn sein Interesse ist es ja, den Verkauf der Immobilie zu vermitteln. Die finanzierende Bank kann auch nicht unbedingt als neutrale Instanz gelten; schließlich will sie an dem Darlehensvertrag verdienen, den sie Ihnen anbietet – und den Sie natürlich nur abschließen, wenn Sie die Immobilie auch kaufen. Der Einzige, der unabhängig von Ihrer Kaufentscheidung honoriert wird, ist ein Bausachverständiger, also ein Architekt oder Bauingenieur, der Ihren Immobilienerwerb vom frühestmöglichen Zeitpunkt an als „Hausarzt" begleiten sollte.

Beginnen Sie zunächst damit, sich einen Überblick über den Kaufpreis und die Kaufnebenkosten zu verschaffen. Die „Aufstellung des Finanzbedarfs" links auf Seite 82 enthält bereits eine Beispielrechnung; in die offenen Felder der rechten Spalte können Sie die Werte eintragen, die auf Ihr Haus zutreffen.

Als Beispiel dient hier ein hypothetisches Objekt, ein frei stehendes Einfamilienhaus, Baujahr etwa 1980, in einfacher bis mittlerer Ausstattung, in einem Wohngebiet in ruhiger Stadtrandlage gelegen, ca. 180 qm Wohnfläche, vollunterkellert, das Dachgeschoss ist ausgebaut. Der Kaufpreis beträgt 400 000 Euro ohne Kaufnebenkosten. Für die Beispielrechnung wurde davon ausgegangen, dass 300 000 Euro des Gesamtpreises fremdfinanziert werden müssen.

In der Aufstellung des Finanzbedarfs sind die Kosten näherungsweise erfasst, die beim Kauf unmittelbar anfallen und die berücksichtigt werden müssen, damit Sie das Haus bestimmungsgemäß nutzen können – also die Kosten für das Haus.

Nicht erfasst sind hier die laufenden Zinszahlungen, die Sie für Fremdkapital leisten müssen, das Sie aufnehmen – also die Kosten für das Geld. Neben dem eigentlichen Kaufpreis für Haus und Grundstück fallen aber in erheblichem Maß Kaufnebenkosten an. Das Bundesamt für Bauwesen und Raumordnung hat festgestellt, dass wir Deutschen höhere Kaufnebenkosten zu zahlen haben als die meisten unserer europäischen Nachbarn. Immobilien-

Grunderwerbsteuer gering halten

Beim Kauf einer gebrauchten Immobilie lohnt es sich, den Kaufpreis des Gesamtobjekts genauer zu analysieren und alle Bestandteile herauszurechnen, die dem Gesetz nach nicht zum Grundstück selbst gehören. Das betrifft sowohl materielle Werte wie verschiedene vom Gesetz als Zubehör definierte Gegenstände, als auch immaterielle Werte wie eine Instandhaltungsrücklage, die vom Vorbesitzer eines Reihenhauses gebildet worden ist und vom Käufer abgelöst wird. Die herausgerechneten Zubehörteile sollten zusammengenommen 15 Prozent des Gebäudewerts nicht überschreiten. Gegebenenfalls wird das Finanzamt Kaufbelege für diese Gegenstände sehen wollen. Zubehör und Ablösung von Rücklagen müssen im Kaufvertrag separat aufgeführt werden.

Beispiel für eine Splittung des Kaufpreises

Gesamtkaufpreis	**400 000 €**
▶ Beregnungsanlage Hausgarten	**– 400 €**
▶ Einbauküche	**– 12 000 €**
▶ Markisen	**– 2 000 €**
▶ Zubehör Gartengeräte	**– 400 €**
▶ Zubehör Hobbykeller	**– 1 200 €**
▶ Einbausauna	**– 2 000 €**
▶ Instandhaltungsrücklage	**– 16 000 €**
▶ Summe Zubehör	**– 34 000 €**

Nettokaufpreis = Bemessungsgrundlage für Grunderwerbsteuer: 400 000 € – 34 000 € = 366 000 €

Ersparnis bei 5 % Grunderwerbsteuer: **1 700 €**

Grunderwerbsteuer nach Bundesländern

Bundesland	Steuersatz	Bei Kaufpreis von 400 000 €
Baden-Württemberg	5,00 %	20 000 €
Bayern	3,50 %	14 000 €
Berlin	6,00 %	24 000 €
Brandenburg	6,50 %	26 000 €
Bremen	5,00 %	20 000 €
Hamburg	4,50 %	18 000 €
Hessen	6,00 %	24 000 €
Mecklenburg-Vorpommern	6,00 %	24 000 €
Niedersachsen	5,00 %	20 000 €
Nordrhein-Westfalen	6,50 %	26 000 €
Rheinland-Pfalz	5,00 %	20 000 €
Saarland	6,50 %	13 000 €
Sachsen	3,50 %	14 000 €
Sachsen-Anhalt	5,00 %	20 000 €
Schleswig-Holstein	6,50 %	26 000 €
Thüringen	6,50 %	26 000 €

käufer müssen für den Traum von den eigenen vier Wänden in den Bundesländern mit den höchsten Steuersätzen etwa 10 Prozent (sofern die Teilung der Maklercourtage greift) über den eigentlichen Kaufpreis hinaus aufbringen.

Auf den Erwerb dieser Immobile fällt zunächst Grunderwerbsteuer an. Das ist eine Rechtsverkehrssteuer, die den Bundesländern zufließt. Sie ist bundeseinheitlich auf 3,5 Prozent festgesetzt. Jedoch dürfen die Bundesländer seit 2006 die Grunderwerbsteuer nach eigenem Ermessen festsetzen. Außer Sachsen und Bayern haben alle Länder bereits davon Gebrauch gemacht und die Steuer zum Teil kräftig erhöht. In einzelnen Ländern wurde seither die Grunderwerbsteuer mehrfach nach oben korrigiert. Die aktuell geltenden Steuersätze entnehmen Sie der Tabelle „Grunderwerbsteuer nach Bundesländern" (Stand 2022). Weitere Erhöhungen sind nicht auszuschließen.

In bestimmten Fällen wird keine Grunderwerbsteuer erhoben, solche Ausnahmefälle sind etwa:

- Grundstückserwerb im Todesfall: Wer als Erbe das Eigentum an einem Grundstück erwirbt, muss keine Grunderwerbsteuer entrichten, ist aber ebenso wie beim
- Grundstückserwerb im Rahmen einer Schenkung (bei der ebenfalls keine Grunderwerbsteuer zu entrichten ist) unter Umständen im Rahmen des Erbschafts- und Schenkungssteuergesetzes steuerpflichtig.
- Grundstückserwerb durch Personen, die mit dem Veräußerer in gerader Linie verwandt sind, ist steuerbefreit. Außerdem gilt diese Befreiung auch für Ehegatten und Lebenspartner (sowie frühere Ehegatten/Lebenspartner) des Veräußerers im Rahmen einer Vermögensauseinandersetzung.
- Grundstücke mit Kaufpreisen unter 2500 Euro sind von der Grunderwerbsteuer befreit.
- Weitere Befreiungsgründe formuliert § 3 des Grunderwerbsteuergesetzes (GrEStG).

Neben diesen juristischen Sonderfällen gibt es einige ganz alltägliche Möglichkeiten, die Grunderwerbsteuer zwar nicht zu vermeiden, so doch ein wenig zu verringern, wie das Beispiel „Grunderwerbsteuer gering halten" auf Seite 83 zeigt.

Wurde beim Kauf ein Makler eingeschaltet, fällt für dessen Dienstleistung eine Gebühr, die sogenannte Courtage (siehe Seiten 37–39), an. Ferner fallen für die Beurkundung und die Kaufabwicklung Notarkosten an. Auch das Grundbuchamt erhebt für die Eintragung des Eigentumsübergangs Gebühren.

Einen weiteren Kostenblock bilden die Finanzierungskosten. Das sind noch immer nicht die Kosten für das Geld, die Sie für die Aufnahme von Fremdkapital zu zahlen haben, sondern die Kosten für die Vorbereitung und Absicherung der Kreditaufnahme, auf die die Kreditinstitute praktisch ausnahmslos bestehen und die für die Bestellung einer Grundschuld und deren Eintragung ins Grundbuch anfallen. Diese Finanzierungskosten beziehen sich lediglich auf das Fremdkapital, das Sie aufnehmen, nicht auf den Objektwert. Gelegentlich lassen sich Baufinanzierer auch die Kosten für die Berechnung und Überprüfung des Objektwerts von ihren Kunden erstatten.

Den größten Unsicherheitsfaktor in der Kostenaufstellung stellen die Sanierungs-, Modernisierungs- und Renovierungskosten dar. In der Aufstellung des Finanzbedarfs (siehe Seite 82) sind sie pauschal und nur als Rechenbeispiel angesetzt worden. Wenn sich im frisch erworbenen gebrauchten Haus aber mehrere große „Baustellen" gleichzeitig auftun – klassische Regelfälle sind die Erneuerung der Heizungsanlage, der Einbau neuer Fenster, Dämmungsmaßnahmen in nicht ausgebauten Dachgeschossen oder an Kellerwänden und -decken –, kann dieser Kostenfaktor schnell außer Kontrolle geraten.

Auch in diesem Fall ist es wichtig, dass Sie den elf Stationen folgen. Nur so können Sie alle mit dem Haus verbundenen Kosten vor der Kaufentscheidung richtig abschätzen. Denn wollen Sie tatsächlich wissen, was Ihr Haus kostet, geht es nicht allein um den Preis im notariellen Kaufvertrag, sondern um die Summe, die Sie bis zu dem Moment zahlen müssen, da alles gerichtet ist und das Haus Ihren ursprünglichen Vorstellungen entspricht.

Den dritten Kostenblock stellen die sogenannten sonstigen Kosten, die gerne vergessen werden, jedoch die Eigenschaft haben, alsbald nachdrücklich auf sich aufmerksam zu machen. Denken Sie also besser von vornherein daran, dass auch der Umzug in das neue Heim etwas kostet, dass eventuell neue Möbel und Einrichtungsgegenstände erforderlich sind, unter Umständen eine neue Küche eingebaut werden muss.

Sollten Sie Ihre Modernisierungs- und Umbaumaßnahmen in Eigenleistung und mit der Hilfe von Freunden und Bekannten machen, beachten Sie bitte, dass Sie die freiwilligen Helfer auf Ihrer Baustelle der Berufsgenossenschaft melden müssen, die Träger der Unfallversicherung für Ihre Baustelle ist. Ihre Helfer sind zwar per Gesetz automatisch unfallversichert, aber Sie müssen die Beiträge – etwa 1,50 bis 2 Euro pro geleistete Arbeitsstunde – unbedingt zahlen.

Unter Sonstiges finden sich auch die Kosten für Gutachten – hierunter könnte man auch die Zahlungen für Leistungen von Architekten oder Bauingenieuren, für das Einholen von Baugenehmigungen oder für die Überprüfung der Baustatik subsumieren. Sie sind in der Beispielrechnung vergleichsweise niedrig angesetzt, können allerdings wesentlich höher ausfallen. Es ist die wahrscheinlich schlechteste Idee, wenn Sie ausgerechnet in diesem Kostensegment Geld sparen wollen. Haben Sie schon einmal versucht, Zeit zu sparen, indem Sie die Uhr anhalten? Wenn Sie die Hälfte der hier veranschlagten Gutachterkosten sparen – und das ist sicher möglich –, gewinnen Sie 0,5 Prozent bezogen auf die Objektkosten. Dafür gehen Sie das Risiko ein, ein paar Jahre später mit vielfach höheren Sanierungskosten konfrontiert zu werden, die Ihr Budget sprengen und möglicherweise Ihre gesamte Finanzplanung über den Haufen werfen.

Und selbst wenn Sie 4000 Euro für die Erkenntnis ausgeben, dass Sie von diesem Haus besser die Finger lassen, haben Sie – auch wenn es zunächst wehtut – immer noch den Gewinn davon, dass Sie nicht mehr als eine halbe Million Euro in das falsche Objekt investiert haben.

Als Mieter hat man in der Regel eine Haftpflicht- und eine Hausratversicherung – oft in einem verbundenen Vertrag. Das deckt die Haftpflichtrisiken und die gewöhnlichen Schadensfälle am Hausrat hinreichend ab. Die Gebäudeversicherung findet man als Mieter

Versicherungskonditionen im Vergleich

Die Stiftung Warentest untersucht und vergleicht regelmäßig Versicherungsgesellschaften. Auch über die günstigsten und für Sie zweckmäßigen Angebote für eine Wohngebäudeversicherung können Sie sich auf der Seite www.test.de mit der Suche nach „Themenseite Wohngebäude- und Gebäudeversicherungen" einen Überblick verschaffen.

gewöhnlich nur als einen Posten in der Neben- und Betriebskostenabrechnung. Als Besitzer eines eigenen Hauses sind Sie nun hingegen selbst für Ihre Wohngebäudeversicherung verantwortlich. Eine Hausratversicherung deckt nicht die Schäden ab, die einem Wohngebäude als Ganzes zustoßen. Rundweg gesagt: Es wäre verantwortungslos, keine Wohngebäudeversicherung abzuschließen.

Banken oder andere Baufinanzierer bestehen in der Regel darauf, dass der Käufer den Abschluss mindestens einer Feuerversicherung nachweist. Sie ist üblicherweise Teil der Wohngebäudeversicherung. Das ist auch verständlich, denn die Immobilie dient der Bank zur Absicherung des gewährten Darlehens. Die Tarifunterschiede sind, bei sonst gleichen Voraussetzungen, von Versicherer zu Versicherer erheblich; sie können selbst bei den zehn günstigsten Gesellschaften für ein Einfamilienhaus Baujahr 1980 zwischen 400 und 1000 Euro jährlich liegen. Denken Sie beispielsweise auch daran, dass ein Heizöltank, der sich vielleicht im Garten Ihres Hauses befindet, ein besonderes Risiko darstellt, das vernünftigerweise durch eine Haftpflichtversicherung abgedeckt werden sollte.

Im Kapitel „Den Finanzierungsplan erstellen", unserer Phase 5 (ab Seite 193 dieses Buches), werden wir detailliert auf die Geldfragen zurückkommen. Dort lesen Sie Empfehlungen, wie Sie einen Finanzierungsplan erstellen, woraus die wichtigsten Bausteine der Finanzierung bestehen und welche Fördermittel Sie in Anspruch nehmen können. Zuvor muss aber das Gebäude selbst wieder in den Fokus rücken.

GEBÄUDEDIAGNOSE UND BAUPLANUNG

In Phase 4 muss der Zustand des Gebäudes genau analysiert werden, um dann einen Maßnahmenplan erstellen zu können. Bevor wir uns der eigentlichen Gebäudediagnose widmen können, muss entschieden werden, wer diese Gebäudediagnose eigentlich durchführen soll und welche weiteren Spezialisten noch hinzugezogen werden sollten. Mit anderen Worten: Wer ist Ihr „Hausarzt" und welche „Fachärzte" sind darüber hinaus gegebenenfalls zu konsultieren?

Die Diagnose des Gebäudes kann Befunde ergeben, die eine Behandlung nahelegen. Das kann Kosten verursachen, die in Ihre Kaufentscheidung einfließen müssen. Eine gründliche Diagnose ist also die Voraussetzung, dass Sie vor unliebsamen Überraschungen in der Zukunft geschützt sind.

DIE EXPERTENSUCHE AUFNEHMEN

S

STATION DREI UNSERES FAHRPLANS heißt also: Finden Sie einen Altbauexperten – Ihren „Hausarzt“! Schon in den vorangegangenen Phasen hat sich immer wieder herausgestellt, dass man ohne Expertenhilfe nicht richtig und vor allem nicht sicher weiterkommt. Zwei Fragen warten also zunächst auf eine Antwort:

1 Welche Experten brauche ich?
2 Wie finde ich sie?

Die richtigen Partner

Auf der Suche nach dem richtigen Partner suchen Sie nach einem Altbauexperten. Sie suchen also jemanden, der viel Erfahrung mit alten Gebäuden hat und überdies für den besonderen Fall der Immobilie, die Sie ins Auge gefasst haben, geeignet ist. Wie finden Sie nun heraus, wer der Richtige für Sie ist?

Als Richtschnur bei der Auswahl Ihres Altbauexperten kann Ihnen die kleine Checkliste „Kompetenzerwartung ...“ (siehe rechts, Seite 89) dienen. Sie soll Ihnen als eine Art Gedächtnisstütze fungieren, mit deren Hilfe Sie die Eindrücke, die Sie aus den ersten Gesprächen mit Experten gewinnen, ein wenig systematisieren können. Ob ein Architekt wirtschaftlich kompetent ist, werden Sie nicht auf die Schnelle umfassend beurteilen können; wohl aber lässt sich notieren, ob Wirtschaftlichkeitsüberlegungen bei ihm eine Rolle spielen und ob seine Rechenexempel für Sie transparent werden. Welchen ästhetischen Rang Ihr „Hausarzt“ als Architekt, als „Baukünstler“ hat, können Sie selbst nicht fundiert ermessen, aber ob seine architektonische Ästhetik zu Ihnen passt, können Sie in der Tabelle festhalten.

Eine andere Frage: Reicht eine Gebäudediagnose in Form eines Sachverständigengutachtens aus? Benötigen Sie nicht vielmehr auch einen Therapievorschlag? Und – wie beim Zahnarzt im Zuge prothetischer Leistungen üblich – einen Kostenplan, der Sie über die anstehenden finanziellen Belastungen informiert?

Wozu wird jetzt ein Experte benötigt? Was geht nicht ohne ihn? Oder was ist ohne ihn zumindest sehr riskant?

Im günstigsten Fall erwerben Sie ein fast neues Haus. Das ist dann zwar auch eine Immobilie mit Geschichte, aber mit ihr verhält es sich so wie mit dem Jahreswagen in der Menge der Gebrauchtwagen. Dieses „Jahreshaus“ hat noch nicht allzu viel auf dem Tacho. Und wenn es keine gravierenden Herstellungsfehler gibt, dürften sich der Sanierungs- und Modernisierungsbedarf in Grenzen halten. Aber gerade die gravierenden Baumängel sind bedauerlicherweise auch bei neuen Bauten nicht auszuschließen. Der Gang durch das Haus sollte also auch bei einem neueren Gebrauchthaus nicht ohne einen Experten angetreten werden. Vielleicht nehmen Sie sich – wenn Sie weitergehende Wünsche zur Innenraumgestaltung haben – einen Innenarchitekten zur Hilfe.

Architekten

Als Erstes schauen Sie sich auf der Website des Architekten an, welche Ausbildung er hat, welche Spezialisierungen er angibt und welche besonderen Erfahrungen er vorweisen kann. Meistens stellen Architekten auf ihren Seiten ihre Lieblingsobjekte dar, Immobilien, die sie selbst entworfen oder entwickelt oder eben modernisiert, saniert und zukunftsfähig gemacht haben. Die nachgewiesenen Referenzen geben an, für wen er bereits gebaut oder umgebaut hat. Sie können bei den früheren Auftraggebern nachfragen und sich gewissermaßen ein Stimmungsbild geben lassen, wie man dort seine Arbeit bewertet. Unter Umständen haben die Architekten auch die Bautagebücher einiger Objekte ins Netz gestellt. In diesen können Sie sich direkt anschauen, was der betreffende Architekt aus einem Objekt „gemacht" hat. Selbstverständlich können Sie auch direkt auf die Architekten zugehen, die Sie in die engere Wahl gezogen haben.

Grundsätzlich wurden Architektenhonorare bislang nach der Honorarordnung für Architekten und Ingenieure (HOAI) bemessen. Beraterhonorare sind grundsätzlich frei verhandelbar. Einen Anhalt bietet die Anlage 1 der HOAI. Dass verbindliche Mindest- und Höchstsätze vom Europäischen Gerichtshof (EuGH) inzwischen ausgeschlossen wurden, ändert nichts daran, dass die HOAI eine regelmäßig benutzte Grundlage der Honorarbemessung darstellt.

Einen Architekten zur Besichtigung mitzunehmen, ist nicht umsonst. Das gilt in des Wortes doppeltem Sinn. Der Stundensatz von 65 bis 95 Euro, von dem Sie üblicherweise ausgehen können, ist gut angelegtes Geld. Denn selbst wenn in einem fast neuen Haus auch noch fast alles in Ordnung ist, wird kompetenter Rat Ihnen helfen, die neuralgischen Punkte Ihres neuen – gebrauchten – Hauses zu finden. Auf diese Weise lernen Sie Ihr Haus besser kennen, als Sie es sonst getan hätten, und Sie können eine Liste der wichtigsten Stellen erarbeiten, die Sie in den nächsten Jahren besonders im Auge behalten müssen.

Ist das Haus älter als 20 Jahre, werden sich mit Sicherheit Bauteile und Teile der Gebäudetechnik in einem Zustand befinden, der einen Modernisierungs- und Sanierungsbedarf in naher Zukunft erwarten lässt. Risse im Mauerwerk, Schäden an der Dachhaut, Feuchtigkeitsprobleme in der Dachzone oder im Keller nehmen zu, je älter ein Haus ist. Die Beurteilung der Substanz und eine erste Abschätzung der Instandsetzungsmöglichkeiten und -kosten sollte ein Architekt vor der Kaufentscheidung vornehmen. Selbst wenn Sie schon Eigentümer der Immobilie sind oder im Erbgang gerade im Begriff stehen, in den Besitz eines

Kompetenzerwartung an den „Hausarzt"

	Unwichtig −1	Wenig wichtig 0	Wichtig 1	Sehr wichtig 3	Punkte SOLL	Punkt IST
Spezialausbildung / Berufsbild					3	
Erfahrung im Altbau					3	
Referenzen (mindestens 3)					3	
Qualifiziert als Architekt					3	
Qualifiziert als Bauingenieur					3	
Experte für Energieeffizienz					3	
Experte für Nachhaltigkeit					3	
Gebäude-Diagnosefähigkeit					3	
Soziale Kompetenz					3	
Wirtschaftliche Kompetenz					3	
Netzwerk und Mitgliedschaften					3	

gebrauchten Hauses zu kommen: Verzichten Sie nicht darauf, Ihr Haus zusammen mit einem Architekten zu begehen. Hängt gar Ihre Kaufentscheidung davon ab, dass bestimmte Umbauten vorgenommen werden, um Ihr Raumprogramm umzusetzen, kann Ihnen ein Architekt bei der Erstbegehung schon vor Ort sagen, ob Sie Luftschlösser bauen oder realistische Aussichten bestehen, Ihre Vorstellungen umzusetzen. Das gilt in besonderem Maße, wenn Eingriffe an der Immobilie vorgenommen werden müssen, um sie den Anforderungen einer teilgewerblichen Nutzung anzupassen. Dank der Fähigkeit, womöglich notwendige Veränderungen in der architektonischen Struktur und in der Gebäudenutzung kreativ vorwegzunehmen, empfiehlt sich der Architekt als „Hausarzt".

Bauingenieure

Bauingenieure sind akademisch (an Universitäten oder Fachhochschulen) ausgebildete und graduierte Fachkräfte, die sich mit Planung, Konstruktion und Berechnung, Herstellung und Betrieb von Bauwerken des Hoch-, Tief- und Wasserbaus beschäftigen. Bauingenieure werden in verschiedenen Spezialisierungsrichtungen ausgebildet. Im Hochbau ist der Spezialist für konstruktiven Ingenieurbau gefragt. Hier ist er für die Tragwerksplanung verantwortlich, wobei es dabei wiederum Spezialisten für Massivbau, Stahlbau und Holzbau gibt.

Gestalterische und ästhetische Parameter sowie Besonderheiten der Nutzung werden dem Bauingenieur in der Regel vom Architekten vorgegeben und in Zusammenarbeit mit ihm anschließend auch umgesetzt – oft innerhalb eines Büros.

Eine wichtige Spezialisierung im Bauingenieurwesen ist die Richtung „Baubetrieb und Bauleitung". Der Bauingenieur übernimmt dabei die Leitung des Projekts (oder eines Projektteils) und begleitet die Baumaßnahmen durch die einzelnen Projektphasen. Er koordiniert und kontrolliert die einzelnen Bauabläufe und Gewerke. Daneben zählen auch die Ausschreibung, Vergabe und Bauabrechnung zu den Kompetenzfeldern dieser Spezialisierung. Er kalkuliert Baupreise und stellt Ausschreibungsunterlagen zusammen. Gerade dank dieser Befähigung zu kalkulieren, die Bauabläufe zu koordinieren und zu kontrollieren sowie Abrechnungen zu erstellen, könnte auch ein Bauingenieur zum idealen „Hausarzt" für Sie werden.

Kombinierte Kompetenzen

Die Entscheidung, einen Architekten oder einen Bauingenieur zu suchen, muss kein Entweder-oder sein. Genauso wie niedergelassene Ärzte nicht nur in einer Einzelpraxis agieren, sondern sich in Praxisgemeinschaften (etwa aus Allgemeinmediziner und Internist) zusammenschließen, so finden Sie auch Architekturbüros, die unterschiedliche Kompetenzen (Architektur, verschiedene Disziplinen des Bauingenieurwesens, Vermessung, Zeichnung) bündeln und Ihnen ihren gesamten Kompetenzfächer zur Verfügung stellen.

Wie finden Sie Ihren „Hausarzt"?

Wenn Sie einen „Hausarzt" für Ihre Immobilie suchen, erwarten Sie zurecht fachlichen Sachverstand und soziale sowie menschliche Kompetenz. Sie müssen ein Vertrauensverhältnis zu Ihrem „Hausarzt" herstellen. Auf welcher Basis dieses aufgebaut werden soll? Selbstverständlich kann Sie dieser Ratgeber nicht zu einem Kontrolleur von Altbauexperten qualifizieren. Er ersetzt ebenso wenig das Fachwissen, über das ein Altbauexperte verfügt – anders und entschieden gesagt: Das Buch macht den Experten nicht überflüssig.

Vertrauen zu einem Altbauexperten kann sich nur einstellen, wenn Sie wissen, was Ihr „Hausarzt" tut, warum er es tut und wie er es tut. Transparenz herzustellen ist also die erste und entscheidende vertrauensbildende Maßnahme.

Auf den ersten Blick scheint es einfach zu sein, einen „Hausarzt" für die eigene Immobilie zu finden. Genügt nicht ein einfacher Blick ins Internet, um einen Sachverständigen vor Ort zu finden?

Was leistet ein Bausachverständiger?

Das Bauwesen – namentlich die Wertermittlung von bebauten und unbebauten Grundstücken sowie die Begutachtung von Bauschäden

– gehört in Deutschland zu den klassischen Domänen des Sachverständigenwesens. Der Begriff „Sachverständiger" ist aber in Deutschland, Österreich und Liechtenstein nicht geschützt. Jeder darf sich hier Sachverständiger nennen, der sich in der Lage fühlt, „einen Nachweis der besonderen Sachkunde" zu führen. Unübersichtlich wird die Lage in Deutschland, weil es mehrere Ebenen der Anerkennung und Zertifizierung gibt und auch innerhalb dieser Ebenen zahlreiche Behörden und Verbände miteinander konkurrieren. Man unterscheidet in Deutschland:

- EU-zertifizierte Sachverständige gemäß ISO 17024. Seit dem 1. Januar 2010 ist die Deutsche Akkreditierungsstelle (DAkkS) die einzige nationale Institution. Die von der DAkkS vorgenommenen Personenzertifizierungen gelten in Deutschland als die höchste erreichbare Qualifikation in Bezug auf Niveau und Aktualität des Fachkundenachweises. EU-zertifizierte Sachverständige unterwerfen sich aufgrund privatrechtlicher Verträge der Überwachung durch eine Zertifizierungsstelle, die oft strenger ist als die öffentlich-rechtliche Überwachung.
- Amtlich anerkannte Sachverständige: Sie unterliegen staatlicher Aufsicht und nehmen hoheitliche Aufgaben wahr. Ihr Titel ist gesetzlich geschützt. Amtlich anerkannte Sachverständige gibt es in Deutschland zum Beispiel für Schall- und Wärmeschutz, für die Prüfung der Standsicherheit in den Fachrichtungen Massivbau, Metallbau und Holzbau, für die Prüfung des Brandschutzes, für Erd- und Grundbau.
- Öffentlich bestellte und vereidigte Sachverständige: Ihr Titel ist gesetzlich geschützt. Zu ihren Grundpflichten gehören Objektivität, Unparteilichkeit und Weisungsfreiheit. In Gerichtsverfahren werden im Regelfall öffentlich bestellte und vereidigte Sachverständige beauftragt. Ihre Bestellung kann durch die Kammern (zum Beispiel IHK, Handwerkskammer, eine Architekten- oder Ingenieurkammer) oder durch das Regierungspräsidium eines Landes erfolgen. Hinsichtlich Sachkunde und Eignung muss sich der öffentlich bestellte und vereidigte Sachverständige gesetzlich vorgeschriebenen Standards unterwerfen.
- Verbandsanerkannte Sachverständige arbeiten als freie Sachverständige und genießen die Anerkennung renommierter Berufsverbände. Dazu gehören unter anderem die Deutsche Sachverständigen Gesellschaft, der Bundesverband deutscher Sachverständiger und Fachgutachter, der Berufsfachverband für das Sachverständigen- und Gutachterwesen.
- Freie Sachverständige verfügen entweder über eine Qualifizierung als Meister (für handwerksbezogene Gutachten) oder ein abgeschlossenes Ingenieurstudium (für technische und bautechnische Fragen) und sollten neben langjähriger Berufserfahrung auch einen fortgesetzten Praxisbezug und aktuelle Kenntnisse der geltenden Normen und technischen Standards des jeweiligen Spezialgebiets dokumentieren können.

Nicht nur einzelne Personen, sondern auch Behörden können kraft ihrer Berechtigung, hoheitliche Aufgaben wahrzunehmen, in der Rolle von Sachverständigen auftreten.

Architekten und Ingenieure, die als Sachverständige tätig werden, können in Deutschland eine Zulassungsprüfung absolvieren, die ihnen das Tragen des Titels „staatlich anerkannter Sachverständiger" erlaubt. Eine Voraussetzung, um als Sachverständiger arbeiten zu dürfen, ist diese staatliche Anerkennung allerdings nicht – und sie kann auch nicht als absolutes Qualitätsmerkmal herangezogen werden.

Darüber hinaus lassen sich nicht nur einzelne Personen, sondern Planungs- und Ingenieurbüros zertifizieren; dadurch wird deren Qualifikation vergleichbaren Standards unterworfen.

Wenn Sie auf die Suche nach Ihrem „Hausarzt" gehen, nutzen Sie am besten selbst alle Möglichkeiten der Vernetzung. Informieren Sie sich im Internet: Architekten, die sich aufs Bauen im Bestand spezialisiert haben, werden mit ihrem Spezialwissen nicht hinter dem Berg halten und ihre Altbauerfahrung durch Referenzen nachweisen. Schauen Sie sich diese Referenzobjekte genauer an. Suchen Sie Kontakt zu Bewohnern, Nutzern oder Bauherren der Referenzobjekte. Es ist mit einem Architekten wie mit dem Arzt oder dem Rechtsanwalt des Vertrauens: Wer mit ihm zufrieden ist, empfiehlt ihn auch gern weiter. Die Praxis ist das ausschlaggebende Kriterium.

Wie wichtig die möglichst frühzeitige Einschaltung eines Altbauexperten beim Bauen im Bestand ist, hat etwa die Architektenkammer Thüringen dargestellt. Nach ihrer Berechnung sind fast 80 Prozent aller Folgekosten, die durch Sonderlösungen oder durch zeitlichen Verzug im Bauablauf ausgelöst werden, letztlich auf mangelnde oder unzureichende Bestandsaufnahmen vor Beginn des Umbaus oder der Sanierungsmaßnahme zurückzuführen. Auch wegen eines solchen Befunds ist es so wichtig, dass Sie sich genau an die elf Stationen halten.

Fachwissen für die Kaufverhandlung

Beraterhonorare für einen Architekten oder Bauingenieur, der Sie bereits von der ersten Besichtigung an begleitet, sind im Regelfall schon allein deshalb gut angelegtes Geld, weil Ihnen das Expertenwissen in den Verhandlungen mit dem Verkäufer eine wesentlich festere Position gibt, als wenn Sie allein als kaufinteressierter Laie auftreten. Beachten Sie jedoch, dass Sie den Verkäufer nicht gleich zu massiv unter Druck setzen, er könnte sich sonst auch „über den Tisch gezogen" fühlen und die Verhandlungen mit Ihnen abbrechen.

Der BAKA Bundesverband Altbauerneuerung e. V. unterhält auf seiner Seite www.bakaberlin.de eine Datenbank mit Architekten, die für den Umgang mit Altbauten besonders qualifiziert sind.

Auch die Architektenkammern der Länder präsentieren auf ihren Webseiten in den meisten Fällen spezielle Informationen für Bauherren. Meistens liegen diese Informationen servicefreundlich ziemlich leicht sichtbar an der Oberfläche der Navigation, in wenigen Fällen muss man etwas länger suchen. Oft werden auf diesen Bauherrenseiten auch Architekten- und Sachverständigenverzeichnisse gepflegt und zur Recherche angeboten.

Weitere Informationen und Links zur Unterstützung bei der Expertensuche finden Sie im Anhang ab Seite 231.

Die Erstbesichtigung

Sie können eine Erstbesichtigung allein vornehmen. Empfehlen würden wir es nicht. Wenn Sie gemeinsam mit Ihrem „Hausarzt" unterwegs sind, werden Sie überrascht sein, was er alles sieht, woran Sie vorbeigegangen wären. Es ist schließlich sein Beruf, Ihrer nicht. Wenn Sie sich das Objekt zunächst lieber allein ansehen wollen, machen Sie sich möglichst genaue Notizen in der folgenden Checkliste (s. Seite 93), die Ihnen als Handreichung dienen soll, um erste Eindrücke festzuhalten.

Die erste und wichtigste Grundregel für die Gebäudeanalyse lautet: Achten Sie darauf, dass ein Haus zur Besichtigung nicht auffällig „aufgehübscht" wurde ... und lassen Sie das im Vorfeld auch selber bleiben! Das gilt besonders dann, wenn Sie das Haus schon besitzen und sich nachträglich zu einer Gebäudeanalyse entschließen. Es ist ein Irrtum zu meinen, Sie müssten alles erst einmal schön durchputzen, bevor Sie den Gutachter ins Haus lassen. Damit machen Sie ihm keine Freude. Schon das Ausfegen des Dachbodens oder die Grundreinigung des Kellers kann Befunde verfälschen oder verschleiern. Vielleicht sind die vermeintlichen Spinnweben, die Sie beseitigen, ja in Wirklichkeit das Myzel des Echten Hausschwamms? Lassen Sie den Patienten von Ihrem „Hausarzt" so begutachten, wie Sie ihn selbst vorgefunden haben. Für den „Hausarzt" ist auch die konkrete Fundsituation wichtig. Darin besteht eine gewisse Ähnlichkeit zur

Systematische Begehung

War ich hier schon? Bei der Begehung allein oder mit einem Experten sollte darauf geachtet werden, dass erstens die Dokumentation immer durch Fotos untermauert wird, zweitens die Begehung immer im Uhrzeigersinn und drittens von unten nach oben erfolgt, also vom Keller oder Untergeschoss zum Dachgeschoss. So vermeiden Sie Irrtümer und Verwechslungen.

Hier ein kleiner Fahrplan für eine Erstbesichtigung

Zustand (–3 = sehr schlecht / 0 = weiß nicht / + 3 = bereits erneuert)

	–3	–2	–1	0	+1	+2	+3	Sanierung	
								Ja	Nein
Grundstück / Außenanlagen									
Einfriedung / Zaun									
Zufahrt									
Garage / Carport etc.									
Zugang zum Haus									
Wasseranschlüsse									
Regenwasser (Speicherung?)									
Abwasser / Kanalisation									
Stromanschlüsse									
Terrasse(n)									
Schuppen / Gewächshaus									
Sonstiges (Baumbestand)									
Haus Außenhülle									
Dachdeckung									
Photovoltaik / Solarthermie									
Entwässerung									
Fassade (Dämmung?)									
Haussockel									
Fenster von außen									
Haustür von außen									
Balkon / e									
Erker / Vordächer									
Kellerabgang Treppe									
Keller									
Kellerwände									
Kellerböden									

	–3	–2	–1	0	+1	+2	+3	Sanierung	
								Ja	Nein
Keller									
Lüftungsöffnungen									
Kellerfenster									
Elektrik, Licht, Verkabelungen									
Rohre (dicht?)									
Heizungsanlage									
Hausanschlüsse									
Extras (Party, Sauna o.ä.)									
Wohnräume									
Wände									
Fußböden									
Decken									
Fenster									
Innentüren									
Elektrik innen									
Telefon-/Antennenanschlüsse									
Bäder/Sanitäranlagen									
Heizungsinstallationen									
Klima-/Lüftungsanlagen									
Treppen innen									
Dachraum (Dachboden)									
Treppe									
Geschossdecke Dämmung									
Dachstuhl (mit Dämmung?)									
Dachfenster									
Schornstein									
Wände innen									
Ausbau vorbereitet?									

Archäologie: Nicht nur das historische Artefakt selbst ist wichtig, sondern auch die Lage, in der es gefunden wurde, erlaubt Rückschlüsse auf Zusammenhänge. Archäologen pflegen daher die Fundsituation zunächst genau zu dokumentieren, bevor sie das Fundstück selbst aus der Erde heben. Auch der Kriminaltechnik ist das Vorgehen des „Hausarztes" verwandt.

Wenn Sie das Haus zusammen mit Ihrem „Hausarzt" begehen, wird er vermutlich nicht schweigend hinter Ihnen her trotten, sondern sprechen – was er sagt, wird Sie vielleicht nicht unbedingt erfreuen – und Sie auf den einen oder anderen Schaden aufmerksam machen. Der Auftakt für die Gebäudediagnose, ohne die Sie keine seriöse Basis für Entscheidungen haben, ist gemacht. Weder können Sie ohne Gebäudediagnose entscheiden, ob das Haus wirklich allen Anforderungen genügt, die Sie in Ihrem Raumprogramm gestellt haben, noch ob es in den nächste n Jahrzehnten „in Treue zu Ihnen steht". Genauso wenig können Sie einen konkreten Sanierungsbedarf angeben oder eine realistische Kostenschätzung über die Sanierungskosten anstellen.

INFO **GEBRAUCHT WIRKLICH GÜNSTIGER?** Wenn Sie ein gebrauchtes Haus überwiegend wegen der geringeren Anschaffungskosten erwerben wollen, müssen Sie nach der Gebäudediagnose unbedingt noch einmal nachrechnen. Die Sanierungskosten müssen auf den Quadratmeter Nutzfläche umgelegt werden. Der Vergleich mit dem Neubau hinkt dennoch meist, weil die Altbauqualität in einem individuellen Neubau viel teurer bezahlt werden müsste als beim Standard-Neubau.

Eine erste Besichtigung des Hauses bringt keinen endgültigen Aufschluss über seine Beschaffenheit, lässt allerdings erste Hinweise darauf zu. Wenn Sie die hier vorgeschlagene Abfolge der Stationen eingehalten haben, dann haben Sie bereits mithilfe einer Checkliste (unter Punkt 7 „Wie schätzen Sie den Zustand des Gebäudes selbst ein?", Seiten 45f.) innerhalb Ihres Käuferprofils Vorarbeit geleistet; sollten Sie noch nicht dazu gekommen sein, ist jetzt der richtige Zeitpunkt, die Checkliste während einer Begehung zu nutzen.

Rund um das Haus

Die unmittelbare Umgebung des Hauses und des Grundstücks bestimmen schon einmal den ersten Eindruck, den man von einer Immobilie gewinnt.

Vernachlässigen Sie die nähere Umgebung Ihres Hauses nicht und beginnen Sie Ihre Inspektion generell mit einer Besichtigung des Grundstücks. Sofern Ihnen Pläne vorliegen, vergleichen Sie die Zeichnung mit der Wirklichkeit. Ist alles zu finden, was in den Plänen steht? Befinden sich Objekte auf dem Grundstück, die nicht auf dem Plan verzeichnet sind?

Die ersten genaueren Blicke gelten auch dem Äußeren des Hauses. Neben dem Zustand der Fassade und der Beschaffenheit des Sockels kommen die Dachdeckung, die Entwässerung von Dach, Balkon und Terrassen, die Fenster und die Haustür in den Blick.

- Feuchte Stellen und Ausbesserungen bedeuten Probleme mit der Isolierung.
- Risse im Sockel treten besonders bei älteren Häusern auf; genauer wäre zu untersuchen, ob Setzungsrisse vorliegen.
- Allen „besonderen" Fassadenteilen (Balkone, Vordächer, Erker) und den Öffnungen (Fenster, Türen) sowie Terrassen und Anbauten (Garagen, Nebengebäude) gilt besondere Aufmerksamkeit.

Keller

In größeren Häusern befinden sich im Keller die früher so genannten Nebennutzflächen (Lager- und Vorratsräume, Waschküche und ähnliche) und die technischen Funktionsflächen (Heizung, gegebenenfalls auch zentrale Lüftungsanlage, Stromspeicher bei Photovoltaikanlagen ...).

Für Kellerräume sind Feuchteschäden typisch. Auch wenn man nicht damit rechnen darf, einen ungeheizten Keller „wohnraumtrocken" vorzufinden, hinterlassen doch beispielsweise anstehende Bodenfeuchte und nichtstauendes Sickerwasser ebenso typische Schadenbilder (gleichmäßige oder fleckenförmige,

meist bis fast zur Geländehöhe reichende Durchfeuchtung der Wand) wie von außen drückendes Wasser oder aufstauendes Sickerwasser (Feuchtigkeitsränder im Bodenbereich).

Die Keller der meisten bis etwa 1950 gebauten Häuser haben einen Boden aus Lehm oder Stampfbeton, der weder wärmegedämmt noch gegen Erdfeuchte isoliert ist. Überall, wo Holzteile mit durchfeuchteten Bauteilen in Berührung kommen, ist besondere Aufmerksamkeit angezeigt: Hier herrschen günstige Lebensbedingungen für den Echten Hausschwamm und andere Holz zerstörende Pilze.

Kellerfenster und Lüftungsöffnungen sind oft ein Problemfall in den Kellern alter Häuser. Nicht selten findet man Lüftungsöffnungen nachträglich verstopft, Kellerfenster hingegen als Einfalltore für Feuchtigkeit vor. Besondere Aufmerksamkeit verdienen im Keller verlegte Rohre und Kabelbäume: einerseits hinsichtlich ihrer Beschaffenheit (Material und eventuelle Korrosionsschäden), andererseits wegen der Art der Verlegung und Isolation (Schwitzwasser).

Energieausweispflicht

Die Energieausweispflicht gilt seit ungefähr zehn Jahren. Die Energieausweise selbst gelten ihrerseits für zehn Jahre. Das bedeutet, dass die frühen Energieausweise nach und nach ihre Gültigkeit verlieren. Überprüfen Sie bei Ihrer Wunschimmobilie, ob und wie lange der Ihnen vorgelegte Energieausweis noch gültig ist.

Die einzelnen Geschosse

In den einzelnen Etagen des Hauses achtet man gewöhnlich zuerst auf den Zustand der Wände, Böden und Decken, sodann meist auf die Fenster und Türen. Nicht vergessen werden dürfen die Sanitäreinrichtungen und Elektroinstallationen. Oft deutet schon der Augenschein auf einen gewissen Wartungsstau hin. Zwar lässt sich bei einer äußerlich tadellos gepflegten Installation nicht mit Sicherheit ausschließen, dass es noch verdeckte Mängel geben kann, doch wenn umgekehrt schon der äußere Anblick diverse Schäden erkennen lässt, wird niemand ernsthaft davon ausgehen können, dass alles tipptopp ist.

Einfach verglaste und zudem nicht dicht schließende Fenster bedeuten regelmäßig einen großen Energieverlust, also enorme Heizkosten. Lassen Sie sich einen gemäß Gebäudeenergiegesetz (GEG), das die Energieeinsparverordnung (EnEV) seit 1.11.2020 abgelöst hat, ausgestellten Energieausweis vorlegen. Seit 2014 sind Immobilienverkäufer verpflichtet, bereits in einer Immobilienanzeige verlässliche Angaben zur Energieeffizienz des Objekts zu machen, sofern bereits ein gültiger Energiepass vorliegt – was spätestens beim Besichtigungstermin zwingend ist. Für Gebäude, die verkauft, vermietet, verleast oder verpachtet werden, gilt generell eine Energieausweispflicht. Allerdings gibt es Ausnahmen von dieser Bestimmung. Für Zwangsversteigerungen beispielsweise gelten besondere Regelungen, namentlich das Gesetz über die Zwangsversteigerung und Zwangsverwaltung. Sie sind von den Bestimmungen über Verkauf, Vermietung oder Verpachtung ausgenommen; mit einem aktuellen Energieausweis dürfen Sie also nicht unbedingt rechnen. Auch für selbst genutzte Immobilien, deren Baugenehmigung vor dem 1. Oktober 2007 erteilt worden ist, muss kein Energieausweis ausgestellt werden. Ebenfalls von dieser Pflicht befreit sind Baudenkmäler. Und schließlich sind da noch die „Bagatellimmobilien", Gebäude, deren Nutzfläche kleiner als 50 Quadratmeter ist; auch für sie entfällt die Pflicht zum Energieausweis. Darüber hinaus gibt es besondere Regelungen, wenn sich in einem Nichtwohngebäude Wohnräume befinden (also beispielsweise in einem Gewerbegebäude mit Wohnung) oder wenn sich umgekehrt in einem Wohngebäude Räume befinden, die nicht Wohnzwecken dienen (zum Beispiel ein Pfarrhaus mit Gemeinderäumen).

Besonders viel Aufmerksamkeit muss aufgewendet werden, wenn das Haus noch möbliert ist. Schadstellen an den Dielen können sich unterm Teppich verbergen, ohne dass der Vorbesitzer das arglistig verschweigen wollte. Auch hinter Möbeln bilden sich Schadstellen oft unbemerkt.

Wie sehen die elektrischen Installationen aus? Wie viele Anschlüsse gibt es? Welche Kabel wurden verlegt?

Stimmen die angegebenen Raumgrößen? Wenn Sie die Begehung gemeinsam mit Ihrem „Hausarzt" durchführen, wird er sicher ein elektronisches Messinstrument dabei haben, das eine schnelle Kontrolle der angegebenen Raumgrößen erlaubt, ohne dass Sie umständlich Maßband oder Zollstock bemühen müssen. Wie laut ist die Treppe? Knarren die Dielen deutlich hörbar? Was kann man an Geräuschen aus dem Nebenzimmer wahrnehmen? Mit anderen Worten: Wird eine zusätzliche Schalldämmung erforderlich sein? Einen ersten unmittelbaren, gleichsam sinnlichen Eindruck bekommen Sie so – auch ohne exakte Messungen – von den Schallverhältnissen im Haus.

Dachgeschoss und Dach

Das typische Dach eines unsanierten Altbaus sieht so aus, wie man es aus alten Filmen kennt, in denen Kinder auf Dachböden spielen und Geheimnisvolles entdecken. Der Dachboden wird zum Wäschetrocknen verwendet, weil er gut unterlüftet ist, und zum Lagern von allerlei Kram – in manchen Regionen heißt er darum auch Speicher.

Die oberste Geschossdecke ist in der Regel nicht gedämmt, das Dach selbst auch nicht – der einzige Vorteil des ungedämmten Daches besteht darin, dass man Schäden in der Deckung – zum Beispiel nach heftigen Stürmen – sofort von innen bemerkt.

Die Dämmung des Daches ist ein relativ junges Kind der Baugeschichte. Beispielsweise ist das Anbringen von Kunststoffdachbahnen erst seit etwa 1970 aufgekommen. Manche dieser Kunststoffbahnen sind mittlerweile verschlissen oder undicht. Manchmal hat eine unsachgemäße Verarbeitung von Dämmstoff und Folien das Sanierte bereits wieder zu einem neuen Sanierungsfall werden lassen. Ein gedämmtes Dach gibt seine Fehler und Schwächen oft nicht dem Augenschein preis; untersuchen lassen muss es sich aber trotzdem.

Technische Anlagen / Installationen

Die technischen Anlagen, die Sanitär- und Elektroinstallation sind oftmals gravierende Schwachpunkte in einem alten Haus. Insbesondere bei den Heizungsanlagen schreitet die Technik so rasch voran. Mehr als 30 Jahre alte Anlagen dürfen (bis auf wenige Ausnahmen) nicht mehr betrieben werden, wenn es Konstanttemperaturkessel sind, die Öl verbrennen. Auch der Zustand der (ungedämmten) Rohrleitungen entspricht oft nicht mehr dem heutigen Stand der Technik. Hier treten erhebliche Energieverluste auf. Schließlich müssen noch Klima- und Lüftungsanlagen beachtet werden. Gerade ältere Klimaanlagen sind ausgesprochene Energiefresser.

Übersicht – Erstbesichtigung

Wenn das Gebäude, für das sich ein potenzieller Käufer interessiert, äußerlich einen intakten Eindruck macht und auch in seiner Innenausstattung auf den ersten Blick zufriedenstellt,

Achtung neues Energiegesetz!

Das Gebäudeenergiegesetz (GEG) löste am 1. November 2020 die Energieeinsparverordnung (EnEV) und zwei weitere verwandte Gesetze ab. Auch wenn die meisten Bestimmungen der EnEV 2014 erhalten bleiben, müssen Sie sich nach dem Inkrafttreten des GEG an dessen Bestimmungen halten. Nur falls ein Bauantrag bis zum 31.10.2020 gestellt wurde, bleibt alles beim Alten.

wird man es schwer haben, eine detaillierte Mängelliste aufzustellen, der man zusammen mit dem Altbauexperten beim zweiten Durchgang nachgehen kann.

Anders sieht es aus, wenn das Gebäude schon äußerlich erste Mängel erkennen lässt. Je nach Gebäudetyp und Bauzeit treten bestimmte Bauschäden besonders häufig auf. Die Übersicht „Durchschnittliche Lebensdauer von Bauteilen" auf Seite 98 soll Ihnen helfen, erste äußere Anzeichen zu erkennen und ihnen anschließend gezielt nachzugehen.

Mit dem Gebäudeenergiegesetz (GEG) von 2020 wurde Hauseigentümern grundsätzlich auferlegt, den Wärmeerzeuger zu erneuern, wenn er mehr als 30 Jahre auf dem Kessel hat. Doch auch von Pflicht bestehen Ausnahmen.

Die Austauschpflicht gilt nicht für alle Heizkesseltypen und sämtliche Einbau- und Wohnsituationen. Zunächst sind sogenannte Kon-

Durchschnittliche Lebensdauern von Bauteilen

Deckenkonstruktionen	
Beton	80 Jahre
Weichholz	80 Jahre
Hartholz	80 Jahre
Stahl	80 Jahre
Ziegel	80 Jahre
Dach	
Dachpfanne aus Beton	60 Jahre
Pappdach	20 Jahre
Zinkblecheindeckungen	25 Jahre
Kupferblechabdeckungen	80 Jahre
Schornsteinköpfe	30 Jahre
Tragende Dachkonstruktion	100 Jahre
Decken- und Bodenbeläge	
Estrich, schwimmend	40–80 Jahre
Zementestrich	80 Jahre
Trockenestrich	40–80 Jahre
Naturstein	80 Jahre
Hartholz, Keramik	60 Jahre
Weichholz	40 Jahre
PVC	30 Jahre

Decken- und Bodenbeläge	
Linoleum	20 Jahre
Textil	15 Jahre
Laminat	20 Jahre
Parkett	80 Jahre
Fliesen	50 Jahre
Putze und Anstriche	
Wärmedämmverbundsysteme (WDVS)	bis 60 Jahre
Außenputz	50 Jahre
Verblendmauerwerk	80 Jahre
Außenanstrich	10 Jahre
Innenputz	80 Jahre
Innentüren	60 Jahre
Treppen	
Geschosstreppen	80 Jahre
Holztreppen	60 Jahre
Außentreppen	60 Jahre
Fenster	
Holzfenster	40–60 Jahre
Kunststofffenster	40 Jahre
Metallfenster	40 Jahre

stanttemperaturkessel (Leistung zwischen vier und 400 kW) an der Reihe. Sie heizen permanent, unabhängig davon, ob Heizenergie überhaupt benötigt wird. Bauartbedingt müssen diese Anlagen die Kesseltemperatur auf einem konstant hohen Niveau halten. Die hohen Bereitschaftsverluste dieser Anlagen beeinflussen die Energieeffizienz negativ. Aber: Altanlagen in Ein- und Zweifamilienhäusern, deren Eigentümer vor dem 1. Februar 2002 eine Wohneinheit selbst bewohnt haben, dürfen weiter betrieben werden. So verfügt noch immer etwa jede zehnte Heizungsanlage über einen Konstanttemperaturkessel. Bei der Suche nach Ihrem Traumhaus könnten Sie einer solchen Heizungsanlage also sehr wohl begegnen. Niedrigtemperatur- und Brennwertkessel sind von der Austauschpflicht ausgenommen. Mit modernen Brennwertkesseln lässt sich erheblich (zwischen 20 und 30 Prozent) Primärenergie einsparen. Ab 2026 dürfen keine Öl- und Kohleheizungen mehr eingebaut werden. Wer es vorher noch schnell tun will, sollte wissen: Die CO_2-Bepreisung schlägt zu Buche. Auf einen Jahresbedarf von 2000 Litern Heizöl werden ab 2021 etwa 158 Euro CO_2-Preis aufgeschlagen, vier Jahre später schon rund 350 Euro.

Was hält wie lange?

Man wird nur ganz selten ein Haus von 1920 finden, in dem sich noch alles im Originalzustand der Bauzeit befindet. Wäre das so, handelte es sich bereits wieder um ein ganz besonderes Denkmal und man müsste sehr weitgehende Überlegungen hinsichtlich Wahrung und Restaurierung anstellen. Insofern vermittelt die tabellarische Übersicht lediglich einen Anhaltspunkt, einen allgemeinen Richtungshinweis.

Wenn Sie verunsichert sind, was mit dem neuen alten Haus auf Sie zukommt, finden Sie ein gewisses Indiz, wenn Sie sich die einzelnen Bauteile etwas genauer anschauen. Jedes Bauteil und jeder Baustoff hat eine „durchschnittliche Lebenserwartung". Dieser Durchschnitt wird gebildet aus jahrzehntelanger Erfahrung der Experten mit Bauteilen und Baustoffen. Die tatsächliche Lebensdauer eines Bauteils wird verständlicherweise stark beeinflusst von

- der Qualität des verwendeten Materials,
- der Qualität der Verarbeitung / des Einbaus,
- der Belastung, der das Bauteil während des Gebrauchs ausgesetzt ist, und der Pflege und Wartung, die man dem Bauteil angedeihen lässt.

Ein solider, sachgemäß gepflegter Marmorbelag hat eine höhere Lebenserwartung als ein billiger Kunststeinboden. Und die Treppe in einer Wohnanlage ist höheren Belastungen ausgesetzt als die eines Einfamilienhauses. Darum dienen die Werte in der Tabelle links auf Seite 98 lediglich als Orientierung.

DIE SYSTEMATISCHE GEBÄUDEDIAGNOSE

S

DIE VIERTE STATION unseres Fahrplans ist die systematische Gebäudediagnose, die mit einer detaillierten Zustandsanalyse beginnt. So viele Details wie möglich so exakt wie möglich – dieser Grundsatz muss die Diagnose durchgängig beherrschen; schließlich hängt davon die Qualität möglicher Erneuerungsmaßnahmen an Altbauten entscheidend ab, woran unmittelbar die Kostenkalkulation geknüpft ist, die Sie vor dem Kauf des Hauses anstellen.

Mittels der Gebäudediagnose wird nicht nur der gegenwärtige Zustand des Gebäudes beschrieben, sondern gleichsam eine „Patientenakte" angelegt, die das Gebäude über seinen gesamten Lebenszyklus hinweg begleiten wird. Die Gebäudediagnose stellt also nicht nur die Kauf- und Sanierungsentscheidung auf eine solide, sachbezogene Basis, sie erlaubt überhaupt erst, den weiteren Lebenszyklus der Immobilie strategisch zu planen und zu begleiten. Das reicht von der ersten Entwurfsplanung über die Finanzierung bis zur Bewirtschaftung. Wie jeder gute Mediziner wird auch Ihr „Hausarzt" nicht nur die akuten Beschwerden seines Patienten diagnostizieren und therapieren, sondern überdies daran interessiert sein, dass sein Patient ein langes Leben bei guter Gesundheit führen kann.

Erstes Zwischenziel der qualifizierten Gebäudediagnose ist das Schwächen-Stärken-Profil (SSP). In diesem Profil werden so unterschiedliche Gegebenheiten wie

- Schwachstellen und Bauschäden,
- besondere Risiken,
- verwendete Materialien,
- Nutzungsanforderungen,
- Erhaltenswertes und immaterielle Werte erfasst, beurteilt und gegeneinander abgewogen

Damit wird es zum Ausgangspunkt für einen konkreten Sanierungsfahrplan, der zudem Eigenleistungen, Fördermittel und Energiesparpotenziale einbezieht.

Schwächen-Stärken-Profil (S-S-P)

Das Schwächen-Stärken-Profil (Abbildung siehe Seiten 102 ff.) widmet sich sieben unterschiedlichen Diagnosekomplexen:

- A – Abdichtung/Feuchtigkeit: Hier werden alle Bauteile erfasst, die gegen Feuchtigkeit geschützt und isoliert werden müssen.
- B – Fassade/Außenhaut: Hier werden die Hülle des Gebäudes und die thermischen Eigenschaften erfasst.
- C – Konstruktion/Mauerwerk/Decken: Tragende und nicht tragende Bauteile innerhalb der Gebäudehülle werden analysiert und Oberflächen beschrieben.
- D – Gebäudetechnik (Heizung, Sanitärtechnik, Lüftung, Elektrotechnik)/Ausstattung: Hier wird der Zustand der technischen Anlagen dokumentiert.
- E – Außenanlagen: Hier findet der Zustand von Garten und Einfriedung sowie der Grundleitungen Eingang.
- F – Grundstück und Erschließung: Hier werden neben der städtebaulichen Situation vor allem die Erschließung durch Straßen und Wege sowie die Erschließung durch Medien dargelegt.
- G – Immaterielle Wertigkeit/Architektur/Raumgrößen: Hier können Angaben zur Architektur und/oder zu künstlerisch gestalteten Bauteilen gemacht werden.

Für die Einschätzung gilt jeweils: Je breiter der rote Balken verläuft, desto bedenklicher ist die

Substanz der untersuchten Bauteile; Investitionen werden dementsprechend absehbar notwendig sein.

Je breiter der blaue Balken verläuft, desto besser ist die Substanz erhalten und desto geringer folglich der Sanierungs- und Renovierungsbedarf.

Ziel der Sanierungsmaßnahmen muss es also sein, den Zustand aller Bauteile möglichst in den blauen Bereich zu versetzen. Im Einzelnen bedeuten die Noten:

- –5: Zustand mangelhaft bis katastrophal. Substanz nicht mehr verwendbar. Bauteil nicht mehr vorhanden oder nicht mehr funktionsfähig. Schadensgrad größer als 75 Prozent. Gebrauchstauglichkeit nicht länger vorhanden. Erneuerung/Austausch einzelner Elemente oder kompletter Bauteile erforderlich (z. B. Installation, Leitungen, Geräte, Apparate, Fenster usw.).
- –4: Zustand sehr bedenklich. Substanz größtenteils nicht mehr verwendbar. Schadensgrad bis zu 75 Prozent. Gebrauchstauglichkeit nicht sichergestellt. Weitere Schäden nicht auszuschließen, Erneuerung erforderlich.
- –3: Zustand bedenklich. Schadensgrad bis zu 50 Prozent. Reparatur, Erneuerung oder Sanierung erforderlich. Eventuell Teilsubstanz – unter Berücksichtigung weiterer Untersuchungen – noch verwendbar, Erneuerung beziehungsweise Teilerneuerung jedoch angeraten.
- –2: Zustand mit höherem Reparaturrückstau. Bauwerksunterhaltung nicht erkennbar. Schadensgrad bis zu 25 Prozent.
- –1: Zustand leicht bedenklich. Schadensgrad bis zu 10 Prozent. Weitere Untersuchungen sind erforderlich, um genauere Aussagen zu treffen. Wird darauf verzichtet, sind weitere Mängel und Schwächen nicht auszuschließen. Erhöhter Risikofaktor in der noch nicht näher untersuchten Bausubstanz.
- +1: Bauteil funktionsfähig. Restlebensdauer wahrscheinlich gering. Größere Schönheitsfehler ohne Einfluss auf die Funktion des Bauteils. Abnutzungsgrad 5 bis 10 Prozent. Derzeit keine Maßnahmen erforderlich.
- +2: Bauteil funktionsfähig. Lebensdauer eingeschränkt. Einzelne Schönheitsfehler ohne Einfluss auf die Funktion des Bauteils. Abnutzungsgrad bis zu 5 Prozent. Derzeit keine Maßnahmen erforderlich.
- +3: Zustand gepflegt. Bauteil teilweise erneuert, bereits modernisiert oder auch komplett erneuert. Stand der Technik erreicht. Keinerlei Mängel. Lebenserwartung durchschnittlich. Abnutzungsgrad 0 Prozent. Mittlere Qualität ohne Einschränkung der Nutzbarkeit.
- +4: Zustand gepflegt. Bauteil teilweise erneuert, bereits modernisiert oder auch komplett erneuert. Stand der Technik erreicht. Keinerlei Mängel. Lebenserwartung überdurchschnittlich. Abnutzungsgrad 0 Prozent. Gehobene Qualität ohne Einschränkung der Nutzbarkeit. Wartungsindex gering.
- +5: Zustand gepflegt. Bauteil teilweise erneuert, bereits modernisiert oder auch komplett erneuert. Stand der Technik erreicht. Keinerlei Mängel. Lebenserwartung überdurchschnittlich. Abnutzungsgrad 0 Prozent. Gehobene Qualität ohne Einschränkung der Nutzbarkeit. Wartungsindex gering bis 0. Bei Abnahme nach Sanierung: Ergebnis in Qualität und Optik ohne Mangel, Ausführung von besonderer Qualität.

Die Zweitbesichtigung – mit dem Experten

Auch der Experte wird sich zunächst auf die groben Elemente des Gebäudes beschränken. Und sofern zum Zeitpunkt der Begehung nicht alle Bauteile einsehbar sind, kann vorerst nur das Risiko eines möglichen Schadens bewertet werden. Indem er bestimmte Risiko- (im S-S-P auf den Seiten 102 ff dargestellt durch „!“) und Wichtungsfaktoren berücksichtigt, kann der Experte eine strategisch wirksame Maßnahmenplanung und eine Kostenschätzung vornehmen. Bei dieser ersten Untersuchung wird festgehalten, an welchen Bauteilen exakte Detailuntersuchungen zwingend erforderlich sind.

Das Gesamtbild sowohl positiver als auch negativer Merkmale der Immobilie wird in einem Schwächen-Stärken-Profil dargestellt.

Idi-al.S-S-P

Name: S-S-P-110216

Schwächen - Stärken - Profil ®

		Wicht.	-5	-4	-3	-2	-1	1	2	3	4	5	Risiko	Bemerkung
A	**Abdichten / Feuchtigkeit**													
A01	Dachdeckung						-1	1						siehe Verwahrungen
A02	Schornstein						-1							
A03	Dachrinne/ Fallrohr						-1							
A04	Fassade-Oberfläche/ Verkleidung						-1							
A05	Balkon/ Terrasse					-2								siehe Anschlüsse
A06	Fenster						-1							
A07	Türen						-1							
A08	Erdberührte Bauteile				-3									
B	**Fassade / Außenhaut : Hüllflächen**													
B01	Dach						-1	1						
B02	Fassade / Putz / Oberflächen						-1							
B03	Außenwandbekleidungen, Vordächer	1					-1							Fehlstellen in Teilbereichen
B04	Wärmedämmung			-4										
B05	Türen						-1		2					
B06	Fenster	1				-2			2				!	
B07	~~Wintergarten / Erker~~													Nicht vorhanden!
B08	Balkone/ Terrassen					-2								siehe untere Anschlüsse
B09	Energiebilanz (Primärenergiebedarf)		>400	400	350	300	250	200	150	100	50	0		siehe ges. Berechnungen
B10	~~Denkmalschutz~~													Nicht vorhanden!
C	**Konstruktion / Mauerwerk / Decken**													
C01	Außenwände							1						
C02	Dachstuhl							1					!!	
C03	Decken							1					!!!	
C04	Innenwände, leichte Trennwände							1						
C05	Innenwände, tragende Wände							1						
C06	Treppen						-1	1						
C07	Fußböden						-1	1						
C08	Innentüren						-1		2					
C09	Verkleidungen, Oberflächen an Wand+Decke						-1		2					
C10	Grundriss / Raumkonzept							1						
C11	Statik, Konstruktion, tragende Bauteile							1						
C12	Brandschutz						-1							
C13	Schallschutz	1			-3									
C14	~~Denkmalschutz~~													Nicht vorhanden!
C15	Schadstoffbelastung	4					-1						!	Schimmel in Teilbereichen
C16	Barrierefreiheit			-4										

D	**Gebäudetechnik**														
D01	Heizung	2				-2		▦						!	siehe Rohrnetz und Heizkörper
D02	Sanitär						-1	▦						!!	Überprüfung der Steigleitungen
D03	Elektro						-1		1						
D04	~~Lüftung~~														keine mech. Lüftung vorh.
D05	~~Techninsche Gebäudeausstattung~~														Nicht vorhanden!
D06	Energiebilanz (Anlagenaufwandszahl)		>2,4	2,4	2,2	2,0	1,8		1,6	▼ 1,4	1,2	1,0	0,8		
D07	~~Brandschutz~~														Keine Bewertung!
E	**Außenanlagen**														
E01	Gartenanlage/ Bäume/ Pflanzen						-1		1						
E02	Einfriedung						-1		1						
E03	Grundleitungen/ Wasser/ Abwasser							▦							
F	**Grundstück und Erschließung**														
F01	Städtebauliche Situation									2					
F02	Lage Grundstück									2					
F03	Umfeld zu Grundstück/ Gebäude									2					
F04	Erschließung Straße									2					
F05	Erschließung Medien									2					
G	**Imaterielle Wertigkeit - Architektur**														
G01	Architektur								1						
G02	Ausstrahlung / Ambiente									2					
G03	Raumklima / Behaglichkeit								1						
G04	Raumgröße / Raumhöhe									2					
G05	Dach (Form, Anordnung)									2					
G06	Fenster (Größe, Proportion, Aufteilung)									2					
G07	Türen (Zierelemente / Ornamente)									2					
G08	Wände (Zierelemente / Kunst, Stuck, Marmor)									2					
G09	Decken (Zierelemente/ Kunst, Stuck, Holz))									2					
G10	Schadstoffe / Immission							▦	1						

▦ - Weitere Untersuchungen notwendig ! - Risiko

Dicke Mycelstränge des Echten Hausschwamms an einem stark befallenen Holzbalken

Wichtig ist es, die Schwächen und Stärken des jeweiligen Bauteils gleichzeitig zu bewerten. Denn hier beginnt die – oft kriminalistisch anmutende – Spurensuche nach Bauschäden, verdeckten Mängeln und Missständen, aber auch nach positiven Merkmalen und Erhaltenswertem in der vorhandenen Bausubstanz.

Die fotografische Dokumentation

Zweckmäßig ist es, wenn der „Hausarzt" die Merkmale und Befunde beim Schwächen-Stärken-Profil nicht nur verbal festhält, sondern den einzelnen Beschreibungen auch Fotos zuordnet. Dies ist umso wichtiger, als man auf diese Weise den Zustand vor und nach der Sanierung auch visuell dokumentieren kann. Bei der Zuordnung der Fotos hilft, wie bereits erwähnt, eine Begehung im Uhrzeigersinn und von unten nach oben.

Bewertung der Bauteile

Nicht immer treten Bauschäden für jeden offensichtlich zutage. Eine Besichtigung Ihres Hauses, die dem Augenschein nach keinen Befund ergibt, darf Sie also nicht allzu sicher machen. Hier ist das Wissen eines Experten erforderlich, der Erfahrungen mit Materialien, Handwerkstechniken und Bauweisen hat, wie sie an einem Altbau (oder einem nicht mehr ganz taufrischen Neubau) typischerweise zu finden sind. Denn fundierte Kenntnisse von Normen und Vorschriften im Umgang mit dem baulichen Bestand und die Fähigkeit, Systemlösungen anzubieten, sind unverzichtbar.

Umgekehrt aber lässt sich sagen: Wo Sie offensichtliche Bauschäden bemerken, wird auch tatsächlich ein Problem zu lösen sein, und Sie gehen sicher nicht fehl, dahinter in dem einen oder anderen Fall Folgeschäden zu vermuten. Wo das Dach sichtbare „Fehlstellen" aufweist, wo vielleicht schon jahrelang Feuchtigkeit eingedrungen ist, kann nicht ausgeschlossen werden, dass sich der Echte Hausschwamm in dieser Atmosphäre im wahrsten Sinn des Wortes häuslich eingerichtet hat. Wenn man bedenkt, dass sich der Echte Hausschwamm über Sporen verbreitet und ein einziger gut ausgewachsener Fruchtkörper, der sich unter einem Stapel Altholz im Keller möglicherweise jahrelang unbemerkt ausbreiten konnte, Millionen dieser Sporen produziert und an die Umgebungsluft abgibt, dann wird deutlich, wie hoch die Infektionsgefahr für Ihr Haus ist. Nicht umsonst ist der Befall mit Echtem Hausschwamm in den Bundesländern Sachsen und Thüringen immer noch meldepflichtig.

INFO **HAUSSCHWAMM – MELDEPFLICHTIG ODER NICHT?** Mittlerweile ist der Echte Hausschwamm nur noch in zwei der sechzehn deutschen Bundesländer meldepflichtig: In Thüringen und Sachsen besteht eine Meldepflicht bei Befall durch Hausbock und Echten Hausschwamm. Allerdings ist in allen Landesbauordnungen in leicht divergierenden Formulierungen das festgelegt, was zum Beispiel die Landesbauordnung Baden-Württembergs verlangt: „Bauliche Anlagen müssen so angeordnet, beschaffen und gebrauchstauglich sein, dass durch Wasser, Feuchtigkeit, pflanzliche und tierische Schädlinge sowie andere chemische, physikalische oder biologische Einflüsse Gefahren oder unzumutbare Belästigungen bei sachgerechtem Gebrauch nicht entstehen." Damit ist auch ohne Meldepflicht klar, dass bei einem Befall mit Echtem Hausschwamm sofort „Bekämpfungs- und Sanierungsmaßnahmen gegen Holz zerstörende Pilze und Insekten" nach DIN 68800–4 fällig sind.

Mit einem ersten Besichtigungsprotokoll (siehe „Erstbesichtigung“, Seite 93), in dem Sie den Zustand des Hauses aus Ihrer Sicht beschreiben, geben Sie dem Experten bereits wichtige Hinweise, denen er bei seiner detaillierten Gebäudediagnose nachgehen kann.

Nacheinander oder alles auf einmal?
Möglicherweise hat die Einschätzung Ihres „Hausarztes“ Sie ernüchtert. Die von ihm vorgeschlagenen therapeutischen Maßnahmen sind möglicherweise mit höheren Geldausgaben verbunden, als Sie anfangs vermutet haben. Darum stellen sich Fragen wie:

- Welche Sanierungsschritte sind zwingend notwendig, und in welcher Reihenfolge ist die Durchführung einzuplanen?
- Muss alles auf einmal geschehen oder kann man die Sanierungsmaßnahmen auch über einen längeren Zeitraum verteilen?
- Reicht im Einzelfall nicht zunächst auch eine provisorische Reparatur?
- Was geschieht eigentlich, wenn ich den Sanierungsbedarf ignoriere?

Um mit der letzten Frage zu beginnen: Erst einmal geschieht gar nichts. Aber wenn Sie beispielsweise einen Hausschwammbefall ignoriert, die Fruchtkörper von der Mauer gekratzt und über den befallenen Balken einfach mal ein Brett genagelt haben, damit man den Schaden nicht sieht, kann es passieren, dass sich Ihr Schlafzimmer eines Nachts aus dem ersten Stock ins Erdgeschoss begibt – und zwar ziemlich schlagartig. Das klingt drastisch, doch so schlimm muss es nicht kommen. Gut möglich, dass Ihr Traumhaus vorher schon baupolizeilich gesperrt wird. Niemand vermag vorherzusagen, wann genau es zum finalen Schlag kommt – auch ohne dieses unerwünschte Finale bietet Unbewohnbarkeit keine schöne Perspektive.

Experimentell hat man nachgewiesen: Befallenes Holz (zum Beispiel Kiefernsplintholz) verliert im ersten Monat des Befalls zirka vier Prozent an Gewicht, nach zwei Monaten hat es bereits 27 Prozent verloren. Der Schwamm ernährt sich vom Zelluloseanteil des Holzes. Befallene Holzteile erkranken an sogenannter Braunfäule. Das führt zu den charakteristischen Querrissen im Holz und schließlich zu „Würfelbrüchen“.

Braunfäule mit typischen Würfelbrüchen nach Befall mit Echtem Hausschwamm

Der Echte Hausschwamm ist der gefährlichste Holzzerstörer an Gebäuden und zugleich derjenige Schwamm, der sich am schwersten bekämpfen lässt. Für den Laien ist er von anderen, weniger gefährlichen Schwammarten kaum zu unterscheiden.

In allen Fällen einer erheblichen Schädigung, wie sie beispielsweise durch den Befall mit Echtem Hausschwamm eintreten kann, hilft keine – wie immer geartete – provisorische Maßnahme. Erst recht nicht, wenn solche Maßnahmen darin bestehen, den Fruchtkörper des Hausschwamms kurzerhand abzuschneiden. Das ist, als montierte man die Zeiger einer Uhr ab, um damit die Zeit anzuhalten. Provisorische Maßnahmen können allenfalls einen gewissen kurzfristigen Zeitgewinn bringen, lösen das zugrunde liegende Problem aber nicht. So kann man vielleicht durch eine Verbesserung des Raumklimas das Wachstum des Hausschwamms verlangsamen, womöglich ist der Hausschwamm auch inaktiv, man hat ihn damit allerdings nicht beseitigt. Und auch die bereits angerichteten Schäden bestehen fort.

Wie sollen also die Sanierungsschritte geplant werden? Einzelmaßnahmen, die aus dem Gesamtzusammenhang des Sanierungskonzepts herausgelöst werden, verursachen unter Umständen neue Probleme. Nur ein paar typische Beispiele:

- Die Heizungsanlage wurde erneuert; sie arbeitet jetzt energieeffizient, ist aber zu schwach für das nicht ausreichend gedämmte Gebäude.
- Die Gebäudehülle wurde bei der Fassadensanierung nach den Vorschriften der Energieeinsparverordnung isoliert; die alte Heizungsanlage arbeitet dafür aber viel zu verschwenderisch.
- Die oberste Geschossdecke (zum Dach hin) wurde isoliert, der etwas später erfolgende Ausbau des Dachgeschosses machte diese Maßnahme hingegen überflüssig.
- Das Dach wurde neu gedeckt und dabei gedämmt; der nachträgliche Ausbau des Dachgeschosses und der Einbau von Dachgauben machen den teilweisen Rückbau der Dämmung erforderlich.

Gibt es Prioritäten? Aber selbstverständlich! Feuchtigkeit hat immer die oberste Priorität. Hier gilt: Erst trockenlegen, dann weiterdenken. Man sollte aber zudem nicht vergessen, alle erforderlichen Sanierungsmaßnahmen auch in das Finanzierungskonzept einzubeziehen.

Anders verhält es sich da natürlich, wenn Sie ein Haus in teilsaniertem Zustand vorfinden (oder bereits erworben haben). Dann wäre es sicher nicht zu rechtfertigen, eine jüngst erneuerte Heizungsanlage gleich wieder herauszureißen, weil es mittlerweile noch bessere und effektiver arbeitende gibt. Vielmehr wird es die Aufgabe des Altbauexperten sein, hier ein Vorgehen zu entwickeln, das die brauchbaren und erst kürzlich sanierten Bauteile in das Gesamtkonzept einbezieht.

Von der Diagnose zur Therapie

Es dürfte selbstverständlich sein, dass man das Schwächen-Stärken-Profil, wenn es einmal erstellt ist, nicht einfach zu den Akten nimmt: Vielmehr kommt es darauf an, es vernünftig auszuwerten. Wenn Sie das Schwächen-Stärken-Profil als visualisierte Diagnose betrachten, muss darauf logischerweise ein Therapievorschlag folgen. Vorrangigkeit haben Transparenz und Nachvollziehbarkeit des Therapievorschlags für Sie, das heißt, dass Sie den Zusammenhang zwischen Gebäudediagnose und den vorgeschlagenen Sanierungsmaßnahmen nachvollziehen können.

Auswertung des Schwächen-Stärken-Profils

Das auf den Seiten 102f. abgebildete Schwächen-Stärken-Profil bezieht sich auf ein frei stehendes Haus mit ursprünglich zwei Wohneinheiten, das allerdings als Einfamilienhaus genutzt wird. Das Haus wurde im Jahr 1903 gebaut und in den Neunzigerjahren bereits teilweise saniert.

Nach 20 Jahren ergibt sich daher jetzt an den sanierten Teilen ein vergleichsweise geringer Nachbearbeitungsbedarf.

So waren beim Diagnosekomplex A (Abdichtung/Feuchtigkeit) an der Dacheindeckung nur kleine Teilbereiche nachzuarbeiten. Firste, Grate, Kehlen und Ähnliches wurden überprüft und gegebenenfalls instandgesetzt, einzelne Dachstellen ausgetauscht und der Moosbewuchs von der Dachfläche entfernt.

Auch der Schornstein erforderte nur geringe Nacharbeiten: Querschnitt, Kaminkopf und Anschlüsse wurden kontrolliert, Moosbildung und ähnliche eher optische Mängel beseitigt.

An den Dachrinnen und Fallrohren mussten ebenfalls nur kleine Teilbereiche – wie etwa Lötstellen – nachgearbeitet und einzelne Formteile ausgetauscht werden.

An Balkon und Terrasse fielen die Abnutzungserscheinungen bereits stärker ins Gewicht. Alle Beläge und Abdichtungen mussten überarbeitet, Flächen gereinigt und gegebenenfalls Fugen und Anschlüsse erneuert werden. Kleine Fehlstellen wurden ergänzt.

Die Fenster erwiesen sich bei der Diagnose allesamt als funktionsfähig. Kleine Fehlstellen wurden überarbeitet und die Beschläge gegebenenfalls nachjustiert. Anschlüsse, Übergänge und äußere Abdichtungen mussten komplett überarbeitet werden. Eine Oberflächenerneuerung wurde empfohlen. Auch die Haustür war funktionstüchtig und dicht. Die Beschläge wurden überprüft und gegebenenfalls nachjustiert.

Bei den erdberührten Bauteilen sah es weniger gut aus. Die Abdichtung war in Teilbereichen unbrauchbar geworden; vereinzelt traten innen an den Bauteiloberflächen bereits Wasserränder und Ausblühungen auf. Etwa 50 Prozent der Innenflächen waren betroffen.

Im Diagnosekomplex B (Fassade/Außenhaut/Hüllflächen) ergab sich ein passabler Zustand am Dach, an der Fassadenoberfläche und an den Außenwandbekleidungen (Balkon, Vordächer). Überwiegend waren Schönheitsreparaturen auszuführen und kleine Fehlstellen zu ersetzen, jedoch wurde eine genauere Prüfung der Anschlüsse zu Balkon und Terrasse empfohlen.

Die Türen überzeugten mit eher schlichten Formen und gediegener Funktionalität. Einfache Architektur und Gesamterscheinung, die Verwendung einfacher Materialien und wenig aufwendige Details charakterisieren diese Bauteile.

Die Fenster, obgleich überwiegend funktionstüchtig, bedürfen noch einer genaueren Überprüfung. Der Schadensgrad an diesen Bauteilen war unterschiedlich hoch (bis 25 Prozent). Entsprechend würde ein geringer bis mittlerer Reparaturaufwand zu kalkulieren sein.

Balkon und Terrasse wiesen einen etwas höheren Reparaturrückstau auf. Der Schadensgrad betrug hier bis zu 25 Prozent. Die Konstruktion war überholungsbedürftig, vereinzelt mussten Teile erneuert und die Oberflächen überarbeitet werden. Die Überprüfung der Fußboden- sowie der Deckenanschlüsse wurde empfohlen.

Das gravierende Problem in diesem Diagnosekomplex stellte die Wärmedämmung dar. Sie fehlte an mehreren Stellen, war zerstört oder nicht mehr funktionsfähig. Die meisten Bauteile wiesen eine sehr schlechte Wärmedämmeigenschaft auf.

Die Energiebilanz war schlecht. Der Primärenergiebedarf, der errechnet werden konnte, erreichte 350 kWh pro Quadratmeter im Jahr; das entspricht der Energieeffizienzklasse H. Das Gebäude insgesamt war als energetisch mangelhaft einzustufen. Es erfüllte nicht (oder nur in kleinen Teilbereichen) die heutigen Mindestanforderungen. Die wärmetechnische Ertüchtigung der Gebäudehülle erwies sich als dringend erforderlich.

Im Diagnosekomplex C (Konstruktion/Mauerwerk/Decken) ergab sich ein überwiegend freundliches Bild. Die Konstruktion entspricht im Ganzen den Regeln der Technik. Die Außenwände befanden sich in einem akzeptablen Zustand. Kleine optische Mängel waren zwar erkennbar, erfordern derzeit aber keine Maßnahmen der Erhaltung oder Sanierung.

Auch der Dachstuhl – das Dachgeschoss ist ausgebaut – entsprach den Regeln der Technik und war in einem funktionsfähigen Zustand. Kleinere, die Funktion nicht beeinträchtigende Missstände waren zwar erkennbar, machen Reparaturmaßnahmen derzeit aber nicht erforderlich.

Die Decken waren überwiegend in gutem Zustand. Kleinere Deformationen an der Decke und optische Mängel, welche die Funktion nicht beeinträchtigen, lagen zwar vor, erforderten aber unmittelbar keine Maßnahmen. Auch die tragenden und nicht tragenden Innenwände waren in einem guten Zustand. Lediglich kleinere Risse und Abrisse zu angrenzenden Bauteilen gab es. Sie beeinträchtigen die Funktionsfähigkeit nicht und erfordern daher keine weiteren Maßnahmen.

Die Treppen überzeugten durch solide, aber einfache Konstruktion mit schlichter Geometrie ohne besondere Ausformungen. Der Gesamteindruck war ausreichend. Abnutzungserscheinungen und einzelne Deformationen waren erkennbar, leider auch Spuren umfangreicher Reparaturen geringer handwerklicher Qualität mit merkbaren Unterschieden in Struktur und Material. Der Erhaltungszustand war als leicht bedenklich einzustufen. Kleinere Teile der Treppenanlage und der Geländer waren reparaturbedürftig, obwohl die Schäden (Schadensgrad bis 10 Prozent) die Funktion noch nicht beeinträchtigen.

Auch an den Fußböden waren die Spuren umfangreicher Reparaturen geringer handwerklicher Qualität nachweisbar, die deutliche Unterschiede in Struktur und Material aufwiesen. Abnutzungserscheinungen und geringe Schädigungen in Teilbereichen lagen vor. Kleinere Teilbereiche müssen repariert werden.

Eine moderne Heizung gibt auch einem alten Haus Zukunft.

Die Innentüren wiesen trotz einfacher Konstruktion ansatzweise besondere Ausformungen auf. Qualitätsvolle historische Beschläge wurden angetroffen. Reparaturen sind in der Vergangenheit in angemessener handwerklicher Qualität ausgeführt worden und zeigten kaum Farb-, Struktur- oder Materialunterschiede. Nur kleinere Teilbereiche der Innentüren sind derzeit reparaturbedürftig.

Die Innenraumverkleidungen sowie die Oberflächen an Wand und Decke waren in einfacher Ausführung angelegt und in einem guten Zustand. Vereinzelte Reparaturen waren in angemessener handwerklicher Qualität (ohne auffallende Struktur- und Materialunterschiede) ausgeführt worden. Geringer Reparaturbedarf (bei einem Schadensgrad bis zu 10 Prozent) besteht.

Die Grundrisssituation zeigte sich als zufriedenstellend, aber in kleinen Teilbereichen verbesserungswürdig. Anpassungen oder Änderungen könnten mit wenig Aufwand und ohne konstruktive Eingriffe vorgenommen werden.

Hinsichtlich Statik, Konstruktion und tragender Bauteile in ihrer Gesamtheit konnte festgehalten werden: Das Tragwerk zeigt geringe optische Missstände aus ehemaligen Gebäudebewegungen im Bereich der Decken und des Daches. Die Tragfähigkeit befand sich am unteren Limit. Die Restnutzungsdauer ist wahrscheinlich gering. Weitere Überprüfung wurde empfohlen.

Die Schadstoffbelastung des Gebäudes (Belastungsgrad bis 10 Prozent) fiel relativ gering aus. Schimmelbildung wurde an wenigen Teilbereichen von Wand und Decke angetroffen. Die Ursachen sollten weiter untersucht werden.

Das größte Defizit im Diagnosekomplex C musste hinsichtlich der Barrierefreiheit verzeichnet werden. Das Gebäude ist derzeit in allen Teilen nicht barrierefrei (Barrierefreiheit nur bis 10 Prozent). Die heute üblichen Mindestanforderungen an barrierefreies Bauen (nach DIN 18030) könnten durch bauliche Maßnahmen nur mit sehr hohem Kostenaufwand (vergleichbar mit Neubaukosten) und auch nur in einzelnen Bereichen beziehungsweise Geschossen realisiert werden.

Wäre die fehlende Barrierefreiheit des Hauses ein K.O.-Kriterium für den Nutzer, dürfte an dieser Stelle seine Entscheidung höchstwahrscheinlich gegen den Erwerb der Immobilie fallen.

Im Diagnosekomplex D (Gebäudetechnik) wurde zunächst der Zustand der Heizungsanlage beurteilt. Sie erwies sich als im Ganzen gesehen funktionstüchtig. Die Anlagen zu Wärmeerzeugung und -verteilung (Kessel, Brenner, Pumpen, Ventile) müssen aber geprüft und gegebenenfalls neu eingestellt werden.

Ein Austausch beziehungsweise eine Erneuerung einzelner Elemente ist vorgesehen. Das Rohrnetz entspricht nicht heutigen technischen Standards; ein hydraulischer Abgleich erwies sich als nicht möglich beziehungsweise nicht energieeffizient.

Bei den Sanitärinstallationen wurde ein gewisser Wartungsrückstau festgestellt. Die Wasserfilter waren verschmutzt, die Perlatoren verkalkt, ansonsten waren die Anlagen funktionstüchtig, wenn auch technisch nicht mehr auf dem neuesten Stand. Vereinzelte Sanitärobjekte sollten ausgetauscht werden. Ergänzungen an der Installation sind jedoch nur in ganz geringem Umfang (Schadensgrad bis 10 Prozent) erforderlich.

Die Elektroinstallation hinterließ einen befriedigenden Gesamteindruck; sie war bereits umfangreich nachgerüstet beziehungsweise erneuert worden. Mängel oder Schäden waren nur gering. Die Anlage war voll funktionstüchtig, lediglich in bestimmtem Umfang ergänzungsbedürftig. Zusätzlich sollten die einzelnen Absicherungen nach heutiger Vorschrift (VDE, DIN) überprüft werden.

Die vorgefundene Lüftungsanlage war in großen Teilen defekt oder unwirtschaftlich. Von einem Schadensgrad bis 50 Prozent ist auszugehen. Eine mechanische Lüftung war nicht vorhanden.

Für die Gebäudetechnik wurde eine Anlagenaufwandszahl von 1,8 bis 2,0 errechnet. Die Gebäude- und Betriebstechnik ist in jüngster Vergangenheit bereits überarbeitet worden, die vorgenommenen Maßnahmen sind jedoch ergänzungsbedürftig; ein Teileaustausch in geringem Umfang sollte daher eingeplant werden.

Im Diagnosekomplex E (Außenanlagen) ergab sich ein überwiegend positives Bild. Das Gesamtbild wird geprägt von einer einfachen Anlage, deren Bestand teilweise überaltert ist. Die Grundstücksfläche (690 Quadratmeter) lässt nur wenige Pflanzflächen zu. Für Wege zu Zufahrten wurden einfache Materialien verwendet. Reparaturen und Ergänzungen hinterließen Farb- oder Strukturunterschiede, was die Nutzung jedoch nicht einschränkt. Ein Instandsetzungsaufwand bis zu 10 Prozent sollte veranschlagt werden.

Über die Grundleitungen (Wasser/Abwasser) konnte keine genauere Aussage getroffen werden, was erst nach weiterer Untersuchung möglich ist. Wird auf eine solche verzichtet, sind weitere Mängel oder Schwachstellen nicht auszuschließen. Der Risikofaktor in der noch nicht weiter untersuchten Bausubstanz ist zu beachten.

Im Diagnosekomplex F (Grundstück und Erschließung) konnten überwiegend positive Noten vergeben werden. Die städtebauliche Situation ist gut und das Umfeld dem Nutzungscharakter des Gebäudes angemessen. Die Lage des Grundstücks ist gut; die Anforderungen des Bauherrn konnten angemessen umgesetzt werden. Auch das Umfeld zum Grundstück und zum Gebäude selbst entsprach in fast allen Punkten den Anforderungen der Gebäudenutzung, die der Bauherr in seinem Profil formuliert hatte. Der Umfang der Forderungen des Eigentümers, die das Umfeld nicht erfüllen kann, halten sich in einem akzeptablen Rahmen.

Art und Zustand der Erschließungsstraße sind gut; geringe Mängel sind vorwiegend optischer Natur und erfordern keine besonderen Maßnahmen. Das trifft auch auf den Zustand der Medienerschließung zu, der keine Mängel erkennen ließ, welche die Funktion beeinträchtigen könnten.

Für den gesamten Diagnosekomplex G (Immaterielle Wertigkeit/Architektur) werden ebenfalls keine Verbesserungen zwingend notwendig sein; wo sie im Einzelnen wünschenswert sind, könnten sie für die Zukunft ins Auge gefasst werden.

Der Gesamteindruck der Ausstrahlung und des Ambientes des Gebäudes fiel gut aus, einige geringfügige optische Mängel könnten noch verbessert werden. Raumklima und Behaglichkeit im Gebäude wurden als akzeptabel eingeschätzt. Die Raumhöhen und -größen entsprachen im Wesentlichen den Vorstellungen, die der Bauherr im Raumprogramm niedergelegt hatte; im Hinblick auf die Nutzung könnten einzelne Verbesserungen vorgenommen werden.

Form und Anordnung des Daches sind gut; das Dachgeschoss ist ausgebaut und erfüllt die Nutzungsanforderungen des Bauherrn. Optimierungen sind perspektivisch noch möglich.

Fenster und Türen wurden hinsichtlich Größe, Proportion und Aufteilung als gut bewertet. Gute bis sehr gute Detailarbeit an den historischen Elementen war anzutreffen. Einzelne gestalterisch-funktionelle Verbesserungen werden empfohlen.

Wände und Decken wirkten hinsichtlich ihres Zustands und Architektureindrucks sowie auch hinsichtlich der verwendeten Materialien (Stuck, Marmor, Holz) gut und überzeugten durch Qualität und solide handwerkliche Ausführung des Ganzen und der Details.

Energiebilanz

Für das soeben betrachtete Gebäude ließ sich der Bauherr einen Energieberatungsbericht erstellen. Das beheizte Volumen des Gebäudes beträgt 762 m^3 (ermittelt gemäß EnEV anhand der Außenmaße). Das Gebäude wird ausschließlich mittels Fensterlüftung belüftet.

Für die Berechnungen der Energiebilanz wurden Werte zugrunde gelegt, welche die EnEV als Standard-Nutzerverhalten definiert:

- Mittlere Innentemperatur: 19,0 °C
- Luftwechselrate. 0,70 /h
- Interne Wärmegewinne 8 899 kWh/a (Kilowattstunden pro Jahr)
- Warmwasser-Wärmebedarf: 3 049 kWh/a (Kilowattstunden pro Jahr)

Aus den Berechnungen ergab sich: Energie ging vor allem über die Gebäudehülle und bei der Erzeugung und Bereitstellung für Heizung und Warmwasserbereitung verloren.

Im Einzelnen wurden errechnet:

- Anlagenverluste: 17 171 kWh/a
- Lüftungsverluste: 12 094 kWh/a
- Transmissionsverluste: 60 555 kWh/a

Die Anlagenverluste wurden zu annähernd gleichen Teilen von Heizung und Warmwasserbereitung verantwortet; hinzu kam ein kleiner Anteil Hilfsenergie für die Aggregate. Für die Transmissionsverluste waren zu etwa zwei Dritteln die ungedämmten Außenwände verantwortlich. Das übrige Drittel teilten sich zu fast gleichen Teilen Keller, Fenster und Dach.

Dem standen gegenüber:

- Solare Gewinne: 7 098 kWh/a
- Interne Gewinne: 8 899 kWh/a

Solare Gewinne entstehen durch Sonnenenergie, das heißt Sonneneinstrahlung, die von Gebäudeteilen und Teilen der Wohnungseinrichtung absorbiert wird. Sie tragen zur Erwärmung des Gebäudes bei, wirken sich auch auf die Raumluft aus, sparen Heizenergie während der Heizperiode. Umgekehrt können solare Gewinne ein Gebäude im Sommer überwärmen; dann muss zusätzliche Energie zur Kühlung der Räume aufgewendet werden.

Interne Gewinne entstehen durch Geräte und Beleuchtungskörper in Räumen, aber auch durch sich in den Räumen aufhaltende Menschen selbst. Sie erwärmen die Raumluft und reduzieren den Heizwärmebedarf während der Heizperiode. Im Sommer können interne Gewinne zur Überwärmung von Gebäuden führen; unter Umständen muss auch dann zusätzliche Energie zur Kühlung der Räume aufgewendet werden.

Aus den energetische Berechnungen ergab sich, dass ein zusätzlicher Energiebedarf (Verluste abzüglich Gewinne) von 73823 kWh/a (pro Jahr) bestand, der allein für den Ausgleich der bauartbedingten Energieverluste des Gebäudes aufgewendet werden musste.

Umgelegt auf einen Wärmepreis von 10 Cent pro kWh (so angegeben in „Kontrollierte Wohnungslüftung“ des Hessischen Ministeriums für Umwelt, Energie, Landwirtschaft und Verbraucherschutz) bedeutete das einen Verlust von jährlich rund 7 382 Euro – Geld, das buchstäblich durch die Wand ging, aus dem Fenster flog und aus den Rohren entwich.

Achtung Betriebskosten!

Für den Käufer eines Hauses ist nicht nur der aktuelle Kaufpreis wichtig, sondern sollten auch die erwartbaren Betriebskosten der Immobilie die Entscheidung beeinflussen. Darum ist eine energetische Analyse, ein Energieberatungsbericht so wichtig, um die mögliche Senkung des aktuellen Primärenergiebedarfs in das richtige Verhältnis zu den Kosten der Maßnahmen zu setzen, die diesen Energiebedarf erheblich senken – und damit viel Geld sparen – können.

Für den Käufer

Die Energiebilanz gibt Aufschluss darüber, in welchen Bauteilgruppen derzeit die meiste Energie verloren geht – und wo folglich zurzeit die größten Einsparpotenziale für das Gebäude liegen. Aus der Gebäudediagnose und dem Energieberatungsbericht wird dann ein Maßnahmenkonzept zu entwickeln sein, das den Primärenergiebedarf (Qp) deutlich senkt.

Energieeffizient im Altbau – ein Ausblick

Die Europäische Union hat im Rahmen ihrer Klima- und Energiepolitik anspruchsvolle Ziele bis 2030 festgelegt:

- Senkung der Treibhausgasemissionen um mindestens 55 Prozent (gegenüber 1990)

- Erhöhung des Anteils von Energie aus erneuerbaren Quellen auf mindestens 32 Prozent
- Steigerung der Energieeffizienz um mindestens 32,5 Prozent

Das fordert auch die Bau- und Wohnungswirtschaft heraus, denn die Energiebilanz der meisten unserer Bestandsgebäude ist unbefriedigend. Besonders eine höhere Energieeffizienz ist dringend geboten.

Schon die Wärmeschutzverordnung von 1995 schrieb vor: „Soweit die wärmeübertragende Umfassungsfläche durch Verschalungen oder gestoßene, überlappende sowie plattenartige Bauteile gebildet wird, ist eine luftundurchlässige Schicht über die gesamte Fläche einzubauen, falls nicht auf andere Weise eine entsprechende Dichtheit sichergestellt werden kann. Die sonstigen Fugen in der wärmeübertragenden Umfassungsfläche müssen entsprechend dem Stand der Technik dauerhaft luftundurchlässig abgedichtet sein." Das galt zwar seinerzeit nur für Neubauten, mittlerweile geht es aber auch den Bestandsbauten energetisch an den zugigen Kragen.

Je dichter und gedämmter die Häuser werden – mithilfe des Blower-Door-Tests kann man praktisch jede Leckage finden und sie nahezu hermetisch abdichten –, desto größer wird das Fragezeichen hinter der Frage: Was geschieht mit dem Raumklima, wenn sich Menschen in einem luftdichten Haus aufhalten? Wie lüftet man denn ein komplett gedämmtes und abgedichtetes Haus? Reicht es aus, zwei- oder dreimal am Tag die Fenster zu öffnen? Muss es sechsmal täglich sein? Darf man dann eigentlich noch in Urlaub fahren und arbeiten gehen? Oder entsteht hier ein ganz neuer Dienstleistungsberuf im Billiglohnsektor: der Fensterlüfter? Wird demnächst mit der Hausordnung auch ein verbindlicher Lüftungsplan Teil des Mietvertrags? Darüber streiten sich die Parteien schon vor Gericht, und sie werden sich künftig noch häufiger darüber streiten, wie man beispielsweise Schimmelbildung in einem komplett gedämmten und abgedichteten Haus zu vermeiden hat.

Früher war zwar nicht alles besser, aber manches war anders. Die Bewohner „erfreuten" sich in ihren Häusern einer permanenten, aber unkontrollierten Wohnraumlüftung durch undichte Fenster, Spalten in Bauteilanschlüssen – die Älteren werden sich erinnern, dass man unter der Fensterbank im Winter einen stetigen Luftzug verspürte – Rollladenkästen oder Türen, die nicht bündig schlossen, gaben eine Art Zwangsbelüftung ab, eine sehr energiefressende zudem. Die Großväter der heutigen Großväter verfolgten ihre Enkel noch mit der drohenden Frage: „Heiz ich denn den Garten?", wenn die Enkel einmal eine Tür offen stehen ließen. Die Belüftung durch die Ritzen und Spalten wurde offenbar als ausreichend empfunden.

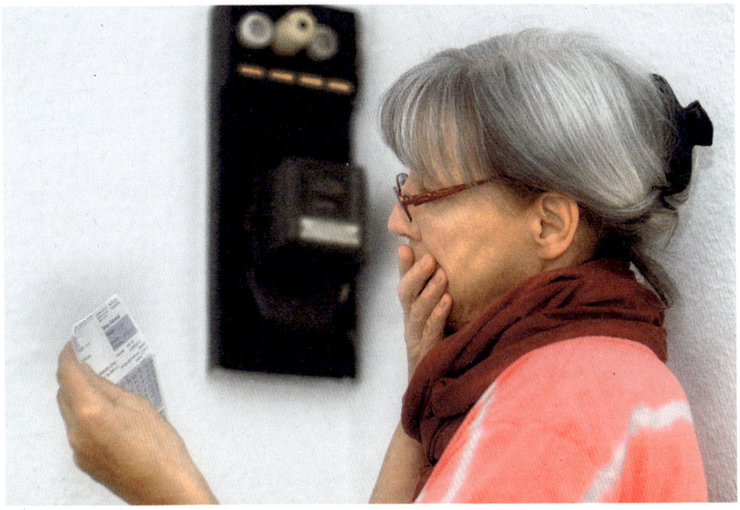

Der Schreck angesichts der Stromrechnung kann groß sein, wenn man sich nicht rechtzeitig um die Energiebilanz des Hauses kümmert.

Kontrollierte Wohnraumlüftung

Die Lösung scheint in der „Kontrollierten Wohnraumlüftung" (KWL) zu liegen. Schwarzseher meinen schon, wer morgens in seinem Schlafzimmer vom Gesang der Vögel geweckt werden wolle, müsse sich dafür ein anderes Land suchen. Die Fenster bleiben zu! Lüften war gestern. Heute ist Belüftung. Zwar gibt es noch keine direkte gesetzliche Vorschrift zum Einbau einer Lüftungsanlage mit Wärmerückgewinnung, aber möglicherweise sind die angestrebten Energieziele ohne KWL gar nicht mehr zu erreichen. Und das gilt auch für das Bauen im Bestand.

Auf einer Internetplattform wird mit einem seltsamen Argument geworben: „Im Grunde

Der Blower-Door-Test kann beginnen.

trennt die Anlage die Lüftungsaufgabe von den zahlreichen weiteren Aufgaben der Fenster ab. In einem auf diese Weise belüfteten Raum müssen die Fenster überhaupt nicht mehr geöffnet werden, um den notwendigen Luftaustausch sicherzustellen." Zwischen „müssen nicht" bis „dürfen nicht" besteht für viele ein Schritt, den sie keineswegs gehen wollen.

Doch muss man das Kind nicht mit dem Bade ausschütten. Systeme der kontrollierten Wohnraumlüftung ermöglichen einen permanenten Luftwechsel. Die Systeme können als zentrale oder als dezentrale Anlagen (zum Beispiel im Verbund mit der Fensterlösung) installiert werden. Will man nicht nur gute Luft, sondern auch einen Energiespareffekt, dann bietet es sich an, Wärmeenergie aus der abgeführten Innenraumluft zurückzugewinnen. Systeme der Wärmerückgewinnung können mittlerweile einen Wirkungsgrad von 90 Prozent erzielen. Lassen Sie sich auch hierzu von Ihrem „Hausarzt" oder einem Spezialisten, der mit diesem zusammenarbeitet, beraten.

Fassadendämmung

Wird eine Fassade erneuert, müssen die aktuellen Energiesparnormen eingehalten werden, was im Normalfall über eine zusätzliche Dämmung geschieht. Die EU-Richtlinie für energieeffiziente Gebäude schränkt zwar ein, dass die EU-Staaten nur dann Mindestnormen einhalten müssen, wenn „größere Änderungen" vorgenommen werden. Allerdings bestimmt jedes Land selbst, was es als „größere Änderung" definiert. Die deutsche Regelung greift bei der Modernisierung der Gebäudehülle nur dann, wenn die sanierte Bauteilfläche – Außenwand, Fenster, Dach, Decke – 10 Prozent der gesamten entsprechenden Bauteilfläche des Gebäudes übersteigt und die Art der Renovierung in der Anlage „Anforderung bei Änderung von Außenbauteilen" gelistet ist.

Erweiterung, An- und Ausbau

Wird ein altes Haus tief greifend verändert, umgebaut oder durch Umbau erweitert, müssen die Normen des Ende 2020 in Kraft getretenen Gebäudeenergiegesetzes (GEG) eingehalten werden. Wird die Nutzfläche an beheizten Räumen durch An- oder Ausbau um mehr als 50 Quadratmeter erweitert, müssen die Außenbauteile so beschaffen sein, dass der neue Gebäudeteil hinsichtlich Jahres-Primärenergiebedarf und Wärmeschutz der Gebäudehülle die Neubauvorschriften des GEG erfüllt.

Des Weiteren sind bei der Umsetzung der EU-Gebäuderichtlinie bereits in der Fassung von 2010 nicht nur die energierelevanten Vorschriften für Neubauten, sondern auch die Bestimmungen für das Bauen im Bestand verschärft worden. Die EU-Richtlinie empfiehlt, auch bei größeren Renovierungen im Bestand zu prüfen, ob effiziente alternative Systeme wie

- dezentrale Energieversorgungssysteme auf der Grundlage von Energien aus erneuerbaren Quellen,
- Geothermie,
- Solarthermie,
- Kraft-Wärme-Kopplung,
- Wärmepumpen und
- Fern-/Nahwärme, insbesondere wenn sie ganz oder teilweise auf Energie aus erneuerbaren Quellen beruht,

eingesetzt werden können, sofern dies technisch, wirtschaftlich und ökologisch realisierbar ist.

Die Neufassung der Richtlinie aus dem Jahr 2018 regt an: „Es ist wichtig, dafür zu sorgen, dass Maßnahmen zur Verbesserung der Gesamtenergieeffizienz von Gebäuden sich nicht nur auf die Gebäudehülle konzentrieren, sondern alle relevanten Elemente und technischen Anlagen in einem Gebäude umfassen, etwa passive Elemente, die an passiven Techniken beteiligt sind, mit denen der Energiebedarf für Heizung oder Kühlung und der Energieverbrauch für Beleuchtung und Lüftung reduziert und so der thermische und visuelle Komfort verbessert werden sollen."

Energieausweis im Bestand

Heute hat jeder Immobilieninteressent, der ein Haus oder eine Wohnung kauft, das Recht, vom Verkäufer einen Energieausweis zu verlangen. Der Verkäufer muss dem Kaufinteressenten diesen umgehend zugänglich machen.

Die Erfahrungen von Eigentümern, Mietern und Vermietern mit Energieausweisen sind unterschiedlich. Auch die Qualität der Energieausweise selbst ist sehr verschieden. Das Bundesinstitut für Bau-, Stadt- und Raumforschung hat im Januar 2011 eine interessante und nach wie vor relevante Studie veröffentlicht. Sie untersuchte insgesamt 94 Energieausweise, die auf der Basis der Energieeinsparverordnung (Fassung 2007) ausgestellt worden waren. Auch wenn die schmale Datenbasis keine repräsentativen Aussagen erlaubt, geben die einzelnen Fallstudien doch Grund zum Staunen.

Die Studie beschäftigt sich sowohl mit Energieausweisen auf Grundlage des ingenieurtechnisch errechneten Energiebedarfs als auch solchen auf Grundlage des gemessenen Energieverbrauchs. In nur 29 Prozent der Fälle stimmten die ausgewiesenen Kennwerte mit dem tatsächlichen Energieverbrauch zumindest annähernd überein. Verbrauchsausweise erreichten dabei eine signifikant höhere Trefferquote und geringere Abweichungen als Bedarfsausweise. „Der eigentlich als höherwertiger geltende Bedarfsausweis hat in der Praxis eine unzureichende Zuverlässigkeit", resümiert die Studie.

Der Volltext der Studie mit dem Titel „Evaluierung ausgestellter Energieausweise für Wohngebäude nach EnEV 2007" vom Januar 2011 kann von der Seite www.bbsr.bund.de unter dem Menüpunkt „Bauwesen/Veröffentlichungen" als PDF abgerufen werden.

In einer neueren Studie aus dem Jahr 2017 kommt das Kompetenzzentrum Verbraucherforschung Nordrhein-Westfalen zu dem Schluss: „Die erhöhte Zahlungsbereitschaft eines Käufers oder Mieters für eine energieeffiziente Immobilie kann generell aus unterschiedlichen Motiven – z. B. aus ökologischen Gründen oder zwecks einer verbesserten Wohnqualität – resultieren. Unter den Experten besteht jedoch Einigkeit darüber, dass für die überwiegende Mehrheit der Marktteilnehmer wirtschaftliche Beweggründe im Vordergrund stehen. Dementsprechend müssen Kosten und Einsparungen aus einer erhöhten Energieeffizienz in einem angemessenen Verhältnis stehen. Den befragten Experten zufolge ist dies jedoch selten der Fall, da die hohen Bau- und Modernisierungskosten oftmals nur zu geringen Einsparungen führen." Den Text der Studie finden Sie auf der Seite www.verbraucherfoschung.nrw/kommunizieren unter dem Menüpunkt „Working Papers und Fact Sheets" als Nummer 7.

Der Bedarfsausweis allein ist noch kein Garant für die Zuverlässigkeit der Energieverlaufsprognose. Die Vorschriften für die Bedarfsberechnung abstrahieren vom realen Nutzerverhalten. Prüfen Sie gemeinsam mit Ihrem Bauexperten,

- von wem der Energieausweis ausgestellt wurde,
- wie die Datenerhebung und die Berechnung zustande kamen,
- ob die Daten, auf deren Basis der Energieausweis erstellt wurde, eingesehen werden können.

Da bei Energiebedarfsberechnungen eine Immobilie nach Aussage einiger Studien etwas schlechter abschneiden kann, als sie es nach einer Verbrauchsmessung tatsächlich wäre, rechnen Hausverkäufer auch schon einmal sehr großzügige Einsparpotenziale vor, um den Wert eines relativ frisch sanierten Hauses zu

Energieausweise werden in der Regel als Bedarfsausweise ausgestellt.

erhöhen – Einsparpotenziale, die sich bei realer Nutzung des Hauses meist gar nicht realisieren lassen. Also haben Sie auch hier ein Thema, das Sie mit Ihrem „Hausarzt" intensiv diskutieren sollten.

Berechnungsdaten für den Energieausweis

In den wenigsten Fällen werden zusammen mit dem Energieausweis auch die Daten, die ihm zugrunde liegen, dokumentiert und abgelegt. Das ist zwar gesetzlich auch nicht vorgeschrieben, Sie sollten vom Verkäufer dennoch verlangen, dass Ihnen neben dem gestempelten Formular auch die Unterlagen und Daten, auf deren Basis der Energieausweis errechnet wurde, ausgehändigt werden. Dies kann im Konfliktfall unter anderem von Bedeutung sein.

Energieausweis für die Zukunft

Ein Energieausweis zum Bestand bietet zwar einen guten und wichtigen Schritt zum momentanen energetischen Zustand des Gebäudes. Viel spannender jedoch wird sein, wohin man das Gebäude weiterentwickeln könnte. Daher stellen sich automatisch Fragen nach den Potentialen, die das Gebäude bietet. Eine Simulation mit verschiedenen Varianten kann hier schon einmal einen Ausblick geben. Um es richtig zu machen, ist dabei die Expertise eines Profis zwingend erforderlich – am besten mit der ganzheitlichen Betrachtung über die Gebäudediagnose (siehe ab Seite 87).

FRAGEN DER PLANUNG BEACHTEN

ALS FÜNFTE STATION folgt nach der Gebäudediagnose die Planung. Auch wenn sich dieses Buch nicht mit der unmittelbaren Ausführung von Umbau- und Sanierungsarbeiten beschäftigt: Sie kommen nicht darum herum, diese künftigen Aufgaben bei der Kaufentscheidung zu berücksichtigen.

Zur Vorbereitung dieses Schritts ist es nützlich, schon während der Gebäudediagnose die künftige Planung vorzubereiten: zum einen – das wurde schon ausgeführt – durch eine möglichst genaue Dokumentation während der Diagnosephase, zum anderen mit der Suche nach überlieferten Plänen und Dokumenten, die sich auf das Gebäude und seine Geschichte beziehen. Schließlich müssen Sie anhand Ihres Raumprogramms und der Ergebnisse der Gebäudediagnose entscheiden, was und wie viel getan werden muss. Wenn Ihr Wunschhaus respektive Ihre Traumwohnung tipptopp in Schuss ist und überdies ideal zu Ihrem eigenen Raumprogramm passt (es soll solche Fälle geben), können Sie beruhigt zum Notar gehen und schon einmal die Housewarming-Party vorbereiten. Für alle anderen beginnt nun die Planungsphase – und zwar möglichst früh.

Was in den Plänen steht

Um den Überblick nicht zu verlieren, sollte man wenigstens in groben Zügen wissen, welche Arten der Planung es gibt und was eigentlich in den Plänen steht.

Bestandspläne beschaffen

Für alle künftigen Umbau- und Sanierungsmaßnahmen sind exakte Planungsunterlagen erforderlich. Die Planung im Bestand muss aufgrund vorhandener Bestandspläne vorgenommen werden. Klingt logisch. Ist auch so. Wenn Sie viel Glück haben, finden Sie zu dem Haus oder der von Ihnen auserkorenen Wohnung auch die vollständigen Bestandspläne. Die meisten haben dieses Glück nicht.

Was Sie als Käufer tun können?

Zunächst sollten Sie natürlich beim Verkäufer darauf bestehen, möglichst vollständige Unterlagen zu bekommen – im Idealfall eine komplette Bauakte, in der auch alle späteren Um- oder Einbauten dokumentiert sind. Dieser Optimalfall ist selten. Häufig sind die erhalten gebliebenen Pläne lückenhaft – umso mehr, je älter die Immobilie ist und je häufiger sie den Eigentümer gewechselt hat.

Wenn gar keine oder nur unvollständige Unterlagen überliefert sind, sollte man sich dennoch die Mühe machen, nach ihnen zu suchen. Möglicherweise existieren das Architekturbüro oder die Firma des Bauträgers noch, die seinerzeit für den Neubau verantwortlich waren: je neuer das Haus oder die Wohnung, desto wahrscheinlicher.

Eine weitere Möglichkeit: beim zuständigen Bauamt nach der Bauakte zu fragen. Mit etwas Glück wird man dort fündig, zumindest was den „amtlichen" Teil der Planungsunterlagen anbetrifft. Hierin besteht, zumal wenn Kriegseinwirkungen oder andere widrige Zeitumstände die Pläne dezimiert oder vernichtet haben, die einzige Alternative zu „gar kein Plan".

Welche Geschichte hat das Haus?

Wenn Sie für Ihren „Hausarzt" die Unterlagen zusammenstellen: Suchen Sie nicht nur nach Zeichnungen. Auch Handwerkerrechnungen und Lieferscheine können weiteren Aufschluss geben, beispielsweise über die Art der abgerechneten Arbeiten bei früheren Sanierungs- oder Umbaumaßnahmen, über das verbaute Material … Unter Umständen können Materialproben nützlich sein.

Bestandspläne prüfen

Selbst eine augenscheinlich vollständige Bauakte – gewissermaßen das Handbuch zum Haus – bietet keine absolute Sicherheit, dass alles korrekt dokumentiert ist. Möglicherweise gab es schon während des Neubaus Abweichungen von der Planung, die nicht dokumentiert wurden. Möglicherweise hatte einer der Voreigentümer der Immobilie Gründe, die Abweichungen von der genehmigten Planung nicht zu dokumentieren.

Sehr häufig tritt auch das umgekehrte Phänomen auf: Die Bauakte ist 100-prozentig korrekt, aber das Haus ist es nicht (mehr). Bauteile sind im Lauf der Zeit verschlissen und wurden in anderer Form oder gar nicht mehr ersetzt. Oder sie sind überflüssig geworden, wurden irgendwann abgebaut und man vergaß, die Dokumentation entsprechend nachzuhalten. Auch solche Diskrepanzen sind für den „Hausarzt" interessant. Kann doch zum Beispiel das Vorhandensein eines Vordachs in der ursprünglichen Planungszeichnung, das heute am Gebäude aber fehlt, Hinweise auf Eingriffe an der Außenwand geben, mit der das (nicht mehr vorhandene) Vordach einstmals verbunden war. Der Experte wird diese Stelle dann genauer überprüfen, verbergen sich doch hier gern – unter einer äußerlich intakt wirkenden Oberfläche – Wärmebrücken, die nicht nur Energieverlust bedeuten, sondern auch langfristig entstehende Folgeschäden nach sich ziehen können. Der Experte kommt solchen verdeckten Mängeln mithilfe der Thermografie auf die Schliche – ein Beispiel dafür, wie eng Gebäudediagnose und Planung mitunter miteinander verzahnt sind.

Der Abgleich von Bestandsplänen und Realtität führt – jedenfalls bei älteren Immobilien – in der Regel dazu, dass neue, aktuelle Planungsunterlagen erstellt werden. Das muss mittels eines professionellen Aufmaßes (einer Neuvermessung) und einer computergenerierten CAD-Zeichnung erfolgen. Die technischen Möglichkeiten spezialisierter Ingenieurbüros erlauben es mittlerweile, klassische Pläne auf Papier zu digitalisieren und sie in die neue – digitale – Bauakte zu übernehmen.

Neue Bestandspläne erstellen

Alte Bestandspläne werden mit der Wirklichkeit abgeglichen und aktualisierte Bestandspläne angefertigt. Ein genaues Aufmaß des vorhandenen Baus ist dabei die Grundvoraussetzung für eine solide und wirtschaftliche Planung. Scheut der Käufer die Mehrkosten für die Aufmaßarbeiten, spart er an der falschen Stelle. Das frühzeitige Erkennen unklarer Verhältnisse am Gebäude, die beim Bauen im Bestand regelmäßig auftreten, gleicht die zusätzlichen Kosten mehr als aus.

INFO **BAUAUFNAHME IM DENKMAL** Bei historischen Bauwerken sind oft keine brauchbaren Planungsunterlagen mehr vorhanden, umfangreiche Baumaßnahmen erfordern solche jedoch. Ein „normales" Aufmaß, das oft sogenannte Architektenaufmaß, reicht in vielen Fällen nicht aus, weil Schäden und Verformungen exakt abgebildet werden müssen. Anders können Architekten, Statiker und andere Planer auf die Spezifika des Gebäudes nicht eingehen und sie bei ihren Lösungen berücksichtigen. Die Folgen wären Zeitverzug, Ressourcenverschwendung und finanzielle Mehrbelastung bei der Planung und Bauausführung. Bauaufnahmen, das heißt möglichst detaillierte Aufmaße, die den Zustand eines Bauwerks dokumentieren, sind des Weiteren eine wesentliche Grundlage, um denkmalrelevante Bereiche des Gebäudes überhaupt erst zu identifizieren und sie gegebenenfalls von den eindeutig nicht denkmalrelevanten Bereichen zu unterscheiden. In einem entsprechenden Bestand wird die Denkmalbehörde eine exakte Bauaufnahme zur Auflage machen.

Auf der Planungsgrundlage verformungsgerechter Bauaufnahmen können fachgerechte Entscheidungen getroffen und kostenintensive Überraschungen während der Bauphase weitgehend vermieden werden. Solche Bauaufnahmen kosten zwar etwas, sorgen allerdings endlich für Planungs- und Kostensicherheit. Was ist ansonsten beim Aufmaß und bei der Bestandszeichnung zu beachten?

Lageplan

Zunächst ist ein exakter Lageplan erforderlich. Es kann sich als nützlich erweisen, einen amtlichen Lageplan zu haben, der dann die Außenmaße und die exakte Lage des vorhandenen Bauwerks verlässlich darstellt. Von Bedeutung ist das insbesondere dann, wenn Erweiterungen des Gebäudes geplant werden, die baurechtlich relevant sind (siehe Seite 112).

Grundrisse

Auch bei den Grundrissen müssen alle erforderlichen Informationen eingearbeitet werden, das heißt die Raumgrößen, die Türen und Fenster, die Konstruktionsarten, Raumhöhen, Deckenhöhen, Unterzüge, Wandstärken … – mit anderen Worten: möglichst alles, was aus bautechnischer Sicht relevant ist. Häufig haben sich im Lauf der Jahrzehnte durch Besitzerwechsel oder Nutzungsänderungen bauliche Veränderungen ergeben, die in den alten Bestandsplänen nicht exakt nachgehalten worden sind.

Schnitte und Ansichten

Die Ansichten bilden das Pendant zum Grundriss. Sie zeigen die erhabenen Teile des Gebäudes. Die Vorderansicht wird traditionell Aufriss genannt, die Seitenansicht von links Seitenriss oder Kreuzriss. Die Ansichten zeigen die äußere Gestalt des Gebäudes; angegeben werden darin die Fenster und Türen sowie die Form des Daches. Auch die Anschlüsse an angrenzende Gebäude unter Angabe des vorhandenen und künftigen Geländes an den Eckpunkten der Außenwände sind anzugeben, ebenso die Höhenlage des künftigen Geländes sowie die Wandhöhe, bei geneigten Dächern auch die Dachneigung und die Firsthöhe.

In den Schnitten werden die Geschosshöhen, die lichten Raumhöhen, Treppen und Rampen sowie Anschnitte des vorhandenen und des künftigen Geländes eingezeichnet.

Flächenberechnung

Auch bei der Flächenberechnung wird sich Ihr Hausarzt nicht auf die vorhandenen Angaben alter Pläne verlassen. Falsch berechnete Flächen sind nicht nur für das Mietrecht ein immer wiederkehrendes Problem, das zu juristischen Auseinandersetzungen führt. Auch der Eigentümer eines Hauses oder einer Wohnung will möglichst genau wissen, welche Flächen ihm zur Verfügung stehen, um sie mit dem Raumprogramm, das er in Phase 2 aufgestellt hat, abgleichen zu können.

Die Ermittlung von Rauminhalten und Grundflächen bei Bauwerken erfolgt zumeist nach der Norm DIN 277. Weitere Verfahren der Flächenberechnung fußen beispielsweise auf den Richtlinien der Wohnflächenverordnung (WoFlV), die sich ausdrücklich auf Mietwohnraum im Zusammenhang mit dem Wohnraumförderungsgesetz bezieht und dort zwingend anzuwenden ist. Ferner wird die sogenannte gif-Richtlinie angewandt, sofern gewerblicher Raum der Berechnung bedarf. Die Gesellschaft für Immobilienwirtschaftliche Forschung e. V. (gif) hat 2004 erstmals den gewerblichen Raum konsistent definiert. Die gif-Richtlinie schließt an die DIN 277 an. 2017 wurde die „Richtlinie zur Berechnung der Mietfläche für gewerblichen Raum (MF/G)" novelliert.

INFO **BERECHNUNG VON FLÄCHEN- UND RAUM-INHALTEN** Die DIN 277 (ursprünglich 2005, Ausgabedatum der Neufassung: Januar 2016) regelt die Berechnung der Flächen- und Rauminhalte von Bauwerken sowie der Grundflächen von Grundstücken. Die solcherart ermittelten Flächen- und Rauminhalte können für

Bauelemente eindeutig kennzeichnen

Räume, Fenster und Türen kommen als Elemente einer Bauzeichnung häufig vor. Um Irrtümer auszuschließen und später lange Erklärungen darüber zu vermeiden, welches Fenster denn nun gemeint ist und welche Farbe in welchen Raum gehört, empfiehlt es sich von vornherein, Räume, Fenster und Türen methodisch zu nummerieren.

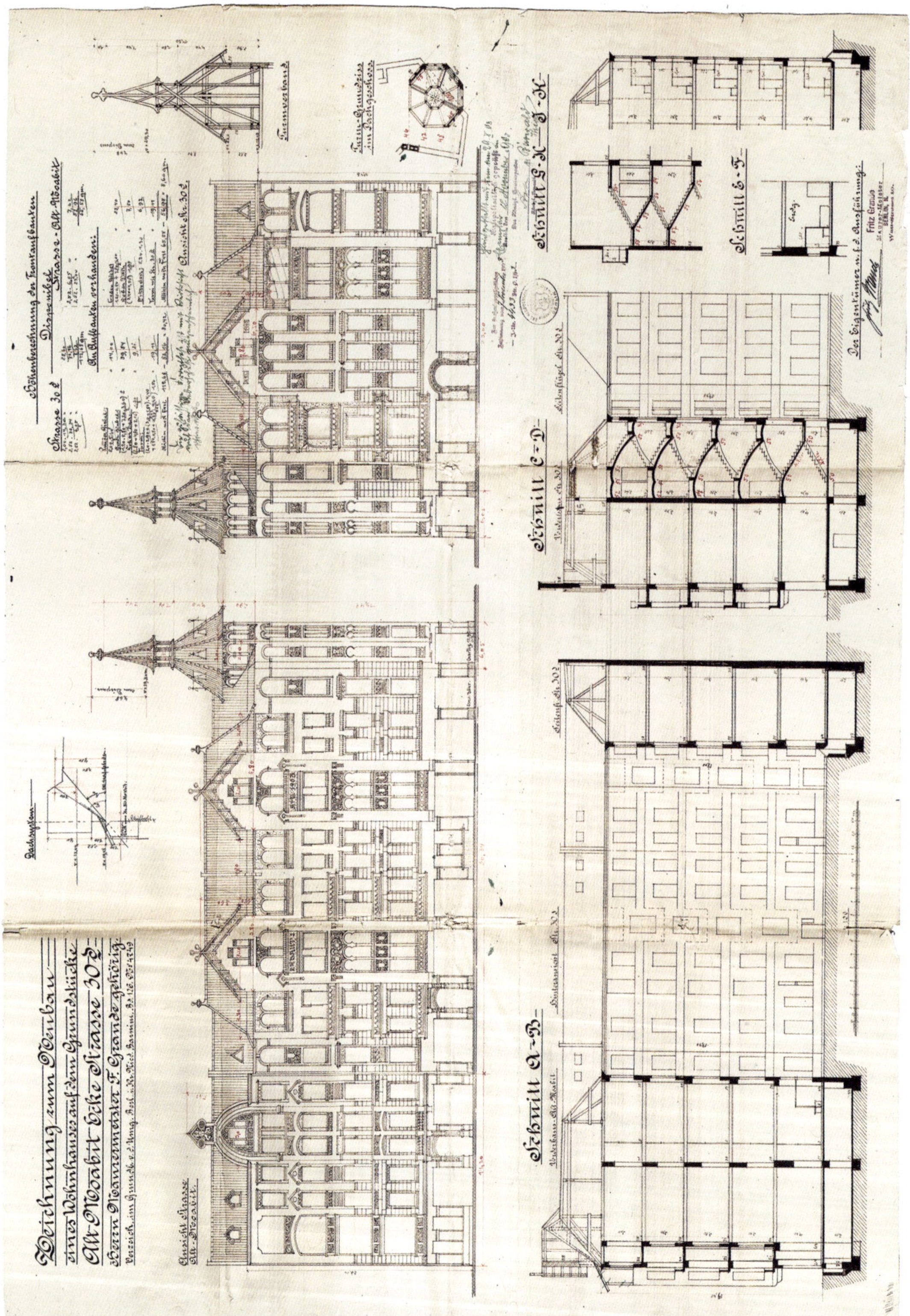

Alter Bestandsplan von 1903

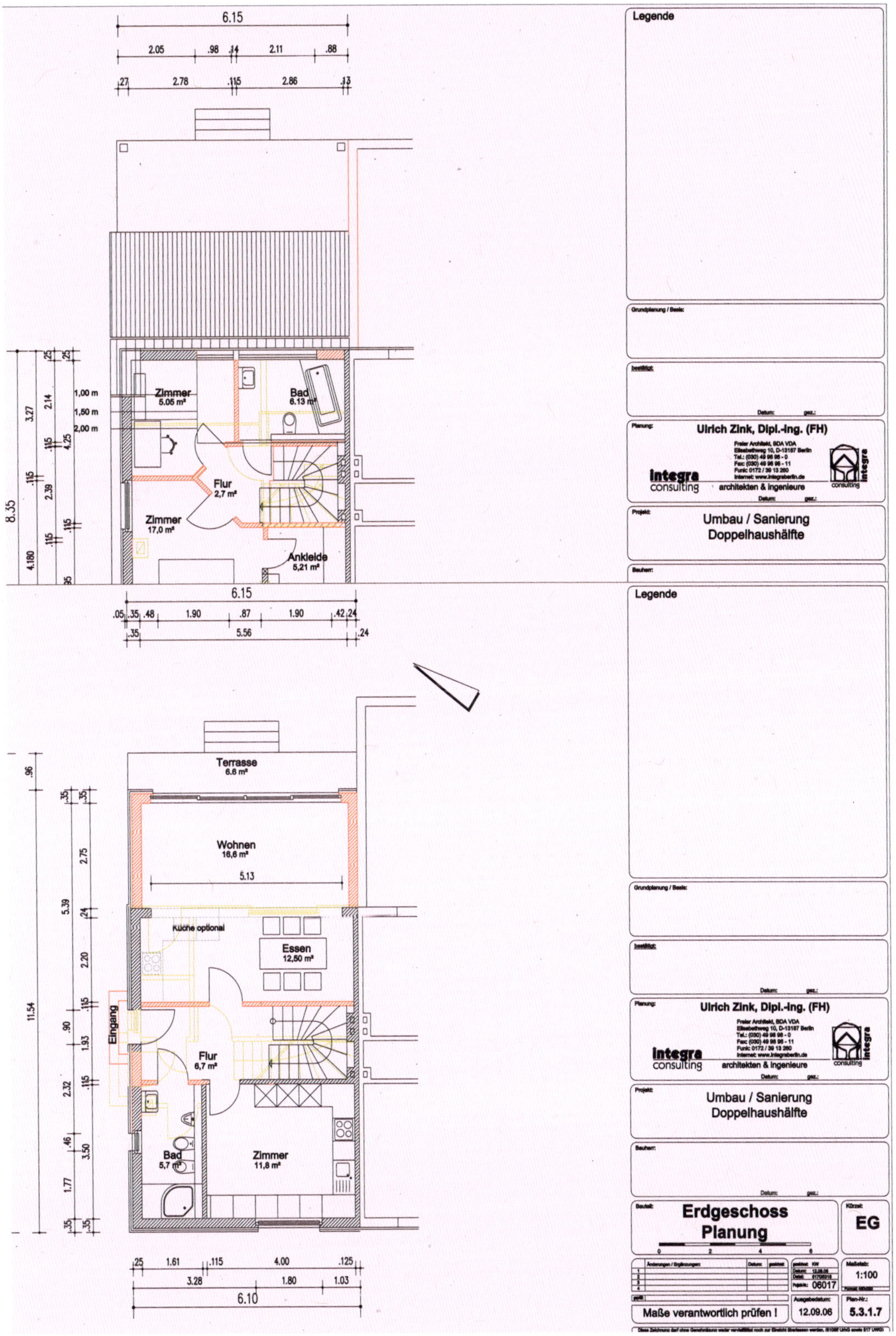

Aktuelle Planungsunterlagen für den Umbau einer Doppelhaushälfte

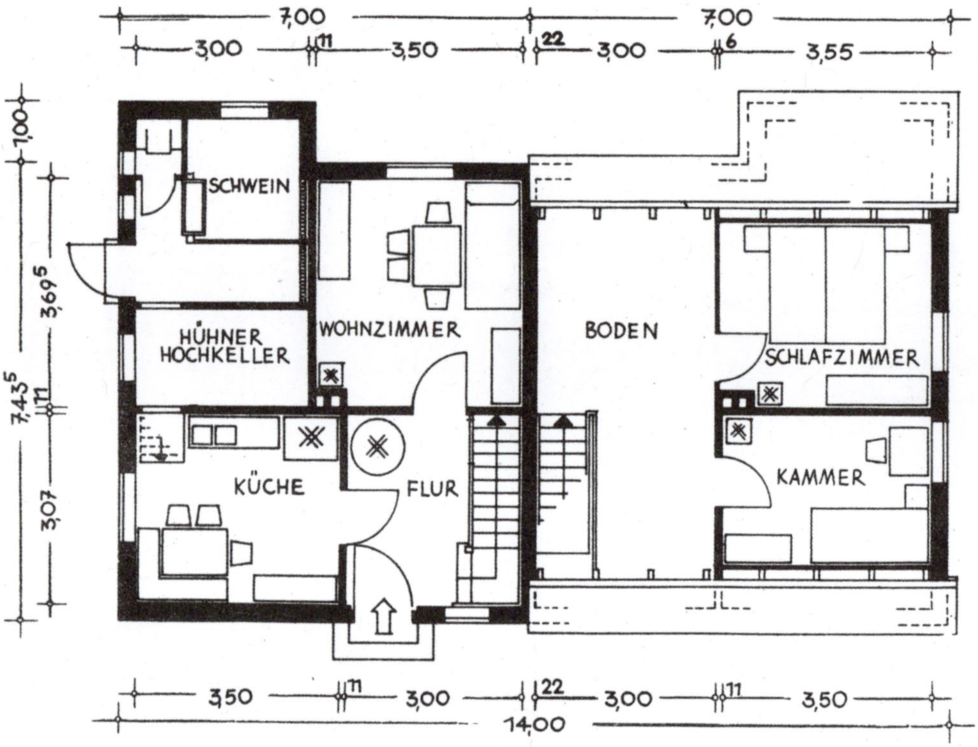

Grundriss eines ländlichen Kleinsiedlungshauses von 1951

die Berechnung der Herstellungskosten von Gebäuden als auch für die Festlegung von Kaufpreisen und Mietzinshöhen genutzt werden. Anhand der Ergebnisse lassen sich zudem Wirtschaftlichkeit und Nutzungsfähigkeit verschiedener Gebäude und Grundstücke miteinander vergleichen. DIN 277 wurde an europäische Normungen angepasst und komplett überarbeitet. Sie heißt aktuell „Grundflächen und Rauminhalte im Bauwesen – Teil 1: Hochbau" und erschien im Januar 2016.

Grundsätzlich sollten alle – auch die derzeit nicht genutzten – Räume eines Hauses präzise ausgewiesen werden. Damit schafft man sich unter Umständen Optionen für eine weitergehende Nutzung oder spätere Ausbauvarianten.

Vom Bestandsplan zum Entwurfsplan

Erst wenn die Bestandspläne vollständig vorliegen und sie präzise der gebauten Wirklichkeit der gebrauchten Immobilie entsprechen, können Sie seriös abschätzen, ob Haus oder Wohnung den Vorstellungen und Bedürfnissen, die Sie vorab formuliert haben, entspricht. Das eine oder das andere sollte schließlich nicht nur zu Ihrer gegenwärtigen Lebensweise passen, sondern auch mit Ihrer Lebensplanung für morgen und übermorgen harmonieren.

An dieser Stelle kommt das Käuferprofil mit Ihrem idealen Raumprogramm aus Phase 2 (ab Seiten 44ff.) abermals ins Spiel. Anhand dieser Vorgaben müssen Sie prüfen, wie sich Ihre Wünsche und Bedürfnisse mit den tatsächlichen baulichen Gegebenheiten in Übereinstimmung bringen lassen.

Grundsätzlich haben Sie zu Ihrer Immobilie schon einmal Ja gesagt. Gewiss hätten Sie sich die Mühe bis zu dieser fünften Station nicht gemacht, wenn Sie schon zu Anfang gesehen hätten, dass das Haus überhaupt nicht zu Ihnen passt.

Nun aber kommt es darauf an, mit einer pfiffigen Planung das Maximum aus dem Gebäude herauszuholen und dabei dennoch die Wesensmerkmale des Hauses hinsichtlich Baukultur, Architektur und Stil zu bewahren. Hier darf Ihr „Hausarzt" als Altbauexperte zeigen, was er kann. Gerade bei Gebäuden, die einmal landwirtschaftlich genutzt waren – das dürfte für unsere Beispielnutzer interessant sein, die sich für das Leben auf dem Land entschieden haben (siehe Seite 56) –, lassen sich oft viele Räume für Wohnzwecke erschließen, die zuvor Wirtschaftszwecken vorbehalten waren. Allerdings besteht gerade hier oft der größte Sanierungsbedarf. Bauern- und Handwerkerhäuser entstanden seinerzeit häufig in einfacher Bauweise. Kriegszeiten und Wirtschaftskrisen verhinderten eine rechtzeitige Erneuerung und Sanierung.

Im Osten Deutschlands verhinderten die „sozialistischen Eigentumsverhältnisse" und die damit verbundene Plan- und Mangelwirtschaft viel zu lange, dass private Hauseigentümer für ihre Immobilien tun konnten, was nötig gewesen wäre. Und schließlich sind viele „Verschönerungskuren", die nach 1990 eilig an manchen Altbauten vorgenommen wurden, heutzutage bereits erneut zum Sanierungsfall geworden.

Genehmigungsplanung

Eine Genehmigung hat zu erfolgen, wenn für die erforderlichen Sanierungs-, Modernisierungs- und Umbaumaßnahmen ein Bauantrag eingereicht werden muss. Ziel des Bauantrags ist es, bei der zuständigen Behörde eine Baugenehmigung zu erwirken. Daher der Name Genehmigungsplanung.

Der Architekt oder Bauingenieur erstellt die Genehmigungspläne mit allen erforderlichen Angaben: Grundrisse, Ansichten und Schnitte im Maßstab 1:100, Lageplan im Maßstab 1:500 oder 1:1000, Wohnflächenberechnung nach DIN 277. Im untersten Geschoss wird die Entwässerung dokumentiert.

Die Dokumente der Genehmigungsplanung werden vom Bauherrn oder einem seinerseits bevollmächtigten Dritten mit dem Bauantrag bei der Bauaufsichtsbehörde eingereicht.

Im Zuge der Vereinfachungen der Genehmigungsverfahren und der Verschlankung der behördlichen Bürokratie hat sich für bestimmte Bauvorhaben (meist über sogenannte Gebäudeklassen in den Landesbauordnungen definiert) die Praxis der Genehmigungsfreistellung durchgesetzt. Für dieses Freistellungsverfahren müssen die Planungsunterlagen aber dennoch erstellt und bei der Bauaufsichtsbehörde eingereicht werden. Denn die muss innerhalb einer relativ kurzen Frist (in Nordrhein-Westfalen zum Beispiel etwa ein Monat) entscheiden, ob die eingereichten Unterlagen die Genehmigungsfreistellung rechtfertigen oder ob aus unterschiedlichen Gründen dennoch ein Baugenehmigungsverfahren erforderlich ist.

MIT WELCHEN ALTLASTEN MUSS MAN RECHNEN?

Neben den Altlasten, die im Grund und Boden vermutet werden (siehe dazu den Abschnitt „Altlastenkataster und Bodengutachten" ab Seite 52), müssen auch die möglichen Altlasten, die im Gebäude selbst auf den Käufer warten können, berücksichtigt werden. Natürlich wäre es besonders erfreulich, wäre das Gebäude genau dokumentiert worden (und die Dokumentation komplett erhalten geblieben), doch leider ist das bei älteren Immobilien oft nicht der Fall. Mit einigen der häufigsten Altlasten machen wir Sie im Folgenden vertraut.

Bauprodukte

In einem Haus oder einer Wohnung kommen vor allem die Bauprodukte in Betracht, mit denen „etwas nicht stimmt". Manch einer wundert sich vielleicht über eigenartige Gerüche. Der Geruch einer Sache kann Indikator sein für Emissionen, die der Nase nicht auffallen, weil sie geruchslos sind, sich ruchlos anschleichen. Man riecht das Pferd, aber nicht den Reiter, dabei ist gerade der Reiter möglicherweise das Problem. Viele dieser Reiter sind gar keine buchstäblichen Altlasten, weil sie noch gar nicht so alt sind. Gerüche im Innenraum bemerkt man schnell. Starkes und wiederholtes Lüften hilft – zumindest vorübergehend.

Das damalige Bundesbauministerium hat 2010 ein Bewertungssystem aufgestellt: „Nachhaltiges Bauen für Bundesgebäude", das seither fortlaufend aktualisiert wird. Auch wenn dieser Standard streng genommen nur für einen eng gefassten Kreis von Gebäuden gilt: Warum sollten Sie als privater Wohnungs- oder Hauseigentümer mit geringeren Standards zufrieden sein, als der Bund sie seinen Bediensteten zugesteht?

Bauprodukte können die unterschiedlichsten umwelt- und gesundheitsgefährdenden Stoffe enthalten. Sie kommen außen ebenso vor wie in Innenräumen. So findet man zum Beispiel:

- Biozide an Fassaden
- Lösemittel in Lacken und Klebern, Boden- und Wandbelägen
- Weichmacher, Bindemittel oder Flammschutzmittel in Kunststoffen, die als Bauprodukt eingesetzt werden
- Holzschutzmittel in Holzwerkstoffen
- Zuschlagstoffe in mineralischen Baustoffen und Dachdeckungsmaterialien

Schlimmer noch: Das Recycling von Baustoffen, an sich begrüßenswert, kann dazu führen, dass Substanzen, die bereits seit Jahrzehnten außer Verkehr gesetzt oder verboten sind, unbeachtet oder unbeabsichtigt in den Stoffkreislauf zurückgeführt werden. Das Umweltbundesamt weist auf seiner Website darauf hin: „Bisher wird vor der Vermarktung eines Produkts oft nicht ausreichend bewertet, ob es Schadstoffe freisetzt. Verbraucherinnen und Verbraucher haben jedoch das Recht, eine Auskunft zu bekommen, ob in Bauprodukten besonders besorgniserregende Stoffe in Anteilen über 0,1 Prozent enthalten sind. Seit 1. Juli 2013 muss diese Information sogar alle Bauprodukte mit CE-Kennzeichnung aktiv begleiten." Näheres finden Sie unter:

www.umweltbundesamt.de/themen/wirtschaft-konsum/produkte/bauprodukte/eu-recht-fuer

Bauprodukte unterliegen sowohl auf nationaler als auch auf europäischer Ebene verschiedenen rechtlichen Regelungen, die den Schadstoffgehalt oder die Schadstoffemissionen begrenzen. Allein die Norm DIN ISO 16000 besteht aus einem ganzen Bündel von Richtlinien zum Schutz der Innenraumluft, die vom Probenannahmeverfahren über die Geruchsbestimmung von Bauprodukten bis zur Bestimmung von abgelagerten Faserstäuben reicht. Darüber hinaus existieren weitergehende, freiwillige Instrumente zur Reduktion von Schadstoffen in Bauprodukten. Einen Überblick kann man sich auf der Website des Umweltbundesamts verschaffen (siehe oben).

Alte Bekannte

Baustoffe und Hilfsstoffe, vor denen Sie sich in Acht nehmen sollten, können natürlicher oder synthetischer Herkunft sein. Das heißt: Nicht alles, was in der Natur vorkommt, hat allein schon deshalb einen Preis für Gesundheitsförderung verdient. Denn was wissen Sie wirklich über die Holzbauteile in der Treppenkonstruktion Ihres Traumhauses, die Sie unbedingt auch nach der Modernisierung erhalten wollen? Womit ist das Holz behandelt worden? Was ist oberflächlich geblieben und was in die Tiefe der Struktur eingedrungen?

Zuweilen begegnen uns hier alte Bekannte, die zum Teil schon lange nicht mehr in Gebrauch und außer Verkehr, ja sogar verboten sind, was aber nicht ausschließt, dass sie in bestimmten Bauteilen noch vorhanden sind. Und es werden immer wieder Fälle bekannt, in denen Erben oder Neuerwerber einer Immobilie im Keller oder Schuppen einen aparten Blechkanister mit einem Holzschutzmittel finden. Wann ist dieses zuletzt verwendet worden? Wo? Manche dieser alten Bekannten sind sogar so lange außer Verkehr, dass wir uns schon gar nicht mehr an sie erinnern. Aus den Augen aus dem Sinn. Aber noch lange nicht aus dem Bauteil. Ein Haus verfügt üblicherweise über ein längeres Gedächtnis als seine Eigentümer und Bewohner.

Asbest: Unter diesem Namen sind faserförmige, in der Natur vorkommende Silikatminerale berühmt und berüchtigt, was sie allerdings keineswegs ungefährlicher macht. In Baumaterialien wurde der Stoff vielfältig angewandt, besonders wegen seiner Eigenschaften als Brandhemmer und Hitzeschutz. Die krebserzeugende Wirkung der Asbestfasern in der Lunge (aufgrund der Faserlänge und Biobeständigkeit) war lange bekannt. Das Material ist seit 1993 verboten, aber gerade dieses Verbot hat dazu geführt, dass sich viele, die heute bei Renovierungsarbeiten auf alte Materialien stoßen, des Problems gar nicht mehr bewusst sind. In Neubauten seit 1995 kann die Verwendung von Asbest im Grunde ausgeschlossen werden: Bauten aus den Jahren 1990 bis 1995 sind höchstwahrscheinlich ebenfalls asbestfrei. Handelt es sich allerdings um einen Rekonstruktionsbau, bei dem große Teile des alten Baukörpers bestehen blieben, sollte man genauer nachschauen. Bei zwischen 1950 und 1990 errichteten Gebäuden muss man hingegen mit Asbestbelastungen rechnen.

Wo und wann immer Asbest im Spiel ist (oder wo man diesen Fall nicht ausschließen kann), gelten besondere Vorsichtsmaßnahmen, da Asbestfasern besonders tückisch sind. Sie können sich einerseits jahrzehntelang ruhig verhalten, wenn sie nicht aufgescheucht werden. Sie sind aber auch – erst einmal in das Lungengewebe eingedrungen – in der Lage, über Jahrzehnte schwere Atemwegs- und Lungenerkrankungen bis hin zum Lungenkrebs auszulösen. Noch 30 Jahre nach dem endgültigen Asbestverbot 1993 starben in der Bundesrepublik Deutschland im Jahr 2012 mehr als 1500 Menschen an den Folgen einer schweren asbestbedingten Erkrankung, wie aus einer Mitteilung der Bundesanstalt für Arbeitsschutz und Arbeitsmedizin (BAuA) hervorgeht. Insgesamt starben von 1994 bis 2012 über 26 000 Menschen an Asbestfolgen. Nach Meinung von Medizinern könne die Zahl der Asbesterkrankungen sogar ansteigen, was sich aus der zuweilen langen Zeitspanne zwischen der Aufnahme der Asbestfasern und dem Ausbrechen der Erkrankung erkläre. 2016 warnte die BAuA, dass sich noch immer etwa 80 Prozent der

Beim Umbau beachten: In alten Baustoffen könnte Asbest stecken.

ursprünglich einmal verwendeten asbesthalthaltigen Bauteile im gegenwärtigen Gebäudebestand befinden. Sogar in den Systemen der Trinkwasserversorgung gibt es noch immer Röhren aus Asbestbeton, die erst nach und nach beim Neuausbau von Straßen ersetzt werden.

Wo Asbest drin steckt, steht's oft nicht drauf. Gefährlich wird es, wenn Asbestprodukte nicht erkannt werden. Wird dann unbedacht der schlafende Asbest geweckt, können Stäube entstehen, die Asbestfasern enthalten. Neben dem fest gebundenen Asbest (zum Beispiel in Asbestzement) können sich auch schwach gebundene Werkstoffe in Haus und Wohnung befinden. Sie sind gefährlicher als fest gebundener Asbest, weil sie leichter Fasern abgeben, wenn man sie bearbeitet oder zu entfernen versucht.

Solche inzwischen bekannt gewordenen potenziellen Asbestquellen sind beispielsweise:

- Fliesenkleber
- Fensterkitt
- Fußbodenkleber
- Dichtungsschnüre und Rohrummantelungen
- Putze und Spachtelmassen

Asbesthaltige Spachtelmassen hat man vor einigen Jahren ausschließlich in Leichtbauwänden vermutet. Bei asbesthaltigen Putzen schaute man besonders auf Sockelverputzungen. Stichproben aus jüngster Zeit legen die Vermutung nahe, dass auch besondere Putze, bei denen eine hohe Reißfestigkeit erwartet wurde, zum Beispiel in Heizungsnischen, Fensterlaibungen und an Türanschlüssen, aber auch Flächenspachtel, etwa auf Beton, mit Altasbest belastet sein können. Der Gesamtverband Schadstoffsanierung schätzt, „dass die relativ unauffälligen asbesthaltigen Spachtelmassen oder Fliesenkleber in ungefähr einem Viertel der vor 1995 errichteten Gebäude vorhanden sind".

Dass Asbest in Dachplatten, Fassadenelementen, Brandschutzwänden, Installationskanälen und Fußbodenbelägen stecken kann, ist weithin bekannt. Weniger bekannt sind die möglichen Asbestbelastungen in diversen Putzen, Spachtelmassen und Fliesenklebern. Handwerker verschiedenster Branche sind der Gefahr ausgesetzt. „Da sie die Gefahr nicht erahnen, werden keinerlei Schutzmaßnahmen ergriffen", schreibt der Gesamtverband Schadstoffsanierung in einem Positionspapier. „Hier sind neben den Bauprofis auch Heimwerker betroffen, denn sobald sie von einer Zimmerwand mit asbesthaltigem Spachtelgrund alte Tapeten abreißen und vielleicht noch die Flächen überschleifen, werden sie bereits dadurch einer hohen Asbestfaserbelastung ausgesetzt."

INFO **DAS UMWELTBUNDESAMT INFORMIERT** Für Profis wie Heimwerker gilt: Jegliches Bohren, Sägen und Schleifen, Fräsen und Flexen sowie die Hochdruckreinigung von asbesthaltigen Materialien ist grundsätzlich verboten, da Fasern freigesetzt werden können. Kleine Mengen unbeschädigter asbesthaltiger Gegenstände aus Asbestzement wie Blumenkübel oder zerbrochene Fußbodenplatten können in vielen Städten und Regionen beim Wertstoffhof fachgerecht entsorgt werden. Für den Transport müssen die Abfälle getrennt von anderen Abfällen in sicher verschließbaren und speziell gekennzeichneten Behältern – verschiedene Hersteller bieten Rollbehälter und -boxen und Säcke an – gesammelt werden. Das regionale Umweltamt beziehungsweise das regionale Entsorgungsunternehmen informiert über die Entsorgungsmöglichkeiten in Ihrer Nähe. Wer unsicher ist, ob im Haus Asbest verbaut wurde, dem helfen spezielle Prüf- oder Messinstitute. Sie können anhand von Material- oder Staubproben prüfen, wie hoch die Belastung ist. Sollte sich herausstellen, dass fest gebundener Asbest in der Bausubstanz vorliegt, darf die Entfernung nicht in Eigenleistung, sondern muss von fachkundigen Firmen ausgeführt werden, die eine Zulassung der zuständigen Behörde (Nachweis der Sachkunde gemäß TRGS 519) besitzen. Bei leicht gebundenem Asbest wie Spritzasbest, der eher in Großbauten und gewerblich oder industriell genutzten Gebäuden zu finden ist, ist der Eigentümer zur Sanierung oder Entfernung der asbesthaltigen Bauprodukte verpflichtet.

Carbolineum: Unter diesem Namen wurde seit 1888 ein Destillat aus Steinkohleteer vertrieben, das 50 Jahre zuvor in Großbritannien zum ersten Mal als Holzschutzmittel eingesetzt worden war. Es ist das unschlagbar beste Holzschutzmittel für Außenbereiche, das jemals entwickelt worden ist. Noch in den Sechzigerjahren wurden massenhaft Gartenzäune damit nicht nur gestrichen, sondern regelrecht imprägniert. Auch andere Bauteile im Außenbereich – Fassadenverkleidungen, Balkonrüstungen, Treppenhandläufe – bekamen ordentlich etwas ab, was ein langes Leben am Bauwerk versprach. Leider war dieser Stoff teuflisch ätzend, giftig und gesundheitsschädigend. Die Langlebigkeit der Bauteile korrelierte mit der Lebensverkürzung ihrer Nutzer.

Das Mittel präsentiert sich als braunrote, ölige, wasserunlösliche brennbare Flüssigkeit mit deutlich an Teer erinnerndem Geruch. Carbolineum ist Kind und zugleich Pate der Industrialisierung. Einerseits fielen mit dem massenhaften Gebrauch von Steinkohle im Hüttenwesen und bei der Dampferzeugung in großem Umfang auch Teerprodukte an, andererseits sicherte das Mittel die rasche Entwicklung des Eisenbahnwesens, indem die hölzernen Bahnschwellen bestens damit imprägniert werden konnten. Seine lange unterschätzte Gefährlichkeit: Es hinterlässt nicht nur hässliche Flecken auf der Haut, wirkt stark reizend, fördert Akne und Furunkulosen, sondern wirkt es bei chronischer Einwirkung auf die Haut auch krebserregend. Die Dämpfe sind schwerer als Luft, können sich also in Mulden und Gräben in dichter Konzentration sammeln. Bei Inhalation bildet die Reizung der Schleimhäute noch das harmloseste Symptom; Schädigung des Zentralnervensystems einschließlich Bewusstseinsstörungen bis hin zum Koma sind beschrieben worden. Die Verwendung ist in Deutschland stark eingeschränkt beziehungsweise verboten (zum Beispiel in Innenräumen oder in der Nähe von Kindereinrichtungen). Aber auch die Benutzung gebrauchter Bahnschwellen für den Garten- und Landschaftsbau ist nicht mehr zulässig. Lediglich für erdberührte Bauteil oder tragende Elemente aus Holz, für die sich keine andere konstruktive und holzschützende Lösung findet, darf es noch zur Anwendung kommen.

Holzschutzmittel aus früheren Zeiten haben es generell in sich. Besser gesagt: Viele Holzbauteile älterer Immobilien tragen diese Holzschutzmittel in sich. Giftige Holzschutzmittel kamen bis in die 1980erJahre ziemlich unbefangen zum Einsatz. Der Zweck machte gegenüber den Mitteln blind. Holzschutzmittel enthielten unter anderem die heute verbotenen Wirkstoffe Pentachlorphenol (PCP), Lindan oder Dichlordiphenyltrichlorethan, besser bekannt unter dem Kürzel DDT. Besonders in den 1970er-Jahren hatten PCP-haltige Holzschutzmittel ihre große Zeit, war es doch beliebt wegen seiner fungiziden (pilzhemmenden) Wirkung. Seit 1986 wurde die Produktion von PCP in der Bundesrepublik Deutschland eingestellt. DDT war in der Bundesrepublik bereits seit 1972 gesetzlich verboten worden. In der DDR und in anderen Ostblockstaaten wurde es noch viel länger verwendet. Die Verwendung von Teerölen (Karbolineum) zum Zwecke des Holzschutzes ist in der Bundesrepublik Deutschland seit 1991 gesetzlich geregelt: Danach dürfen Teeröle oder Bestandteile aus Teerölen enthaltende Holzschutzmittel nicht in Innenräumen verwendet werden.

Mit einem DDT-haltigen Holzschutzmittel behandelte Holzoberfläche

Dichlordiphenyltrichlorethan: DDT wurde ursprünglich als Insektizid eingesetzt. 1939 hatte der schweizerische Chemiker Paul Hermann Müller (1899–1965) es entdeckt, der dafür 1948 den Nobelpreis für Medizin bekam. Es galt jahrelang als „Wundermittel" gegen die Malariastechmücken und wurde in den entsprechend belasteten Gebieten erfolgreich und in großen Mengen eingesetzt. Aufgrund seines breiten Wirkungsspektrums wirkte es auch auf nützliche Insekten und auf solche, die Holz angriffen. Darum wurden DDT-haltige Holzschutzmittel gegen den Schädlingsbefall von Holzbauteilen sehr beliebt.

DDT ist giftig beim Verschlucken, steht im Verdacht, Krebs zu erzeugen und ist mit langfristiger Wirkung sehr toxisch für Wasserorganismen. In der Bundesrepublik Deutschland wurden die Herstellung, Einfuhr, Ausfuhr, das Inverkehrbringen, der Erwerb und die Anwendung von Dichlordiphenyltrichlorethan (DDT) sowie von Erzeugnissen, die unter Zusatz von DDT als Wirkstoff hergestellt wurden (also auch DDT-haltige Holzschutzmittel), seit dem 7. August 1972 durch das Gesetz über den Verkehr mit DDT verboten. Wurde in der DDR der Einsatz zwischen 1971 und 1989 zwar zurückgefahren, kam es aber doch noch Mitte der 1980er-Jahre in nennenswertem Umfang gegen Borkenkäfer zur Anwendung. Im Bauwesen blieb DDT über das Jahr 1989 hinaus im Einsatz (übergangs- und ausnahmsweise bis zum 30. Juni 1991, obwohl das DDT-Verbot auf dem Gebiet der neuen Länder mit dem Inkrafttreten des Umweltrahmengesetz am 1. Juli 1990 auch in der DDR galt). Es war unter anderem in den Holzschutzmitteln Hylotox 59 (ausdrücklich für Anwendungen in Wohnungen zum Schutz vor Holzwürmern empfohlen) und Hylotox IP. DDT gilt heute generell als Gebäudeschadstoff.

Pentachlorphenol: PCP verhindert als Fungizid den Pilzbefall organischer Materialien wie Holz. Es wirkt toxisch beim Verschlucken und bei Hautkontakt, zudem lebensgefährlich beim Einatmen. Es steht im Verdacht, Krebs zu erregen und ist mit langfristiger Wirkung sehr giftig für Wasserorganismen. Im Organismus stört es die Atmungskette und löst Bluthochdruck aus. Bis zu seinem Verbot 1989 war es das am häufigsten eingesetzte Holzschutzmittel – vor allem in Außenbereichen. Man muss aber heute davon ausgehen, dass PCP nicht immer vorschriftsmäßig und sachgerecht verarbeitet, sondern auch in Innenräumen und in zu hoher Konzentration – nach dem Motto: Viel hilft viel! – verwendet wurde. PCP ist besonders in den oberen Schichten behandelter Hölzer in besonders hoher Konzentration vorhanden. Aufgrund seiner langen Verweildauer im Holz bleibt es in den Bauteilen im Grunde dauerhaft erhalten. Erschwerend kommt hinzu, dass der Stoff produktionsbedingt häufig mit Dioxinen verunreinigt ist, was dessen Schädlichkeit um ein Weiteres verstärkt. Das Bundesinstitut für gesundheitlichen Verbraucherschutz und Veterinärmedizin (BgVV) schätzt, dass seinerzeit in 90 Prozent der Haushalte solche Holzschutzmittel Verwendung fanden.

Lindan: Das Mittel – chemisch -Hexachlorcyclohexan oder Gammahexan – wurde bis Mitte der 1980er-Jahre in Deutschland (in der DDR bis zum Schluss) als Insektizid ebenso wie in Holzschutzmitteln eingesetzt, unter anderem auch im DDT-haltigen Hylotox. Es ist giftig beim Verschlucken, gesundheitsgefährdend beim Einatmen und bei Hautkontakt und wirkt vor allem schädigend auf Nerven und Leber. Mit Lindan behandelte Holzbauteile gelten heute als äußerst problematisch. Lindan muss als Gebäudeschadstoff sehr ernst genommen werden. Besonders bei Bestandsgebäuden wird er noch häufig vorgefunden, was regelmäßig aufwendige Sanierungsmaßnahmen zur Folge hat. Das Landesamt für Gesundheit und Soziales in Mecklenburg-Vorpommern hat 2015 ein Informationsblatt zu Erkennung und Umgang mit DDT und Lindan in Innenräumen herausgebracht (siehe www.lagus.mv-regierung.de, Stichworte „Lindan" und „DDT").

INFO **SCHÄDLICHE HOLZSCHUTZMITTEL – RECHTLICHE FOLGEN** In der Antwort der Bundesregierung auf eine Kleine Anfrage der Partei Die Linke vom 9. Februar 2015 heißt es: „Die Belastung mit Holzschutzmitteln kann ein Mangel des Wohnhauses oder der Wohnung sein, auf den der Käufer Mängelhaftungsansprüche stützen kann. Maßgeblich für die Beurteilung der Mangelhaftigkeit ist der Zeitpunkt des Vertragsschlusses. Nach der Rechtsprechung können auch Baustoffe, die bei der Errichtung eines Wohnhauses gebräuchlich waren, später aber als gesundheitsschädlich erkannt worden sind, einen Mangel der Kaufsache begründen (Urteil des Bundesgerichtshofs vom 27. März 2009, AZ: V ZR 30/08). Ist eine Kaufsache mangelhaft, kann der Käufer in erster Linie Nachbesserung verlangen (§§ 437 Nummer 1, 439 BGB). Die Nachbesserung könnte etwa darin bestehen, dass die mit einem Holzschutzmittel belasteten Baustoffe ausgetauscht werden. Findet eine Nachbesserung nicht statt, kann der Käufer unter weiteren Voraussetzungen vom Vertrag zurücktreten oder den Kaufpreis mindern (§ 437 Nummer 2 BGB).
Daneben kann dem Käufer gegen den Verkäufer ein Schadensersatzanspruch zustehen (§§ 437 Nummer 3, 280, 281, 283, 311a BGB). Voraussetzung dafür ist, dass der Verkäufer den Mangel zu vertreten hat (§ 280 Absatz 1 Satz 2 BGB). Dies ist insbesondere dann der Fall, wenn der Verkäufer den Mangel kennt oder kennen muss und dem Käufer nicht offenbart. Der Anspruch auf Schadenersatz umfasst sowohl den Mangelschaden an der Kaufsache als auch Schäden, die an anderen Rechtsgütern durch die Mangelhaftigkeit eingetreten sind (zum Beispiel Körperschäden, Vermögensschäden). Die Ersatzpflicht erstreckt sich auf die zur Geltendmachung und Durchsetzung des Schadensersatzanspruchs erforderlichen Kosten. Der Schadensersatzanspruch des Käufers kann daher auch die Kosten für Gutachten oder Proben zur Feststellung des Mangels beinhalten." Näheres zu diesem Thema finden Sie unter: http://dipbt.bundestag.de/dip21/btd/18/039/1803978.pdf

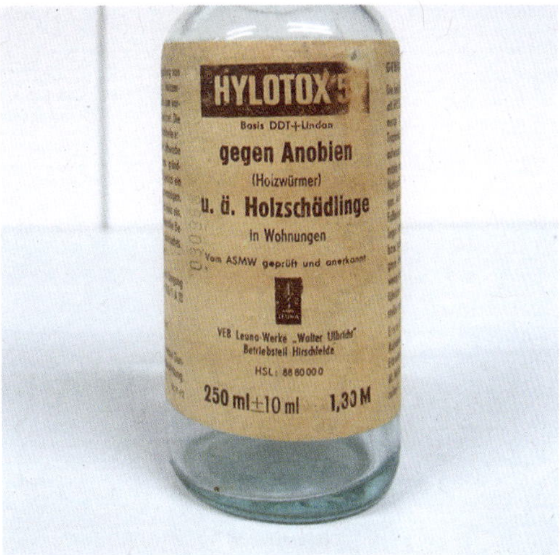

Hylotox enthielt mit DDT (3 %) und Lindan (0,5 %) gleich zwei besondere „Lieblinge", die heute geächtet sind.

Die Stiftung Warentest empfahl bereits 2013 besondere Vorsicht bei Sanierungen, Um- und Ausbauten: „Wer heutzutage sein Dach ausbauen möchte, sollte das Risiko vorhandener Holzschutzaltlasten sehr ernst nehmen. Vor allem im Dachbereich haben Hand- und Heimwerker die Hölzer früher besonders oft und intensiv mit Gift behandelt. Werden die alten Hölzer im Zuge des Dachausbaus abgeschliffen, entsteht viel giftiger Staub. Zudem legen Hobel oder Schleifgerät womöglich gerade jene Holzschichten frei, in die das Gift beim Verpinseln eingedrungen und auch heute noch in relativ hoher Konzentration vorhanden ist. Ist der Dachstuhl in eine schicke Wohnung umgebaut, können diese Schadstoffe den Hausstaub und die Innenraumluft belasten."

Polychlorierte Biphenyle: PCB wurden in Lacken, Dichtungsmassen Isoliermitteln und als Weichmacher in Kunststoffen eingesetzt, häufig auch in der Elektrotechnik. Die Stoffe sind giftig und krebserregend. Ihre akute Toxizität ist gering, dafür lässt sich die chronische Wirkung schon geringer Mengen nachweisen. Folgen sind unter anderem Chlorakne, Haarausfall,

Wie erkennt man Bleileitungen?

Am besten beginnen Sie bei der Wasseruhr im Keller und überprüfen alle sichtbaren Wasserleitungen auf folgende Merkmale:

- Verbindungen von Bleileitungen sind immer gelötet, die Lötstellen der Bleirohre sind wulstig. Geschraubte Verbindungen zwischen Bleileitungen gibt es nicht.
- Blei klingt beim Anklopfen mit einem metallischen Gegenstand (zum Beispiel dem Hausschlüssel) dumpf.
- Bleirohre sind nicht magnetisch. Beim Test mit einem Magneten fallen Bleirohre gegenüber Stahlrohren sofort auf. Kupferrohre sind zwar auch nicht magnetisch, treten aber durch ihre rötliche Farbe in Erscheinung.
- Bleileitungen sind im ungestrichenen Zustand grau.
- Blei lässt sich leicht, schon mit dem Fingernagel oder mit einer Münze, einritzen, der entstandene Ritz glänzt metallisch hell. Sie können auch durch einen leichten Schlag mit einem harten Gegenstand eingedrückt werden.
- Bleirohre sind oft in weiten Bögen verlegt, weil Blei ein weiches, biegsames Material ist; Winkelstücke aus Blei gibt es nicht, weil sie einfach unnötig waren.
- Bleirohre lassen sich leicht biegen. Auch sind sie im Normalfall vom Durchmesser her niemals völlig gleichförmig.

Bleileitungen wurden gelegentlich auch für Abwasserinstallationen verwendet. Das ist zwar hygienisch in erster Linie unkritisch. Grundsätzlich hat Blei aber natürlich auch im Abwasser nichts zu suchen.

Leberschäden, Schwächung des Immunsystems – und beim Mann die Störung der Fortpflanzungsfähigkeit. In Deutschland wurden sie bis ungefähr 1973 hergestellt; seit den 1980er-Jahren ist der Stoff in der EU verboten. PCB ist ein chronisch wirkender Gebäudeschadstoff, der besonders aus alten, mechanisch zerstörten Kondensatoren, Fugendichtungsmassen (vor allem in Betonbauten aus den 1960er- und 1970er-Jahren) oder Akustikdecken austreten kann.

Fluorchlorkohlenwasserstoffe: FCKW wurden früher als Treibmittel in Dämmstoffen eingesetzt. Diese besonderen Kohlenwasserstoffe, bei denen Wasserstoffatome durch Chlor und Fluor ersetzt wurden, gehören zu den bekanntesten und schädlichsten Treibhausgasen und Ozonkillern; meist denkt man aber nur im Zusammenhang mit alten Kühlschränken daran und weiß nichts von ihrer Verwendung in Baustoffen. Wegen ihrer Schädlichkeit ist die Verwendung von FCKW in Dämmstoffen seit 1990 verboten. Neuere PUR/PIR- oder XPS-Dämmstoffe enthalten keine FCKW mehr.

Mineralwollfaser, die vor 2000 verbaut wurde, wird auch als „Alte Mineralwolle" gemäß TRGS (Technische Regeln für Gefahrenstoffe) 521 bezeichnet. Die Stäube dieser alten Mineralwolle können nach dem Einatmen langfristig in der Lunge verbleiben und gelten als krebserregend. Seit Juni 2000 gilt in Deutschland das Herstellungs- und Verwendungsverbot für „Alte Mineralwolle". Dennoch kann sie bei Umbau- und Sanierungsarbeiten nach wie vor aufgefunden werden.

Blei ist ein guter alter Bekannter aus dem 19. Jahrhundert, zum Beispiel als Bleirohr in Wasserversorgungssystemen. Besonders in alten Gebäuden ist es hin und wieder noch anzutreffen. Man sollte meinen, dies sei ein erledigtes Thema. Ist es leider nicht. Noch bis in die 1970er-Jahre wurden hin und wieder Bleirohre verbaut. Sie galten eine Zeit lang als vorteilhaft, weil sie im Gegensatz zu Rohren aus Stahl nicht korrodierten und so leicht zusetzten. Die Gefahren, die eine Ausspülung von Blei ins Trinkwasser für den menschlichen Organismus bedeutete, wurden auf die leichte Schulter genommen. Denn obwohl sich im Rohrinneren nach und nach eine Karbonatschicht bildet, wird weiterhin vom Wasser Blei ausgespült. Inzwischen gibt es bewährte, korrosionsfeste Alternativen. Laut Trinkwasserverordnung dürfen seit dem 1. Dezember 2013 nur noch maximal 0,01 mg Blei pro Liter Wasser vorkommen. Spätestens bis 1. Dezember 2013 hätten alle Bleirohre in Trinkwassersystemen ausgetauscht sein müssen. Der Bleigrenzwert der deutschen Trinkwasser-Verordnung wurde zu diesem Zeitpunkt an den Richtwert der Weltgesundheitsorganisation (WHO) angepasst, der bei 0,01 mg/l liegt. Um diesen Grenzwert einzuhalten, dürfen im Trinkwassersystem aber keine Bleirohre mehr vorhanden sein. 2014, so schätzt der Berliner Mieterverein, gab es in der deutschen Hauptstadt noch etwa 3900 Gebäude mit Bleileitungen. Zehn Jahre zuvor waren es noch 29 000. Das Problem dürfte sich also in absehbarer Zeit erledigt haben. Frankfurt am Main ist seit 2010 „bleifrei“. Vermieter etwa müssen Bleirohre im Leitungssystem umgehend entfernen und ersetzen – vorausgesetzt sie wissen, dass sie da sind und wo sie sind. Das ist bei alten, unsanierten Gebäuden nicht immer selbstverständlich.

Seit 1973 ist die Verbauung von Wasserleitungen aus Blei verboten. Im süddeutschen Raum wurde schon 100 Jahre länger auf Blei im Rohrsystem verzichtet. Das Element ist als Nerven- und Blutgift gefährlich. Ungeborene, Säuglinge und Kleinkinder sind besonders betroffen; schon sehr geringe Mengen beeinträchtigen die Blutbildung und Intelligenzentwicklung. Bei Erwachsenen kann sich Blei in den Knochen einlagern. Diese bioakkumulierende Eigenschaft macht Blei so besonders tückisch.

Wenn Sie ein altes Haus kaufen, sollten Sie sich vom Verkäufer bescheinigen lassen, dass die Trinkwasserinstallation bleifrei ist, denn als neuer Hauseigentümer müssen Sie gewährleisten, dass die Anforderungen der Verordnung erfüllt sind.

„Mieter sollten aber immer zuerst ihren Vermieter befragen, ob noch Bleileitungen im Haus in Betrieb sind“, empfiehlt der Berliner Mieterverein. „Gibt der Vermieter keine zufriedenstellende Auskunft, kann eine Analyse des Trinkwassers in Auftrag gegeben werden. Schwangere und Eltern mit Kindern im ersten Lebensjahr können bei den Berliner Wasserbetrieben (BWB) bei Vorlage des Mutterpasses oder der Geburtsurkunde kostenlos ihr Trinkwasser auf einen eventuellen Bleigehalt testen lassen.“ Und auch für alle anderen ist die Analyse des Trinkwassers auf Blei erschwinglich, sie kostet in Berlin 14,28 Euro inklusive Mehrwertsteuer. In Hamburg kostet eine Kupfer-Blei-Analyse des Wassers aus dem eigenen Hahn 45,22 Euro inklusive Mehrwertsteuer.

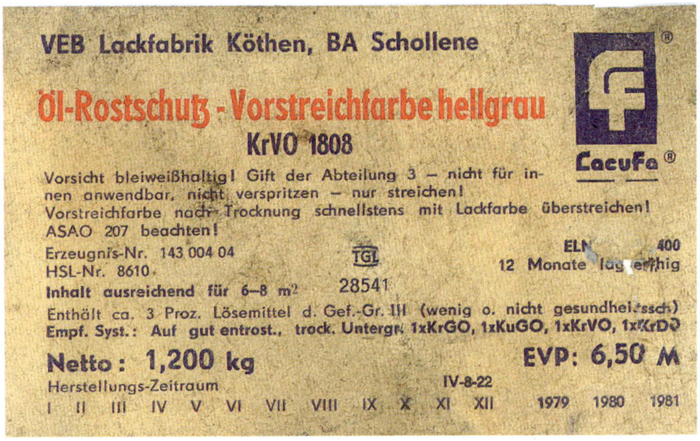

DDR-Etikett um 1980 mit klein gedrucktem Hinweis auf die Giftigkeit der Inhaltsstoffe

Ein anderer Bleikandidat begegnet uns möglicherweise an alten Fensterflügeln: Bleiweiß. Dieser Stoff, ein Bleicarbonat, ist seit Jahrhunderten ein wichtiges Weißpigment – und zugleich eines der gefährlichsten Gifte. Es ließ sich gut verarbeiten, trocknete gut und diente sowohl als Künstlerfarbe als auch als Anstrichfarbe im Haushalt. Nach gegenwärtigem Kenntnisstand bestehen die Gefahren vor allem darin:

- Bleiweiß ist trotz seiner geringen Löslichkeit stark wassergefährdend.
- Farben, die Bleiweiß enthalten, bergen das Risiko einer Bleivergiftung. Das gilt für alle Nutzungsstufen: von der Herstellung über die Verarbeitung bis zur Entsorgung und dem Recycling.
- Das Verbrennen bleiweißhaltiger Gegenstände, zum Beispiel alter Fensterrahmen, kann Bleioxid erzeugen, das mit den Rauchgasen in die Luft entweicht.

Schon im 12. Jahrhundert war bekannt, dass Personen, die Bleiweiß herstellten, häufig an Lähmungen, Schlaganfall, Fallsucht und Gelenkerkrankungen litten. Vergleichbare Krankheitsbilder wurden in den folgenden Jahrhunderten immer wieder beschrieben. Im 19. Jahrhundert wurde Bleiweiß weitgehend von anderen Pigmentträgern (Zinkweiß, Titanweiß) abgelöst. Als Farbe auf Fensterrahmen und auf Rohren ist Bleiweiß zwar recht widerstandsfähig und hält sich lange auf dem Farbträger, wird aber irgendwann zum Entsorgungsproblem. Vor dem früher allgemein üblichen Abbrennen alter Lacke und Farben mittels Lötlampe ist nicht nur wegen der Brandgefahr, sondern wegen der möglichen Freisetzung giftiger Bleioxide abzuraten.

INFO **GRENZWERTE FÜR BLEI** In der TRGS 903 „Biologische Grenzwerte" wird für Blei ein biologischer Grenzwert von 400 µg/l, für Frauen unter 45 Jahre von 300 µg/l, aufgeführt. Dieses Dokument wird von der Bundesanstalt für Arbeitsschutz und Arbeitsmedizin herausgegeben und ständig ergänzt. Die TRGS 903 kann zum Beispiel auch heruntergeladen werden über folgende Adresse: www.gaa.baden-wuerttemberg.de, Stichwort „TRGS 903". Bei Expositionen mit Blei wird dieser biologische Grenzwert im Blutbild ermittelt. Als Normalwert für Blei im Blut gelten 200 µg/l. Grenzwerte, die für gewerbliche Arbeitnehmer im Umgang mit Gefahrstoffen gelten, sollten auch von Heimwerkern tunlichst beachtet werden.

SACHVERSTÄNDIGE UND EXPERTEN ALS BERATER

AN DER SECHSTEN STATION geht es um die notwendigen Fachleute, die Sie brauchen. Was leisten Wertermittlungsgutachten, Thermografie, Feuchtigkeitsmessungen, Schadstoffgutachten, bauphysikalische Messungen, baubiologische Tests? Beschäftigen Sie sich intensiv mit einer Immobilie, die Sie kaufen wollen, müssen Ihre Planungen künftige Sanierungen und Modernisierungen schon berücksichtigen.

Alle Maßnahmen, die durchgeführt werden sollen oder müssen, nachdem Sie das Haus erworben haben, sollten einem einheitlichen Konzept folgen. In dieser Phase müssen nach Bedarf weitere Experten hinzugezogen und deren Mitwirkung in der Planung verankert werden.

Welche Fachleute helfen Ihnen?

Relativ früh müssen Sie gemeinsam mit Ihrem „Hausarzt" klären, ob weitere Experten eingeschaltet werden und welche das sein sollen – zum Beispiel Statiker, Holzschutzgutachter, Vermesser ... Je unübersichtlicher die bauliche Situation ist, desto eher sollte bei begründetem Verdacht ein „Facharzt" eingeschaltet werden.

Einen Schritt vor, zwei Schritte zurück?

Werfen Sie einen Blick auf die Gebäudediagnose, die der „Hausarzt" erstellt hat (siehe Seiten 100–104). Dort fanden sich auf dem Schaubild des Schwächen-Stärken-Profils noch zahlreiche Symbole, die besagen, dass eine genauere Aussage erst nach weiterer Untersuchung möglich ist. Jetzt, wo die Planung voranschreitet, muss diese genauere Untersuchung erfolgen. Das Risiko, einen Schaden mit einer „Modernisierungsmaßnahme" versehentlich zu überbauen, muss ausgeschlossen werden.

Im geschilderten Fall betraf das den gesamten Dachbereich, sämtliche Fassadenöffnungen (Fenster, Balkon- und Terrassentüren), die Außenwandbekleidungen, die Heizungs- und Sanitärinstallationen, die Grundleitungen (Wasser, Abwasser) und alle erdberührten Bauteile. Hier müssen den Sanierungsmaßnahmen genaue Untersuchungen vorausgehen, damit präzise festgestellt werden kann, was zu tun ist. Ebenso wichtig: für gesunde Bauteile die Sicherheit zu gewinnen, dass sie tatsächlich gesund sind – und dass nichts gemacht werden muss.

An dieser Stelle werden Sie als Bauherr vielleicht das Gefühl haben, immer wieder auch einen Schritt zurück zu gehen. Wenn Sie eine Station einmal durchlaufen haben, ist das Thema nicht ein für alle Mal abgeschlossen. Vielmehr muss in der Planungsphase der Abgleich mit der Finanzplanung erfolgen. Fördern genauere Untersuchungen neue Schäden zutage, deren Behebung einen erheblichen finanziellen Mehraufwand gegenüber dem kalkulierten Budget bedeuten würde, muss gemeinsam mit dem „Hausarzt" über Lösungen nachgedacht werden. Schließlich lässt sich – siehe bei der achten und neunten Station – auch bei Ausschreibung und Vergabe noch der eine oder andere Euro herausholen.

Auch das Raumprogramm muss gegebenenfalls noch einmal revidiert werden, sollte sich nämlich herausstellen, dass die „Fachärzte" eine ursprünglich geplante Veränderung für realisierbar nicht halten.

Architekt

Einen Architekten als „Facharzt" brauchen Sie wahrscheinlich nur, wenn Ihr „Hausarzt" selbst kein Architekt ist. In diesen Fällen ist er als Spezialist erforderlich.

Tragwerksplaner (Statiker)

Einer der am häufigsten benötigten Bauspezialisten ist der Tragwerksplaner, auch Statiker genannt. Sollen Gebäudeteile, namentlich tragende Teile, eingreifend verändert werden, muss der Statiker hinzugezogen werden, sofern Ihr „Hausarzt" nicht selbst diese Qualifikation besitzt. Ihm obliegt es in der Regel, den sogenannten Standsicherheitsnachweis zu führen. Bei allen Veränderungen am Haus, welche tragende Teile betreffen, wird der Architekt als „Hausarzt" häufig auch einen Statiker hinzuziehen.

Selbst wenn das Umbauen jetzt noch gar nicht auf der Tagesordnung steht, muss es gedanklich schon vorweggenommen werden: Für den Fall, dass Sie Ihr Raumprogramm nur mit erheblichen Umbauten realisieren können, wird Ihnen ein Statiker vorab sagen können, was grundsätzlich möglich ist und was nicht – oder nur mit einem unvertretbar hohen Kostenaufwand.

Geotechniker

Steht das Haus auf einem schwierigen Untergrund – zum Beispiel an Hanglagen, vor Böschungen und Geländesprüngen oder in einem Bergbaufolgegebiet, kann unter Umständen ein Geotechniker der geeignete Spezialist sein, um Risikofaktoren für das Gebäude abzuschätzen und/oder Sicherungsmaßnahmen vorzuschlagen und zu planen.

Dass eine solche Vorsicht bei schwierigen Geländeverhältnissen nicht übertrieben und geologische Gefahren nicht aus der Luft gegriffen sind, beweist der katastrophale Erdrutsch vom Juli 2009 in Nachterstedt (Sachsen-Anhalt), der zwei Häuser in einen See riss, mehrere andere unbewohnbar machte und drei Menschenleben kostete. Wenngleich dies sicher einen ziemlich einzigartigen Extremfall darstellte, wird Ihr „Hausarzt" Ihnen raten können, ob Sie einen Geotechniker als „Facharzt" hinzuziehen sollten.

Energieberater

Besonders unter steigenden Energiekosten auf der einen und den gesetzlichen Anforderungen des Gebäudeenergiegesetzes (GEG) sowie der 1. Bundes-Immissionsschutzverordnung (1. BImSchV, zuletzt geändert am 13. Oktober 2021, wirksam ab 1. Januar 2022) auf der anderen Seite werden Fragen der Energieeffizienz relevant, wenn Sie an den Kauf einer gebrauchten Immobilie denken. „Energieberater" ist keine gesetzlich geschützte Berufsbezeichnung nach bundeseinheitlichen Maßstäben wie etwa Architekt oder Ingenieur. Der Qualitätssicherung können die Anforderungen dienen, die für eine KfW-Förderung des Bundes oder für die das Programm „Bundesförderung für Energieberatung für Wohngebäude" des Bafa erfüllt werden müssen (vgl. www.energie-effizienz-experten.de). Für diese wurde ein „Regelheft für die Eintragung in die Energieeffizienz-Expertenliste für Förderprogramme des Bundes" erarbeitet. Darüber hinaus sind Sachverständige nach § 88 des neuen Gebäudeenergiegesetzes (GEG) zur Ausstellung von Energieausweisen berechtigt. Das können neben Architekten und Bauingenieuren auch Handwerker sein.

Für die Qualifizierung zum Energieberater bestehen keine bundeseinheitlichen Abschlüsse. Dennoch gibt es Kriterien, an denen Sie die Neutralität und Qualifikation einer Energieberatung erkennen können. Das bedeutet, dass Sie entweder Ihrem Hausarzt die Wahl eines geeigneten Energieberaters überlassen (sofern er nicht selbst über eine entsprechende Qualifikation verfügt) oder Sie sich eingehend mit der Qualifikation des Energieberaters beschäftigen müssen, die für Ihr Hausprojekt erforderlich ist. Darum erfolgt nachstehend eine kurze Übersicht über wichtige Qualifizierungsmerkmale beziehungsweise Institutionen, die Qualifizierungen für Energieberater vornehmen.

In der Bundesrepublik Deutschland beschäftigt sich als zentrale Behörde das Bundesamt für Wirtschaft und Ausfuhrkontrolle (Bafa) mit der Qualifikation der Energieberater. In dem Zusammenhang ist interessant, welche Anforderungen diese Bundesbehörde stellt: „Förderfähig ist eine Vor-Ort-Beratung, die sich umfassend auf den baulichen Wärmeschutz sowie die Wärmeerzeugung und -verteilung unter Einschluss der Warmwasserbereitung und der Nutzung erneuerbarer Energien bezieht. Zusätzliche Boni sind möglich, wenn die Beratung durch Empfehlungen zur Stromeinsparung, thermografische Untersuchungen oder Luftdichtigkeitsprüfungen nach DIN 13829 (sogenannte Blower-Door-Tests) ergänzt wird", heißt es in der Richtlinie.

Das Bundesamt für Wirtschaft und Ausfuhrkontrolle legt strenge Maßstäbe an diejenigen Berater an, die berechtigt sind, Fördermittel zu beantragen. Zudem legt es regelmäßig einen „Förderkompass" vor, in dem die Möglichkeiten, Energieberatung, Energieeffizienz und erneuerbare Wärme fördern zu lassen, dargestellt werden. „Das Bafa bringt mit seinen Förderprogrammen die Energiewende voran. Die Programme haben einen doppelten Nutzen. Sie sorgen für einen effizienten Energieeinsatz und kommen damit dem Klimaschutz zu Gute. Gleichzeitig profitieren Private und Unternehmen, indem sie durch ihre Investition Kosten einsparen können." Die letzte Fassung des Förderkompasses (siehe unter: www.bafa.de, Suchbegriff „Förderkompass") war bei Redaktionsschluss die 8. Auflage (2021) und kann als pdf heruntergeladen werden.

Die Expertenliste des Bundes wird von der Deutschen Energie-Agentur (dena) im Auftrag des Bundes verwaltet. Mit ihr werden die Kriterien für die Zulassung eines gelisteten Energieberaters durch ein „Regelhoft" vorgegeben. Nur wer die Voraussetzung dauerhaft erfüllt, kann im Auftrag die entsprechenden Fördermittel (KfW und/oder Bafa) aktivieren.

Das BEG bildet dabei das eigentliche Instrument zur Nutzung aller Fördermöglichkeiten des Bundes für effiziente Gebäude. Besonders gefördert wird die Nutzung erneuerbare Energie mit einem gesonderten „EE"-Bonus. Selbiges gilt für das Erreichen der Nachhaltigkeitskriterien. Zukünftig wird es neben der reinen Energieberechnung auch eine Ökobilanz geben, in der man nachweist, wie viel graue Energie weiter genutzt wird (Lebenszyklus) und wie viel vorhandene Gebäudesubstanz weiter verwendet, also ressourcenschonend saniert wird. Es geht zum einen um fortlaufende Nutzung bereits verbrauchter Energie und dem darin gebundenen CO_2 (z. B. in verbautem Holz). Darüber hinaus besitzt der schonende Umgang

Thermografieaufnahme einer Außenwand. Erwärmte Flächen sind mit roter Farbe markiert. Sie bedeuten erhöhten Wärmeverlust.

mit den Baustoffressourcen weltweit und dem damit einhergehenden Klimaschutz Relevanz. Das Bestandsgebäude gilt dabei als ökologisches Guthaben, das weiter zu verwenden ist.

Die offiziell für Fördermittel zugelassenen Energieberater findet man unter energie-effizienz-experten.de. Dazu gehören auch solche Energieberater, die die Förderprogramme für Denkmale beantragen dürfen. Weitere Anlaufstellen für Energieberater sind etwa das Deutsche Energieberater-Netzwerk (DEN), der Bundesverband Gebäudeenergieberater Ingenieure Handwerker (GIH) und der Bundesverband Altbauerneuerung (BAKA) mit dem Portal energieberater2050.de. Unter anderem qualifiziert die BAKA-Akademie Energieberater und bildet sie fort (siehe bakaberlin.de). Dies ist eines der wichtigsten Elemente zur Qualitätssicherung hinsichtlich energetischer Sanierungen.

Spezialisten für Blower-Door-Tests und Thermografie

Unter den Energiefachleuten gibt es eigene Gruppen von Spezialisten, die Thermografiegutachten erstellen und Blower-Door-Tests durchführen. Diese Experten werden Sie wahrscheinlich nicht nur einmal am Bau brauchen, denn es wäre fatal, einen Blower-Door-Test erst am Ende der Baumaßnahmen kurz vor der Abnahme durchzuführen. Werden dann nämlich Leckagen in der Gebäudehülle festgestellt und

Achtung Zuschuss!

Sowohl Eigentümer von Wohngebäuden, Wohnungseigentümer als auch Wohnraummieter und -pächter in Deutschland können eine besondere Förderung in Anspruch nehmen. „Gefördert wird die Energieberatung durch Zuschuss, der an den Energieberater ausgezahlt wird. Die Zuschusshöhe beträgt 80 % des förderfähigen Beratungshonorars, maximal jedoch 1 300 Euro bei Ein-/Zweifamilienhäusern und höchstens 1 700 Euro bei Wohnhäusern ab drei Wohneinheiten. Einen weiteren Zuschuss von maximal 500 Euro gibt es für die Beratung von Wohnungseigentümergemeinschaften, wenn der Energieberatungsbericht zusätzlich in einer Versammlung der Wohnungseigentümer oder einer Sitzung des Beirats erläutert wird", heißt es beim zuständigen Bundesamt für Wirtschaft und Ausfuhrkontrolle (Bafa) laut Förderkompass 2021 (dort Seite 17).

Eine weitere Förderung bietet das Pilotprogramm Einsparzähler: Im dessen Rahmen fördert das Bafa „die Entwicklung und Erprobung von Messsystemen zur Quantifizierung von Einsparungen der Energieträger Strom, Gas, Öl, Biomasse, Wärme und Kälte. Es ist im Rahmen des Förderprogramms freigestellt, für welche Kundengruppen (Industrie, Haushalte, öffentliche Träger etc.) und mithilfe welcher Technik der Einsparzähler entwickelt wird. Ziel des Pilotprogramms ist es, die Entwicklung von Messsystemen voranzutreiben, die es Kunden ermöglichen, ihren Energieverbrauch kontinuierlich zu beobachten und so Entscheidungen zur Senkung Ihres Energieverbrauchs treffen zu können."

Die Zugangsvoraussetzungen, um in den Genuss eines Bafa-Zuschusses für Energieberatung zu kommen, haben sich stark vereinfacht. Im Förderkompass 2021 heißt es dazu schlicht:

„Zielgruppe der Förderung sind Eigentümer von Wohngebäuden, Wohnungseigentümer, Nießbrauchsberechtigte sowie Wohnraummieter und -pächter in Deutschland."

Wenn Sie in Ihrem Haus eine eigene Firma betreiben oder als Freiberufler arbeiten, können Sie auch von der Förderung für E-Lastenfahrräder und -anhänger profitieren (siehe Förderkompass 2021, Seite 20).

Die Thermografie- und die Blower-Door-Messungen gehören zu den wichtigsten Modulen zur Kontrolle der geforderten Effizienzwerte und der bauphysikalischen Notwendigkeiten. Diese werden in der Regel durch darauf spezialisierte neutrale Experten ausgeführt. Schließlich erhalten Sie auf Grundlage der Ergebnisse ein Zertifikat, das als Nachweis für die Förderung durch das BEG zwingend erforderlich ist.

Wärmebrücken nachgewiesen, ist es schwer, die Schwachstelle zu finden und zu beseitigen. Die ganze Wand, die gerade so fertig und so schön aussah, muss dann vielleicht noch einmal geöffnet werden. Die entsprechenden Untersuchungen sollten also baubegleitend durchgeführt werden und nicht erst, nachdem die Tapeten geklebt und die Wände gestrichen sind.

Aktualität der Förderprogramme prüfen!

Alle Hinweise auf Förderungen und Zuschüsse beziehen sich nur auf die gegenwärtig laufenden Programme. Förderprogramme laufen aus, neue werden aufgelegt. Es bleibt Ihnen nichts anderes übrig, als die aktuellen Publikationen der Förderer, zum Beispiel den Bafa-Förderkompass oder die aktuellen Programme der KfW (siehe: www.kfw.de/inlandsfoerderung/Privatpersonen/Bestandsimmobilien/) zu verfolgen und auszuwerten.

Fachingenieure HLSE

Fachingenieure für Heizung, Lüftung, Sanitär- und Elektrotechnik werden hinzugezogen, wenn sich an den bautechnischen Installationen gravierende Probleme zeigen oder ein völlig neues System – wie etwa die mechanische Belüftung – neu eingebaut werden soll. Im geschilderten Fall war im Schwächen-Stärken-Profil vermerkt worden, dass der Zustand der Grundleitungen einer weiteren Überprüfung bedarf. Auch wenn hausseitig alles ohne Befund zu sein schien, kann erst ein genauer Blick ins Rohr – mittels einer Kanalkamera – letzte Gewissheit geben, dass auch bis hin zum Anschluss ans öffentliche Netz alles in Ordnung ist.

Umweltingenieure

Erwirbt man ein altes Gebäude, hat man oft keinen genauen Überblick über die Reihe der Vorbesitzer und Vornutzer. Überall dort, wo über die vorangegangene Nutzung irgendetwas ungeklärt bleibt, wo Pläne und Unterlagen tatsächlich oder angeblich nicht aufzufinden sind, ist Vorsicht geboten. Ist in dem Haus in der Lohestraße tatsächlich früher einmal eine Gerberei betrieben worden, wie die Nachbarn behaupten? Trifft es zu, dass sich auf dem Hammergrundstück, auf dem das besonders günstig angebotene Einfamilienhaus steht, früher eine Müllgrube befand? In den Sechzigerjahren wurde oft ohne viel Skrupel bebaut, was in den Zwanzigerjahren zugeschüttet worden war. Damit Sie keine unangenehmen Überraschungen erleben, empfiehlt sich die Untersuchung durch einen Umweltingenieur, sobald sich ein Verdachtsmoment für eine ungeklärte Vornutzung Ihrer Immobilie ergibt.

Holzschutzexperten
Was macht man mit einem defekten Balken? Und wie ist der Schaden überhaupt zu bewerten? War die Belastung einmalig oder besteht die Gefahr weiterer Schäden? Ihr „Hausarzt" muss kein Alleskönner sein, aber er wird an dieser Stelle den richtigen Spezialisten einschalten, einen Holzschutzgutachter, einen Sachverständigen für Holz- und Bautenschutz.

INFO **SACHKUNDENACHWEIS HOLZSCHUTZ AM BAU** Der „Sachkundenachweis Holzschutz am Bau" dokumentiert eine erfolgreich abgelegte Sachkundeprüfung. Der Inhaber verfügt demnach über die in DIN 68 800, Teil 4 geforderten Kenntnisse und Fertigkeiten entsprechend dem Stand von Wissenschaft und Technik für die Vorbereitung, Anleitung, Durchführung und Prüfung von gesundheitlich unbedenklichen und umweltverträglichen Holzschutzmaßnahmen zur Bekämpfung holzzerstörender Pilze und Insekten sowie sonstiger Einflüsse.

Vermesser
Öffentlich bestellte und vereidigte Sachverständige für Vermessungswesen beschäftigen sich mit der messtechnischen Erfassung relevanter Punkte auf der Erdoberfläche, in Räumen und an Objekten (zum Beispiel Gebäuden), welche zu einem bestimmten Zweck benötigt werden. Sie sind zuständig für den amtlichen Lageplan und werden immer dann gebraucht, wenn das Grundstück neu zu vermessen ist, wenn die Grundstücksgrenzen nach ihrem tatsächlichen Verlauf geprüft und vor Ort fixiert werden müssen oder die aktuelle Bebauung von Grundstücken festzustellen ist. Dies wird im weitesten

Welcher Planer – Fachplaner

	Nicht nötig	Ggf. nötig	In jedem Fall	Beauftragt
Vermessungsingenieur				
Architekt				
Tragwerksplaner				
Fachingenieur für HSLE				
Energieberater / Gutachter				
Thermografiegutachter				
Holzschutzgutachter				
Sachverständiger für Schadstoffe / Umweltingenieur				
Geotechniker				

Sinn als Katastervermessung verstanden. Daraus werden Karten im Maßstab 1:1 000 oder 1:500 erstellt. Auch wenn Anbauten eingeplant werden, muss mit dem Bauantrag ein Lageplan eingereicht werden.

Ingenieurvermessungen können notwendig werden, wenn die An- und Umbaumaßnahmen einen größeren Umfang erreichen. Dann können unter Umständen Maßermittlungen, das Abstecken von Bauachsen und -höhen sowie als baubegleitende Maßnahme Setzungsmessungen und weitere Kontrollmessungen erforderlich werden. Die Übersicht oben auf dieser Seite hilft Ihnen, den Einsatz der „Fachärzte" zu disponieren.

Ist guter Rat teuer?
Das kommt auf die Maßstäbe an, die man selbst setzt. Guter Rat in unserem Sinn ist Expertenwissen, das auf neuesten Erkenntnissen und langjähriger Erfahrung beruht, das sich auf Netzwerke und auf technische Hilfsmittel stützt, die auch nicht umsonst zu haben sind.

Viele Immobilienkäufer scheuen sich vor diesen „Nebenkosten", den Planungskosten.

Aber auch Kompetenz und Erfahrung haben ihren Preis. Wer hier ein Schnäppchen machen will, muss mit Folgen rechnen, die am Ende viel kostspieliger ausfallen können. Bei der Auswahl der richtigen Fachleute muss man von Anfang an auch an die Honorare denken.

Prüfen Sie gemeinsam mit Ihrem Baubegleiter die Leistungsangebote der Experten. Mitunter werden einfach mal Leistungen weggelassen, um sich kostengünstiger darzustellen. Aber würden Sie sich ein Auto mit drei Rädern kaufen – in der Hoffnung, es würde am Ende auch schon irgendwie fahren?

Die richtigen „Fachärzte" haben ihren Preis. Deren Leistungen sollten möglichst exakt beschrieben werden, um daraus ein konkretes Angebot ableiten zu können.

Für Planungsleistungen bildet die Honorarordnung für Architekten und Ingenieure (HOAI) eine geeignete Grundlage, an denen man sich orientieren kann. Die Volltextfassung ist im Internet unter www.hoai.de/online/HOAI_2013/HOAI_2013.php zu finden. Waren schon in der Fassung von 2009 die Honorare von den tatsächlichen Baukosten abgekoppelt worden, um zu verhindern, dass mit steigenden Kosten automatisch die Honorare steigen, so hatten sich in der Fassung von 2013 nochmals die Gewichte der einzelnen Leistungsphasen verändert. Völlig neu gestaltet wurden Planungsleistungen im Bestand und die dazugehörige Abrechnung. Ebenso sind nun die Abrechnungen für Planungsänderungen oder Verzögerungen in der Bauzeit neu geregelt worden.

Die Honorare für Beratungsleistungen (zum Beispiel Umweltverträglichkeit, Thermische Bauphysik, Schallschutz, Bodenmechanik …) werden wie schon 2009 auch in der Fassung 2013 nicht verbindlich geregelt. Die in der Anlage 1 zur HOAI gegebenen Honorarrahmen für Beratungsleistungen gelten lediglich als Empfehlungen. Die Honorare sind also verhandelbar. Erfahrungswerte aus der Praxis sind:

- **GEBÄUDEDIAGNOSE:**
  650 – 1 500 Euro (Wohnhaus ca. 200 qm)
- **PLANUNGSLEISTUNGEN:**
  etwa 10 – 15 % der Bausumme
- **TRAGWERKSPLANER:**
  ungefähr 2 – 5 % der Bausumme
- **HOLZSCHUTZGUTACHTEN:**
  nach Aufwand 1 000 – 4 000 Euro

Die HOAI nach dem Urteil des EuGH

Die Honorarordnung der Architekten und Ingenieure (HOAI) galt bisher als verbindliche Vertragsgrundlage für die Festsetzung von Architektenhonoraren. Nach dem Urteil des Europäischen Gerichtshofs vom 4. Juli 2019 hat diese Honorarordnung einiges von ihrer Verbindlichkeit verloren.

Das Gericht stellte nämlich fest, dass die verbindlichen Mindest- und Höchstsätze für Planungsleistungen, welche die HOAI vorsah, mit europäischem Recht nicht vereinbar seien. Zwar hält das Gericht die Mindest- und Höchstätze grundsätzlich für geeignet, die Qualität der Arbeiten, ökologische Ziele, Verbraucherschutzinteressen sowie die Erhaltung der Baukultur zu fördern und Konkurrenzkämpfe mittels Billigangeboten zu verhindern, sieht aber die deutschen Verhältnisse zu „inkohärent" an. „Der Umstand jedoch, dass in Deutschland Planungsleistungen von Dienstleistern erbracht werden können, die nicht ihre entsprechende fachliche Leistung nachgewiesen haben, lässt im Hinblick auf das mit den Mindestsätzen verfolgte Ziel, eine hohe Qualität der Planungsleistungen zu erhalten, eine Inkohärenz in der deutschen Regelung erkennen." Mindesthonorarsätze seien nicht geeignet, Qualitätsstandards zu sichern, „wenn … für die Vornahme der Leistungen, die diesen Mindestsätzen unterliegen, nicht selbst Mindestgarantien gelten, die die Qualität dieser Leistungen gewährleisten können". Insofern bedürfe es für die Qualitätssicherung zusätzlich auch fachlicher Eignungsnachweise, die der EuGH nicht erkennt.

Nicht berücksichtigt wurde bei der Urteilsbegründung des EuGH seltsamerweise die sogenannte Große Bauvorlageberechtigung, die in Deutschland erforderlich ist, um eine Genehmigungsplanung (für Errichtung, Veränderung oder Abbruch von Bauwerken) als verantwortlicher Planfertiger (auch als Objektplaner bezeichnet) einreichen zu dürfen. Gerade sie garantiert aber nach Ansicht der Bundesarchitektenkammer den „Zusammenhang zwischen fachlicher Eignung und Berufsausübung". Selt-

sam ist in diesem Zusammenhang auch, dass ausgerechnet die klagende Europäische Kommission seit Langem auf die Mitgliedstaaten einwirkt, eine möglichst unregulierte und ungeprüfte Berufsausübung zuzulassen. „Genau das Fehlen einer grundsätzlichen fachlichen Eignungsprüfung für planerische Tätigkeiten wurde nun den Mindest- und Höchstsätzen zum Verhängnis", bemerkt die Bundesarchitektenkammer.
Aber: Das Urteil des EuGH wendet sich allein gegen die Verbindlichkeit von Mindest- und Höchstsätzen, hat aber ansonsten gegen die HOAI nichts vorgebracht. Ein „Aus" für die HOAI, wie in manchen Meldungen und Kommentaren bereits angekündigt, bedeutet das Urteil nicht. Im Gegenteil. Die Entscheidung belegt laut Bundesarchitektenkammer (BAK), „dass es keine Bedenken gegen Preisorientierungen gibt. Insofern bleibt die HOAI als Preisorientierung ohne Abstriche erhalten." Die HOAI kann also nach wie vor als Vertragsgrundlage gelten, das heißt vertraglich vereinbart werden.

Insbesondere ist zu bedenken, was Klaus Greb, Fachanwalt für Vergaberecht, Berlin, in einem Beitrag für die Bundesarchitektenkammer schrieb: „Zwar ist es auch bei Architekten- und Ingenieurleistungen nicht unmöglich, dass eine Lösung vorab durch den örtlichen Auftraggeber ermittelt wird, auf welche die Bieter lediglich ein Preisangebot abgeben müssen. Das ist jedoch in der Regel nicht das Ziel eines Auftraggebers, der Architekten- und Ingenieurleistungen ausschreibt. Dieser will vielmehr auch zwischen unterschiedlichen Lösungen wählen, strebt also einen Lösungswettbewerb – sprich: Leistungswettbewerb – an." (Klaus Greb, Fachanwalt für Vergaberecht, Berlin, in einem Betrag für die BAK.)

Was leistet ein Wertermittler?

Die Frage der Wertermittlung einer Immobilie steht jedem bevor, der einen Preis für ein Haus erzielen will – als Verkäufer etwa – oder einen Preis bezahlen soll – als Kaufinteressent oder als Käufer.

In der Immobilienbranche sind verschiedene Verfahren der Wertermittlung üblich. Die drei wichtigsten sind:

- das Vergleichswertverfahren,
- das Ertragswertverfahren und
- das Sachwertverfahren.

Die sogenannten normierten Verfahren wurden in der Wertermittlungsverordnung (abgelöst durch die Immobilienwertermittlungsverordnung 2010) beschrieben und sind jetzt Bestandteil der aktuellen ImmoWertV 2021. Welches Verfahren sich jeweils anbietet, hängt von verschiedenen Faktoren ab: etwa was der Interessent mit der Immobilie vorhat (Will er sie verkaufen oder nur beleihen?), wie alt – oder wie neu – die Immobilie ist, in welcher Lage sie sich befindet …

Die nachstehenden Ausführungen sollen Sie befähigen, auf eine Reihe von Kriterien, die Ihnen vielleicht nicht einmal bewusst sind, in besonderer Weise zu achten. Der Überblick auf die verschiedenen Verfahren der Wertermittlung soll Ihren Blick dafür schärfen, worauf bereits bei einer Erstbesichtigung zu achten ist. Und wenn Sie schließlich gemeinsam mit dem Altbauexperten Ihres Vertrauens das Objekt genauer unter die Lupe nehmen, bieten die erworbenen Grundkenntnisse eine Basis für nachfolgende die Analyse, die Sie zusammen mit Ihrem Architekten vornehmen oder die der Architekt oder Bauingenieur in Ihrem Auftrag vornimmt.

Vergleichswertverfahren

Beim Vergleichswertverfahren ermittelt man den jeweiligen Verkehrswert. Dieses Verfahren stellt in den meisten Fällen eine grobe Schätzung dar. Es fußt auf der Auswertung von Vergleichspreisen Immobilien, die annähernd gleichartig sind im Hinblick auf Preis, Grundstück und Lage. Da keine Immobilie in Wirklichkeit der anderen gleicht, wird hier fast immer Ungleiches verglichen. Wäre es anders, brauchte man nicht zu vergleichen und brauchte kein Wertermittlungsverfahren. Selbst wenn man Birnen mit Äpfeln vergleicht, tut man – anders als das Sprichwort suggerieren will – nichts Unredliches, denn beides ist Obst und

Schema Vergleichswertverfahren

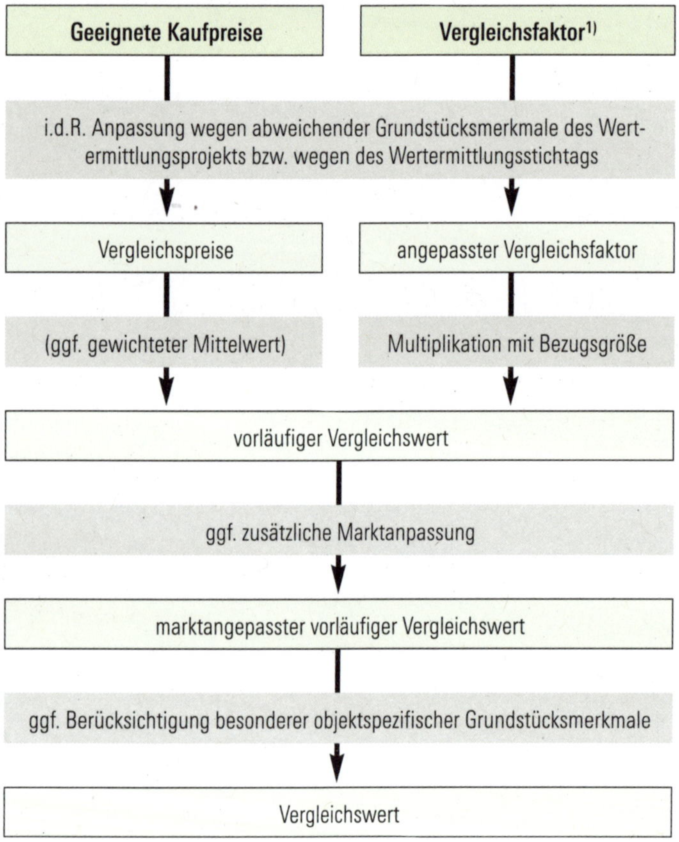

[1)] bzw. Bodenrichtwert im Rahmen der Bodenwertermittlung

Quelle: Bundesanzeiger 2012

beide Fruchtsorten haben durchaus vergleichbare Eigenschaften.

Verkehrswerte werden ihrerseits unterschiedlich gewichtet. Im Baurecht beispielsweise wird der Verkehrswert vom Baugesetzbuch (§ 194) folgendermaßen definiert: „Der Verkehrswert (Marktwert) wird durch den Preis bestimmt, der in dem Zeitpunkt, auf den sich die Ermittlung bezieht, im gewöhnlichen Geschäftsverkehr nach den rechtlichen Gegebenheiten und tatsächlichen Eigenschaften, der sonstigen Beschaffenheit und Lage des Grundstücks oder des sonstigen Gegenstands der Wertermittlung ohne Rücksicht auf ungewöhnliche oder persönliche Verhältnisse zu erzielen wäre"

Banken wiederum rechnen anders, wenn sie den Verkehrswert als Grundlage einer Beleihung, bei der die Immobilie als Sicherheit dient, ermitteln: Im § 16 des Pfandbriefgesetzes heißt es dazu in der für Gesetzestexte üblichen Bedachtsamkeit: „Der Beleihungswert darf den Wert nicht überschreiten, der sich im Rahmen einer vorsichtigen Bewertung der zukünftigen Verkäuflichkeit einer Immobilie und unter Berücksichtigung der langfristigen, nachhaltigen Merkmale des Objektes, der normalen regionalen Marktgegebenheiten sowie der derzeitigen und möglichen anderweitigen Nutzungen ergibt. Spekulative Elemente dürfen dabei nicht berücksichtigt werden. Der Beleihungswert darf einen auf transparente Weise und nach einem anerkannten Bewertungsverfahren ermittelten Marktwert nicht übersteigen. Der Marktwert ist der geschätzte Betrag, für welchen ein Beleihungsobjekt am Bewertungsstichtag zwischen einem verkaufsbereiten Verkäufer und einem kaufbereiten Erwerber, nach angemessenem Vermarktungszeitraum, in einer Transaktion im gewöhnlichen Geschäftsverkehr verkauft werden könnte, wobei jede Partei mit Sachkenntnis, Umsicht und ohne Zwang handelt." Besonders der Verweis auf die „langfristigen, nachhaltigen Merkmale des Objektes" und auf die Nutzungen des Objektes ist hier wesentlich. Und das berührt auch, unabhängig vom Pfandbriefgesetz, jeden Kaufinteressenten eines mehr oder weniger betagten Gebäudes. Wie es um die „langfristigen, nachhaltigen Merkmale" bestellt ist, soll ja gerade die detaillierte Gebäudeanalyse (siehe hierzu ab Seite 100) darstellen. Langfristigkeit und Nachhaltigkeit sind schließlich die Kriterien, die einem Haus Zukunft verschaffen.

Eine dritte Bedeutung gewinnt der Verkehrswert im Steuerrecht. Rechtsgrundlage bildeten hier bis 2010 die Wertermittlungsverordnung (WertV, abgelöst von der Immobilienwertermittlungsrichtlinie) und die Wertermittlungsrichtlinien (WertR), welche die Verordnung ergänzen. Hier geht es darum, die Bemessungsgrundlage beispielsweise für die Erhebung von Grundsteuern festzustellen.

Ab 2022 haben sich die gesetzlichen Grundlagen geändert. Nach einem längeren

Gesetzgebungsprozess hat die Bundesregierung eine neue Immobilienwertermittlungsverordnung verabschiedet, die ImmoWertV 2021. Darin werden alle Vorschriften, die für die Wertermittlung relevant sind, in einem einzigen, anwenderfreundlichen Dokument zusammengefasst. Neben der eigentlichen Immobilienwertermittlungsverordnung von 2010 gab es bislang noch fünf abgeleitete Richtlinien (Bodenrichtwert, Sachwert, Vergleichswert, Ertragswert, Wertermittlung 2006). Die wesentlichen Grundsätze der bisherigen Richtlinien wurden nun in die neue ImmoWertV 2021 integriert und setzen bundeseinheitlich verbindliche Standards. Muster-Anwendungshinweise (ImmoWertA), die keinen Regelungscharakter haben, enthalten weitergehende Hinweise und sollen zum Verständnis der Regelungen beitragen. Aufgrund ihres fehlenden Regelungscharakters waren sie nicht Gegenstand des eigentlichen Gesetzgebungsverfahrens.

Für die praktische Handhabung des Ertragswertverfahrens hat das Bundesministerium für Umwelt, Naturschutz, Bau und Reaktorsicherheit im Jahr 2015 die „Richtlinie zur Ermittlung des Ertragswerts" (Ertragswertrichtlinie) erlassen. Sie „gibt Hinweise für die Ermittlung des Ertragswerts nach den §§ 17 bis 20 der Immobilienwertermittlungsverordnung (ImmoWortV) vom 19. Mai 2010 (BGBl. I S. 639). Ihre Anwendung soll die Ermittlung des Ertrags- bzw. Verkehrswerts von Grundstücken nach einheitlichen und marktgerechten Grundsätzen sicherstellen." Den Wortlaut der ImmoWertV finden Sie im Bundesgesetzblatt Jahrgang 2021, Teil 1, Nr. 44 vom 19. Juli 2021.

INFO **DAS IST NEU:** Das Bundesverfassungsgericht hat mit seinem Urteil vom 10. April 2018 die bisher übliche Wertermittlung für die Grundsteuer als nicht mit dem Grundgesetz vereinbar erklärt. Darum hat die Regierung eine Neuordnung des Grundsteuerrechts in Angriff genommen. Hierbei geht man derzeit von einem Verfahren aus, das den Grundstückswert berücksichtigt.

Das Bundesfinanzministerium erläutert daher einen der Eckpunkte der neuen Regelung so: „Bei bebauten Grundstücken erfolgt die Bewertung grundsätzlich im sog. Ertragswertverfahren. Der Ertragswert wird im Wesentlichen auf Grundlage tatsächlich vereinbarter Nettokaltmieten ermittelt, unter Berücksichtigung der Restnutzungsdauer des Gebäudes und des abgezinsten Bodenwertes. Bei Wohngebäuden, die von Eigentümerinnen und Eigentümern selbst genutzt werden, wird eine fiktive Miete angesetzt, die auf Daten des Statistischen Bundesamts basiert und nach regionalen Mietenniveaus gestaffelt wird. Dadurch wird verhindert, dass außerordentliche Steigerungen des Mietenniveaus im Umfeld der eigenen Wohnung die Grundsteuer unverhältnismäßig erhöhen." Überdies soll die Bemessungsgrundlage, das heißt die Grundstückswerte, alle sieben Jahre aktualisiert werden. „Dazu sollen die Eigentümerinnen und Eigentümer insbesondere Angaben über die Gebäudefläche und die Höhe der Nettokaltmiete machen. Gleiches gilt bei relevanten baulichen Veränderungen in der Zwischenzeit. Die eigentliche Wertfeststellung nimmt dann das Finanzamt vor."
Die Bestimmungen sind im Wortlaut genauer nachzulesen auf den Seiten des Bundesfinanzministeriums unter www.bundesfinanzministerium.de.

Mit der Siebenjahresregel kommen auf den Eigentümer eines Hauses, an dem er erhebliche bauliche Veränderungen vornimmt, zusätzliche Aufgaben zu. Erfahrungen mit den Neuregelungen gibt es noch nicht, denn bislang ist noch nicht nach ihnen verfahren worden. Es dürfte sich aber als vorteilhaft erweisen, wenn man es mit der Dokumentation von Sanierungs- und Erneuerungsmaßnahmen möglichst genau nimmt. Das sollte man zwar ohnehin tun; aber um dem Finanzamt keine dehnbaren Ermessensspielräume einzuräumen, lohnt sich eine genaue Dokumentation aller Umbau- und Sanierungsschritte auf jeden Fall – schon weil man sich dann keine doppelte Arbeit macht, wenn das Finanzamt mit der Aufforderung zur aktualisierten Wertermittlung anrückt. Auf die „fiktive Miete" hat der Eigentümer einen begrenzten Einfluss, auf die Einordnung der Gemeinden in bestimmte Miet-

Restnutzungsdauer

Als Restnutzungsdauer gilt die Zahl der Jahre, in denen die baulichen Anlagen – bei ordnungsgemäßer Bewirtschaftung – voraussichtlich noch wirtschaftlich genutzt werden können. Sie ist ein angenommener Zeitraum, der lediglich einen Parameter zur Wertermittlung darstellt, nicht aber die notwendige Ökobilanz und tatsächlich mögliche Lebenserwartung abbildet. Instandsetzungen und Modernisierungen (u. a. wesentliche Verbesserung der Wohnverhältnisse, energetische Sanierung) können sich verlängernd, unsachgemäße Nutzung oder unterlassene Instandsetzungen verkürzend auswirken.

niveaustufen allerdings nicht; sie soll vom Bundesfinanzministerium aufgrund der Daten des Statistischen Bundesamts über die Durchschnittsmieten in allen 16 Bundesländern vollzogen werden.

Ertragswertverfahren

Das Stichwort Ertragswert spielte bereits in der Darstellung des Bundesfinanzministeriums zur Neugestaltung der Grundsteuererhebung eine Rolle (siehe Infokasten Seite links). Das Ertragswertverfahren leitet den Verkehrswert einer Immobilie im Wesentlichen aus den Mieteinnahmen (und diesen ähnlichen Einkünften) ab. Das Ertragswertverfahren diente bislang überwiegend der Wertermittlung vermieteter Wohnimmobilien sowie Gewerbeimmobilien. Im Zentrum steht die Frage, welchen Gewinn ein Käufer mit der Immobilie erzielen kann. Wird das Ertragswertverfahren künftig zur Bemessung der Grundsteuer auch auf selbst genutzte Wohnimmobilien angewandt, dann wird eine „fiktive Miete" angesetzt – das heißt ein Betrag, den ein Eigentümer zahlen müsste, wenn er in seinem eigenen Haus zur Miete wohnte. Zum Vorgehen im Einzelnen fehlen derzeit allerdings detaillierte Angaben; zudem wird eine Flut von Einsprüchen und Prozessen erwartet.

Die Rechtsgrundlage für das Ertragswertverfahren bildete bislang neben den Wertermittlungsrichtlinien (WertR) die Immobilienwertermittlungsverordnung von 2010. In der neuen ImmoWertV 2021 nimmt das Ertragswertverfahren die §§ 27 bis 34 ein. Hier werden im Einzelnen die verschiedenen Formen des Ertragswertverfahrens (Allgemeines, Vereinfachtes, Periodisches) dargestellt und konkrete Vorgaben für die Ermittlung des Ertragswerts formuliert.

Die Nutzbarkeit von Gebäuden ist endlich. Darum muss für das Ertragswertverfahren ermittelt werden, wie lange das Gebäude überhaupt noch wirtschaftlich nutzbar ist. Zieht man von einer unterstellten Gesamtnutzungsdauer eines Gebäudes die Jahre ab, die das Gebäude bereits existiert, ergibt sich die Restnutzungsdauer. Die wiederum ist keine fixe Frist, sondern kann sich aufgrund von Sanierungen und Modernisierungen erheblich verlängern. Genau darum geht es ja, wenn Sie gemeinsam mit einem Experten analysieren, wie ein bestehendes Gebäude zukunftsfähig gemacht hat werden kann.

Für die praktische Handhabung des Ertragswertverfahrens galt bislang die vom Bundesministerium für Umwelt, Naturschutz, Bau und Reaktorsicherheit im Jahr 2015 herausgegebene „Richtlinie zur Ermittlung des Ertragswerts" (Ertragswertrichtlinie). Die entsprechenden Regelungen sind in die neue Immobilienwertermittlungsverordnung (ImmoWertV 2021) eingegangen. Der Interessent, der mit dem Ertragswertverfahren konfrontiert ist, muss also nicht mehr in mehreren Dokumenten nachsehen, sondern findet verbindliche Reglungen jetzt in der ImmoWertV 2021. Den Wortlaut finden Sie unter www.zgg-bw.de (Stichwort „ImmoWertV 2021").

Schematisch ergibt sich für die Anwendung des Ertragswertverfahrens der rechts dargestellte Ablauf.

Sachwertverfahren

Das Sachwertverfahren verwendet man üblicherweise für die Bewertung von Immobilien, die nicht am Mietmarkt teilhaben, mit denen also keine Erträge erzielt werden, beispielsweise selbst genutzte Einfamilienhäuser, Zweifamilienhäuser und Eigentumswohnungen. Daher werden bei der Bewertung nicht zukünftig dauerhaft erzielbare Erträge zugrunde gelegt, sondern die Herstellungskosten des Gebäudes respektive die „Wiederbeschaffungskosten".

Ablaufschema für die verschiedenen Varianten des Ertragswertverfahrens

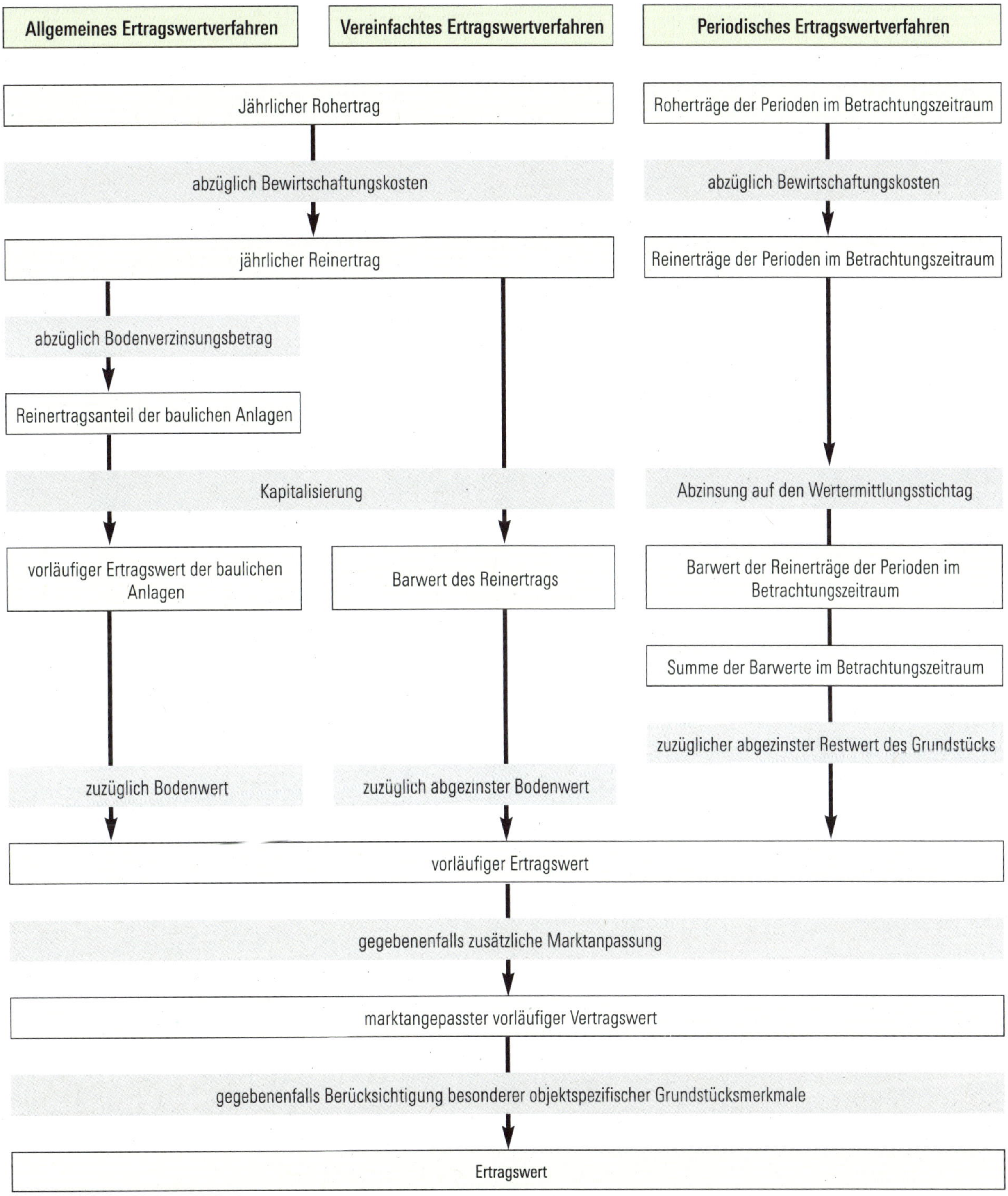

Quelle: Bundesanzeiger 2012

Denn es leuchtet ein, dass die Herstellungskosten des Jahres 1970 ein schiefes Bild für die Bewertung eines Gebäudes in der Gegenwart ergäben. „Wiederbeschaffung" meint in diesem Falle den Neubau (also Ersatz) des bestehenden Gebäudes – gemeint ist damit aber nicht etwa die originalgetreue Rekonstruktion des Zustandes von 1972. Vom errechneten Neubauwert wird dann, vereinfacht gesprochen, die Abnutzung, die zuvor bewertet worden sein muss, wieder abgezogen. Naturgemäß kann man nach diesem Verfahren nur die baulichen Anlagen selbst bewerten; der Wert des Grund und Bodens wird hingegen ergänzend im Vergleichswertverfahren (siehe Seite 138) ermittelt.

In der Bundesrepublik Deutschland war das Sachwertverfahren durch die (alte) Immobilienwertermittlungsverordnung von 2010 in Verbindung mit der Sachwertrichtlinie und dem Baugesetzbuch normiert. Die einzelnen Regelungen und Richtlinien erschienen zu verschiedenen Zeiten innerhalb mehr als eines Jahrzehnts. Seit Beginn des Jahres 2022 gilt die neue ImmoWertV 2021, welche die wesentlichen Bestimmungen der Sachwertrichtlinie nun integriert. Der Verordnungsgeber verpflichtet in § 35 auf den folgenden Verfahrensgang: „(1) Im Sachwertverfahren wird der Sachwert des Grundstücks aus den vorläufigen Sachwerten der nutzbaren baulichen und sonstigen Anlagen sowie aus dem Bodenwert ermittelt.

(2) Der vorläufige Sachwert des Grundstücks ergibt sich durch Bildung der Summe aus

1 dem vorläufigen Sachwert der baulichen Anlagen im Sinne des § 36,
2 dem vorläufigen Sachwert der baulichen Außenanlagen und sonstigen Anlagen im Sinne des § 37 und
3 dem nach §§ 40 bis 43 zu ermittelnden Bodenwert.

(3) Der marktangepasste vorläufige Sachwert des Grundstücks ergibt sich durch Multiplikati-

Schematisch dargestellte Sachwertrichtlinie

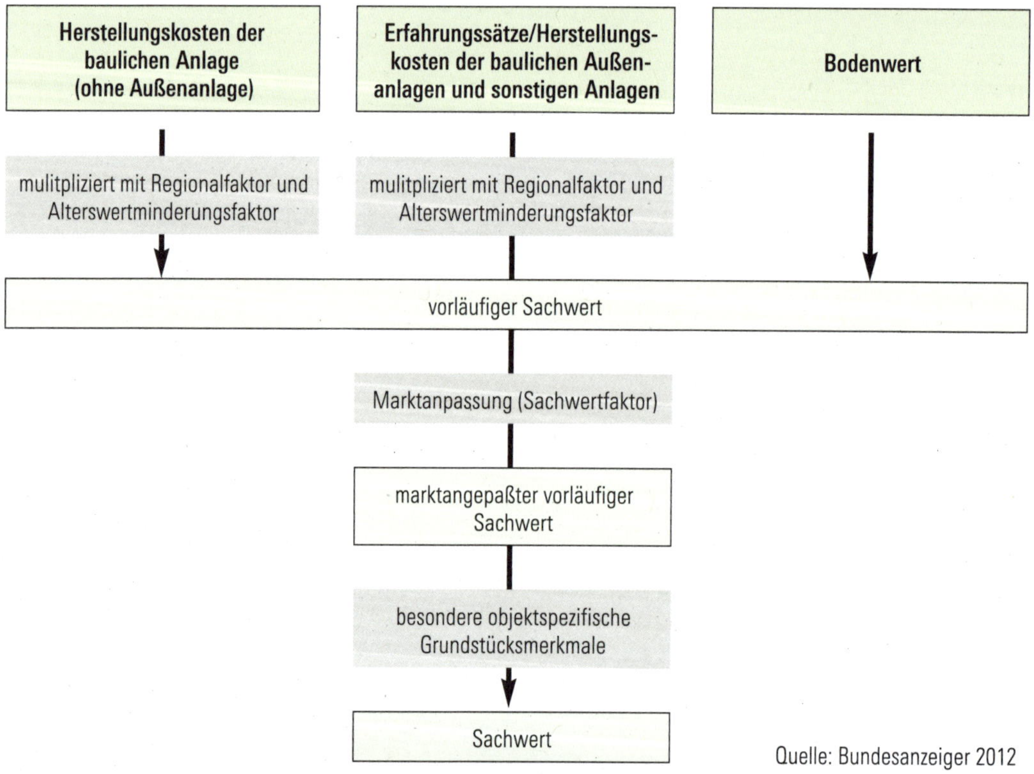

Quelle: Bundesanzeiger 2012

on des vorläufigen Sachwerts mit einem objektspezifisch angepassten Sachwertfaktor im Sinne des § 39. Nach Maßgabe des § 7 Absatz 2 kann zusätzlich eine Marktanpassung durch marktübliche Zu- oder Abschläge erforderlich sein.

(4) Der Sachwert des Grundstücks ergibt sich aus dem marktangepassten vorläufigen Sachwert und der Berücksichtigung besonderer objektspezifischer Grundstücksmerkmale des Wertermittlungsobjekts."

Die Formulierungen sind kürzer und präziser als in der alten Verordnung von 2010; vor allem aber beziehen sich die Verweise nicht mehr auf externe Richtlinien verschiedener Erscheinungsjahre, sondern auf weitere Paragrafen im Gesetz selbst – in ihnen werden die einzelnen Faktoren der Wertermittlung eines Objekts näher erläutert. Dadurch fallen die Regelungen zweifellos konsistenter aus, wenn auch für den Laien nicht unbedingt einfacher.
Schematisch ergibt sich für die Bewertung einer Immobilie nach dem Sachwertverfahren der links unten aufgeführte Verfahrensweg.

Der Verordnungsgeber sieht vor, bestimmte Grundstücksmerkmale zu berücksichtigen. Zusätzlich zu den allgemeinen Merkmalen, die auf dem jeweiligen Grundstücksmarkt regelmäßig auftreten, verdienen besonders die objektspezifischen Grundstücksmerkmale Beachtung. So spricht § 39 vom objektspezifisch angepassten Sachwertfaktor. Das verweist zurück auf § 8:
„Besondere objektspezifische Grundstücksmerkmale sind wertbeeinflussende Grundstücksmerkmale, die nach Art oder Umfang erheblich von dem auf dem jeweiligen Grundstücksmarkt Üblichen oder erheblich von den zugrunde gelegten Modellen oder Modellansätzen abweichen. Besondere objektspezifische Grundstücksmerkmale können insbesondere vorliegen bei

1 **BESONDEREN ERTRAGSVERHÄLTNISSEN**,
2 **BAUMÄNGELN UND BAUSCHÄDEN**,
3 **BAULICHEN ANLAGEN**, die nicht mehr wirtschaftlich nutzbar sind (Liquidationsobjekte) und zur alsbaldigen Freilegung anstehen,
4 **BODENVERUNREINIGUNGEN**,
5 **BODENSCHÄTZEN** sowie
6 **GRUNDSTÜCKSBEZOGENEN RECHTEN UND BELASTUNGEN**."

Besondere Ertragsverhältnisse, also Erträge des Wertermittlungsobjekts, die erheblich vom Üblichen abweichen, müssen wertmindernd oder werterhöhend berücksichtigt werden. Insofern bezieht auch das Sachwertverfahren Elemente des Ertragswertverfahrens in die Wertermittlung ein.

Baumängel und Bauschäden führen zu Wertminderungen, die durch Abschläge nach Erfahrungswerten unter Zugrundelegung von Bauteiltabellen oder auf der Grundlage von Schadensbeseitigungskosten ermittelt werden können.

Liquidationsobjekte fallen durch erhebliche Ausstattungsmängel, schlechte Gebäudegrundrisse oder durch unzweckmäßige Anordnung der Gebäude auf dem Grundstück. Sie sind in der Substanz schwer geschädigt, mindestens aber wirtschaftlich überaltert, so dass sie nur noch eingeschränkt (oder gar nicht mehr) wirtschaftlich nutzbar sind. Insofern können auch Freilegungskosten zusätzlich anfallen.

Bodenverunreinigungen können bei schädlichen Bodenveränderungen, Verdachtsflächen, Altlasten und altlastenverdächtigen Flächen vorliegen. Die Wertminderung steht dann im Verhältnis zu den Kosten für Sicherung, Sanierung usw.

Bei Bodenschätzen würde eine Goldader unter dem Häuschen den Wert der Immobilie steigern. In der Vergangenheit leisteten Braunkohleflöze unter dem Grundstück eher das Gegenteil.

INFO **BEWERTUNG VON IMMOBILIEN** Wenn Sie sich für die Bewertungskriterien einer Immobilie interessieren und ein wenig recherchieren, werden Sie immer wieder auf bestimmte Kürzel stoßen. So ist im Zusammenhang mit dem Sachwertverfahren die Abkürzung NHK gebräuchlich. Sie meint ein zugegebenermaßen ziemlich langes Wort: Normalherstellungskosten.

Dabei handelt es sich um angenommene durchschnittliche Baukosten. In der Regel können die Herstellungskosten bei neueren Gebäuden aus den Projektunterlagen entnommen werden. Sind diese Unterlagen unvollständig oder nicht mehr vorhanden, wie das bei älteren Gebäuden oft der Fall ist, müssen historische Normalherstellungskosten ermittelt werden. Dafür gibt es Baukostentabellen, aus denen die durchschnittlichen Baukosten (Normalherstellungskosten) für den jeweiligen Gebäudetyp abgeleitet werden. Derzeit arbeitet man mit der Richtlinie NHK 2010. Hierin wurden – im Vergleich zur – Vorgängerin neue Gebäudetypen aufgenommen. Preisveränderungen und -anpassungen werden mithilfe des Baupreisindex (wird vierteljährlich vom Statistischen Bundesamt erhoben) nachvollzogen.

Die zurzeit gültigen Normherstellungskosten wurden zusammen mit der Sachwertrichtlinie vom 5. September 2012 veröffentlicht; oft wird dafür die Abkürzung NHK 2010 verwendet. Die NHK-Richtlinie enthält eine tabellarische Beschreibung der Gebäudestandards zum Beispiel für freistehende Ein- und Zweifamilien-, Doppel- und Reihenhäuser. Die Beschreibungen sind stark typisiert und können daher nur als Beispiel dienen. Aber da gerade diese Gebäudetypen am häufigsten gesucht werden, wenn Interessenten ein „Haus mit Vergangenheit" suchen, hilft ausgerechnet diese starke Typisierung bei der Orientierung. Auch für eine erste grobe Einschätzung des Preises hilft die NHK-Aufstellung, denn sie nennt für die verschiedenen Gebäudetypen Kostenkennwerte in EUR/m^2.

Die Richtlinie unterscheidet fünf Standardstufen und erfasst die für diese Standards wesentlichen Merkmale der Beschaffenheit beziehungsweise Ausstattung. Der einfachste Standard ist die Stufe 1, der höchste die Stufe 5. Die Merkmalsgruppen (z. B. Außenwände, Dach, Fußböden, Heizung …) werden mit einem sogenannten Wägungsanteil versehen. Dies ist im Grunde der Prozentanteil, mit der das entsprechende Beschaffenheits- oder Ausstattungsmerkmal in die Wertberechnung eingeht.

Standardstufe 1

- Außenwände: Holzfachwerk, Ziegelmauerwerk; Fugenglattstrich, Putz, Verkleidung mit Faserzementplatten, Bitumenschindeln, Schiefer, einfachen Kunststoffplatten; kein oder deutlich nicht mehr zeitgemäßer Wärmeschutz (vor 1980).
- Dach: Dachpappe, Faserzementplatten/Wellplatten; keine bis geringe Wärmedämmung
- Fenster und Außentüren: Einfachverglasung; einfach Holztüren; geringer Sicherheitsstandard
- Innenwände und Innentüren: Fachwerkwände, einfache Putze/Lehmputze, einfache Kalkanstriche; Füllungstüren, gestrichen, mit einfachen Beschlägen, ohne Dichtungen
- Deckenkonstruktion und Treppen: Holzbalkendecke ohne Füllung, Spalierputz; Weichholztreppen in einfacher Art und Ausführung; fehlender Trittschallschutz
- Fußböden: Dielung, ohne Belag
- Sanitäreinrichtungen: einfaches Bad mit Stand-WC, Installation auf Putz, Ölfarbanstrich; einfache PVC-Bodenbeläge
- Heizung: Einzelöfen, Schwerkraftheizung
- Sonstige technische Ausstattung: sehr wenige Steckdosen, Schalter und Sicherungen, kein Fehlerstromschutzschalter (FI-Schalter), Leitungen teilweise auf Putz

Standardstufe 2

- Außenwände: ein-/zweischaliges Mauerwerk, z. B. Gitterziegel oder Hohlblocksteine; verputzt und gestrichen oder Holzverkleidung; nicht zeitgemäßer Wärmeschutz (vor ca. 1995)
- Dach: einfache Betondachsteine oder Tondachziegel, Bitumenschindeln; nicht zeit-gemäße Dachdämmung (vor ca. 1995)
- Fenster und Außentüren: Zweifachverglasung (vor ca. 1995); Haustür mit nicht zeitgemäßem Wärmeschutz (vor ca. 1995)
- Innenwände und Innentüren: massive tragende Innenwände, nichttragende Wän-

de in Leichtbauweise (z. B. Holzständerwände mit Gipskarton), Gipsdielen; leichte Türen, Stahlzargen
- Deckenkonstruktion und Treppen: Holzbalkendecken mit Füllung, Kappendecken; Stahl- oder Hartholztreppen in einfacher Art und Ausführung
- Fußböden: Linoleum-, Teppich-, Laminat- und PVC-Böden einfacher Art und Ausführung
- Sanitäreinrichtungen: Bad mit WC, Dusche oder Badewanne; einfache Wand- und Bodenfliesen, teilgefliest
- Heizung: Fern- oder Zentralheizung, einfache Warmluftheizung, einzelne Gasaußenwandthermen, Nachtstromspeicher-, Fußbodenheizung (vor ca. 1995)
- Sonstige technische Ausstattung: wenige Steckdosen, Schalter und Sicherungen

Standardstufe 3
- Außenwände: ein-/zweischaliges Mauerwerk, z. B. aus Leichtziegeln, Kalksandsteinen, Gasbetonsteinen; Edelputz; Wärmedämmverbundsystem oder Wärmedämmputz (nach ca. 1995)
- Dach: Faserzement-Schindeln, beschichtete Betondachsteine und Tondachziegel, Folienabdichtung; Rinnen und Fallrohre aus Zinkblech; Dachdämmung (nach ca. 1995)
- Fenster und Außentüren: Zweifachverglasung (nach ca. 1995), Rollläden (manuell); Haustür mit zeitgemäßem Wärmeschutz (nach ca. 1995)
- Innenwände und Innentüren: nichttragende Innenwände in massiver Ausführung bzw. mit Dämmmaterial gefüllte Ständerkonstruktionen; schwere Türen, Holzzargen
- Deckenkonstruktionen und Treppen: Beton- und Holzbalkendecken mit Tritt- und Luftschallschutz (z. B. schwimmender Estrich); geradläufige Treppen aus Stahlbeton oder Stahl, Harfentreppe, Trittschallschutz
- Fußböden: Linoleum-, Teppich-, Laminat- und PVC-Böden besserer Art und Ausführung, Fliesen, Kunststeinplatten
- Sanitäreinrichtungen: 1 Bad mit WC, Dusche und Badewanne, Gäste-WC; Wand- und Bodenfliesen, raumhoch gefliest
- Heizung: elektronisch gesteuerte Fern- oder Zentralheizung, Niedertemperatur- oder Brennwertkessel
- Sonstige technische Ausstattung: zeitgemäße Anzahl an Steckdosen und Lichtauslässen, TV- und Telefonanschluss, Zählerschrank (ab ca. 1985) mit Unterverteilung und Kippsicherungen

Standardstufe 4
- Außenwände: Verblendmauerwerk, zweischalig, hinterlüftet, Vorhangfassade (z. B. Naturschiefer); Wärmedämmung (nach ca. 2005)
- Dach: glasierte Tondachziegel, Flachdachausbildung teilweise als Dachterrassen; Konstruktion in Brettschichtholz, schweres Massivflachdach; besondere Dachformen, z. B. Mansarden-, Walmdach; Aufsparrendämmung, überdurchschnittliche Dämmung (nach ca. 2005)
- Fenster und Außentüren: Dreifachverglasung, Sonnenschutzglas, aufwendigere Rahmen, Rollläden (elektr.); höherwertige Türanlage z. B. mit Seitenteil, besonderer Einbruchschutz
- Innenwände und Innentüren: Sichtmauerwerk, Wandvertäfelungen (Holzpaneele); Massivholztüren, Schiebetürelemente, Glastüren, strukturierte Türblätter
- Deckenkonstruktionen und Treppen: Decken mit größerer Spannweite, Deckenverkleidung (Holzpaneele/Kassetten); gewendelte Treppen aus Stahlbeton oder Stahl, Hartholztreppenanlage in besserer Art und Ausführung
- Fußböden: Natursteinplatten, Fertigparkett, hochwertige Fliesen, Terrazzobelag, hochwertige Massivholzböden auf gedämmter Unterkonstruktion
- Sanitäreinrichtungen: 1–2 Bäder mit teilweise zwei Waschbecken, teilweise Bidet/Urinal, Gäste-WC, bodengleiche Dusche; Wand- und Bodenfliesen; jeweils in gehobener Qualität
- Heizung: Fußbodenheizung, Solarkollektoren für Warmwassererzeugung, zusätzlicher Kaminanschluss

- Sonstige technische Ausstattung: zahlreiche Steckdosen und Lichtauslässe, hochwertige Abdeckungen, dezentrale Lüftung mit Wärmetauscher, mehrere LAN- und Fernsehanschlüsse

Standardstufe 5

- Außenwände: aufwendig gestaltete Fassaden mit konstruktiver Gliederung (Säulenstellungen, Erker usw.), Sichtbeton-Fertigteile, Natursteinfassade, Elemente aus Kupfer-/Eloxalblech, mehrgeschossige Glasfassaden; Dämmung im Passivhausstandard
- Dach: hochwertige Eindeckung z. B. aus Schiefer oder Kupfer, Dachbegrünung, befahrbares Flachdach; aufwendig gegliederte Dachlandschaft, sichtbare Bogendachkonstruktionen; Rinnen und Fallrohre aus Kupfer; Dämmung im Passivhausstandard
- Fenster und Außentüren: große feststehende Fensterflächen, Spezialverglasung (Schall- und Sonnenschutz); Außentüren in hochwertigen Materialien
- Innenwände und Innentüren: gestaltete Wandabläufe (z. B. Pfeilervorlagen, abgesetzte oder geschwungene Wandpartien); Vertäfelungen (Edelholz, Metall), Akustikputz, Brandschutzverkleidung; raumhohe aufwendige Türelemente
- Deckenkonstruktionen und Treppen: Decken mit großen Spannweiten, gegliedert, Deckenvertäfelungen (Edelholz, Metall); breite Stahlbeton-, Metall- oder Hartholztreppenanlage mit hochwertigem Geländer
- Fußböden: hochwertiges Parkett, hochwertige Natursteinplatten, hochwertige Edelholzböden auf gedämmter Unterkonstruktion
- Sanitäreinrichtungen: mehrere großzügige, hochwertige Bäder, Gäste-WC; hochwertige Wand- und Bodenplatten (oberflächenstrukturiert, Einzel- und Flächendekors)
- Heizung: Solarkollektoren für Warmwassererzeugung und Heizung, Blockheizkraftwerk, Wärmepumpe, Hybrid-Systeme; aufwendige zusätzliche Kaminanlage
- Sonstige technische Ausstattung: Video- und zentrale Alarmanlage, zentrale Lüftung mit Wärmetauscher, Klimaanlage, Bussystem

Parallel zur Ausarbeitung der ImmoWertV 2021 beschäftigten sich die Experten im zuständigen Ministerium auch mit „Muster-Anwendungshinweisen zur Immobilienwertermittlungsverordnung". Sie sollen der Fachkommission Städtebau der Bauministerkonferenz der Länder zur Beschlussfassung vorgelegt werden. Nach derzeitigem Fahrplan rechnet man frühestens Mitte 2022 mit der Fertigstellung.

Die Anwendungshinweise ersetzen nicht die Regelungen der ImmoWertV, ergänzen sie auch nicht durch eigene Regelungen; sie stellen keine Regelungen dar, sondern sollen die einzelnen Paragrafen der ImmoWertV erläutern und interpretieren. Einige Probleme geben diesen Spielraum, etwa in puncto

- Definition der wertrelevanten Geschossflächenzahl (WGFZ)
- Anpassung der Gesamtnutzungsdauern von Objekten
- Aktualisierungsbedarf der Normalherstellungskosten
- Wiedereinführung von Baukosten-Regionalfaktoren u. a. m.

Solange diese Muster-Anwendungshinweise noch nicht beschlossen und veröffentlicht sind, bleibt Immobilieninteressenten zur Orientierung nur der Rekurs auf die ImmoWertV, wie sie hier skizziert worden ist.

MASSNAHMEN BESCHREIBEN

AN DER SIEBTEN STATION erfolgt jetzt die Planung vom Allgemeinen ins Besondere und Einzelne. Nach einem ersten Maßnahmenkonzept, das aus der vierten Station resultierte, und nachdem Sie klar sehen, welche Planungsunterlagen Sie bereits haben oder noch brauchen, und nachdem Sie inzwischen überblicken können, welche weiteren Experten Sie hinzuziehen müssen, fließen nun in diese Planung alle Wünsche ein, die der künftige Eigentümer hat, um sein Raumkonzept durchzusetzen.

Auch wenn Sie noch nicht Eigentümer des Hauses oder der Wohnung geworden sind, gehört diese Vorausschau in den Prozess der Entscheidungsfindung. Wenn Sie bereits Eigentümer der Immobilie sind und es etwa darum geht, ob Sie es bleiben wollen und Ihre Immobilie Ihren aktuellen Bedürfnissen anpassen können, ist diese siebte Station von substanzieller Bedeutung. Wenn aber die Entscheidung schon getroffen ist und Sie noch keine Gelegenheit hatten, diesen Punkt zu bedenken, dann ist jetzt der späte, aber richtige Zeitpunkt dafür.

Wohnen auf dem Land – mit Hindernissen

Eine Bauherrenfamilie hatte sich entschlossen, den alten Familiensitz in Brandenburg wieder in Schuss zu bringen, eine ausgedehnte Hofanlage mit Wohn- und Wirtschaftsgebäuden. Hier ging es also nicht darum, eine Kaufentscheidung zu treffen, wo das Grundstück und der Gebäudekomplex der Familie doch bereits gehörten. Hier ging es eher um das Gegenteil: eine Verkaufsentscheidung zu treffen oder sich – im umgekehrten Fall – für die Sanierung zu entscheiden.

Der Eigentümer steht an dieser Stelle vor genau dem gleichen Problem wie der potenzielle Käufer. Eine genaue Diagnose des Bestands in Beziehung zu den Bedürfnissen des Eigentümers macht die Entscheidung erst möglich.

Etwas von oben herab hätte man urteilen können: Das Positivste, was sich über die Gebäude sagen ließ, war, dass sie noch standen. Das Hauptmotiv aber, das die Bauherrenfamilie zu einem klaren Ja zur Altimmobilie bewog, war die starke emotionale Bindung an den landschaftlichen und geschichtlichen Raum – und an das Anwesen selbst, das der Familie seit dem 13. Jahrhundert gehört.

Die hier zu bewertende Gebäudesubstanz stammt aus dem Jahr 1881. Wie nicht anders zu erwarten, blieb seinerzeit die Qualität der Bauausführung im ländlichen Raum hinsichtlich des verwendeten Materials, des architektonischen Entwurfs und der Bauausführung im Ganzen und in den Details hinter repräsentativen Bauten in den Großstädten der Gründerzeit zurück.

Gebäudediagnose

Die systematische Gebäudediagnose ergab in den sieben Diagnosekomplexen (siehe Seiten 150–151) besonders bei der Gebäudetechnik großen Erneuerungsbedarf. Vor allem die Komplexe A (Abdichtung / Feuchtigkeit), B (Fassade / Außenhaut) und C (Konstruktion / Mauerwerk / Decken) machten deutlich, dass hier unmittelbarer Handlungsbedarf bestand.

Die Diagnose ergab im Einzelnen für den Diagnosekomplex A (Abdichtung Feuchtigkeit) einen relativ geringen Überarbeitungsbedarf bei der Dacheindeckung, an Dachrinne und Fallrohren sowie an Balkon / Terrasse und an den Fenstern, Türen (Schadensgrad beziehungsweise Reparaturstellen bis 10 Prozent) und am Schornstein (Schadensgrad bis 25 Prozent). Die Fassadenoberfläche musste als verbraucht bewertet werden; einzelne Risse und Fehlstellen sowie Wasserränder im Bereich von Konsolen und Gesimsen ließen einen Schadensgrad bis 25 Prozent erkennen.

Dramatisch schlecht war die Situation allerdings an den erdberührten Bauteilen. Das Schadensbild mit erheblichen Schäden durch aufsteigende Feuchtigkeit, Putzabplatzungen und Ausblühungen an den Bauteiloberflächen innen und außen zeigte, dass hier die Abdichtung – sowohl horizontal als auch vertikal – mangelhaft bis unbrauchbar geworden oder überhaupt nicht vorhanden war. Mauerwerksrisse mit Wassereintritt stellten die Gebrauchsfähigkeit dieser Bauteile infrage. Der Schadensgrad betrug über 75 Prozent. Weitere Untersuchungen – unter anderem eine Salzanalyse – waren dringend anzuraten.

Im Diagnosekomplex B zeigten der Verputz und die Oberflächenstruktur Schwachstellen mit einem Schadensumfang von bis zu 50 Prozent; eine Reparatur schien in vertretbarem Rahmen möglich. Türen und Fenster erwiesen sich als im Wesentlichen funktionstüchtig; Schadensumfänge bis zu 25 Prozent würden sich durch Überarbeitung und Reparatur beheben lassen. In gutem Zustand präsentierten sich die Außenwandbekleidungen und Vordächer; trotz relativ geringer Lebenserwartung dieser Bauteile standen Maßnahmen hier derzeit nicht an. Die Wärmedämmung hingegen war – wie bei einem Bau aus dieser Zeit im ländlichen Raum kaum anders zu erwarten – äußerst mangelhaft. Daraus errechnete sich ein Primärenergiebedarf von mehr als 400 kWh pro Quadratmeter und Jahr, was einer Energieeffizienzklasse I entspräche, wenn hier von Energieeffizienz überhaupt noch die Rede war. Die Gebäudehülle war, energetisch gesehen, mangelhaft bis unbrauchbar, den Mindestanforderungen im Sinne eines hygienischen Wärmeschutzes wurde das Gebäude nicht gerecht; wärmedämmtechnische Erneuerungsmaßnahmen für die Hüllfläche beziehungsweise für das Gebäude insgesamt waren unbedingt erforderlich.

Im Diagnosekomplex C (Konstruktion/Mauerwerk/Decken) machte sich an den Außenwänden ein auffallender Reparaturstau mit Schädigungen in Teilbereichen der Bauteile bis zu 25 Prozent Schadensgrad bemerkbar. Der gleiche Schadensgrad herrschte am Dachstuhl vor. Der Zustand der Decken war in einigen Bereichen bedenklich. Schäden an Deckenflächen mit einem Schadensgrad bis 50 Prozent führten dazu, dass die statische Tragfähigkeit der Decken in einzelnen Bereichen nicht mehr gegeben war. Während die Innenwände (tragende und nicht tragende Teile) mit einem Schadensgrad von bis zu 25 Prozent noch relativ gut – im wahrsten Sinn des Wortes – dastanden, stimmten die Treppen weniger optimistisch. Die erheblichen Schädigungen (bis 50 Prozent) schränkten die Funktionsfähigkeit der Treppenanlage und der Geländer stark ein und würden einen größeren Reparaturaufwand auf sich ziehen. Der Zustand der Fußböden war schlecht und musste als sehr bedenklich eingestuft werden, da die Funktionsfähigkeit größtenteils nicht mehr vorhanden war. So zeigten sich starke Verformungen und Rissbildungen an den Bodenoberflächen, Spuren von Reparaturen, die nicht den Regeln der Technik entsprachen, starke negative Einwirkungen des Unterbaus, stellenweise fehlten Teile des Oberbodens. Bei einem Schadensgrad von bis zu 75 Prozent war die Gebrauchstauglichkeit praktisch nicht mehr gegeben. Neben Innentüren in schlechter Verfassung und mit eingeschränkter Funktionsfähigkeit waren faktisch alle Bauteile der Verkleidungen und Oberflächen von Wand und Decken in einem schadhaften und nicht mehr funktionsfähigen Zustand, sodass ihre Erneuerung zwingend notwendig anstand. Grundriss und Raumprogramm ließen weitgehend Verbesserungen zu, um den Vorstellungen der Bauherren besser zu entsprechen. So wurde beispielsweise daran gedacht, zu kleine oder gebundene Zimmer zusammenzulegen. An den tragenden Bauteilen zeigten sich Verformungen des Tragwerks. Hier wurden größere Reparaturen wahrscheinlich; eine genauere Untersuchung durch einen Tragwerksplaner war unbedingt geboten. In einem Gebäudeteil wurde bedauerlicherweise Hausschwamm festgestellt. Zum Zeitpunkt der Untersuchung musste ein Belastungsgrad von bis zu 25 Prozent unterstellt werden. Ein erhebliches Risiko für das gesamte Gebäude erforderte aber unbedingt genauere Untersuchungen.

Im Diagnosekomplex D (Gebäudetechnik) war praktisch keine Technik vorhanden, die sich noch nutzen ließ. Beheizt wurden die Räume mittels Kachelöfen, an einem Einbau einer modernen Heizungsanlage führte also kein Weg vorbei. Ebenso abgewirtschaftet war die gesamte Sanitärinstallation bei undichtem Be- und Entwässerungsnetz und Toiletten und Bädern in hygienisch nicht vertretbarem Zustand. Sämtliche sanitären Anlagen (einschließlich aller Leitungen) mussten komplett erneuert werden. Die Elektroinstallation wurde in bedenklichem Zustand vorgefunden – mit nur geringen Absicherungen und teilweise porösen Isolationen. Angesichts eines Schadensgrads bis 75 Prozent war die Gebrauchsfähigkeit nicht mehr gesichert und eine weitgehende Erneuerung angezeigt. Eine Lüftungsanlage gab es nicht; im Zusammenhang mit der Komplettsanierung und Dämmung der Gebäudehülle war die Installation einer Lüftungsanlage zu erwägen.

Positive Impulse gingen hingegen von den Diagnosekomplexen E bis G aus. Außenanlagen und Einfriedung waren in brauchbarem Zustand, besaßen aber noch Potenzial. Die Grundleitungen bedurften kleinerer Reparaturen und Überarbeitungen; allerdings waren weitere Untersuchungen (zum Beispiel eine Kamerabefahrung) erforderlich, um Gewissheit über den Zustand bis zum Anschluss ans öffentliche Netz zu erlangen.

Die Lage des Grundstücks, seine städtebauliche Situation und das landschaftliche Umfeld entsprachen im Wesentlichen den Wünschen und Ansprüchen der Bauherrenfamilie. Die Anforderungen an die Nutzung des Gebäudes und des gesamten Anwesens werden weitgehend erfüllt.

Die meisten der mit der Architektur und der immateriellen Wertigkeit des Anwesens zusammenhängenden Bewertungspunkte bewegen sich im Positiven; hier kann gar nicht hoch genug eingeschätzt werden, welche ungeahnten Potenziale sich noch in den anschließenden Gebäuden verbergen, die aktuell noch nicht zur Sanierung anstehen und daher nicht Gegenstand der Gebäudediagnose waren.

Abwasserleitungen

Die Bedeutung der Grundleitungen wird oft unterschätzt. Es sind Bauteile, die man in der Regel nicht sieht und auch nicht ohne Weiteres besichtigen kann. Unsichtbarkeit bedeutet keinesfalls Abwesenheit. Und das scheinbar Unsichtbare kann sehr deutlich wahrnehmbare Kosten verursachen.

In Deutschland gibt es rund eine Million Kilometer öffentliche Kanalisation. Drei Millionen Kilometer Kanalleitung liegen hingegen auf nicht öffentlichen, das heißt gewerblich oder privat genutzten Grundstücken. Bundesweiten Untersuchungen zufolge sind 70 bis 80 Prozent der nicht öffentlichen Abwasserleitungen schadhaft, 50 Prozent kurz- oder mittelfristig sanierungsbedürftig. Zu den Leitungen auf dem Grundstück zählen: der Anschlusskanal, die Grundstücksleitung und die eigentlichen Grundleitungen unter dem Gebäude.

Die Leitungen auf dem Grundstück muss der Grundstückseigentümer bauen, warten und instand halten. Diese Pflichten gehen selbstverständlich später auch auf den Erwerber eines gebrauchten Hauses über.

Dass die Umweltgefährdung durch schadhafte Abwasserleitungen nicht hingenommen werden kann, ist einleuchtend. Defekte an den Abwasserleitungen verursachen vor allem dreierlei Schäden:

- **EXFILTRATION DES ABWASSERS:** Abwasser dringt aus den Leitungen in das Grundwasser ein und verunreinigt es; Klärwerke können nur Teile des Abwassers tatsächlich reinigen.
- **INFILTRATION DES GRUNDWASSERS:** Grundwasser dringt in die Abwasserleitungen ein, verdünnt das Abwasser und führt zu einem erhöhten Abwasseranfall in den Klärwerken.
- **ABWASSEREXFILTRATION UND GRUNDWASSERINFILTRATION:** In Untergründen mit stark schwankendem Grundwasserstand treten beide Schadensereignisse wechselweise auf.

Idi-al.S-S-P

S-S-P 1-Bestand-110301

Schwächen - Stärken - Profil ®

		Wicht.	Schwächen -5	-4	-3	-2	-1	Stärken 1	2	3	4	5	Risiko	Bemerkung
A	**Abdichten / Feuchtigkeit**													
A01	Dachdeckung						-1							
A02	Schornstein					-2								
A03	Dachrinne/ Fallrohr						-1							
A04	Fassade-Oberfläche/ Verkleidung					-2								
A05	Balkon/ Terrasse						-1							Ausgang Hofseite
A06	Fenster						-1							
A07	Türen						-1							
A08	Erdberührte Bauteile		-5											
B	**Fassade / Außenhaut : Hüllflächen**													
B01	Dach					-2								Betondachsteine
B02	Fassade / Putz / Oberflächen				-3									
B03	Außenwandbekleidungen, Vordächer							1						Vordach Hofseite
B04	Wärmedämmung			-4										
B05	Türen					-2								
B06	Fenster					-2								
B07	~~Wintergarten / Erker~~													Nicht vorhanden!
B08	~~Balkone/ Terrassen~~													Nicht vorhanden!
B09	Energiebilanz (Primärenergiebedarf)		>400	400	350	300	250	200	150	100	50	0		
B10	~~Denkmalschutz~~													Keine Bewertung!
C	**Konstruktion / Mauerwerk / Decken**													
C01	Außenwände					-2								
C02	Dachstuhl					-2								
C03	Decken				-3									Decke UG links beachten!
C04	Innenwände, leichte Trennwände						-1							
C05	Innenwände, tragende Wände					-2								
C06	Treppen	3			-3								!!	
C07	Fußböden			-4										
C08	Innentüren				-3									
C09	Verkleidungen, Oberflächen an Wand+Decke			-4										
C10	Grundriss / Raumkonzept					-2								
C11	Statik, Konstruktion, tragende Bauteile						-1							
C12	Brandschutz						-1							
C13	Schallschutz						-1							
C14	~~Denkmalschutz~~													Keine Bewertung!
C15	Schadstoffbelastung	5				-2							!!!	Schwamm linke Seite
C16	Barrierefreiheit			-4										

D	**Gebäudetechnik**													
D01	Heizung		-5											
D02	Sanitär		-5											
D03	Elektro			-4										
D04	Lüftung		-5											
D05	~~Technische Gebäudeausstattung~~													Nicht vorhanden!
D06	Energiebilanz (Anlagenaufwandszahl)		>2,4	2,4	2,2	2,0	1,8	1,6	1,4	1,2	1,0	0,8		
D07	Brandschutz					-2								
E	**Außenanlagen**													
E01	Gartenanlage/ Bäume/ Pflanzen							1						
E02	Einfriedung							1						
E03	Grundleitungen/ Wasser/ Abwasser						-1							
F	**Grundstück und Erschließung**													
F01	Städtebauliche Situation							1						
F02	Lage Grundstück							1						
F03	Umfeld zu Grundstück/ Gebäude							1						
F04	Erschließung Straße							1						
F05	Erschließung Medien						-1							
G	**Imaterielle Wertigkeit - Architektur**													
G01	Architektur							1						
G02	Ausstrahlung / Ambiente							1						
G03	Raumklima / Behaglichkeit						-1							
G04	Raumgröße / Raumhöhe							1						
G05	Dach (Form, Anordnung)							1						
G06	Fenster (Größe, Proportion, Aufteilung)							1						
G07	Türen (Zierelemente / Ornamente)				-3									
G08	~~Wände (Zierelemente / Kunst, Stuck, Marmor)~~													Keine Bewertung!
G09	~~Decken (Zierelemente/ Kunst, Stuck, Holz))~~													Keine Bewertung!
G10	~~Schadstoffe / Immission~~													Keine Bewertung!

- Weitere Untersuchungen notwendig   ! - Risiko

Häufige Schadensbilder an Abwasserleitungen sind:

- Deformation der Rohre (besonders bei Kunststoffrohren),
- Scherbenbildung an Keramikrohren,
- Einwurzelungen und
- Verschmutzungen / Verstopfungen.

Für den Schutz des Grundwassers bildet das Wasserhaushaltsgesetz (Neufassung vom 31. Juli 2009; letzte Änderung 4. Dezember 2018) die gesetzliche Grundlage. Das Gesetz verlangt in § 60:

„(1) Abwasseranlagen sind so zu errichten, zu betreiben und zu unterhalten, dass die Anforderungen an die Abwasserbeseitigung eingehalten werden. Im Übrigen dürfen Abwasseranlagen nur nach den allgemein anerkannten Regeln der Technik errichtet, betrieben und unterhalten werden.

(2) Entsprechen vorhandene Abwasseranlagen nicht den Anforderungen nach Absatz 1, so sind die erforderlichen Maßnahmen innerhalb angemessener Fristen durchzuführen."

Was die „allgemein anerkannten Regeln der Technik" sind, ist keine Ermessensfrage. Als Standard gelten hier unter anderem die DIN EN 752 sowie das Arbeitsblatt A 139 (in letzter Fassung erschienen im März 2019) der Deutschen Vereinigung für Wasserwirtschaft, Abwasser und Abfall e. V. (DWA). Diese Vereinigung, eine nichtstaatliche Organisation, ist zugleich als Regelsetzer und Bildungsträger tätig. Sie entstand im Jahr 2000 aus der Zusammenführung der Abwassertechnischen Vereinigung (ATV) und dem Deutschen Verband für Wasserwirtschaft und Kulturbau (DVWK). Aufgrund der Vorgeschichte findet man in der Literatur auch oft Bezüge auf ATV-Arbeitsblätter, die heute Teil des Regelwerks der DWA sind.

INFO **DAS DWA-REGELWERK** Das DWA-Regelwerk ist Ausdruck der technischen Selbstverwaltung. Rechtlich gesehen ist es ein sogenanntes „untergesetzliches Regelwerk". Die Anwendung der Arbeits- und Merkblätter ist zwar nicht von vorneherein verpflichtend, doch dank der Anwendung von Normen wird die Rechtssicherheit erhöht. Außerdem können Rechts- und Verwaltungsvorschriften sowie Verträge die Anwendung dieses Regelwerks verpflichtend vorschreiben. Unabhängig davon sind die DWA-Regeln für die Anwender (Planer, Betreiber von Abwasseranlagen, ausführende Handwerksbetriebe) eine unverzichtbare Quelle von Informationen für fachgerechte Lösungen.

Landesgesetze können in bestimmtem Rahmen abweichende Bestimmungen erlassen; besonders streng gehen Nordrhein-Westfalen, Hamburg und Schleswig-Holstein vor, die jeweils eigene Wassergesetze erlassen haben. Auf Grundlage des Bundesgesetzes und der Landesgesetze können Gemeinden in ihren Satzungen eigene Regelungen treffen.

Prinzipiell haftet der Grundstückseigentümer für den ordnungsgemäßen Zustand der Grundstücksentwässerungsanlage (GEA). Jedoch regelt jede Kommune in ihrer Entwässerungssatzung gesondert, ob der Eigentümer auch für den Grundstücksanschluss zuständig ist. Mögliche Varianten sind:

- **KOMMUNALREGIE:** Der Kanalnetzbetreiber baut, betreibt und unterhält den Grundstücksanschluss in seiner gesamten Länge, das heißt vom Revisionsschacht auf dem Grundstück bis zum Anschluss an den Straßenkanal.
- **ANLIEGERREGIE:** Hier ist der Grundstückseigentümer für den gesamten Grundstücksanschluss bis zum Anschluss an den Straßenkanal zuständig.
- **ZUSTÄNDIGKEIT BIS ZUR GRUNDSTÜCKSGRENZE:** Der Grundstückseigentümer ist verantwortlich für den Grundstücksanschluss bis zur Grundstücksgrenze, der Kanalnetzbetreiber für den Teilbereich auf öffentlichem Grund.

Auch für die Wartung, die gegebenenfalls eine Reparatur oder Sanierung einschließt, existieren unterschiedliche Modelle in den Kommunen:

- **ANFORDERUNGSMODELL:** Die Gemeinde untersucht die öffentlichen Kanäle und fordert von den Anliegern einen Dichtheitsnachweis; der Bürger lässt seinen Teil der Abwasserleitungen untersuchen und gegebenenfalls sanieren.

- **KOOPERATIONSMODELL:** Die Gemeinde untersucht öffentliche und private Abwasserleitungen; der Bürger saniert die Abwasserleitungen im Gebäude und auf dem Grundstück.
- **SANIERUNGSMODELL:** Die Gemeinde untersucht öffentliche und private Leitungen und saniert sie gegebenenfalls.

Große Unterschiede bestehen zwischen den einzelnen Ländern besonders hinsichtlich der Fristen. Auch die Regelungen zu den Wiederholungsprüfungen sind unterschiedlich. In Hessen weichen sie zum Beispiel mit 30 Jahren von den in der DIN empfohlenen 20 Jahren ab. Dass Wiederholungsprüfungen in Wasserschutzgebieten häufiger stattfinden müssen als gewöhnlich, ist selbstverständlich und unumgänglich.

Bei einer Pilotuntersuchung in einem Hamburger Wohngebiet wurden bei den untersuchten Grundleitungen sehr verschiedene Schadensarten an den Abwasserleitungen festgestellt. Die Schäden verteilten sich folgendermaßen:

- 38,6 % Lageabweichungen
- 36,5 % Wurzeleinwüchse
- 17,5 % Ablagerungen
- 4,6 % Rissbildungen
- 2,8 % Sonstige Schäden

Nur ein Viertel der untersuchten Leitungen war schadenfrei. Die Norm DIN 1986 Teil 30 regelt die Sanierung von Abwasserleitungen. Mit der DIN 1986–100 wird darüber hinaus den Erfordernissen der europäischen Normen Rechnung getragen; hier hat sich der Klimawandel bereist niedergeschlagen: Der Abschnitt über Regenwasserableitung wurde ergänzt durch die Bemessung von Dachabläufen, Regenrinnen, Notentwässerungen, Dachentwässerungen mit Druckströmung, Regenrückhalteeinrichtungen und die Führung der Überflutungsnachweise. Hier wurden die Normen den aktualisierten „Starkniederschlagshöhen für Deutschland" angepasst.

Kanalarbeiten erweisen sich regelmäßig als Kostenfaktoren für Hauseigentümer.

Nicht immer reicht eine Kamerabefahrung aus, um Schäden verlässlich auszuschließen. Liegen die Abwasserleitungen nämlich in einem Grund mit schwankenden Grundwasserhöhen, könnte eine mögliche Grundwasserinfiltration in Zeiten niedrigen Grundwasserstands nicht ausgeschlossen werden. In diesem Fall wird die Gemeinde auf einer Druckprüfung bestehen, um die Dichtheit der Leitung nachzuweisen.

Der regelmäßige Ablauf einer Dichtheitsprüfung sieht so aus:

- Reinigung mittels Hochdruck
- Optische Inspektion: Kamerabefahrung vom Hauptkanal / Revisionsschacht oder vom Gebäude aus
- Druckprüfung mittels Luft oder Wasser (durchzuführen, wenn die Kamerabefahrung keine schlüssige Aussage ermöglicht)
- Sanierung (falls Schäden vorhanden)
- Dichtheitsbescheinigung

Über die konkreten Anforderungen und Fristen des Landesgesetzes und der Gemeindesatzung informieren Sie sich am besten bei Ihrer Gemeindeverwaltung.

Je nach Schwere der Schäden und Länge der Leitungen kann die Sanierung zwischen 500 und 15 000 Euro kosten. Jeder Hauseigentümer tut also gut daran, nicht nur für Dach-

Zuständigkeit Entwässerung

Für den Immobilieninteressenten ist der Zustand der Abwasser- und Grundleitungen immer wichtig – ganz gleich welche Satzung die Kommune sich gegeben hat und welches Wartungs- und Sanierungsmodell vor Ort angewandt wird. Der Eigentümer, der Erbe wie der potenzielle Neuerwerber tut im eigenen Interesse gut daran, sich über den Zustand der Grundstücksentwässerungsanlage (ein etwas sperriges Wort, das gewöhnlich mit GEA abgekürzt wird) seiner Immobilie zu informieren. Gegebenenfalls sollten entsprechende Pläne bei der zuständigen Behörde angefordert werden. Das Tiefbauamt Karlsruhe beispielsweise bietet auf seiner Website online ein Formular zur Beantragung von Auskünften aus dem Kanalkataster. Sind Pläne zu den Grundstücksentwässerungsanlagen vorhanden, können diese per E-Mail angefordert werden. Karlsruhe informiert auch in einer eigenen Broschüre über die Sanierung von Verwurzelungsschäden, insbesondere für solche Fälle, in denen kommunale Bäume eine private Abwasserleitung beschädigt haben.

Ist eine Immobilie älter als 50 Jahre und liegt sie überdies in einem Wasserschutzgebiet, sollte vor Vertragsabschluss ermittelt werden, ob eine Dichtheitsprüfung bereits erfolgt ist. Denn auf Verlangen muss der neue Eigentümer den Prüfnachweis für seine Grundstücksentwässerungsanlage vorlegen können.

Da nicht nur Prüffristen und -intervalle, sondern auch Umfang und Nachweis der Kanalprüfung unterschiedlich geregelt sind, empfiehlt es sich auch in dieser Frage einen Experten hinzuzuziehen, der die Regeln am Ort kennt. Er weiß auch, ob – wie in Baden-Württemberg, Bremen, Saarland, Rheinland-Pfalz und den fünf östlichen Bundesländern – kleine häusliche Grundstücksentwässerungsanlagen von der Prüfpflicht ausgenommen sind.

Vorsicht allerdings bei übereifrigen Unternehmen, die prüfen und immer Schäden entdecken, die sie sofort sanieren wollen, unberührt davon, ob eine Sanierung überhaupt notwendig ist.

reparaturen oder gegebenenfalls eine Neueindeckung Rückstellungen zu bilden, sondern auch für zwingend notwendige Reparaturen an den Abwasserleitungen. Was für den Regenschutz gilt, muss auch für die Wasserentsorgung des Hauses gelten.

Maßnahmenplan und Leistungsbeschreibung

Aus der Gebäudediagnose geht – wie bereits am Beispiel auf den Seiten 147ff. ausgeführt – ein erstes Maßnahmenkonzept hervor. Schließlich erstellt der „Hausarzt" oder ein von ihm beauftragter „Facharzt" eine Maßnahmen- und die Leistungsbeschreibung, auf deren Grundlage die Ausschreibung und Vergabe der Arbeiten und letztlich auch die Dokumentation und Abrechnung erfolgen.

Sie sollen dem „Hausarzt" die Ausarbeitung dieser Beschreibungen nicht abnehmen, sollten ihm aber getrost über die Schulter schauen. Zur Transparenz als Basis des Vertrauensverhältnisses zwischen Bauherr beziehungsweise Kaufinteressent und „Hausarzt" gehört auch, dass Sie wissen, was Ihr Experte gerade tut, und Sie verstehen, warum er dies tut.

Auch wenn zu diesem Zeitpunkt der Beginn der eigentlichen Sanierung noch in der Ferne liegt, die Planung muss schon beginnen. Je genauer Sie wissen, was geschieht und geschehen muss, desto besser können Sie den Kostenrahmen abschätzen, in dem Sie sich bewegen. Und die Kosten sollten Sie so weit wie möglich kennen, bevor Sie die endgültige Entscheidung über den Erwerb Ihrer Immobilie treffen.

INFO ZEHN REGELN FÜR DIE LEISTUNGS BESCHREIBUNG

1 **Vertragsgegenstand und Leistungsumfang müssen eindeutig beschrieben sein.** Standardisierte Leistungsbeschreibungen mancher Anbieter erfassen nicht den vollen Leistungsumfang, der für Ihren konkreten Fall erforderlich ist. Auch Ihre persönlichen Gestaltungswünsche müssen hier einfließen: mit allen planerischen und auch finanziellen Konsequenzen.

2 **Planungsleistungen gehören dazu.** Entwurfs- und Genehmigungsplanung (einschließlich der Zeichnungen und der Tragwerksplanung) sollten genau definiert werden. Die Ausführungsplanung gehört zum Leistungsumfang. Baulicher Wärmeschutz und effiziente Heizungstechnik müssen gemäß der Energieeinsparverordnung

bzw. dem neuen Gebäudeenergiegesetz (GEG) bereits in der Planung festgelegt werden.

3 **Bauleitung nicht vergessen.** Die Bauleitung sollte gemäß der Landesbauordnung zum Leistungsumfang gehören. Zusätzliche Serviceleistungen – so sie denn infrage kommen – sind immer gesondert schriftlich zu vereinbaren.

4 **Mit dem Grundstück muss alles in Ordnung sein.** Anforderungen, die mit „bauseits" oder als „Bauherrenleistungen" deklariert sind, werden vorausgesetzt, das heißt, Sie als Eigentümer/Bauherr müssen vorsorgen. Das trifft besonders bei An- und Erweiterungsbauten zu, bei schwierigen Geländeverhältnissen oder bei unklaren Vornutzungen. In solchen Fällen sollten Grundstücksuntersuchungen fest eingeplant werden.

5 **Transparenz der Kosten muss gewahrt sein.** Festgehalten werden muss gegebenenfalls, für welche Leistungen Mehrkosten entstehen. Dabei müssen die gewerkbezogenen DIN-Normen als Vertragsgrundlage dienen.

6 Fordern Sie die tatsächlichen Angaben der einzelnen Gewerke an. Auch wenn ein Generalauftragnehmer Leistungen anbietet oder mehrere Gewerke zusammengefasst werden, dürfen Sie eine **detaillierte und nachvollziehbare Aufstellung aller Teilleistungen** erwarten.

7 **Produkt- und Materialangaben, Herstellernamen und technische Parameter dokumentieren** lassen. Das ist einerseits erforderlich, um die Preisgestaltung nachvollziehen zu können, andererseits, um eine verlässliche Dokumentation der ausgeführten Arbeiten und verbauten Teile zu erhalten. Für die spätere Wartung oder für Reparaturen ist dies unerlässlich.

8 **Eigenleistungen auf Basis der Maßnahmen- und Leistungsbeschreibung planen.** Darum müssen Gutschriften für Eigenleistungen – getrennt nach Material- und Lohnanteil – ausgewiesen werden. Bestehen Sie darauf, dass Eigenleistungen präzise abgestimmt und schriftlich vereinbart werden.

9 **Als Eigentümer/Bauherr sichern Sie Arbeits- und Gesundheitsschutz.** Sofern gefordert, ist ein Sicherheits- und Gesundheitskoordinator separat zu beauftragen. Auch wenn Sie viel Verantwortung an den „Hausarzt" oder den Bauleiter abtreten, Sie bleiben der Eigentümer/Bauherr und verantworten den Arbeits- und Gesundheitsschutz auf der Baustelle mit. Mit der Wahrnehmung der Pflichten, die aus der Baustellenverordnung (BaustellV) entstehen, können Sie einen Dritten beauftragen. Das muss dann aber schriftlich und vertraglich bindend geschehen.

10 **Technische Nachweise und Kontrolle gehören in die Dokumentation.** Die Übergabe der folgenden Dokumente sollte bereits von Anfang an vereinbart werden: Bautagebuch; Gewährleistungsbescheinigungen (fachgerecht mängelfreie Ausführung der Bauleistungen) aller Gewerke; gegebenenfalls Protokolle der baubehördlichen Gebrauchsabnahme; Schornstein-Abnahmeprotokoll (sofern von Leistungen betroffen); Energieausweis wie im neuen Gebäudeenergiegesetz festgelegt; Garantieurkunden für sämtliche Einrichtungen der Haustechnik; Bestandszeichnungen der technischen Gebäudeausrüstung; Nachweise über die umweltbezogene Unbedenklichkeit der verwendeten Baustoffe. Alle Prüfzeugnisse, Urkunden oder Zulassungsbescheide müssen im Original vorliegen.

Sowiesomaßnahmen

Wann auch immer die eigentliche Sanierung beginnen soll: Mit dem Maßnahmenplan fixieren Bauherrinnen und Bauherren am besten zuerst die „groben" Ziele und gleichen sie mit den sogenannten Sowiesomaßnahmen ab. Was unter Sowiesomaßnahmen zu verstehen ist? Hierunter begreift man diejenigen Arbeiten, die nach Maßgabe der Gebäudediagnose unbedingt erforderlich sind – also Maßnahmen, die „sowieso" durchgeführt werden müssten, ganz gleich welche sonstigen Vorstellungen man in seiner Bestandsimmobilie verwirklichen will.

Bei der Abfolge der Maßnahmen kommt es auf die Wichtung an. Höchste Priorität genießen daher die Bestandserhaltungsmaßnahmen. Dazu können auch Abbruch- und Rückbaumaßnahmen gehören, sofern klar ist, dass Bauteile verschwinden müssen, die einer Sanierung im Weg stehen oder für eine künftige Nutzung des Gebäudes definitiv nicht mehr gebraucht werden.

Maßnahmenplanung

Tatbestand	Sowiesomaßnahmen
Haus hat keine Heizung.	Heizung muss neu installiert werden.
Dach ist undicht.	Dachdeckung muss erneuert / ergänzt werden.
Keller ist nass.	Trockenlegung / Isolierung
Fenster sind defekt.	Einbau neuer Fenster, Sanierung der Stürze
Bad und Toiletten sind unbrauchbar.	Neuinstallation der Sanitärtechnik einschließlich Leitungssystem

Im Fall des Anwesens auf dem Land erwiesen sich beispielsweise als vorrangig: Trockenlegung, Deckensanierung, Sanierung der defekten Holzbalkendecke, Sanierung des Dachstuhls, Schwammsanierung … Besonderes Schwergewicht lag im Diagnosekomplex C (Konstruktion / Mauerwerk / Decken) auf der Instandsetzung der Treppen und auf der Schwammsanierung, weil sich diese Maßnahmen gegen ein besonders hohes Risiko für das Gebäude (weitere Schadensausbreitung beziehungsweise generelle Funktionstüchtigkeit) richteten.

Kostenkorridor

Es hat sich in der Praxis als vorteilhaft erwiesen, die Maßnahmenplanung sofort mit einer Kostenplanung zu unterlegen – und zwar auch, bevor die Leistungen ausgeschrieben, Angebote eingeholt und die Arbeiten vergeben worden sind. In dieser Phase ist es natürlich noch nicht möglich, die tatsächlichen Preise zugrunde zu legen – das kann man erst, wenn alle Angebote vorliegen und die Vergabe erfolgt ist. Es geht hier erst einmal um die Größenordnungen. Baupreise sind keine Mondpreise, sie beruhen auf sachlichen Kalkulationen und bewegen sich in branchenüblichen Dimensionen.

Für eine erste Kostenschätzung sollten nicht nur die Optimalwerte erfasst werden, die man sich vorstellt oder wünscht. Ein gebrauchtes Haus gibt sich manchmal etwas verschlossen und will nicht gleich enthüllen, was alles in ihm steckt. Ein paar Überraschungen hält es immer parat, die selbst der gründlichsten Diagnose verborgen bleiben. Solche Überraschungsmomente lassen sich bei einem alten Haus meistens in Euro ausdrücken, die als Mehrkosten auf der Rechnung erscheinen. Daher sollten die Kosten auf drei Schienen angegeben werden:

- die Mindestkosten, von denen man erfahrungsgemäß weiß, dass sie mit Sicherheit anfallen werden;
- die durchschnittlichen Kosten, die sich infolge langjähriger Erfahrungswerte höchstwahrscheinlich ergeben werden;
- die Maximalkosten für den allerschlimmsten Fall.

Diese Dreigleisigkeit soll verhindern, dass man als Eigentümer und künftiger Bauherr die Maximalsumme nie berücksichtigt – in der Hoffnung, der schlimmste Fall werde schon nicht eintreten – und dann überrascht ist, wenn es doch so weit kommt. Bietet Ihr „Hausarzt" nicht von sich aus diese drei Varianten an, dann verlangen Sie von ihm, dass er es tut.

Wie Sie Pläne lesen

In den verschiedenen Planungsunterlagen, namentlich den gezeichneten (oder auch ausgedruckten oder digital gespeicherten) Plänen werden Änderungen im Baubestand in Zeichnungen mit verschiedenen, fest definierten Farben aus der RAL-Skala (siehe Seite 158) besonders hervorgehoben.

Diese Farbgebung wird von den Landesbauordnungen vorgeschrieben. Allerdings sind die Behörden auch mit durchgehender Schwarzweiß-Darstellung zufrieden, wenn sich die Bauteile und die Bauweise daraus zweifelsfrei erkennen lassen.

Auch die Linien werden in einer Bauzeichnung nicht zufällig gewählt, sondern haben eine jeweils eigene Bedeutung. Der Überblick der verschiedenen Linienarten (siehe unten) erleichtert Ihnen das Lesen einer Bauzeichnung.

Neben den Linienarten sind auch die unterschiedlichen Schraffuren (siehe Seite 158) in ihrer Bedeutung festgelegt; sie markieren verschiedene Arten von Baustoffen auf einem Plan. Diese Festlegungen sind in der

Kostengrobschätzung für künftige Sanierungsmaßnahmen

Integra Plane und Gestalten GmbH 1 von 1

Doppelhaushälfte li / re ??	Prj.	Nr.	**662**			
Musterstrasse 20 Berlin	HNF	qm	145			
	WF	qm	115	1.143	1.407	1.683
Maßnahmen-Konzept	BRI	cbm	650			

KOSTENGROBSCHÄTZUNG incl. Mwst.

	Kurzbeschreibung	Energie	Wichtung	Lage	Min.	Mittel	Max
	Summe Kostenrahmen ohne Honorare				131.500	161.750	193.500
	Eingang		A	EG	500	1.000	1.500
	Treppe		A	UG-OG	1.000	1.500	2.500
	Wände-Tapeten		B	UG-OG	16.000	20.000	25.000
	Fußboden, teilweise		B	UG-OG	8.500	10.500	13.000
	Balkon				5.500	7.500	9.000
	Dachdeckung			s. Energie			
	Du/WC EG		A		2.500	3.500	5.500
	Wand versetzen		A		3.000	4.000	5.500
	Wand Abriss Küche-Wohnen				2.500	3.000	3.500
	Tür Windfang				1.500	2.500	3.500
	Kaminofen				2.000	2.500	3.000
	DG GKP Verkleidung				7.000	8.500	10.000
	Terrasse Anpassung			Außen	2.500	3.000	4.000
	Gebäudetechnik						
	Überprüfung der Grundleitung, Abwasser		A	UG	500	750	1.000
	Sanitär: Leitungen+Dämmung	E	A	Alle	6.500	8.500	10.000
	Gasbrennwertkessel neu+Leitungen	E	A	UG	6.500	8.500	9.500
	Wärmepumpe + Solaranlage	E	B	UG / Dach	5.500	6.500	7.500
	Bad OG		A		7.500	8.500	10.000
	Lüftung-Entlüftungsystem				4.000	4.500	5.000
		E					
	Energiesparmaßnahmen						
100	Dämmung Fassade/Wärmebrücken	E	C	Alle	12.000	14.000	16.000
130	Dachdeckung + WäDä	E	B	DG	21.000	24.000	26.000
	Dachfenster neu			DG	5.500	6.500	7.500
9	Fenster, neu / Reparatur	E	A	UG-OG	10.000	12.500	15.000
	Honorare						
					15.000	17.500	20.000

	Modellrechnung Energieeinsparung			
	Ziel: ca. 2 Liter Verbrauch Qe			
	Einsparung 20-25 Liter /qm-a; IST ca. 30l/qma	EUR/L	Li-Einsp	pro x Jahre
116	beheizte Wohn+Nutzfläche	0,65	23	1.734
10	Jahres-Rechnung			17.342
20	Jahres-Rechnung			34.684
30	Jahres-Rechnung			52.026

Deutschen DIN 1356 normiert. DIN 1356–1 fixiert Arten, Inhalt und Grundregeln der Darstellung. Sie gilt sowohl für Zeichnungen mit der Hand als auch für computergenerierte Pläne (CAD-Zeichnungen). Die DIN 1356–1 trifft auch Festlegungen über die Projektionsarten und Maßstäbe von Bauzeichnungen.

Das gewährleistet ein einheitliches Planwerk von allen und für alle Beteiligten an einem Bauvorhaben. Wenn Sie selbst eine Idee skizzieren wollen, ist es bestimmt nützlich, sich mit Ihrer Zeichnung an der DIN 1356–1 zu orientieren, damit Sie nicht missverstanden werden.

Farbkodierungen in Bauplänen

Farbliche Kennzeichnung von Bauteilen		
Grau (RAL 7001)		= vorhandene Bauteile
Korallenrot (RAL 3016)		= neues Mauerwerk
Patinagrün (RAL 6000)		= neuer Beton oder Stahlbeton
Gelb (RAL 1016)		= Bauteile, die beseitigt werden sollen

Abkürzungen für die einzelnen Gewerke

H	Heizung
S	Sanitär
L	Lüftung
E	Elektro
K	Kälte
G	Gas
W	Wasser
DV	Datenverarbeitung
KT	Kommunikationstechnik

Bauzeichnungen lesen

Linienart	Wichtige Anwendung
Volllinie (breit)	Begrenzung von Flächen geschnittener Bauteile, Blattränder; Schriftfelder
Volllinien (mittelbreit)	Sichtbare Kanten von Bauteilen, Begrenzung schmaler oder kleiner Flächen, Schriftfelder, Maßlinienbegrenzungen, Maßzahlen
Volllinie (schmal)	Raster-, Maß-, Maßhilfs-, Hinweislinien, Höhenlagen, Schraffuren, Lochungs- und Faltmarken
Strichlinie (mittelbreit)	Unsichtbare Kanten und Bauteile
Strichlinie (schmal)	Nebenrasterlinien
Strichpunktlinie (mittel)	Stoffachsen, Symmetrieachsen
Strichpunktlinie (schmal)	Kennzeichnung von Änderung im Schnittverlauf
Punktlinie (schmal)	Abzubrechende oder nebensächlich dargestellte Bauteile

Kennzeichnung von Baustoffen

Beton, unbewehrt	
Stahlbeton	
Stahlbeton-Fertigteile	
Mauerwerk	
Putz	
Kies	
Sand	
Gewachsener Boden	
Dämmstoff	
Dichtstoff	
Vollholz quer zur Faser geschnitten	
Vollholz längs zur Faser geschnitten	
Abdichtung	
Metall, Stahlprofil	

Smart Home

Smart Home – bedeutet so viel wie „intelligentes Haus". Im Englischen heißt „smart" etwa intelligent, gewitzt oder schlau. Das Wort kann aber auch als Abkürzung für „Self-Monitoring, Analysis and Reporting Technology" verstanden werden. Unter Smart Home fasst man eine Fülle von technischen Systemen, Verfahren und intelligenten Lösungen in Wohnungen und Wohnhäusern. Die Erhöhung der Wohn- und Lebensqualität steht dabei im Blickpunkt, ferner sind Aspekte der Sicherheit sowie – im Zeichen des Klimaschutzes – des effizienten Energieeinsatzes von zunehmendem Interesse. Die Gebäuderichtlinie der Europäischen Union von 2018 spricht sogar von einem „Intelligenzfähigkeitsindikator" und „Gebäudeautomatisation". In der Randziffer 30 heißt es: „Der Intelligenzfähigkeitsindikator sollte verwendet werden, um die Fähigkeit von Gebäuden zu messen, Informations- und Kommunikationstechnologien sowie elektronische Systeme zur Anpassung des Betriebs der Gebäude an den Bedarf der Bewohner und des Netzes sowie zur Verbesserung der Gesamtenergieeffizienz und -leistung der Gebäude zu nutzen. Der Intelligenzfähigkeitsindikator sollte die Eigentümer und die Bewohner von Gebäuden auf die Vorteile der Nutzung der Gebäudeautomatisierung und elektronischen Überwachung gebäudetechnischer Systeme aufmerksam machen und sollte bei den Bewohnern Vertrauen im Hinblick auf die durch diese neuen erweiterten Funktionen tatsächlich erzielten Einsparungen schaffen. Die Verwendung des Systems zur Bewertung der Intelligenzfähigkeit von Gebäuden sollte für die Mitgliedstaaten optional sein."

Hierbei handelt es sich zwar um eine etwas umständliche, im Ganzen aber wohl treffende Umschreibung dessen, was man unter Smart Home verstehen kann. Auch die Vernetzung von Haustechnik und Haushaltsgeräten – von intelligenten Dachfenstern, Regensensoren, Jalousien, Heizung und Belüftung bis hin zu Herd, Kühlschrank, Stereoanlage und Waschautomat – fällt unter diesen Begriff.

Wie funktioniert ein Smart Home?

Dank Sensoren und Aktoren interagieren verschiedene Geräte der Haustechnik miteinander. Während die Sensoren bestimmte Parameter erkennen oder messen, beispielsweise Bewegungsmelder oder Regensensoren, und sie an die zentrale Steuerungseinheit (je nach Hersteller als Hub, Basisstation, Zentrale, Gateway, Bridge oder noch ganz anders genannt) melden, löst die Zentrale bestimmte Funktionen der Aktoren aus, beispielsweise das Einschalten einer Überwachungskamera, bestimmter Beleuchtungselemente oder einer Alarmanlage bei Bewegungsmeldern oder das Schließen der Dachfenster bei Regensensoren.

Von Smart Home spricht man insbesondere dann, wenn die im Haus verwendeten Leuchten, Taster und Geräte untereinander vernetzt sind, Geräte Daten speichern können und ihre Auswertung zulassen sowie eine eigene Logik abbilden. Besitzt das Smart-Home-System eine eigene Programmierschnittstelle, kann es gegebenenfalls auch über das Internet angesprochen werden und lässt sich mithin auch via Apps vom Mobiltelefon (oder von Tablets oder PCs) aus ansteuern.

Preiswerte Smart-Home-Lösungen haben in der Regel standardisierte Reaktionsmuster im Programm. Sie lassen sich oft nicht weiter individualisieren. Komfortablere Systeme bieten hingegen die Möglichkeit, spezielle individuell angepasste Handlungsanweisungen digital in der Zentraleinheit zu hinterlegen. Solche hinterlegten Handlungsanweisungen nennt man Szenen oder Routinen.

Einige Smart-Home-Geräte funktionieren nur mit der Zentraleinheit ihres Herstellers. Diesen „Kundenbindungssystemen" stehen aber auch offene Systeme gegenüber, deren Zentraleinheiten auch die Einbindung von Geräten anderer Anbieter erlauben. Wegen der höheren Auswahl an Kombinationsmöglichkeiten erfreuen sich offene Systeme gegenüber herstellergebundenen zunehmender Beliebtheit.

In einer Onlineumfrage der Stiftung Warentest bekundete knapp ein Drittel der 1751 Teilnehmer Interesse am Thema Smart Home. „Besonders häufig erhofften sich die Nutzer Energieeffizienz, Einbruchschutz und mehr

Wohnkomfort. Um solche Wünsche zu erfüllen, muss ein intelligentes Zuhause verschiedene Geräte miteinander vernetzen."

- Energieeinsparung lässt sich erzielen, wenn beispielsweise die Raumtemperatur im Haus sinkt, nachdem man das Haus verlassen hat, und wieder steigt, bevor man nach Hause kommt.
- Sicherheit lässt sich erhöhen, wenn das System über offene Fenster oder ungebetene Gäste mittels Bewegungsmelder informiert.
- Komfort erhöht sich etwa, wenn Licht-, Rollladen- und Dachfenstersteuerung dazu beitragen.

Kernstück des Smart Homes ist die Zentrale, also die zentrale Mess-, Rechen- und Steuereinheit. Sie koordiniert das Zusammenspiel der Geräte und Sensoren im intelligenten Haus.

Smart-Home-Zentralen gibt es schon ab 50 bis wenige Hundert Euro. Die Stiftung Warentest bietet in einem eigenen Handbuch Smart Home Informationen von der Planung über Technik, Kosten bis hin zur Sicherheit.

Doch was nutzt die intelligenteste Zentrale, wenn die Peripherie nicht stimmt? Beim Neubau kann man die intelligente Ausstattung des Hauses von Anfang an mitplanen. Doch wie verhält es sich beim Altbau? Wenn der Strom nicht dort aus der Dose tritt, wo man ihn haben will? Wenn die Schalter und Taster nicht dort liegen, wo man sie braucht?

Diese Fragen verweisen auf den Aspekt, auf den in diesem Buch immer wieder hingewiesen wird: die planerische Vorwegnahme der Umbau- und Sanierungsmaßnahmen am Haus Ihres Interesses.

Smart Home planen

Smart-Home-Technologien geben eine relativ junge Erscheinung ab. Erst ungefähr seit der Jahrtausendwende wird daran gearbeitet. 2001 begannen erste Präsentationen der neuen technischen Möglichkeiten. 2005/06 stand für kurze Zeit das T-Com-Haus auf der Leipziger Straße in Berlin. Es war ein Gemeinschaftsprojekt mehrerer Unternehmen (Deutsche Telekom, WeberHaus, Siemens, Neckermann), das den Stand der Technik und die Zukunftsaussichten der Hausautomation demonstrieren sollte.

Wenn der Eigentümer eines der ersten neu gebauten Häuser mit kompletten Smart-Home-Lösungen im Münchner Merkur erklärte: „Wir können in Thailand am Strand liegen und bekommen eine E-Mail, wenn jemand an unserer Haustür klingelt", so stellte sich diese Aussage für viele Leser gleich zweimal selbst infrage. Erstens: Geht es nicht vielleicht an der Lebenswirklichkeit (und an den Lebensnotwendigkeiten) der großen Mehrzahl der Menschen vorbei, in Thailand am Strand zu liegen und sich E-Mails von der Haustürklingel schicken zu lassen? Zweitens: Wenn ich schon in Thailand am Strand liege (und vermutlich Urlaub habe), warum sollte mich dann interessieren, wer in Unterföhring gerade an meiner Haustür klingelt? Natürlich ist es technisch inzwischen möglich, die Haustürklingel mit der Überwachungskamera und dem E-Mail-Account so zu vernetzen, dass der Besucher an der Haustür fotografiert und dieses Foto per-E-Mail umgehend an den abwesenden Eigentümer gesendet wird. Aber will ich mich als Eigentümer einer solchen Echtzeit-Versklavung aussetzen? Oder anders gefragt: Muss ich jederzeit alles wissen? Und – wichtiger noch – will ich als Gast oder Besucher, der vor der Haustür steht, dass man so mit mir umgeht? Soll dokumentiert werden, wann ich vor wessen Haustür gestanden habe? Würde ich als Besucher nicht zumindest darüber informiert werden wollen, dass so mit meinem Bild verfahren wird? Möchte ich als Besucher nicht selbst entscheiden, ob der Abwesende über meine Anwesenheit informiert wird?

So zeigt sich, dass mit einer Renovierung oder Modernisierung verbundene Planungsfragen in ethische Fragen münden können. Der Eigentümer sollte sich bewusst machen, dass sich ein Besucher solche Fragen stellt. Der unterstellte Vorteil einer erhöhten Informationsverarbeitung und einer erleichterten Kommunikation könnte nämlich leicht in sein Gegenteil umschlagen: Besucher könnten darauf verzichten, überhaupt erst auf den Klingelknopf zu drücken, wenn Ihnen bewusst wird, dass sie damit einen Teil ihrer informellen Selbstbestimmung – unfreiwillig – suspendieren.

Das T-Com-Haus, Berlin 2005, demonstrierte den Stand der Technik und die Perspektiven der Hausautomation.

Schwachstellen

Smart Homes punkten bei Komfort, Sicherheit und Energieeffizienz. Es wäre ein Wunder, träten dabei keine Schwachstellen zutage. Die größte Schwachstelle trägt der Smart-Home-Nutzer wahrscheinlich in der eigenen Hosentasche mit sich herum: das allgegenwärtige Smartphone.

Sicherheitslücken in Kommunikationssystemen – gleich ob PC, Tablet oder Smartphone – bedeuten auch Sicherheitslücken in allen mit ihnen vernetzten Systemen. Die Geschichte der Informationstechnologie zeigt: Selbst die kompliziertesten Systeme sind nicht sicher vor Hackerangriffen, nicht einmal der Bundestag blieb verschont. Auch die smartesten Häuser sind nicht die vollkommen einbruchsichersten intelligentesten Häuser. Eine fernsteuerbare Sicherheitstechnik ist dann sinnlos, wenn der Einbrecher bereits im System ist. Erhöhter Beratungsbedarf besteht hier auf jeden Fall. Und das nicht nur ausnahmsweise. Smart-Home-Systeme bedürfen andauernder Aufmerksamkeit und regelmäßiger Updates. Dessen müssen Sie sich bewusst sein, wenn Sie Ihre Entscheidung dafür oder dagegen oder für „wenigstens ein bisschen" treffen.

Bequemlichkeit oder Effizienz

Hausautomation ermöglicht ohne Zweifel eine neue Dimension des Entertainments. Mit dem Kommando „Zentrale! Aktiviere Wohnzimmerkino!" kann das Smart Home dafür sorgen, dass die Fenster abgedunkelt werden (mittels Jalousien oder Vorhängen), das Licht im Wohnzimmer heruntergedimmt wird und dass sich gleichzeitig Smart-TV und Soundanlage einschalten. Eine für Menschen mit Behinderung hervorragende Lösung für ein barrierefreies Heimkino, falls man nicht mehr in der Lage sein sollte, den Lichtschalter selbst zu betätigen, die Jalousien herunterzulassen oder die Bedienelemente des TV-Geräts zu betätigen.

In der Tat spielten vernetzte Unterhaltungselektronik und moderne Kommunikationstechnik bei den ersten begeisterten Berichten über Smart-Home-Anwendungen die größte Rolle. Anderthalb Jahrzehnte später geht es aber um weit mehr als nur um Komfort und Unterhaltung. Die Zeit der technischen Spielereien ist mehr oder weniger vorbei.

Das neudeutsch „Smart Energy" genannte Segment wird mittlerweile zum entscheidenden Argument für Smart-Home-Anwendungen. Laut einer Studie von GMI Research könnte der Wunsch nach Energieeffizienz den europäischen Markt für Smart-Home-Anwendungen von rund 15 Milliarden Euro im Jahr 2018 auf rund 27,5 Milliarden Euro Umsatzvolumen im Jahr 2023 antreiben. Schon heute findet man zahlreiche Anwendungen besonders für intelligente Heizsysteme. Unter dem Stichwort Smart Lighting waren eine Zeitlang vermeintlich intelligente Beleuchtungssysteme ein Verkaufshit. Lichtstimmungen und Beleuchtungsstärke werden dabei durch Bewegungsmelder gesteuert; „es werde Licht" genau in den Räumen, in denen man sich gerade befindet. Experten haben nachgerechnet: Diese Systeme verbrauchen oft mehr Energie, als das Abdimmen des Lichts einspart – dem LED-Zeitalter sei Dank. Zudem geraten Smart-Leuchtsysteme oft bedeutend teurer als konventionelle LED-Leuchten. Nicht alles, was möglich ist, ist auch sinnvoll.

Ohne smarte Technik sind effiziente Lösungen für Heizung, Lüftung und Sanitärtechnik allerdings kaum noch vorstellbar. Um die Klimaschutzziele eben „smarter" erreichen zu können, sind intelligente Softwarelösungen in allen Bereichen der Gebäudetechnik wichtig. Das sind selbstlernende Systeme, die die Regulierung optimieren und an die tatsächlichen Anforderungen dauerhaft und vorausschauend anpassen. Dazu gehört die Heizungsanlage schlechthin, deren Leistung auf die jeweilige Situation reagiert. Selbst Thermostatventile sind in der Lage, den Gewohnheiten der Bewohner zu folgen. Die Wettervoraussage wirkt sich auf die vorausschauende Einstellung der Heizung sommers wie winters aus. Die entsprechenden Daten werden aus dem Internet bezogen.

Wichtig bei der Planung sind absolut effiziente Lösungen, wozu in erster Linie die Optimierung der Gebäudehülle und der Gebäudetechnik gehört. Nur dann ist die nachhaltige Nutzung von Gebäuden möglich. Ein Verzicht fossiler Brennstoffe und der Einsatz erneuerbarer Energien sind hier selbstredend. Zur Bewerkstelligung dieser Umstellungen steht sogar ein gesonderter „EE"-Bonus mit derzeit 5 Prozent zusätzlicher Förderung zur Verfügung. Bei allen nötigen Maßnahmen werden pfiffige Planer, Energieberater, Architekten, TGA-Fachingenieure und vor allem Handwerker benötigt. Dabei sind sowohl Fachkenntnis, aktuelle Qualifikationen als auch praktische Erfahrung erforderlich.

Tatsächliche Effizienz lässt sich nicht über den Daumen peilen. Auch das bedarf der sorgfältigen Planung – beispielsweise durch einen TGA-Fachplaner. TGA steht für Technische Gebäudeausrüstung. TGA-Fachplaner übernehmen unter anderem die (haus)technische Planung und arbeiten dem Architekten zu, was auch die Sanierung und Modernisierung betrifft. Bisher war die Förderung einer individuellen Smart-Home-Anwendung über zwei unterschiedliche Antragsverfahren möglich: Smartes Heizen wurde durch das Bundesamt für Wirtschaft und Ausfuhrkontrolle (Bafa) gefördert, andere Smart-Home-Anwendungen über die KfW-Förderung. Seit dem 1. Januar 2021 sind Smart-Home-Anwendungen (auch Einzelmaßnahmen, beispielsweise an der Gebäudehülle) durch die Bundesförderung für effiziente Gebäude (BEG) eigenständig förderfähig – bis zu 12 000 Euro Zuschuss sind möglich.

Kurz: Das Smart Home ist – mit ganz wenigen Ausnahmen – kein Spielzeug. Wenn es mehr sein soll, muss es Bestandteil Ihrer Sanierungs- und Modernisierungsplanung werden. Ihr Hausarzt wird Ihnen raten können, ob es sinnvoll ist, Smart-Home-Anwendungen in Ihr Traumhaus zu integrieren.

Kosten

Wollen Sie Ihr altes Haus gänzlich zu einem hypermodernen Zukunftshaus machen? Es sei Ihnen gegönnt. Aber bitte vergessen Sie nicht, einen Blick auf die Kosten zu werfen, selbst wenn die Kosten-Nutzen-Abwägung nicht das entscheidende Kriterium sein sollte, das Sie zur Einrichtung eines Smart-Home-Systems bewegt.

Wir sind es mittlerweile gewohnt, von einer ersten und einer zweiten Miete zu sprechen, wenn wir die Kaltmiete auf der einen Seite und die in der sogenannten Warmmiete zusammengefassten Nebenkosten auf der anderen betrachten. Die erste Miete fällt ja weg, weil Sie der Eigentümer des Hauses sind. Die zweite Miete heißt Hausgeld. Wo also liegt das Problem?

Eine dritte Miete kündigt sich an. Pumpen, Sensoren und Regler – das Haus mutiert zu einer teuren Technikmaschine. Aber nicht allein durch die Anschaffungskosten. Der Diplomingenieur Timo Leukefeld, Solartechnikunternehmer und Mitglied im Innovationsrat des Sächsischen Staatsministeriums für Wirtschaft, der das erste bezahlbare energieautarke Mehrfamilienhaus Europas entwickelt haben will, vertraute der „Welt am Sonntag" 2019 seine inzwischen stärker gewordene Skepsis an. „In Einfamilienhäusern sorgen Wärmepumpe, Fußbodenheizung, Warmwasserboiler, Zirkulationen und Regler, die mit Wettervorhersage arbeiten, für immer teureren Komfort." Dazu geselle sich eine umfassende Wärmedämmung. „Die hochgedämmten Gebäude benötigen kontrollierte Be- und Entlüftungsanlagen mit Wärmerückgewinnung. Hinzu kommt eine komplexe Gebäudeautomatisation, die durch smartes Wohnen weiter fortschreitet." Die Technik kostet beim Neubau eines größeren Einfamilienhauses ebenso wie bei der durchgreifenden Modernisierung eines alten Hauses nach Smart-Home-Standard Leukefelds Berechnungen nach 30 000 bis 35 000 Euro. „Die Energiekosten für Heizung und Warmwasser liegen im Betrieb später bei etwa 800 Euro jährlich. Aufwand und Nutzen stehen in keinem Verhältnis mehr."

Die dritte Miete, auch wenn man sie anders nennt, erwächst aus den Kosten für den Betrieb und die Wartung der smarten Haustechnik einschließlich der Lizenzgebühren für die Software und anstehende Updates. Allein die neue Generation der „Smart Meter", die eine digitale Ablesung ermöglichen, sind gern zwei- bis dreimal so teuer wie herkömmliche Ablesetechnik. Der nicht zu unterschätzende Vorteil: Ist der Eigentümer in der Lage, seine Verbrauchsweise ständig und nicht nur jährlich zu kontrollieren, erlaubt das unmittelbare Rückschlüsse auf das eigene Nutzerverhalten. Mehr noch: Der Eigentümer kann sein Nutzerverhalten bewusst anpassen (oder auch nicht, wenn er andere Prioritäten setzt).

AUSSCHREIBUNG UND ANGEBOTE

S

BEI DER ACHTEN STATION werden alle nötigen Angebote eingeholt. Was korrekte Leistungsbeschreibungen im Einzelnen enthalten sollen, weiß mit Sicherheit Ihr Altbauexperte am besten und wird im Übrigen in der Norm DIN 18299 beschrieben. Die dort gegebenen Hinweise gelten für Bauarbeiten jeder Art – gleich ob für Neubau oder Bauen im Bestand. Sie werden ergänzt von Hinweisen in den Normen DIN 18300 bis DIN 18459, die sich auf die einzelnen Leistungsbereiche der jeweiligen Gewerke beziehen.

Leistungsbeschreibung

Die VOB/A, vollständige Bezeichnung VOB Vergabe- und Vertragsordnung für Bauleistungen – Teil A: Allgemeine Bestimmungen für die Vergabe von Bauleistungen (die bislang letzte Fassung von 2019) formuliert die Anforderungen an korrekte Leistungsbeschreibungen in den §§ 7, 7a und 7b. Sie legt in § 7 unter anderem fest: „Die Leistung ist eindeutig und so erschöpfend zu beschreiben, dass alle Bewerber die Beschreibung im gleichen Sinne verstehen müssen und ihre Preise sicher und ohne umfangreiche Vorarbeiten berechnen können." Erschöpfend heißt freilich nicht, dass jede Eventualität, die während der Arbeit eintreten kann, auch in der Leistungsbeschreibung ausformuliert sein muss und dem Handwerker damit quasi jeder Handgriff vorgeschrieben wird. Das Gebot der „erschöpfenden" Beschreibung darf auch dem Gebot der Eindeutigkeit nicht im Wege stehen.

Die VOB/A sagt in § 7 auch: „Dem Auftragnehmer darf kein ungewöhnliches Wagnis aufgebürdet werden für Umstände und Ereignisse, auf die er keinen Einfluss hat und deren Einwirkung auf die Preise und Fristen er nicht im Voraus schätzen kann." Wie Sie als Bauherr eine korrekte Ausführung und Abrechnung der Leistung erwarten, darf der Bauausführende auch von Ihnen eine korrekte Leistungsbeschreibung – gegebenenfalls mit Zeichnungen und Fotos unterlegt – erwarten, die ihn nicht hintergeht, auch nicht in Details. Der Text mit den relevanten Vorgaben für die Leistungsbeschreibung der Vergabe- und Vertragsordnung für Bauleistungen Teil A (VOB/A) ist einzusehen unter der Adresse: http://dejure.org/gesetze/VOB-A/7.html (und die folgenden §§ 7a und 7b).

Die Tabelle „DIN-Normen" (siehe Seiten 165f.) gibt einen Überblick über die baurelevanten Normen; fett gedruckt sind die Gewerke, die beim Bauen im Bestand regelmäßig oder doch häufiger zum Einsatz kommen, unmarkiert sind die Normen der Gewerke, die beim Bauen im Bestand nicht oder nur ausnahmsweise benötigt werden.

INFO

NORMEN MACHEN NOCH KEINEN FACHMANN Die Information über die einschlägigen DIN-Normen dient lediglich der Hintergrundinformation. Glauben Sie bitte nicht, dass Sie mittels des Studiums der Normtexte zum Altbauexperten werden. Genauso wenig würden Sie nach dem Studium des Beipackzettels eines Medikaments zum Arzt oder Pharmazeuten.

Ausschreibung durch den Fachmann

Wer ohne fachliches Grundwissen und ohne Detailkenntnisse über die einzelnen Gewerke Angebote einholt, stiftet vermutlich mehr

DIN-Normen

DIN 18299	Allgemeine Regelungen für Bauarbeiten jeder Art
DIN 18300	**Erdarbeiten**
DIN 18301	Bohrarbeiten
DIN 18302	Arbeiten zum Ausbau von Bohrungen (ehemals: Brunnenbauarbeiten)
DIN 18303	Verbauarbeiten
DIN 18304	Ramm-, Rüttel- und Pressarbeiten (ehemals: Rammarbeiten)
DIN 18305	Wasserhaltungsarbeiten
DIN 18306	Entwässerungskanalarbeiten
DIN 18307	Druckrohrleitungsarbeiten außerhalb von Gebäuden (ehemals: Druckrohrleitungsarbeiten im Erdreich)
DIN 18308	**Dränarbeiten**
DIN 18309	Einpressarbeiten
DIN 18310	Sicherungsarbeiten an Gewässern, Deichen und Küstendünen
DIN 18311	Nassbaggerarbeiten
DIN 18312	Untertagebauarbeiten
DIN 18313	Schlitzwandarbeiten mit stützenden Flüssigkeiten
DIN 18314	Spritzbetonarbeiten
DIN 18315	Verkehrswegebauarbeiten - Oberbauschichten ohne Bindemittel
DIN 18316	Verkehrswegebauarbeiten - Oberbauschichten mit hydraulischen Bindemitteln
DIN 18317	Verkehrswegebauarbeiten - Oberbauschichten aus Asphalt
DIN 18318	Verkehrswegebauarbeiten - Pflasterdecken und Plattenbeläge in ungebundener Ausführung, Einfassungen
DIN 18319	Rohrvortriebsarbeiten
DIN 18320	**Landschaftsbauarbeiten**
DIN 18321	Düsenstrahlarbeiten
DIN 18322	Kabelleitungstiefbauarbeiten
DIN 18325	Gleisbauarbeiten
DIN 18330	**Mauerarbeiten**
DIN 18331	**Beton- und Stahlbetonarbeiten**
DIN 18332	**Naturwerksteinarbeiten**
DIN 18333	**Betonwerksteinarbeiten**
DIN 18334	**Zimmer- und Holzbauarbeiten**
DIN 18335	**Stahlbauarbeiten**
DIN 18336	**Abdichtungsarbeiten**
DIN 18338	**Dachdeckungs- und Dachabdichtungsarbeiten**
DIN 18339	**Klempnerarbeiten**
DIN 18340	**Trockenbauarbeiten**
DIN 18345	**Wärmedämm-Verbundsysteme**
DIN 18349	**Betonerhaltungsarbeiten**
DIN 18350	**Putz- und Stuckarbeiten**
DIN 18351	**Vorgehängte hinterlüftete Fassaden**
DIN 18352	**Fliesen- und Plattenarbeiten**
DIN 18353	**Estricharbeiten**
DIN 18354	Gussasphaltarbeiten
DIN 18355	**Tischlerarbeiten**
DIN 18356	**Parkettarbeiten**
DIN 18357	**Beschlagarbeiten**
DIN 18358	**Rollladenarbeiten**
DIN 18360	**Metallbauarbeiten**
DIN 18361	**Verglasungsarbeiten**
DIN 18363	**Maler- und Lackiererarbeiten - Beschichtungen**
DIN 18364	Korrosionsschutzarbeiten an Stahl- und Aluminiumbauten

DIN 18365	**Bodenbelagsarbeiten**
DIN 18366	**Tapezierarbeiten**
DIN 18367	Holzpflasterarbeiten
DIN 18379	**Raumlufttechnische Anlagen**
DIN 18380	**Heizanlagen und zentrale Wassererwärmungsanlagen**
DIN 18381	**Gas-, Wasser- und Entwässerungsanlagen innerhalb von Gebäuden**
DIN 18382	**Nieder- und Mittelspannungsanlagen mit Nennspannungen bis 36 kV**
DIN 18384	**Blitzschutzanlagen**
DIN 18385	**Förderanlagen, Aufzugsanlagen, Fahrtreppen und Fahrsteige**
DIN 18386	**Gebäudeautomation**
DIN 18421	**Dämmarbeiten an technischen Anlagen**
DIN 18451	**Gerüstarbeiten**
DIN 18459	**Abbruch- und Rückbauarbeiten**

Wirrnis in der eigenen Planung, als dass er ihr Struktur und Richtung zu geben vermag. Und hat man dann einen Stapel Angebote auf den wirklichen oder den virtuellen Schreibtisch bekommen: Was fängt man damit an, wenn sie nicht wirklich vergleichbar sind?

Ausschreibungen sind zwar keine Geheimwissenschaft, aber es ist eine Sache der Fachleute, deren Job es ist, tagtäglich damit umzugehen. Voraussetzung für eine fachgerechte Ausschreibung ist, dass der Experte genau weiß, was in der Praxis am Bau zu geschehen hat. Glauben Sie nicht, dass Handwerker naiv oder leicht zu beeindrucken sind! Sie merken sehr wohl, wer den Ausschreibungstext verfasst hat. Die Ausschreibung der Leistungen erfolgt auf der Grundlage des Maßnahmenplans und der daraus folgenden exakten Planung. Auch wenn Sie als Bauherr am Ende für alles geradestehen – das ist Sache des Fachmanns, Ihres Altbauexperten, des „Hausarztes".

Einheitliche Ausschreibung

Ausschreibungen im privaten Sektor könnten eigentlich in Anführungszeichen gesetzt werden, denn das Verfahren ist nicht an die formalen Vorgaben des Vergaberechts gebunden.

Grundsätzlich gilt das Prinzip der einheitlichen Ausschreibung: Alle Wettbewerber beziehen sich auf den gleichen Ausschreibungstext. Anders ließen sich vergleichbare Preise nicht ermitteln.

Natürlich kann sich während der Ausschreibungsphase das eine oder andere an den Leistungen noch ändern. Vielleicht fällt Ihnen im letzten Moment ein, dass Sie statt der sechzehn Steckdosen im Arbeitszimmer doch nur acht brauchen. Vielleicht stimmen Sie dem Vorschlag Ihres Architekten, das Fenster zum Hof zu vergrößern, doch noch zu, nachdem Sie die x-te Wiederholung des Hitchcock-Films gesehen haben.

Für all diese Fälle gilt: Während der Ausschreibungsphase und der Angebotseinholung soll es keine Änderung in Masse und Inhalt der ausgeschriebenen Leistungen geben. Zunächst werden die Angebote verglichen, dann der richtige Partner (Handwerker, Ausführungsbetrieb) ausgewählt. Erst danach kann man mit dem Partner die Leistungen nach seinem Angebot und seiner Kalkulation gegebenenfalls anpassen.

Hier ein Muster für einen kurzen Ausschreibungstext gemäß DIN 18320 (Landschaftsbauarbeiten):

003.10.0010 ... Euro/m² ... Euro Hacke und Spaten GmbH 2014-11 003
Baugelände abräumen: Steine, Mauerreste, Altholz, Schutt, Unrat, Aufwuchs, Wurzelwerk (Höhe bis 50 cm)
Beräumen des Geländes von Steinen, Mauerresten, Altholz, Schutt und Unrat, von Aufwuchs einschl. Wurzelwerk, in zusammenhängender Fläche, Bewuchshöhe bis 50 cm, anfallende Stoffe trennen und laden, Abfuhr und Entsorgung werden gesondert vergütet.

VOB-gerechte Ausschreibung?

Unter diesem Begriff wird zuweilen Unterschiedliches verstanden. Zunächst denkt man an das sogenannte Ausschreibungsverfahren nach VOB. Es wird nach den Regeln der VOB Teil A durchgeführt. Bei öffentlichen Vorhaben ist dieses Verfahren zwingend vorgeschrieben. Die Regeln müssen streng eingehalten werden, vom Auftragnehmer ebenso wie vom Auftraggeber – also Ihnen als Eigentümer/Bauherr. Ein – auch unbeabsichtigter – Verstoß gegen die Regeln der VOB/A kann weitreichende Konsequenzen bis hin zu Schadenersatzklagen unterlegener Bieter haben. Das ist auch bei einem privaten Bauherrn der Fall, wenn er, vielleicht um besonders professionell zu wirken, ein Ausschreibungsverfahren nach VOB ankündigt. Dann ist er nämlich zwingend an die Bestimmungen der VOB/A gebunden. Denn er begründet in gleicher Weise wie ein öffentlicher Auftraggeber einen Vertrauenstatbestand bei den Teilnehmern der Ausschreibung. So entschied schon 2006 der Bundesgerichtshof (Urteil vom 21. Februar 2006, Az. X ZR 39/03).

Im Übrigen ist eine VOB-gerechte Leistungsbeschreibung auch bei einem privaten Bauvorhaben immer sinnvoll. Mittels präziser Leistungsbeschreibungen kann man eventuellen Streit zwischen Architekten, Fachplanern und ausführenden Betrieben über den Umfang der vertraglichen Leistungen weitgehend vermeiden.

Nebenleistungen und Besondere Leistungen

Um spätere Misshelligkeiten und gegebenenfalls juristische Auseinandersetzungen um die Abrechnung auszuschließen, sollten die Leistungen so exakt wie möglich beschrieben sein und die dem jeweiligen Gewerk entsprechende DIN Vertragsbestandteil werden. Hierbei ist besonders auf die klare Abgrenzung von Nebenleistungen und Besonderen Leistungen zu achten, die in den einschlägigen DIN-Normen grundsätzlich unter den Punkten 4.1 und 4.2 zu finden sind.

Nebenleistungen sind mit der Hauptleistung verbunden und dürfen nicht gesondert abgerechnet werden. Die Hauptleistung begleitende Nebenleistungen entsprechend der DIN 18350 (Putz- und Stuckarbeiten) sind zum Beispiel:

- Auf- und Abbau sowie Vorhalten von Gerüsten (kleiner als 2 m);
- Maßnahmen zum Schutz von Bauteilen, einschließlich der erforderlichen Stoffe;
- Säubern des Putzgrundes von losen Teilen.

Besondere Leistungen weisen diese notwendige inhaltliche Verbindung zur Hauptleistung nicht auf und dürfen daher auch gesondert abgerechnet werden. Das sind beispielsweise:

- Auf- und Abbau sowie Vorhalten von Gerüsten (größer als 2 m);
- Besondere Maßnahmen zum Schutz von Bauteilen und Einrichtungsgegenständen, wie Abkleben von Fenstern und Türen, von eloxierten Teilen, Abdeckung von Belägen, staubdichte Abdeckung von empfindlichen Einrichtungen und technischen Geräten, Schutzabdeckungen, Schutzanstriche, Staubwände und Ähnliches einschließlich der hierzu erforderlichen Stoffe;
- Reinigung grober Verschmutzungen, verursacht von anderen Unternehmen.

Der Vergleich der drei aufgeführten Punkte miteinander zeigt, wie wichtig bereits in der Planung eine genaue Bauvorbereitung ist und welchen Einfluss eine professionelle

Ausschreibungen von privat

Kündigen Sie als privater Auftraggeber eine Ausschreibung nicht als Ausschreibung nach VOB an. Selbstverständlich können Sie die VOB als Vertragsgrundlage heranziehen, aber bitte nur die Teile B (der die Allgemeinen Vertragsbedingungen für die Ausführung von Bauleistungen beinhaltet) und C (der die Allgemeinen Technischen Vertragsbedingungen, oft als ATV abgekürzt, zusammenfasst). Unterwirft sich der private Auftraggeber den Ausschreibungs- und Vergaberegeln aus Teil A, verzichtet er freiwillig und ohne Not darauf, beispielsweise mit den Bietern nachzuverhandeln oder ein Angebot, das ihm unvollständig vorkommt oder vom Bieter mit Kommentaren, Anmerkungen und Ergänzungen versehen wurde, trotzdem zu akzeptieren.

Gerüst an einem sanierungsbedürftigen Fachwerkhaus

Bauleitung auf kostentreibende „Besondere Leistungen" nehmen kann. Das heißt:

- Messen, wie hoch die Räume sind, an deren Decke Stuckarbeiten ausgeführt werden müssen, und wie hoch folglich die Arbeitsbühne für die Stuckateure sein muss.
- In der Planung berücksichtigen, dass empfindliche Bauteile und technische Geräte möglichst nicht eingebaut werden, bevor die Putzer und Stuckateure am Werk waren, oder dass Bodenbeläge bereits vom Bauherrn entsprechend geschützt werden, was „Besondere Maßnahmen" seitens der Handwerker nicht erforderlich macht.
- Bei der Bauleitung darauf achten (oder den beauftragten Bauleiter darauf achten lassen), dass grobe Verschmutzungen durch andere Gewerke nicht eintreten können oder vom Bauherrn sofort beseitigt werden; die Aufsicht durch die Bauleitung sollte sicherstellen, dass das normale Säubern des Putzgrunds nicht als Beseitigung grober Verschmutzungen bewertet und abgerechnet werden kann.

Hieran zeigt sich, wie wichtig es ist, dass Leistungsbeschreibung und Ausschreibung in enger Verzahnung mit exakter Planung vorgenommen werden – und nicht einfach „aus dem Bauch heraus".

Zusammenhang von Ausschreibung, Vergabe und Bauleitung

Aus den wenigen Beispielen geht schon hervor, dass die Stationen 7 bis 11 inhaltlich eng miteinander zusammenhängen. Die Ausschreibung und das Einholen der Angebote können nur auf der Grundlage einer exakten Planung und Leistungsbeschreibung, wie an der 7. Station beschrieben, erfolgen.

Nach der Vergabe einer Leistung an einen bestimmten Ausführungsbetrieb müssen gegebenenfalls Details präzisiert werden, die sich aus Planungsänderungen oder gleichfalls präzisierten Leistungsbeschreibungen ergeben haben können. Hier erfolgt also eine Rückkopplung zur 7. Station. Dann müssen Bauleitung und Qualitätskontrolle, die an der 10. Station erfasst sind, dafür sorgen, dass die vereinbarten Leistungen (9. Station) auch vertragsgemäß ausgeführt werden – und überhaupt ausgeführt werden können. Das ist zwar Zukunftsmusik, sollte aber schon jetzt bedacht werden.

Es ist einem Ausführungsbetrieb beispielsweise nicht zuzumuten, dass er den Bauschutt, den ein anderes Gewerk hinterließ, auf eigene Rechnung entfernt, um mit seiner Arbeit überhaupt beginnen zu können. Dies wäre dann sehr wohl eine Sonderleistung, die Ihnen der Ausführungsbetrieb berechnen kann.

So gehört zum Beispiel auch das „Vorhalten von Aufenthalts- und Lagerräumen, wenn Auftraggeber diese nicht stellt", zu den „Besonderen Leistungen". Vertraglich sollte also mit den Stuckateuren und Putzern – um beim Beispiel zu bleiben – vereinbart werden, wo sie ihre Pause machen und ihr Frühstück einnehmen und wo sie ihr Material ablegen können – der Lagerraum muss gemäß DIN 18350 nicht einmal verschließbar sein.

Schließlich kann der Eigentümer/Bauherr die Leistung nur abnehmen, wenn er vergleichen kann: Entspricht die geleistete Arbeit der vertraglich vereinbarten Leistung? Und nur aufgrund der Planung und der Leistungsbeschreibung lässt sich am Ende auch alles genau dokumentieren und in einer „Patientenakte" zusammenfassen.

Wenn hier vom Bauherrn oder Auftraggeber die Rede ist, bedeutet das nicht, dass Sie als Eigentümer und Bauherr beständig mit dem Putzeimer die Gewerke umschwirren müssen. Sie müssen nur sicher sein, dass da jemand ist, der sauber macht – das ist eine Aufgabe der Baubetreuung und Bauleitung, die Sie in Absprache mit Ihrem „Hausarzt" installieren und auch kontrollieren müssen. Denn immer sind am Ende Sie derjenige, der die Verantwortung hat, der die letzte Unterschrift gibt und – die Rechnungen bezahlt.

Muss es der Billigste sein?

Kein Eigentümer, der als Bauherr sein Geld investiert, hat etwas zu verschenken. Anders als ein öffentlicher Auftraggeber, der sich an strenge gesetzliche Richtlinien bei der Vergabe von Bauaufträgen halten muss, können Sie als privater Bauherr auch andere Kriterien für Ihre Entscheidung heranziehen. Immer gilt es zu prüfen, ob die Qualität des Bieters stimmt. Diese Prüfung nehmen Sie nicht allein vor, sondern gemeinsam mit Ihrem Altbauexperten. Oder Sie übertragen, was am vernünftigsten ist, diese Prüfung gleich dem Experten.

Verschiedene Formen der Ausschreibung respektive Einholung von Angeboten haben sich entwickelt:

- **LEISTUNGSANFRAGE:** Potenzielle Lieferanten/Auftragnehmer werden angefragt, ob sie eine skizzierte Leistung grundsätzlich erbringen können. Die Lieferanten versehen ihr Angebot in der Regel mit einem Listenpreis. Mit dieser Art der Ausschreibung kann man sondieren, wie der Anbietermarkt für die Leistung beschaffen ist.
- **PREISANFRAGE:** Mittels Maßnahmenbeschreibung, die den Leistungsbedarf detailliert darstellt, werden Kostenvoranschläge mit präzisen, aber noch unverbindlichen Preisen angefragt. Die Preisanfrage richtet sich an Lieferanten/Auftragnehmer, von deren Leistungsfähigkeit der potenzielle Auftraggeber überzeugt ist.
- **AUFFORDERUNG ZUR ANGEBOTSABGABE:** Gibt der potenzielle Auftragnehmer ein Angebot – etwa in Gestalt eines Leistungsverzeichnisses und aller zum Vertragsabschluss gehörenden Zusatzvereinbarungen – ab, ist das Angebot innerhalb der Gültigkeitsfrist bindend; die Annahmeerklärung des Auftraggebers begründet das Vertragsverhältnis. Eine Verpflichtung zur Annahme des Angebots besteht allerdings nicht, auch keine Verpflichtung, das Angebot ausdrücklich abzulehnen.

Welcher Anbieter am Ende der geeignetste ist, muss anhand der Referenzen insgesamt geprüft werden.

Wenn Ihnen das Ausschreibungsverfahren zu „theoretisch" ist, bietet sich die folgende Möglichkeit an: Lassen Sie sich zeigen, was der entsprechende Betrieb in ähnlichen Fällen bereits ausgeführt hat. Stammt der ausführende Handwerker aus dem lokalen oder regionalen Umfeld, können Sie Kontakt zu einem Bauherrn suchen, der als Referenz angegeben worden ist. Im Gespräch kann so vielleicht ein Gefühl dafür entstehen, ob Sie sich mit dem richtigen Partner verbünden.

DIE VERGABE DER ARBEITEN REGELN

S

DIE NEUNTE STATION auf unserem Weg zum Haus: Erst wenn alle Kriterien für eine Auftragsvergabe geklärt sind, kann die Vergabe selbst erfolgen. Die Checkliste „Vergabekriterien für Ingenieurleistungen" (siehe Seite 171) hilft bei der Auswahl des richtigen Partners.

Für die beiden Spitzenkriterien können Sie bis maximal 10 Punkte vergeben, für alle übrigen maximal 5 Punkte. Auch hier spielt wieder eine inhaltliche Wichtung der Kompetenzkriterien eine Rolle, sie beeinflusst als Faktor die endgültige Bewertungszahl.

Selbstverständlich müssen Sie die Checkliste der jeweilig vergebenen Leistung entsprechend anpassen. Dabei werden sehr wohl auch andere Kompetenzfelder relevant sein als bei der Vergabe einer Leistung der thermischen Bauphysik (741), wie im dargestellten Muster.

Gehen Sie die verschiedenen Checklisten mit Ihrem Baubegleiter durch. Ihnen obliegt zwar die letzte Entscheidung, der Altbauexperte hat mit Sicherheit jedoch mehr Erfahrung mit den Handwerkern und Vergabeverfahren.

Nicht ohne Experten

Unterschreiben Sie eine Auftragsbestätigung nicht ohne weitere Prüfung – sie löst, wenn es sich um eine Aufforderung zur Angebotsabgabe (siehe Seite 169) handelte, bereits einen Vertrag aus. Ein Vergabeprotokoll sollte zunächst die Bedingungen festlegen, unter denen der Auftrag erteilt wird. In der Regel gibt der Bauherr als Auftraggeber die Bedingungen vor. Dabei bildet die VOB die Vertragsgrundlage. Die Kette von der detaillierten Ausführungsplanung bis zur Vergabe besteht aus vielen einzelnen Gliedern. Fehlt eins, reißt die Kette, und Sie erhalten womöglich ein sowohl fachlich als auch wirtschaftlich mangelhaftes Resultat.

In ferner Zukunft?

Sie haben ja noch nicht gekauft. Also sind das Probleme von übermorgen? Dabei geht es doch gerade um Ihre Zukunft, darum, das Haus zukunftsfähig zu machen. Und die Zukunft beginnt jetzt. Zukunftsfähigkeit können Sie, sobald Sie das Haus gekauft und Modernisierungsmaßnahmen geplant haben, auch im Vollzug der Ausschreibung sichern. Bei der Suche etwa nach einem Heizungsinstallateur sollten Sie darauf Wert legen, dass er sich auf die neuesten Anforderungen des Gebäudeenergiegesetzes (GEG) eingestellt hat, die Chancen für eine BEG-Förderung abschätzen kann und mit den modernsten technischen Möglichkeiten, zum Beispiel der Integration von Photovoltaik-Anlagen, vertraut ist.

Insgesamt gilt: Ob Heizung, Dämmung, Dachgeschossausbau, Fenstererneuerung oder Nutzung alternativer Energieträger – alle Einzelmaßnahmen, welche die Effizienz des Gebäudes (und damit letztlich seine Zukunftsfähigkeit) betreffen, sollten einem als Gesamtkonzept folgen.

Vergabekriterien für Ingenieurleistungen

						Planungs-/ Ingenieurbüro 1	Planungs-/ Ingenieurbüro 2
710	Projektsteuerung						
730	Architektenleistung § 15 HOAI						
736	TGA § 73 HOAI						
741	Thermische Bauphysik						
	Kriterium	**Wichtung**	**Punkte**	**Max. Punkte**	**Bewertete Punkte**	**Erreichte Punkte**	**Erreichte Punkte**
1	Erfahrung	3	10	30	10	30	27
2	Kompetenz – Fachkenntnis	3	10	30	10	30	27
3	Spezifische Energiekompetenz	2	5	10	5	10	8
4	Weiterbildung zum BAKA-Experten oder gleichwertige Qualifizierung	2	5	10	5	10	8
5	Zuverlässigkeit	2	5	10	5	10	10
6	Vor-Ort-Präsenz	3	5	15	5	15	15
7	Zugesicherte Kompetenz des vorgesehenen Bearbeiters	3	5	15	5	15	12
8	Dokumentation-Referenzen	2	5	10	5	10	10
9	Netzwerkfähigkeit, integrale Planung	2	5	10	5	10	10
10	Innovationspotenzial	2	5	10	5	10	8
11	Umgänglichkeit	2	5	10	5	10	10
	Summe		**65**	**160**	**65**	**160**	**145**

Vergabeentscheidung

Aufgrund der Bewertung und der von uns erkennbaren Kompetenz und Erfahrung vergeben wir die xxxxxx Ingenieurleistungen an das Planungs-/Ingenieurbüro 1. Gerade weil sich das Büro durch Herrn xxxxx mit dem speziellen Thema der Energieeffizienz und Nachhaltigkeit beschäftigt, ist dieses Büro der richtige Partner für dieses Projekt mit dieser speziellen Aufgabenstellung.

BAULEITUNG UND QUALITÄTSKONTROLLE

S

WIR SIND BEI STATION 10 angekommen: Der Bau beginnt, jedes Gewerk wurschtelt vor sich hin? Nein, das geht natürlich nicht. Von dem Moment an, da die eigentliche Arbeit getan wird, kommt es besonders auf die Qualitätssicherung an. Und die beginnt bei einer professionellen Baubetreuung. Aber geplant – und in der Planung bilanziert – werden muss sie natürlich schon früher.

Bauzeitenplan

Fliegt der Bauschutt auf die Straße, bevor der Container bestellt ist? Warten die Spezialisten für die Fassadendämmung auf das Gerüst, das schon längst stehen sollte? Können die Putzer und Stuckateure nicht arbeiten, weil der Elektriker noch mit der Verkabelung zugange ist? Das halten Sie für undenkbar? Ist es leider nicht. Aber ein präziser Bauzeitenplan kann das Chaos verhindern. Er hält fest, wer wann was zu tun hat. Er muss vor Beginn der Arbeiten erstellt werden, gilt für alle Beteiligten und muss in den Verträgen mit den einzelnen Gewerken verankert sein.

Je nach Komplexität der Bauaufgabe kommt der Bauzeitenplan mit einer einfachen Tabellenkalkulation aus oder muss als qualifiziertes Werkzeug des Projektmanagements aufgebaut werden. Unterstützung geben verschiedene Computerprogramme, die in der Lage sind, den Bauzeitenplan fortzuschreiben und an wechselnde Bedingungen anzupassen. Einen Überblick über eine Reihe verbreiteter Programme für die unterschiedlichsten Bauaufgaben und das Projektmanagement bietet die Seite www.bauzeitenplaner.de/bauzeitenplanung-software.php. Da diese Aufgaben sehr komplex sind, sollten Sie die Organisation der Bauzeitenplanung dem Architekten Ihres Vertrauens oder dem von Ihnen beauftragten Bauleiter überlassen (siehe Abschnitt „Bauleitung" auf den Seiten 173f.).

Das Bautagebuch

Im sogenannten Bautagebuch werden die arbeitstäglichen Ereignisse festgehalten und dokumentiert. Im Grunde geht es darum, ein tägliches Protokoll über die geleistete Arbeit zu führen.

Die mit der Bauleitung Beauftragten führen das Bautagebuch ohne feste Formvorschriften. Es gibt dafür Vordrucke und geeignete Software, die nicht nur dokumentiert, sondern zugleich eine gezielte Auswertung und damit Einflussnahme auf das Projektmanagement erlaubt.

Mit der entsprechenden Software kann man den erfassten täglichen Vorgängen Personal, Geräte, weitere Ereignisse und auch Fotos zuordnen. Dank der Auswertungsfunktionen sind Sie beziehungsweise Ihr Bauleiter ständig über den Soll/Ist-Vergleich im Bilde. Gerade wenn Sie selbst als Bauherr nicht ständig auf der Baustelle sein können, ist das digitale Bautagebuch ein ideales Medium, um Informationen mit dem Bauleiter auszutauschen und gegebenenfalls Entscheidungen qualifiziert vorzubereiten. Da üblicherweise häufig gleiche oder ähnliche Vorgänge erfasst werden, reduziert sich durch die Funktion „Auto Vervollständigen" die Schreibarbeit überdies deutlich, zu der man auf der Baustelle selten wirklich Lust hat.

Für Softwareprodukte wie das digitale Bautagebuch finden sich bei der Suche im Internet unter dem Stichwort „Bautagebuch" sehr viele Angebote. Darüber hinaus gibt es inzwischen auch Apps, die mobile und vernetzte Lösungen anbieten. Sie können aktueller sein als das klassische Bautagebuch (selbst wenn es computergestützt geführt wird), sind flexibler als Protokolle und mehrschichtiger als To-do-Listen, sie erlauben Datensynchronisierung zwischen verschiedenen Geräten und sind daher für unterwegs und fürs Büro geeignet.

Auch wenn Sie künftig bei der Sanierung und Modernisierung einen Experten hinzuziehen, sollten Sie niemals alles „einfach so laufen" lassen. Wichtig ist nicht, dass Sie alles selbst tun, sondern dass Sie in jeder Phase im Bilde sind, was getan werden muss.

Bauleitung

Die Honorarordnung für Architekten- und Ingenieurleistungen (HOAI) kennt in § 33 (Leistungsbild Gebäude und raumbildende Ausbauten) die Begriffe „Objektüberwachung" und „Bauüberwachung". Gemeinhin werden sie unter dem Begriff Bauleitung zusammengefasst. Sie entspricht der Leistungsphase 8 und beansprucht 31 Prozent des Gesamthonorars, das für dieses Leistungsbild als Architekten- oder Ingenieurhonorar vereinbart wurde. Daraus allein schon kann man die große Bedeutung und die hohe Verantwortung ermessen, die mit der professionellen Baubetreuung verbunden ist. Auch wenn die HOAI nur noch eingeschränkt gilt, bilden Ihre Bestimmungen doch einen Ausgangspunkt für die Honorare, die zwischen Auftraggeber und Auftragnehmer verhandelt werden.

Der Begriff der Bauleitung wird nicht einheitlich verwendet. Grundsätzlich muss man unterscheiden zwischen Bauleitung vonseiten des Auftraggebers und vonseiten des Auftragnehmers. Zu unterscheiden sind verschiedene Arten der Bauleitung:

- **BAULEITUNG VONSEITEN DES AUFTRAGGEBERS:** Der mit der Bauleitung Beauftragte übernimmt als Sachwalter des Bauherrn vorrangig Kontroll- und Koordinierungsfunktion. Er überprüft die zu erbringende Leistung (Bausoll) und koordiniert die Gewerke und andere Beteiligte (gegebenenfalls Behörden, Gutachter, Planer …). Im direkten Kontakt mit dem Bauherrn und/oder dem Architekten klärt er anstehende technische Fragen. Grundaufgaben der Bauleitung sind die Koordination der Bauausführung (Objektüberwachung) hinsichtlich der Übereinstimmung mit der Baugenehmigung, den Ausführungsplänen und den Leistungsbeschreibungen, der Einhaltung der anerkannten Regeln der Technik und der Vorschriften. Dazu gehört auch das gemeinsame Aufmaß mit den bauausführenden Unternehmen. Unter Umständen kommt auch eine besondere Überwachung der Tragwerke auf Übereinstimmung mit dem Standsicherheitsnachweis hinzu; sie erfolgt in der Regel durch einen Prüfstatiker.

Bautagebuch führen

Auch wenn das Gesetz von Ihnen als privatem Bauherrn nicht zwingend verlangt, ein Bautagebuch zu führen – den Architekten verpflichtet die HOAI von 2021 in der Anlage 10 zum Führen eines Bautagebuchs als Grundleistung in der Leistungsphase 8 –, sollten Sie in Ihrem eigenen Interesse niemals auf ein Bautagebuch verzichten und sich mit Ihrem Architekten oder „Hausarzt" über die entsprechenden Modalitäten verständigen. Dank der Dokumentation sämtlicher Arbeitsabläufe können eventuell auftretende Probleme am Bau aktuell bearbeitet und abgewendet werden. Und sollten sich Probleme einmal nicht im laufenden Betrieb lösen lassen, kann man die Vorgänge später genau nachvollziehen. Müssen zum Beispiel bei späteren Mängeln Gewährleistungsansprüche geltend gemacht werden, dient das Bautagebuch als Beweismittel.

Das Bautagebuch muss immer zeitnah geführt werden. In einem Urteil des Bundesgerichtshofs (BGH) vom 28.7.2011 (VII/65–10) in einem langen Revisionsverfahren wurde festgestellt, dass ein nachträgliches Verfassen eines Bautagebuchs (im Sinne einer Nachbesserung) auszuschließen sei und dem Auftraggeber gegebenenfalls das Recht auf Honorarminderung zustehe. Im konkreten Fall – es handelte sich um eine Modernisierung mit Dachausbau – war zwischen dem Bauherrn und dem Architekten vertraglich vereinbart worden, dass für Inhalt und Umfang der werkvertraglichen Leistungspflicht des Architekten das Leistungsbild der HOAI „Objektplanung Gebäude" gilt. Auf dieser Vertragsgrundlage ist der Architekt verpflichtet, ein Bautagebuch zu führen.

- **BAULEITUNG VONSEITEN DES AUFTRAGNEHMERS:** Unternehmen, die komplexe Aufträge ausführen, beauftragen ihrerseits bestimmte Mitarbeiter mit der Bauleitung, um den Einsatz von Personal und materiellen Ressourcen sowie die vertragsgemäße Ausführung der Leistung zu koordinieren und zu überwachen. Der Bauführer vertritt in dem Sinne den Inhaber des ausführenden Betriebs, dass er für die Erfüllung der gesetzlichen, behördlichen und berufsgenossenschaftlichen Verpflichtungen verantwortlich ist.

Qualitätssicherung

Unter Qualität versteht man im Falle des Bauens die Einhaltung der vertraglich zugesicherten Eigenschaften.

Ein Grundproblem der Qualitätskontrolle besteht darin, dass man die Qualität am Ende, also wenn das Gebäude fertiggestellt ist – und damit im Nachhinein – ,nicht mehr zuverlässig prüfen kann: Die Leistungen der einzelnen Gewerke sind dann oft durch die fortschreitende Fertigstellung des Baus wieder überdeckt worden.

Von entscheidender Bedeutung für die Qualitätssicherung ist also, dass Details nicht „verschwinden", bevor ihre volle Funktionstüchtigkeit überprüft wurde. So muss zum Beispiel beim Einbau neuer Fenster der Anschluss zum Mauerwerk luftdicht ausgeführt werden.

Um die Qualität der Ausführung zu kontrollieren, muss ein Blower-Door-Test gemacht werden – und zwar, bevor die entsprechenden Wandteile verputzt oder verkleidet werden. Einleuchtend. Denn wenn sich Mängel in der Ausführung erst nach den Verputz- und Malerarbeiten zeigen, muss die Arbeit verschiedener Gewerke erst wieder beseitigt werden, um an die Mängelstelle heranzukommen.

Meist wird die Messung mit einer thermografischen Untersuchung kombiniert. Damit kommt man Leckagen aufgrund der Wärmebilddarstellung am besten auf die Spur. Die Fehler müssen aber möglichst bereits während der Messung behoben werden. Ist das nicht umsetzbar, muss nach der Ausführung der Maßnahme eine erneute Kontrollmessung erfolgen.

Die Qualitätskontrolle muss in Ausschreibung und Vergabe verankert sein. Sie endet zwar mit der Bauabnahme, beginnt dort allerdings nicht. Nur eine baubegleitende Qualitätskontrolle dokumentiert technisch einwandfreie Bauleistungen oder macht auf Nachbesserungsbedarf aufmerksam.

Vernünftigerweise beginnt die Qualitätssicherung bei der Planung. Anschließend erfolgt die begleitende Kontrolle der Bauausführung. Ergänzend kann im Zuge der Qualitätssicherung auch der jeweils erbrachte Leistungswert berechnet werden, was den Auftraggeber vor einer Überzahlung schützt.

Aus all dem wird deutlich, dass die Qualitätskontrolle im Rahmen der Bauleitung ein Kostenfaktor ist, den man einkalkulieren muss. Oder anders herum: Wer glaubt, Geld bei der Qualitätskontrolle sparen zu können, wird unter Umständen viel mehr Geld für Nacharbeiten aufwenden müssen.

Aufgaben der Bauleitung

- **Befugnisse klar regeln:** Die Vertretungsbefugnis des Bauleiters (als Bauherren-Bauleiter) muss klar geregelt sein, denn ohne besondere Vollmacht des Auftraggebers (Bauherrn) darf ein Bauleiter keine kostenwirksamen Entscheidungen für den Auftraggeber treffen.
- **Bauleitung auf Kleinbaustellen:** Auf Kleinbaustellen kann sowohl der Bauleiter des Auftraggebers als auch der Bauführer des Auftragnehmers nicht ständig auf der Baustelle sein. Letzteren vertritt regelmäßig der Polier oder Vorarbeiter. Für die Bauüberwachung und Qualitätskontrolle gewinnt hier das Bautagebuch – insbesondere die darin integrierte Fotodokumentation – besondere Bedeutung.

ABNAHME UND DOKUMENTATION

ENDLICH SIND WIR AN STATION 11 angekommen: Die Umbau-, Sanierungs- oder Modernisierungsarbeiten werden irgendwann abgeschlossen sein, die Abnahme der Bauarbeiten steht an. Auf dem Schwächen-Stärken-Profil sollte zum Zeitpunkt der Abnahme weitgehend die Farbe Blau erscheinen. Die Nutzungsübergabe ist erfolgt – wobei diese nicht automatisch mit der Abnahme selbst gleichzusetzen ist.

Mit der Bauabnahme geht die Beweislast für eventuelle Baumängel vom ausführenden Betrieb auf den Bauherrn über. Einfach gesagt: Vor der Abnahme muss der Handwerker beweisen, dass er korrekt gearbeitet hat. Nach der Abnahme muss der Bauherr beweisen, dass der Handwerker nicht korrekt gearbeitet hat.

Mit der Abnahme beginnt auch die Verjährungsfrist für die Gewährleistung. Außerdem wird in der Regel die Schlusszahlung fällig.

Arten der Abnahme

Zunächst unterscheidet man zwischen behördlicher und privater Abnahme.

Bei der behördlichen Bauabnahme begutachtet die Behörde (Bauordnungsamt oder Denkmalamt oder weitere involvierte Behörden), ob die Baumaßnahme in Übereinstimmung mit den öffentlichen Normen und Verordnungen durchgeführt wurde. Zu einer behördlichen Bauabnahme gehört unter anderem die Überprüfung von Schornstein und Heizkessel.

Dabei ist zu bemerken: Baumängel, die Sie stören (schlampig verlegte Fliesen, falsch herum eingebaute Türen), stören die Behörde überhaupt nicht, solange die Dachneigung zur Norm passt und die Trittstufenbreite der Treppe korrekt ist.

Bei Baumaßnahmen im vereinfachten Genehmigungsverfahren ohne Baugenehmigung halten sich die Behörden sowieso weitgehend heraus; wo keine Prüfpflicht besteht, wird auch keine Haftung für Baumängel übernommen.

Bleibt also die private Bauabnahme. Sie ist die einzige Möglichkeit, sich vor Fehlern der Handwerker zu schützen. Schwierig wird es, wenn die Arbeit des einen Gewerks die Arbeit eines anderen Gewerks überdeckt: Sie entdecken bei der Schlussabnahme eine schiefe Wand. Der Putzer sagt, er war's nicht, es war der Maurer. Der Maurer sagt; er war's auch nicht, es stand so im Plan. Wer war's denn nun wirklich?

Ihr Altbauexperte sollte wissen: Am besten regelt man bereits in den Bauverträgen selbst, welcher Art die Abnahme sein und in welcher Form sie stattfinden soll. Leider wird das in vielen Fällen versäumt. Vor allem darf es Ihnen nicht passieren, dass Sie Ihr Haus „abnehmen", ohne es zu merken. Die VOB sieht nämlich verschiedene Arten der Abnahme vor; das System hat seine Tücken. Zum Beispiel:

Der Bauunternehmer oder Handwerker teilt schriftlich oder mündlich mit, dass die Bauleistung vollständig erbracht und die Abnahme möglich ist. Der Bauherr hat dann zwölf Werktage Zeit, das Werk zu begutachten. Lässt er die Frist ungenutzt verstreichen, gilt das Werk als abgenommen – hierbei handelt es sich dann um eine fiktive Abnahme. Sinnvoller ist es aber, mit dem Handwerker einen Abnahmetermin auszumachen und ein gemeinsames Abnahmeprotokoll zu erstellen. Nehmen Sie diesen Termin unbedingt gemeinsam mit Ihrem „Hausarzt" wahr, denn der sieht mit einiger

Abnahme vom Vorgänger

Sobald die Handwerker eines Gewerks die Arbeit beendet haben, sollte ihre Leistung begutachtet werden. Geht das im Einzelfall nicht, muss der Putzer (folgendes Gewerk) Ihnen schriftlich bescheinigen, dass der Maurer (vorhergehendes Gewerk) ordentlich gearbeitet hat. Auch bei anderen Gewerken sollte der „Nachfolger" stets die Fehlerfreiheit seines „Vorgängers" bescheinigen.

Sicherheit mehr, als Sie – und das ist unter Umständen bares Geld wert.

Ein weiteres Beispiel: Die Fensterbänke sind zwar funktionstüchtig, aber nicht vollkommen korrekt eingebaut; die Anschlüsse sind mindestens optisch unschön – die Leistung entspricht nicht zu 100 Prozent der Leistungsbeschreibung. Sie können Nachbesserung verlangen oder aber entscheiden, dass Sie mit dem Mangel leben können, weil dann sowieso eine Grünpflanze davor steht; doch handeln Sie dafür eine Minderung heraus und sparen (mehr als) eine Handvoll Euro.

Fiktive Abnahme

Die fiktive Abnahme kann auf dreierlei Weise eintreten,

- wenn Sie die bereits genannte Frist von zwölf Werktagen nach Mitteilung der Abnahmefähigkeit verstreichen lassen.
- wenn Sie die Schlussrechnung des Handwerkers nach der Mitteilung über die Fertigstellung bezahlen.
- wenn Sie in das fertig gemeldete Haus einziehen. Dann gilt innerhalb von sechs Werktagen die Bauleistung als abgenommen, wenn der Bauherr weiter nichts tut, als sich wohnlich einzurichten (Ausnahme: Sie ziehen baubedingt in einen Teil des fertiggestellten Hauses, damit die Arbeiten in einem anderen Teil weitergeführt werden können).

Fiktive Abnahme „aus Versehen"

Eine fiktive Abnahme „aus Versehen" vermeiden Sie, indem Sie sich nicht zu nachlässiger Bequemlichkeit sowie Unterschriften oder Zahlungsanweisungen irgendwelcher Art verleiten lassen. Gern schicken Unternehmer mit der Fertigstellungsmitteilung auch gleich die Abschlussrechnung. Zahlen Sie nichts, bevor Sie mit Ihrem „Hausarzt" zum Abnahmetermin waren!

Stillschweigende Abnahme

Die stillschweigende (oder auch konkludente) Abnahme gründet sich auf dem schlüssigen (konkludenten) Handeln des Bauherrn. Lässt der Bauherr unmittelbar nach abgeschlossenen Fassadenarbeiten sofort das Gerüst abbauen, kann von einer stillschweigenden Abnahme ausgegangen werden. Ebenso, wenn er einen Heizkessel in Betrieb nimmt und dem Handwerker nicht innerhalb von sechs Werktagen eine Mängelrüge zugestellt wird. Erst recht, wenn der Bauherr unmittelbar nach der Fertigstellungsmeldung der Bauleistung das Haus verkauft.

In solchen Fällen darf aus dem Handeln des Bauherrn geschlossen werden, dass er die Leistung auch ohne ausdrückliche Willenserklärung akzeptiert.

Förmliche Abnahme

Die förmliche Abnahme findet statt, wenn der Bauherr oder der Bauunternehmer oder Handwerker es verlangen. Diese Form der Bauabnahme sollte der Regelfall sein.

Beide Seiten haben das Recht, Sachverständige hinzuzuziehen. Dem Bauherrn ist das unbedingt zu empfehlen! Ob die Bauleistung frei von Mängeln ist, kann nur ein Experte schlüssig beurteilen. Der Befund der Abnahme – einschließlich eventueller Vorbehalte wegen bekannter Mängel, Vertragsstrafen oder geforderter Minderungen (ebenso natürlich Einwendungen des Bauunternehmers/Handwerkers) – wird in das Protokoll aufgenommen. Jeder Vertragspartner erhält unmittelbar nach Unterschrift seine Ausfertigung des Protokolls.

Mehr als eine Formalie

Würden Sie sich eine Küchenmaschine ohne Bedienungsanleitung kaufen? Nein? Und warum – glauben Sie – braucht Ihr Haus keine Bedienungsanleitung? Der letzte Schritt ist also mehr als nur eine Formalie. In dieser Phase

Beispiel für ein Abnahmeprotokoll

Abnahme-Protokoll

gemäß VOB/B/§12
der folgenden Gesamtleistung-Teilleistung

Auftragsnummer 0000
Kostenart nach DIN 276

Bauvertrag vom 00.00.00
Projekt-Nummer-etc.

Bearbeiter:
NN

Neubau / Umbau / Sanierung / Teilleistung: **Gewerk:** **KG: 0000**

Auftragnehmer: Firma
Straße, PLZ Ort

Bauherr: NN
Straße, PLZ Ort

Bauvorhaben **Projektbezeichnung**
Straße, PLZ Ort

Planung: Büro / Architekt
Straße, PLZ Ort

Bauüberwachung: Büro etc.

Teilnehmer:
AG
NN — Büro, Architekt
AN — Firma

1. Vorbemerkung
Diese Abnahme ersetzt nicht eventuell erforderliche behördliche oder andere vorgeschriebenen Abnahmen technischer oder verwaltungstechnischer Art. Sie ist auch keine Güteprüfung im bauaufsichtlichen Sinn. solche hat der Auftragnehmer, sofern erforderlich, selbst zu veranlassen und deren Ergebnis (Protokoll) den unten genannten Unterlagen beizufügen und dem Bauherrn zuzuleiten.

2. Vorbehalte des Auftraggebers
Mängelrüge für nicht erkannte Mängel innerhalb der Gewährleistungsfrist
Behebung der **Mängel**, die bisher schon schriftlich gerügt oder noch nicht einwandfrei beseitigt sind.
Vertragsstrafe (ihre Geltendmachung wird ausdrücklich vorbehalten.)
Schadenersatz wegen Terminverzug, wegen vertragswidriger Leistung oder vertragswidrigem Verhalten.
Wandlung oder Minderung wegen mangelhafter Leistung
Haftung gemäß § 10 VOB Teil B
Abzüge und Gegenforderungen im Rahmen der Rechnungsprüfung

3. Abnahme
❒ erfolgt im Übrigen ohne Vorbehalte (mit Ausnahme der unter Ziff. 2 aufgeführten Vorbehalte).
❒ erfolgt mit den unten bzw. auf der Anlage/Liste erwähnten Vorbehalten wegen Leistungsmägeln und Restarbeiten. Sie wird erst wirksam, wenn die beanstandeten Mängel behoben sind.
Termin für Beseitigung

4. Mängel/Restarb. und/oder Anlage
....
....

5. Folgen nicht rechtzeitiger Mängelbeseitigung
Falls bis zum angegebenen Termin die gerügten Mängel nicht beseitigt sind, wird hiermit vorsorglich ohne weitere Fristsetzung die Mängelbehebung auf Kosten des Auftragnehmers abgelehnt und die Einschaltung einer anderen Firma zur Mängelbehebung auf Kosten des Auftragnehmers vorbehalten.

6. Gewährleistung
beginnt laut Vertrag bzw. gemäß Vereinbarung mit folgendem Datum: 01.01.22 bis 31.12. 2026
Sie endet nach den vertraglichen Fristen. Falls keine Fristen vereinbart, gilt das BGB.

7. Unterlagen
Folgende Unterlagen wurden der Bauleitung hiermit übergeben (Nr. und Stückzahl angeben)
❒ Bestandspläne ....
❒ Revisionspläne / Revi-Dokumentation unter Vorbehalt bzw. nach Prüfung auf Vollständigkeit..............
❒ Betriebsanleitungen ....
❒ Wartungsanweisungen ....
❒ Schlüssel ....
❒ ....

Folgende Unterlagen fehlen noch und sind der Schlussrechnung beizufügen
Ggf. restliche Nachweise / Revisionsunterlagen

8. Sonstiges ....

9. Unterschriften

Ort, Datum	Ort, Datum	Ort, Datum
Auftragnehmer	Bauherr	Architekt

Abnahme-VOB.doc-2201

muss all das dokumentiert werden, was tatsächlich verarbeitet und eingebaut wurde. Das bedeutet, dass alle Materialien und Installationsgegenstände – samt Hersteller und/oder Lieferanten – exakt beschrieben und dokumentiert werden müssen. Dabei entsteht eine Art Bedienungsanleitung für Ihr Haus.

Was passiert, wenn das unterbleibt? Erst mal gar nichts. Aber nach ein paar Jahren, wenn einzelne Teile vielleicht repariert oder erneuert werden müssen, geht das große Rätselraten los: Von welchem Hersteller war gleich noch mal dieses Waschbecken, und gibt es die dazugehörigen Zahnputzbecher noch? Klingt harmlos. Ist auch nur ein harmloses Beispiel. Aber wenn es um die Heizung oder die Belüftungsanlage geht, die regelmäßig gewartet werden müssen, oder um die Art der Dämmstoffe, bei denen man einfach wissen möchte, was man da eigentlich im Haus hat – in solchen komplizierten wie sensiblen Bereichen des Hauses ist es schon weniger harmlos, wenn die Dokumentation fehlt.

Bestandteile der Dokumentation

- Liste der Handwerker
- Liste der Hersteller / Lieferanten
- Liste der Ansprechpartner für Havariefälle
- Pläne
- Baufluchtlinien- und ggfs. Höhenattest des Vermessungsingenieurs
- Berechnungen (Flächen, etc.)
- Bestandszeichnungen der technischen Gebäudeausrüstung
- Genehmigungen
- Abnahmeprotokolle (Protokolle der bauaufsichtlichen Gebrauchsabnahme)
- Fachunternehmererklärungen (Bescheinigungen für alle Gewerke über die fachgerechte mangelfreie Ausführung der Bauleistungen)
- Bürgschaften / Gewährleistungsbürgschaften
- Nachweise der eingebauten Materialien (Unbedenklichkeit verwendeter Baustoffe und Materialien)
- Lieferscheine
- Zulassungen / Prüfzeugnisse
- Beschreibungen von Produkten
- Wartungs- und Pflegehinweise
- Garantieurkunden für die Haustechnik (Elektro, Sanitär, Heizung, gegebenenfalls Lüftung usw.)
- Bedienungsanleitungen
- Sofern möglich auch Prospekte von Produkten (Waschbecken, Heizkessel, etc.)
- Fotodokumentation
- Energieausweis
- Schornsteinfeger-Abnahmeprotokoll

Die „Hausakte"

In der Liste links sind einige der wichtigsten Elemente/Dokumente aufgeführt, die in einer geordneten Dokumentation zusammengefasst werden sollten. Die Hausakte, gemeinhin auch Revisionsunterlagen genannt, meint die gesamte Dokumentation zu allen verbauten Materialien und Techniken. Sie ist in der Regel nach Gewerken geordnet, das heißt auch nach Kostengruppen (KG).

Alles sollte dann in einem Ordner zusammengetragen werden. Dieser Ordner bildet die Bedienungsanleitung für das Haus und die Hausakte (manche sagen auch Gebäudepass oder Hauspass dazu) in einem – quasi die aktualisierte „Patientenakte". Nur so kann man sicher sein, dass für alles ein Nachweis vorhanden ist, der auch noch in zehn oder 20 Jahren gefunden werden kann. Oder dass ein zum installierten Gerät passendes Ersatzteil – und wenn es nur eine Dichtung ist – auch tatsächlich wiederbeschafft werden kann.

Wenn dann alles noch elektronisch vorliegt, ist es um ein Vielfaches einfacher, denn dann können alle Dokumente auf modernste Weise abgelegt und auch wieder aufgefunden werden. Hier liegt dann die elektronische Haus- oder „Patientenakte" vor. Sie finden entsprechende Software zum Führen einer elektronischen oder digitalen Hausakte bei verschiedenen Anbietern. Der Preis von etwa 30 Euro ist moderat. Die „Software zur nachhaltigen Gebäudedokumentation" des Baukosteninformationszentrums der Architektenkammern (BKI) kostet beispielsweise 25 Euro. Üblicherweise gliedern sich digitale Hausakten in folgende Module:

Firma	**Tischlerei & Treppenbau Musterfirma**	**01-12**
Bauvorhaben	**Energetische Modernisierung Mustergebäude**	
Ausführung	von: bis:	

Revisionsunterlagen + Nachweise

Datum:		Vorlage / Beschreibung	✓	vollständig				Bemerkungen
		Abnahmeprotokoll nach VOB						
		Gewährleistungsbürgschaft						
		FU-Erklärung	✓					
		Abrechnung / Schlußrechnung						
		Hersteller- und Liefernachweise für						
		Matrialaufstellung						
		Lieferschein Fenster						
		Herstellerbescheinigung Fenster						
		Lieferschein Haustür						
		Herstellerbescheinigung Haustür						
		Lieferschein Fensterbänke						
		HerstellerbescheinigungFensterbänke						
		Beschläge						
		Griffe / Oliven						
		Beschichtungen						
		Dichtungen						
		Produktdatenblatt Dichtungsband Firma illbruck						
		Prüfzeugnisse / Zulassungen						
		U-Wert						
		WE-Türen mit den db-Werten und rauchdicht						
		Prüfbericht Dichtungsband Firma Illbruck						
		Prospekte, Produkbeschreibungen, Wartungshinweise						
		Zeichnungen						

Bemerkungen: In den Hersteller- und Liefernachweisen müssen auch die Nachweise der Lieferung auf diese Baustelle enthalten sein (Lieferschein, etc.).

1 Kenndaten
2 Objektbeschreibung
3 Adressen
4 Übersichtstabellen
5 Dokumente, Zeichnungen, Berechnungen, Beschreibungen, Bilder
6 Dokumente – Angebote, Verträge, Rechnungen.

Mittels einer digitalen Hausakte können Sie die Planungs-, Umbau- und Nutzungszeit Ihres Hauses nicht nur gut dokumentieren, sondern die Dokumentation auch leicht auf dem Laufenden halten. Vergangenheit, Gegenwart und Zukunft Ihrer Immobilie werden dadurch transparent. Dies dient nicht nur der technischen, konstruktiven, wirtschaftlichen und ökologischen Überwachung Ihres Hauses, sondern erleichtert auch den Service, die Pflege und Wartung einzelner Bauteile und technischer Einrichtungen. Sie haben in den Programmen die Wahl, nur einen Teil der Felder auszufüllen, wenn sich das komplette Ausfüllen bei einem alten Haus, das Sie Ihren Bedürfnissen angepasst haben, nur unter großem, nicht vertretbarem Aufwand realisieren ließe.

Auch im Falle eines Wiederverkaufs Ihrer Immobilie haben Sie als Verkäufer eine starke Position, wenn Sie mit einer dynamisch fortgeschriebenen Dokumentation aufwarten können, die faktisch keine Fragen offen lässt.

Aber auch bei diesem komfortablen Werkzeug sind Sie wahrscheinlich auf die Hilfe Ihres „Hausarztes" angewiesen. Erfahrungsgemäß werden die Nachweise der Handwerker selten komplett übergeben – wenn überhaupt. Es ist daher in der Regel ratsam, mit der letzten Zahlung so lange zu warten, bis sämtliche Nachweise qualifiziert geführt und Ihnen übergeben worden sind.

Wie greift der Zahlungsplan?

Wenn alles fertig ist, kann alles bezahlt werden. Nur wann ist alles fertig? Ein Architekturprofessor erheiterte seine Studenten einst mit folgender Äußerung: „Ein Haus ist erst dann wirklich fertig, wenn es wieder abgerissen ist." Von diesem Bonmot abgesehen, gibt es einige juristisch fixierte Eckpunkte, auf die Sie achten müssen.

Üblicherweise werden in Bauverträgen auch Zahlungspläne vereinbart. Viele, zu viele Verträge werden aber noch zulasten des privaten Eigentümers oder des Bauherrn abgeschlossen, wie Verbraucherschützer festgestellt haben. In vielen Fällen wird das unternehmerische Risiko – einschließlich des Insolvenzrisikos – auf unzumutbare Weise dem Auftraggeber zugeschoben. Immer wieder müssen deutsche Gerichte Verträge rügen und einzelne Klauseln für unwirksam erklären, weil sie dem BGB in eklatanter Weise widersprechen und die Rechte des Bauherrn in unzulässiger Art beschränken. So untersagte das Oberlandesgericht Brandenburg in einem Berufungsverfahren auf dem Wege der Einstweiligen Verfügung (vom 18.7.2007, 7 U 193/06) einem Bauunternehmen, die folgende – unwirksame – Klausel in Verträgen weiter zu verwenden: „Beginnen die Bauherren vor Abnahme und Übergabe mit Fußbodenverlege- und Malerarbeiten im oder am Vertragsobjekt oder wird das Vertragsobjekt bezogen, gilt dieses als abgenommen."

Der Handwerker hat seinerseits gemäß § 648a BGB die Möglichkeit, vom Bauherrn eine sogenannte Bauhandwerker-Sicherheitsleistung zu fordern.

Einheitliche gesetzliche Regelungen hinsichtlich eines Zahlungsplans gibt es zwar für Bauträger – für den privaten Bauherrn aber nicht. Insofern sind auch die meisten Umbau- und Sanierungsvorhaben in alten Häusern von dieser Rechtsunsicherheit betroffen.

Lassen Sie sich in allen Fragen des Zahlungsplans von Ihrem „Hausarzt" beraten – und zwar spätestens ab Schritt 9, der Vergabe der Arbeiten.

Schlüsselübergabe

Seit jeher hatte die Schlüsselübergabe eine besondere symbolische, juristische und praktische Bedeutung. Wurden im Mittelalter dem Kaiser die Schlüssel einer Stadt ausgehändigt, bedeutete das die Unterwerfung der Stadt unter die kaiserliche Macht. Nicht zufällig zählt der Schlüssel zu den ganz alten heraldischen Symbolen – Städte wie Regensburg, Worms

und Bremen führen ihn im Wappen –, die sich aus vorchristlicher Zeit überliefert haben. Bis in die Gegenwart ist es üblich, mit einer feierlichen Schlüsselübergabe die Einweihung eines neuen Gebäudes zu feiern.
Und heute? Für den Hauseigentümer hat die Übergabe sämtlicher Schüssel eine ganz praktische Bedeutung. Er kann sich sicher sein, dass nach einer Phase des baubedingten Hin und Her nun er allein den Zugang zu seinem Haus besitzt.

Für den Eigentümer eines Hauses bedeutet die Schlüsselübergabe, dass Umbau- und Sanierungsarbeiten abgeschlossen sind und er hoffentlich die richtigen Entscheidungen getroffen hat, um sich den Traum von seinem eigenen gebrauchten Haus zu erfüllen, dass also nun – hoffentlich – aller Stress hinter ihm liegt. Wenn das Buch etwas mitgeholfen hat, Ihnen den Weg dahin zu bahnen, hat es seine Aufgabe erfüllt.

ÖKOLOGISCHE ASPEKTE DES BAUENS

Im Leitfaden Nachhaltiges Bauen von 2016 heißt es: „Bei der ökologischen Dimension der Nachhaltigkeit wird als ein primäres Schutzziel die Ressourcenschonung durch einen optimierten Einsatz von Baumaterialien und Bauprodukten, eine geringe Flächeninanspruchnahme, die Erhaltung und Förderung der Biodiversität sowie eine Minimierung des Energie- und Wasserverbrauchs angestrebt. Betrachtet werden alle erforderlichen Energie- und Stoffströme von der Gewinnung über den Transport und Einbau bis hin zum Rückbau sowie die globalen und lokalen Umweltwirkungen durch den Energieverbrauch aus der Herstellung der Baustoffe und in der Phase der Gebäudenutzung. Ziel ist die Minimierung der Umweltbelastungen auf lokaler und globaler Ebene." Seinerzeit vom Bundesministerium für Umwelt, Naturschutz, Bau und Reaktorsicherheit herausgegeben finden sich hier die Motivationen zu den ökologischen Aspekten des Bauens zusammengefasst.

Bei Bestandsbauten ist die „geringe Flächeninanspruchnahme" per se gegeben, denn das Haus steht ja schon und bedarf keines neuen Grundstücks. Und auch beim „optimierten Einsatz von Baumaterialien und Bauprodukten" steht ein Bestandsgebäude mit der darin gebundenen „grauen Energie" ziemlich gut da.

Zu den ökologischen Aspekten des Bauens gehören Themen, die schon in vorangegangenen Abschnitten erwähnt worden sind. Zum einen die weitgehende Verwendung vorhandener Bausubstanz, soweit dies möglich ist. Hier kommt die sogenannte Graue Energie ins Spiel. Insgesamt, so haben Forschungsinstitute festgestellt, kann die Graue Energie bei der energetischen Sanierung vernachlässigt werden – zumindest bei der Amortisationsberechnung.

INFO **WAS IST GRAUE ENERGIE?** Der Begriff Graue Energie fasst den Energieverbrauch zusammen, der bei Herstellung, Lagerung, Transport, Verarbeitung und Entsorgung von Produkten – hier: Gebäuden – entsteht. Das beinhaltet auch Vorprodukte inklusive Rohstoffgewinnung. So hat man für eine Aluminiumdose den halben Tagesstromverbrauch einer vierköpfigen Familie (etwa 5 kWh) an grauer Energie errechnet, die in der Dose steckt.
Bei Immobilien müsste man auch den Energieaufwand für Instandhaltung, gebäudegebundene Dienstleistungen und Betrieb hinzuzählen.

Wohl aber spielt die aufgewendete Graue Energie eine Rolle, wenn es um den Einsatz von Material geht, das nur mit hohem Energieaufwand hergestellt werden kann oder aus sehr fernen Regionen des Globus herbeigeschafft werden muss. An exotischen Edelhölzern und sibirischem Bauholz klebt Erdöl, schon allein der langen Transportwege wegen.

Zum anderen ist gerade die Energieeffizienz des Gebäudes einer der entscheidenden ökologischen Faktoren, die es zu berücksichtigen gilt. So kann man beim Tausch einer Heizungsanlage erwägen, ob Wärmepumpen und Solarthermieanlagen in die Planung einbezogen werden sollen. Wärmepumpen verbrauchen ihrerseits Energie, ihre Effektivität misst sich an der Jahresarbeitszahl: Das ist der Quotient aus abgeführter Energie geteilt durch zugeführte Energie. Bei einer Entnahme der zugeführten

Energie aus einer eigenen Photovoltaikanlage sieht die Energiebilanz für den Betreiber in der Regel positiv aus. Erd-Wärmepumpen, die mit einem hohen Anteil an PV-Strom betrieben werden, weisen die geringsten Emissionen aus; allerdings darf bei der persönlichen Planung die relativ lange Amortisationszeit nicht außer Acht gelassen werden.

INFO **JAHRESARBEITSZAHL UND FÖRDERUNG** JAZ ist die Abkürzung für Jahresarbeitszahl und bedeutet den Wirkungsgrad einer Wärmepumpe. 3,6 sagt zum Beispiel, dass aus 1 kW Energie 3,6 kW gewonnen werden. Abzüglich 1 kW (Energieaufwand) beträgt der Netto-Ertrag dann 2,6 kW. Oder anders: Die JAZ gibt das Verhältnis zwischen zugeführter Energie (Strom) und der tatsächlich erzeugten Heizungswärme über die Dauer eines Jahres wieder.
Über den Bundesverband für Wärmepumpen (BVW) steht ein Onlinerechner (waermepumpe.de/jazrechner/) zur Verfügung – mit dem der Wert exakt ermittelt werden kann. Die Förderung von Wärmepumpen durch das Bundesamt für Wirtschaft und Ausfuhrkontrolle (Bafa) ist an eine mindestens zu erreichende JAZ der entsprechenden Anlage geknüpft (Werte für Wohngebäude):

- Sole/Wasser- und Wasser/Wasser-Wärmepumpen: 3,8
- Luft/Wasser-Wärmepumpen: 3,5
- Gasbetriebene Wärmepumpen: 1,25

Dennoch führt man als Eigentümer/Bauherr immer noch Steuerungselemente in der eigenen Hand. Besteht beispielsweise die Dämmung aus Polystyrol oder Polyurethan – zwei der am häufigsten verwendeten Baustoffe für Dämmungen –, „klebt" an ihnen auf jeden Fall Erdöl, ein unzweifelhaft fossiler Rohstoff. Dieses Material zu verwenden ist zwar relativ kostengünstig, widerspricht im Grunde jedoch der langfristigen Strategie der Dekarbonisierung – auch wenn das Tagesgeschehen bei diesem Begriff derzeit sehr stark auf den CO_2-Ausstoß fixiert. Kohlenwasserstoffe aus fossilen Quellen bleiben endlich, auch wenn man bei der Produktion der Dämmstoffe die CO_2-Bilanz im Griff hat.

Die ökologisch bessere Wahl sind Dämmmaterialien aus nachwachsenden Rohstoffen wie Holzfasern, Hanf, Wolle oder Zellulose. Diese Materialien bieten Schimmel, Fäulnis und Ungezieferbefall allerdings eine gewisse Anfälligkeit. Ihr Einsatz will also wohlerwogen und von Fachleuten ausgeführt sein.

Alternativ dazu bieten sich Mineralwollen an (Steinwolle, Glaswolle). Ausgangsstoffe der Steinwolle sind beispielsweise Spat oder Dolomit, Basalt und andere Gesteinsarten sowie Recyclingmaterialien. In Glaswolle kann bis zu 70 Prozent Altglas verarbeitet werden. Beide enthalten nur jeweils 0,5 Prozent Mineralöl (zur Staubbindung) und nur bis zu 7 Prozent Phenolharze (als Bindemittel).

Dass die Graue Energie zur Kalkulation der energetischen Sanierung nicht ausschlaggebend ist, heißt beileibe nicht, dass man mutwillig zerstören muss, was erhaltenswert ist. Dazu gehören solche besonderen, stilprägenden Bauteile wie Holzkastenfenster. Und auch wenn eine alte Treppenanlage aus Holz noch zu retten ist, mutet sie in einem Altbau charmanter an als eine Betontreppe.

Material und Ressourcen

Ein Wort zum Ist-Stand. Der Gebäudebestand in Deutschland ist stark von den verschiedenen Bauepochen geprägt und von den in ihnen dominierenden Materialien. So wurden bis 1870 viel Stroh, Lehm und Holz verbaut. Die Epoche danach, bis zum Ende des Zweiten Weltkriegs, wurde vom Vollziegel beherrscht. Beton erhielt seit den 1920er-Jahren einen höheren Stellenwert. Seit Ende des Zweiten Weltkriegs ist Beton der am meisten verwendete Baustoff.

Das Wuppertal Institut für Klima, Umwelt, Energie hat 2017 eine Aufstellung veröffentlicht, welche Materialmengen in Deutschland durchschnittlich pro Einwohner verbaut waren. Danach waren – hochgerechnet auf den gesamten Bestand an Wohngebäuden pro Einwohner – 105,4 Tonnen Baumaterialien erfasst, die sich folgendermaßen aufteilten:

47,0 Tonnen Beton,
35,6 Tonnen „Sonstige Materialien"

13,3 Tonnen Ziegel,
4,5 Tonnen Stahl,
2,2 Tonnen Holz,
1,5 Tonnen Flachglas,
0,9 Tonnen Kunststoffe und
0,4 Tonnen mineralische Dämmstoffe.

Die Haustechnik brachte bei Wohngebäuden noch einmal zusätzlich 20,6 Kilogramm pro Einwohner auf die Waage, die sich so zusammensetzten:

12,6 Kilogramm Stahl,
2,6 Kilogramm „Sonstige Materialien"
1,9 Kilogramm Keramik,
1,8 Kilogramm Kupfer,
1,3 Kilogramm Kunststoffe und
0,4 Kilogramm Blei.

Diese Zahlen machen deutlich, welche beträchtliche Mengen an Grauer Energie im Gebäudebestand materialisiert sind. Der Leitfaden „Nachhaltiges Bauen" setzt dabei folgende Prioritäten:

Baustoffliche Ressourcen

- Verlängerung der Nutzungsdauer von Produkten, Baukonstruktionen und Gebäuden
- Einsatz wiederverwendbarer oder -verwertbarer Bauprodukte/Baustoffe
- gefahrlose Rückführung der Stoffe in den technischen oder, soweit sinnvoll, in den natürlichen Stoffkreislauf
- Senkung des Ressourcenbedarfs bei der Erstellung und dem Betrieb von Gebäuden
- Einsatz nachhaltig erzeugter nachwachsender Rohstoffe (auch unter dem Aspekt der Erhaltung der biologischen Vielfalt)

Nicht baustoffliche Ressourcen

- Nutzung von Regen- oder Grauwasser sowie Reduzierung des Trinkwasserverbrauchs

Energetische Ressourcen

- Reduzierung von Transportaufwendungen von Baustoffen und -teilen
- Minimierung des Energiebedarfs in der Nutzungsphase
- Einsatz regenerativer Energie

Biologisch vielfältige Flächenressourcen

- Minimierung der Flächeninanspruchnahme durch das Gebäude
- Durchführung von Ausgleichsmaßnahmen

Energiebilanz

Gerade gegenwärtig ist sehr viel in Bewegung gekommen – auch auf legislativer Ebene. So hat das Gebäudeenergiegesetz (GEG), im vollen Titel „Gesetz zur Einsparung von Energie und zur Nutzung erneuerbarer Energien zur Wärme- und Kälteerzeugung in Gebäuden", von 2020 drei frühere Gesetze und Verordnungen zusammengefasst: das Energieeinsparungsgesetz (EnEG) mit der Energieeinsparverordnung (EnEV) und das Erneuerbare-EnergienWärmegesetz (EEWärmeG). Das neue Gesetz führt also zwei wesentliche Themenfelder zusammen: bau- und anlagentechnische Anforderungen an Gebäude sowie die Bestimmungen, nach denen bei neuen sowie bei Bestandsgebäuden der öffentlichen Hand erneuerbare Energien zu Wärmezwecken in einem festgelegten Umfang zu nutzen sind.

Wer sein eigenes Haus künftig energetisch sanieren will, kann zwischen verschiedenen Förderprogrammen wählen, ältere sind inzwischen ausgelaufen. Ab 1. Februar 2022 fließen Fördergelder vermehrt dorthin, wo das CO_2-Einsparpotenzial am größten ist – in Gebäudesanierungen und besonders effiziente Neubauten. Dagegen fällt die Förderung für Neubauten der Effizienzhausstufe 55 mit dem 31. Januar 2022 weg. Gebäudesanierungen werden aber weiterhin von der KfW gefördert. Die Effizienzhausstufen wurden ursprünglich von der KfW als Anreiz für besonders energieeffizientes Bauen eingeführt. Sie sind inzwischen als Standard auch in die Bundesförderung für effiziente Gebäude (BEG) eingegangen.

Das Programm 461 der KfW (Zuschussmodell) bietet für Komplettsanierung, Bau und Kauf eines Effizienzhauses etwa:

- Sanierungszuschuss bis zu 75 000 Euro je Wohneinheit
- Bauzuschuss bis zu 37 500 Euro je Wohneinheit

- Förderung für Baubegleitung und anderes

Daneben gibt es die Kreditprogramme 261 und 262 mit unter anderen folgenden Faktoren:

- Förderkredit ab 0,76 % effektiver Jahreszins für Sanierung, Neubau und Kauf
- Bis zu 150 000 Euro Kredit je Wohneinheit für ein Effizienzhaus
- Bis zu 60 000 Euro Kredit je Wohneinheit für Einzelmaßnahmen
- Zwischen 15 % und 50 % Tilgungszuschuss erlaubt es Bauherren, weniger zurückzuzahlen, als die aufgenommen haben.
- Förderung für Baubegleitung und anderes

Im Rahmen der Bundesförderung für effiziente Gebäude (BEG) werden auch Einzelmaßnahmen gefördert, zum Beispiel

- Dämmung der Gebäudehülle (Außenwände, Dachflächen, Geschossdecken, Bodenflächen), etc.
- Austausch von Fenstern, Außentüren
- Sommerlicher Wärmeschutz durch Ersatz oder erstmaligen Einbau von außenliegenden Sonnenschutzeinrichtungen

Nachrüstpflicht – ja oder nein?

Nachrüstpflichten bestehen für Altbauten, also auch Ein- oder Zweifamilienhäuser aus dem Bestand, unter bestimmten Umständen. Die Nachrüstpflichten sind im Gebäudeenergiegesetz (GEG) beschrieben. Für die Gebäudehülle einschlägig ist hier insbesondere § 47. Danach gilt: Wer eine Bestandsimmobilie in Form eines Ein- oder Zweifamilienhauses kauft, in dem der Verkäufer bis zum 1. Februar 2002 noch in einer Wohneinheit selbst gewohnt hat, muss innerhalb von zwei Jahren nach Eigentümerwechsel (Grundbucheintrag) folgende Nachrüstpflichten erfüllen:

- **ALLE ZUGÄNGLICHEN WARMWASSERLEITUNGEN** in ungeheizten Räumen nebst den dazugehörigen Armaturen müssen gedämmt werden.
- **DIE OBERSTE GESCHOSSDECKE** muss gedämmt werden, soweit sie keinen Mindestwärmeschutz aufweist. Als oberste Geschossdecke gilt die Decke zwischen dem obersten beheizten und dem darüber liegenden unbeheizten Raum. Gewöhnlich ist das die Decke zwischen Obergeschoss und dem darüber liegenden Dachboden/Speicher. Statt der obersten Geschossdecke kann auch das Dach gedämmt werden.
- **MIT FLÜSSIGBRENNSTOFF (HEIZÖL) ODER MIT GAS** befeuerte Heizkessel, die eine Betriebsdauer von 30 Jahren erreicht oder überschritten haben, müssen ausgetauscht werden. Ausgenommen davon sind Niedertemperatur- und Brennwertkessel.

Da bei einem Verkauf üblicherweise ein Energieausweise vorgelegt werden muss, sollten die Nachrüstpflichten darin aufgeführt sein. Die Regel gilt im Übrigen nicht ausschließlich für Immobilienkäufer, sondern auch für Erben, die eine Immobilie übernehmen.

Geschützt vor der Nachrüstpflicht sind Eigentümer, die bereits vor dem 1. Februar 2002 selbst in ihrem Haus, dessen Eigentümer sie waren, gewohnt haben.

Ausgenommen sind von der Nachrüstpflicht zudem Denkmalimmobilien, sofern die zuständige Denkmalbehörde den Status des Gebäudes bestätigt hat. Ferner muss der Pflicht nicht nachgekommen werden, wenn eine Nachrüstung am betreffenden Gebäude technisch nicht möglich ist. Eine Ausnahme ist auch gegeben, wenn die Rechte anderer, beispielsweise der Nachbarn, dadurch verletzt würden. Deren Rechte werden höher bewertet als die Sanierungspflicht, die dann nicht greift. Eine weitere Ausnahme: Immobilien mit einer Fläche von weniger als 50 Quadratmetern sind von der Sanierungspflicht ausgenommen. Ausnahmen können auch beantragt werden, wenn beispielsweise die Fassade saniert werden soll, bei der allfälligen Dämmung aber auch Fenster und Dach erneuert werden müssten, die noch nicht sanierungsbedürftig sind.

Neue Konzepte der Energieeffizienz

Die neuen Konzepte der Energieeffizienz sind eigentlich vom Grundsatz so neu nicht, ihre technische Ausgestaltung hingegen erneuert sich beständig. Dem folgen auch der Gesetzgeber und die Werkezuge im Förderportfolio.

Effizienzhaus, Niedrigenergiehaus, Passivhaus

Der Begriff Effizienzhaus steht für einen Energiestandard, den die Kreditanstalt für Wiederaufbau (KfW) für die Förderung energieeffizienten Bauens entwickelt hat. Ausgangspunkt ist dabei ein sogenanntes Referenzhaus, das nach den Vorgaben der Energieeinsparverordnung (EnEV) entwickelt worden war und auch in das Gebäudeenergiegesetz (GEG) eingegangen ist.

Das Referenzhaus gleicht in Geometrie, Nutzfläche und Ausrichtung dem Gebäude, das gebaut (oder saniert) werden soll. Grundsätzlich werden zwei Kennziffern angenommen: der Primärenergiebedarf und der Transmissionsverlust. Der Primärenergiebedarf ist der angenommene durchschnittlich Verbrauch für Heizung, Lüftung und Warmwasserbereitung. Der Transmissionswärmeverlust beschreibt die Energiemenge, die bei beheizten Gebäuden durch die Gebäudehülle entweicht.

Effizienzhaus 100 bedeutet also, dass das betreffende Gebäude genauso viel Primärenergie benötigt, wie es der GEG-Standard vorschreibt. Alle von 100 abweichende Zahlen beschreiben eine Unter- oder Überschreitung dieses Standards. Das heißt: Das Effizienzhaus 40 weist nur 40 Prozent des Energiebedarfs des

Einzelmaßnahmen zur Sanierung von Wohngebäuden (WG) und Nichtwohngebäuden (NWG)	Fördersatz	Fördersatz mit Austausch Ölheizung	Fachplanung und Baubegleitung
Gebäudehülle[1]: Dämmung von Außenwänden, Dach, Geschossdecken und Bodenflächen; Austausch von Fenstern und Außentüren; sommerlicher Wärmeschutz	20%		50%
Anlagentechnik[1]: Einbau/Austausch/Optimierung von Lüftungsanlagen; WG: Einbau „Efficiency Smart Home"; NWG: Einbau Mess-, Steuer- und Regelungstechnik, Raumkühlung und Beleuchtungssysteme	20%		
Heizungsanlagen[1]: Gas-Brennwertheizungen „Renewable Ready""	20%	20%	
Gas-Hybridanlagen	30%	40%	
Solarthermieanlagen	30%	30%	
Wärmepumpen	35%	45%	
Biomasseanlagen[2]	35%	45%	
Innovative Heizanlagen auf EE-Basis	35%	45%	
EE-Hybridheizungen[2]	35%	45%	
Anschluss an Gebäude-/Wärmenetz			
mind. 25% EE	30%	40%	
mind. 55% EE	35%	45%	
Heizungsoptimierung[1]	20%		

[1] iSFP-Bonus: Bei Umsetzung einer Sanierungsmaßnahme als Teil eines im Förderprogramm „Bundesförderung für Energieberatung für Wohngebäude" geförderten individuellen Sanierungsfahrplanes (iSFP) ist ein zusätzlicher Förderbonus von 5% möglich.

[2] Innovationsbonus: Bei Einhaltung eines Emissionsgrenzwertes für Feinstaub von max. 2,5 mg/m³ ist ein zusätzlicher Förderbonus von 5% möglich.

Quelle: Bundesamt für Wirtschaft und Ausfuhrkontrolle (Bafa), Stand 1. Januar 2021

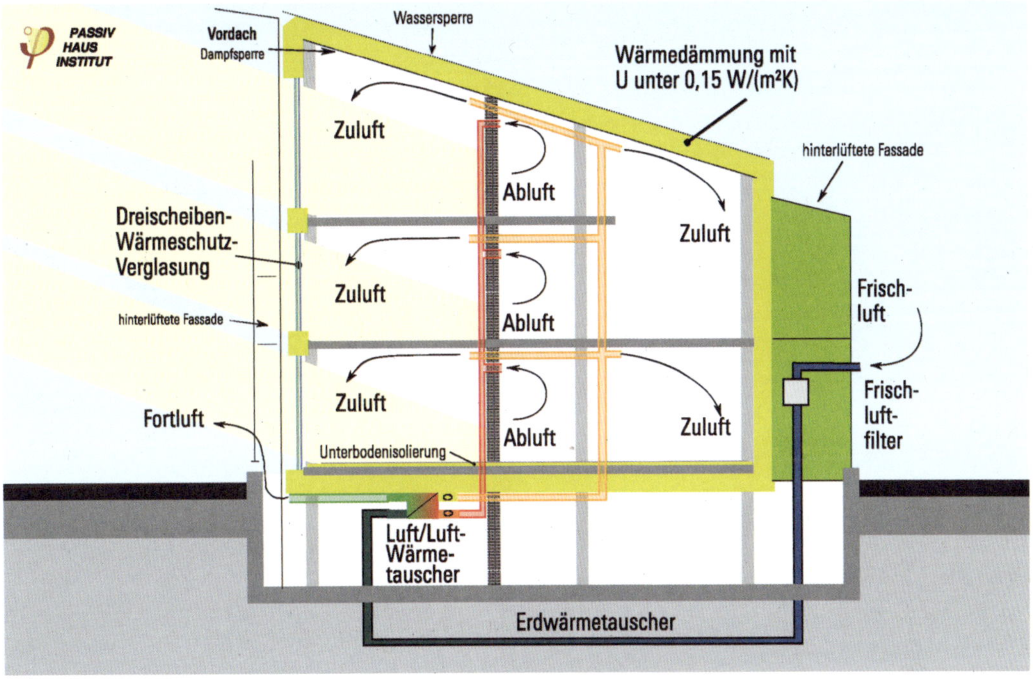

Schematischer Aufbau eines Passivhauses

Referenzgebäudes auf und darf maximal 55 Prozent Transmissionswärmeverlust haben; Denkmalimobilien dürfen die Standards gegebenenfalls überschreiten.

An die Effizienzhaus-Standards der KfW knüpfen auch die aktuellen Förderprogramme an. Neben der KfW-Förderung sollte die Bundesförderung für effiziente Gebäude (bafa.de/DE/Energie/Effiziente_Gebaeude/effiziente_gebaeude_node.html) und auch die steuerliche Förderung (beispielsweise bei Denkmalimmobilien) als Ganzes betrachtet werden. Ihr Altbauexperte ist dafür die richtige Instanz.

Da der Effizienzhaus-Standard bei der Sanierung eines alten Gebäudes schwerer zu erreichen ist als bei einem Neubau, fahren die Förderzüge, wie in den genannten Tabellen zu ersehen, auf unterschiedlichen Gleisen.

Als Niedrigenergiehaus wird ein Energiestandard für Neubauten und sanierte Altbauten bezeichnet, die den gesetzlich geforderten energietechnischen Anforderungen unterschreiten. Eine einheitliche Definition dafür besteht in Deutschland nicht.

Das Passivhaus dagegen ist klar definiert. Es soll praktisch keiner Primärenergie für Heizung bedürfen; der Heizwärmebedarf darf 15 kWh/m^2 im Jahr nicht übersteigen – aufgrund seiner Wärmedämmung und dem Vermögen, Lüftungswärmeverluste mittels Wärmetauschern zu reduzieren. Eine übliche Warmwasserheizung des Gebäudes ist also nicht mehr erforderlich. Dafür muss man in Kauf nehmen, dass sich die Raumtemperatur nicht länger signifikant erhöhen oder absenken lässt – das ganze Jahr über, sommers wie winters – bleibt die Temperatur konstant, und zwar im gesamten Gebäude. Wer sich einen gekühlten Weinkeller wünscht oder im Schlafzimmer fünf Grad weniger, dafür aber im Bad mehr Grad mehr haben will als im Rest des Hauses, wird es schwer haben.

Im Passivhaus muss man die Fenster nicht mehr öffnen, weil die Belüftungsanlage alles regelt. Die Schöpfer dieses energetischen Wunders sind stolz darauf, dass die „gesiebte Luft" sauberer und gesünder ist als die Außenluft. Man setze sich also gesundheitlichen Gefahren aus, verlasse man das Passivhaus, meinte ein Witzbold einst bei einer Präsentation.

Das Passivhaus ist gewissermaßen als Festung gegen die Welt gebaut. Nichts soll an

Einspeisevergütung nach dem EEG-Gesetz

Inbetriebnahme ab	bis 10kWp	bis 40 kWp	bis 100 kWp
1.6.2021	7,58 Cent	7,36 Cent	5,77 Cent
1.5.2021	7,69 Cent	7,47 Cent	5,86 Cent
1.4.2021	7,81 Cent	7,59 Cent	7,70 Cent
1.3.2021	7,92 Cent	7,70 Cent	6,04 Cent
1.2.2021	8,04 Cent	7,81 Cent	6,13 Cent
1.1.2021	8,16 Cent	7,93 Cent	6,22 Cent
1.12.2020	8,32 Cent	8,09 Cent	6,34 Cent
1.11.2020	8,48 Cent	8,24 Cent	6,46 Cent
1.10.2020	8,64 Cent	8,40 Cent	6,59 Cent
1.9.2020	8,77 Cent	8,53 Cent	6,69 Cent
1.8.2020	8,90 Cent	8,65 Cent	6,79 Cent
1.7.2020	9,03 Cent	8,78 Cent	6,89 Cent
1.6.2020	9,17 Cent	8,91 Cent	7,00 Cent

Quelle: www.photovoltaik.org

Wärme hinaus und nichts soll ungefiltert herein – mit Ausnahme des Sonnenlichts durch die Fensterverglasung. Den Passivhausstandard kann man, muss ihn aber nicht als Absolutum verstehen. Auch bei der Sanierung eines alten Gebäudes bieten die technischen Lösungen des Passivhauses Möglichkeiten, diesem Standard in gewissen Teilen nahezukommen.

Photovoltaik

Die Photovoltaik-Anlage (PA) auf dem eigenen Hausdach – das schien vielen der zeitgemäße Weg zur eigenen Energiewende zu sein. Um das Jahr 2000 beschloss die Bundesregierung, das feste System aus Stromproduzenten, -lieferanten und -verbrauchern aufzubrechen. Auch Verbraucher sollten Strom produzieren und in das Netz einspeisen dürfen. Zu Beginn wurden dafür Einspeisungsvergütungen gezahlt, die heute märchenhaft anmuten. Nicht zuletzt Hauseigentümer sollte das motivieren, Strom auf dem eigenen Hausdach zu produzieren.

Die hohe Vergütung stand damals in einem nachvollziehbaren Verhältnis zu den hohen Preisen der Photovoltaik-Anlagen. Die Vergütungen überstiegen (und übersteigen bis heute) den Preis, den der Netzbetreiber am Strommarkt erzielen kann; dafür bekommt der Betreiber einen Ausgleich – daher die sogenannte EEG-Umlage, die fester Bestandteil des Strompreises geworden ist.

Inzwischen sind die Gestehungspreise für solche Photovoltaik-Anlagen deutlich gesunken. Die Einspeisevergütung ist degressiv angelegt. Das regelt das EEG (Erneuerbare-Energien-Gesetz) und bedeutet, dass die Vergütung umso stärker sinkt, je später eine Anlage in Betrieb genommen wurde. Bei im Februar 2019 in Betrieb genommenen Anlagen betrug die Vergütung noch 11,74 Cent/kWh; ein Jahr später waren es noch 9,72 Cent, und Anlagen vom Februar 2021 warfen nur noch 8,04 Cent ab (bezogen jeweils auf eine Anlage auf Wohngebäuden mit 10 kW Nennleistung gemäß standardisierten Testbedingungen). Die Angaben der obigen Tabelle benutzen die „Maßeinheit" kWp (Kilowatt Peak). Dabei handelt es sich um das Maß für die installierte Nennleistung einer Photovoltaikanlage, die unter genormten Bedingungen errechnet wird. Die Angabe kWp stimmt nicht mit den real erzeugten kWh (Kilowattstunden) überein. Die reale Leistung hängt von weiteren Faktoren wie Standort, Ausrichtung oder Neigungswinkel der Module ab.

Bei den sinkenden Erlösen für die Photovoltaik-Einspeisung ist es für die Nutzer am ökonomischsten, den mit PV-Anlagen erzeugten Strom selbst zu verbrauchen. Ein besonderes Problem für private Betreiber stellte bislang die steuerliche Behandlung der Stromeinspeisung dar. Ein Eigentümer eines Mehrfamilienhauses, der seinen Mietern den Strom seiner Photovoltaik-Anlage auf dem eigenen Hausdach verkaufen wollte, wurde wie ein Unternehmer behandelt. Das hatte steuerliche Konsequenzen. Und die Kosten für den Steuerberater, der das regelte, waren oft höher als die Erlöse aus der Einspeisevergütung. Das System war so kompliziert, dass der Ausbau der Photovoltaik stockte. Selbst vorhandene PV-Anlagen wurden nicht mehr betrieben. Erst in jüngster Zeit ist man zu neuen Geschäftsmodellen übergegangen. Hierbei werden vom Stromnetzbetreiber Mehrfacheinspeisungsanschlüsse gelegt. Der Stromnetzbetreiber wird formal gesehen der Kunde des Produzenten (Hauseigentümers), nimmt ihm den Strom ab. Dessen Mieter können entscheiden, ob Sie den (billigeren) Strom ihres Vermieters oder den (teureren) Strom aus dem Netz abnehmen wollen. Entscheiden Sie sich für den Vermieterstrom, kaufen sie ihn beim Netzbetreiber, beziehen ihn aber aus der „Dose" des Vermieters.

INFO **GESONDERT VERSICHERN** Eine Photovoltaikanlage muss in einer Wohngebäudeversicherung gesondert versichert werden, da von ihr im Falle eines Falles ein erhöhtes Brandrisiko ausgeht. Zum Löschen solcher in Brand geratenen Anlagen benötigen die Fachkräfte der Feuerwehr nicht umsonst eine spezielle Zusatzausbildung. Die Stiftung Warentest bringt regelmäßig einen aktuellen Überblick mit den besten Anbietern heraus, bei denen eben auch PV-Anlagen mitversichert sind (siehe hierzu wie auch allgemein zum Thema Photovoltaik unter: www.test.de, Stichwort „Photovoltaik").

Stecker rein – fertig

Eine relativ einfache Version, sich auch privat und als Eigentümer einer Wohnung an der Energiewende zu beteiligen, sind steckerfertige Solarmodule für den Balkon. Anschluss und Betrieb einer solchen kleinen PV-Anlage müssen den aktuellen Sicherheitsstandards folgen.

- Der Anschluss der Anlagen darf nur über eine spezielle Energiesteckvorrichtung unter Berücksichtigung der Anforderungen nach DIN VDE V 0100–551 und DIN VDE V 0100–551–1 erfolgen. Dann kann auch in vorhandene Endstromkreise eingespeist werden. Der Anschluss darf nur an festverdrahteten Dosen vorgenommen werden, nicht an Verlängerungskabeln oder Mehrfachsteckdosen.

Fußbodenheizung mit Anschlüssen

- Die Anmeldung einer Erzeugungsanlage erfolgt nach den Vorgaben des zuständigen Netzbetreibers.
- Arbeiten an elektrischen Anlagen dürfen nur durch fachkundige Personen durchgeführt werden.

Juristisch noch nicht abschließend geklärt ist die Frage, ob beispielsweise die Eigentümergemeinschaft der Installation und dem Betrieb einer solchen Anlage zustimmen muss oder ob die Eigentümergemeinschaft dem einzelnen Eigentümer den Betrieb untersagen kann.

INFO **EINSPEISEVERGÜTUNG** Die Höhe der Einspeisevergütung bleibt für bestehende Anlagen stabil, sie ist ab Betriebsbeginn der Anlage für 20 Jahre garantiert. Die Degression der Einspeisevergütung betrifft nicht bestehende, sondern diejenigen Anlagen, die in Zukunft gebaut werden. Der genaue Wert der Degression wird quartalsweise immer wieder neu festgelegt.

Wandheizung mit Lehmputz

Kachelofen als „schmuckes" Möbelstück

Flächenheizungen

Ganz früher hatte man einen schönen Kachelofen. Später erfreute man sich an einer komfortablen Warmwasserheizung. Wer modern sein wollte, setzte dann auf eine Fußbodenheizung. Aber wie energieeffizient sind Heizungen eigentlich wirklich? Seit einigen Jahren ist die Wandflächenheizung wieder im Gespräch. Kein wirklich neues Konzept, denn schon die Thermen im Römischen Imperium wurden auf diese Weise beheizt, und der gute alte Kachelofen basierte auf einem ähnlichen Prinzip.

Den Effekt, den eine Flächenheizung haben kann, hat wahrscheinlich schon jeder beobachtet, der im Winter ein gut geheiztes Zimmer mittels Fensterflügellüftung gelüftet hat: Nachdem zehn Minuten kalte Winterluft durch das offene Fenster gedrungen ist, stellt man nach dem Schließen des Fensters fest, dass der Raum sehr schnell wieder warm wird. Die Bauteile und die Einrichtungsgegenstände haben Wärme gespeichert, der Frischluftschock konnte sie kaum abkühlen. Im Gegenteil, sie geben die Wärme schnell wieder an die Raumluft ab.

Diesen Speichereffekt machen sich Flächenheizungen zunutze. Das ganze Bauteil, in dem eine Flächenheizung verlegt ist, strahlt Wärme ab und speichert sie zugleich. Die Fußbodenheizung etwa ist so eine Flächenheizung. Mit ihr gehören „fußkalte" Wohnungen der Vergangenheit an.

Eine Wandheizung hat einen großen Vorteil und einen großen Nachteil. Der Vorteil, beispielsweise gegenüber einer Fußbodenheizung, besteht darin, dass die Wärmeabstrahlung senkrechter Wände als angenehm empfunden wird. Die durchwärmte und trockene Wandfläche ist überdies besser gegen eventuelle Schimmelansiedlung geschützt. Der Grund: Feuchtigkeit, die zur Schimmelbildung nötig ist, kondensiert nur an Bauteilen, die kälter sind als die Umgebungsluft; die beheizte Wand aber ist wärmer als die sie umgebende Luft. Wandheizungen unter Putz lassen sich überdies schneller regulieren als Fußbodenheizungen, deren Röhren im Estrich verlegt sind. Der große Nachteil der Wandheizung: Die Wand, in der sie verlegt ist, muss mehr oder weniger als Tabufläche betrachtet werden. Es wäre keine besonders gute Idee, eine Schrankwand davor aufzubauen oder sie überhaupt mit Möbeln und Gegenständen zu verstellen. Bei allen Arbeiten – beim Bohren wie auch bloß beim Einschlagen eines Nagels – muss natürlich auf den Verlauf der Heizungsrohre geachtet werden.

Schon der Kachelofen hatte viel mehr Fläche als ein heutiger Heizkörper unter der Fensterbank. Er strahlte, auch wenn er nicht selten in einer Zimmerecke oder an einer Wand stand, mit wenigstens zwei Außenflächen seine Wärme in den Raum ab. Ein heutiger Heizkörper hat in der Regel nur eine abstrahlende Fläche. Statt allein die Raumluft zu erwärmen, wärmte der Kachelofen mittels Strahlungswärme auch die umgebenden Bauteile, die Einrichtungsgegenstände und die Menschen, die sich mehr oder weniger in seiner Nähe aufhielten.

Wer das Kachelofenzeitalter noch miterlebt hat, wird sich vielleicht an die wohlige Wärme erinnern, die direkt auf die Haut einzuwirken schien. Freilich wurde damals, in der gar nicht so guten alten Zeit, die Wirkung des Kachelofens dadurch konterkariert, dass die Außenwände schlecht bis gar nicht gedämmt waren und die Fenster oft nur einfach verglast und zusätzlich im Holzwerk undicht waren. Der Ofen verlor also umso mehr seine Wirkung, je weiter man sich von ihm entfernte – in der Nähe der Außenwand hatte man schon fast den Eindruck, der Raum sei ungeheizt. Diese Nachteile muss man heute nicht mehr in Kauf nehmen. Die Fenster sind dicht und isolieren gut. Die Außenwand ist gedämmt. Strahlungswärme kann nicht ungenutzt entweichen.

INFO **FUNKTIONSWEISE DES KACHELOFENS** Der Grundkachelofen zählt zu den klassischen Zimmerheizöfen. Der gängige Typus besteht aus einer Brennkammer, angeschlossen sind mehrere keramische Heizzüge, üblicherweise aus Schamotte gefertigt, einem feuerfesten Kunststein mit hoher spezifischer Wärmekapazität (Speicherfähigkeit) bei vergleichsweise geringer Wärmeleitfähigkeit. Die mechanisch empfindlichen Schamottesteine sind mit Kacheln verkleidet. Um die heißen Abluftgase nicht nutzlos durch den Kamin entweichen zu lassen, kann ein Rauchgaswärmetauscher nachgeschaltet werden, der für die Warmwasserbereitung und darüber hinaus sogar als Alleinheizung für ein gesamtes Gebäude genutzt werden kann. Die schamotteverkleideten Heizzüge speichern die beim Abbrennen und Nachglühen des Brennstoffs (in der Regel Holz oder Briketts) entstehende Wärme. Sie wird über einen längeren Zeitraum, selbst nach dem vollständigen Abbrennen des Brennstoffs, an den umgebenden Raum abgegeben.

Eine besondere Form des Kachelofens, die einmal sehr in Mode war und allmählich wieder beliebter wird, stellt der Ofen in Verbindung mit einer Warmluftheizung dar. Bei diesem Ofentypus werden ungefähr 30 Prozent Strahlungswärme und 70 Prozent Konvektionswärme abgegeben. Die sogenannte Konvektion beruht auf der physikalischen Tatsache, dass warme Luft leichter ist als kalte Luft – und folglich nach oben steigt. Am Sockel des Ofens befinden sich Umluftöffnungen, durch die kalte Luft einströmen kann, die innerhalb der Kachelschale in eine Luftheizkammer mittels Heizeinsatz erwärmt wird und nach oben steigt. Die Wärme wird zum Teil über die Kacheln an den Raum abgegeben. Zum anderen Teil kann erwärmte Luft zwischen Kachelummantelung und Heizeinsatz über Lüftungsgitter an den Aufstellraum und weitere Räume

Vor- und Nachteile des Kachelofens

Pro	Contra
Angenehme Strahlungswärme	Hoher Anschaffungspreis
Niedrige Heizkosten	Hoher Platzbedarf
Verschiedene Brennstoffe möglich	Keine staatliche Förderung
Brennholz mit CO_2-neutraler Bilanz	Potenzielle Gefahrenquelle
Lange Wärmespeicherung	
Kann Heizung unterstützen	

Umweltbundesamt, Haus 2019, Berlin-Marienfelde

abgegeben werden. Je nach Länge der Schamottezüge und der Heizleistung sind bis zu acht Stunden Wärmespeicherzeit möglich. Ergänzt man das System um einen wasserführenden Heizeinsatz und einen Pufferspeicher, kann ein Großteil der Heizleistung für die Warmwasserheizung und/oder die -bereitung genutzt werden. So eignet sich dieser Ofentypus unter Umständen sogar als Heizung für ein ganzes Haus. Der große Vorteil des Warmluftkachelofens ist die Möglichkeit, angrenzende Räume mit zu beheizen. Der Nachteil besteht in den hohen Anschaffungskosten – 5000 Euro für einfache Ausführungen und Bausätze, 10 000 Euro und mehr für große und/oder besondere Modelle. Aber wer das Kachelofen-Feeling liebt, den schreckt diese Investition nicht.

Speicher

Betrachtet man den Kachelofen als einen festen Teil des Gebäudes, letzthin als Bauteil, lassen sich dann seine Eigenschaften auch auf andere Bauteile des Gebäudes beziehen? Wie man Solargewinne nutzt, haben die Erbauer der alten Schwarzwaldhäuser bereits gezeigt, die ihre Gebäude so ausrichteten, dass im Sommer möglichst viel Sonne auf Bauteile fiel, die sich aufheizten und die Wärme lange bis in den Herbst und Winter hinein speicherten. Diesen Speichereffekt nutzt man heute wieder verstärkt, indem man Holz als Zukunftswerkstoff wiederentdeckt. Das Umweltbundesamt hat in Berlin-Marienfelde ein neues Bürogebäude in Holzbauweise errichtet, das überdies vollständig und sortenrein rückbaubar (und recyclebar) ist. Dabei handelt es sich zwar erstens um einen Neubau und zweitens um ein Nichtwohngebäude, doch demonstriert das Projekt eindrucksvoll die Möglichkeiten des Baustoffs Holz. Für den Eigentümer eines alten Hauses bietet es Anregungen, wie dieser Baustoff bei einem eventuellen Ausbau innovativ genutzt werden kann.

Ein anderer, zunehmend interessanter werdender Baustoff ist Lehm. Wer ein altes Haus ausbaut oder saniert, in dem ohnehin bereits Lehm verbaut wurde, wird sich zwangsläufig damit beschäftigen. Aber auch für den Innenausbau ist der Werkstoff interessant. Lehm besitzt ein hohes Wärmespeicherungsvermögen – in Joachimsthal (Brandenburg) hat man zum Beispiel beim Ausbau eines alten Hauses nicht nur die Wände in Lehmbauweise ausgeführt, sondern auch einen Lehmofen gesetzt.

Lehm ist darüber hinaus ein guter Feuchtigkeitsspeicher. Er nimmt Feuchtigkeit auf und gibt sie langsam wieder ab. Schon eine einzige Lehmwand in einem Schlafzimmer wirkt sich auf das Raumklima sehr positiv aus. Aufgrund seiner Eigenschaften ist Lehm besonders für das ökologische Bauen sehr interessant.

DER EIGENE FINANZIERUNGS-PLAN

Phase 5: Jetzt geht es um die Planung für die optimal angepasste Finanzierung. Sie wissen zumindest näherungsweise, was der Hauskauf insgesamt kosten wird, kennen den aktuellen Preis und haben ein Bild von den finanziellen Aufwendungen, die mit Anpassungen, Renovierungen, Sanierungen und etwaigen Umbauten auf Sie zukommen. Sie haben Ihren eigenen finanziellen Rahmen auf der Kostenseite abgesteckt.

Sie haben eine Entscheidung getroffen. Wenn Sie sich an die elf Stationen gehalten haben, konnten Sie diese Entscheidung auf einer soliden Grundlage treffen. Jetzt muss das „Haus aus Scheinen" wirklich gebaut werden. Ihr eigener Finanzierungsplan stützt sich auf die Analyse Ihrer Finanzlage und auf die Gebäudediagnose, die Sie gemeinsam mit Ihrem Experten erarbeitet haben. Jetzt wird es tatsächlich ernst.

BAUSTEINE DER FINANZIERUNG

Ist der Finanzbedarf für den Haus-/Wohnungskauf erst einmal ermittelt, muss eine stimmige Finanzierung aufgestellt werden. Bevor Sie ans Rechnen und Konstruieren gehen, vergewissern Sie sich am besten, welche Partner Sie dafür schon haben und welche Sie noch brauchen. Mit dieser Bestandsaufnahme ist noch nicht geklärt, ob Sie die bereits vorhandenen Kontakte zu Finanzinstituten für Ihre Finanzierung überhaupt benötigen, ob sie ausreichen oder es für Ihren Fall die richtigen Kontakte sind. Zu Anfang ist es immer nützlich, niemanden außer Acht zu lassen, der als potenzieller Finanzierungspartner infrage kommt.

INFO **IMMER AKTUELL:** Die Stiftung Warentest nimmt regelmäßig Finanzdienstleister und Finanzprodukte unter die Lupe. Die Zeitschrift Finanztest gibt Ihnen den Gesamtüberblick; in jeder Ausgabe finden Sie die Rubrik „Bauen und Wohnen". In den Themenheften lassen sich je nach Finanzbedarf gezielt die günstigsten Produkte und verbraucherfreundlichsten Anbieter finden. Die Webseite www.test.de informiert Sie aktuell über Trends und Testergebnisse. Hier gibt es auch PDF-Versionen ausgewählter Artikel und weiterführende Links. Aktualität ist ein entscheidender Faktor, denn ein gestern noch zutreffendes Urteil kann heute von der Marktentwicklung bereits überholt worden sein. Umfassend beschäftigt sich das Buch „Immobilienfinanzierung" mit diesen Fragestellungen, das 2019 in überarbeiteter Auflage von der Stiftung Warentest herausgebracht wurd; das dazu passende Set mit Formularen, Tabellen etc. von 2021 liefert eine praktische Ergänzung.

Kostengrobschätzung

Im Vollzug der Gebäudediagnose zeigen sich fast zwangsläufig Schwächen am Gebäude. Sie werden im Schwächen-Stärken-Profil (S-S-P) erfasst (siehe Seiten 100f.). Aus den Schwächen leiten sich Maßnahmen ab, die dann nach einer bestimmten Wichtung geordnet werden.

Die Kostengrobschätzung ist zunächst wichtig für Ihre Kaufentscheidung, da die hier vorweggenommenen Kosten Ihren Finanzierungsplan maßgeblich beeinflussen. Die Schätzung stellt aber auch nach der Kaufentscheidung die Schnittstelle zwischen Wunsch und Realität dar. Sie ist das Werkzeug, mit dem das ursprüngliche Raumprogramm (siehe Seite 45) mit der tatsächlichen Qualität der Immobilie abgeglichen werden kann.

Dabei bleibt eine Schätzung freilich immer nur eine Schätzung: Belastbare Zahlen haben Sie erst, wenn Ihnen die Angebote der Lieferanten vorliegen. Doch gibt es Praxiswerte, gewissermaßen realistische Kostenkorridore. Erfahrungsgemäß bringt es nichts, sich die Kosten am unteren Level schönzurechnen: Orientieren Sie sich vielmehr an den Maximalwerten. Wenn Sie und Ihr Altbauexperte es später preiswerter hinbekommen – umso besser!

In der Übersicht „Maßnahmen Kostengrobschätzung" auf Seite 196 finden Sie in der ersten Spalte die Wichtigkeit einer Maßnahme mit den Buchstaben A, B und C markiert. Daraus kann der Käufer für sich ableiten, was zuerst getan werden muss und was vielleicht noch drei oder auch fünf Jahre Zeit hat.

Maßnahmen mit der Wichtung A genießen Vorrang. Die Kosten sind hier abhängig von der Größe und Qualität der Bauteile und technischen Einrichtungen. Auch für die Beispielrechnung gilt: Zahlen variieren, weil unterschiedliche Materialien für Bauteile unterschiedliche Preise zur Folge haben.

Eine etwaige Trockenlegung des Bauwerks muss immer an erster Stelle stehen. Schließlich ist es sinnlos, über neue Fenster mit Dreifachverglasung nachzudenken, wenn das Dach undicht, die Gebäudehülle beschädigt und der Keller feucht ist. Besteht ein Schaden am Dachstuhl (Schwamm, Insektenschaden oder anderes), muss er zwingend behoben werden. Wärmedämmung und/oder ein neuer Putz haben auf nassen Wänden nichts zu suchen; die gewünschte Wirkung wäre nicht möglich, im Gegenteil – das Schadensrisiko steigt. Ebenso wenig legt man eine Elektroinstallation in eine nasse Wand, die ohnehin demnächst saniert werden muss.

Auch innerhalb der Wichtungsgruppen sollten Sie eine Rangfolge festlegen. Wenn beispielsweise die Heizungsanlage unbrauchbar ist, drängt sich das Thema Heizung automatisch in den Vordergrund, bevor der Innenausbau relevant wird. Muss die Fassade zwingend erneuert werden, sind auch die Fenster zu berücksichtigen.

Die zweite Spalte führt beispielhaft Maßnahmen auf, wie sie typischerweise bei Altbauimmobilien anliegen, zusammengefasst in Kostengruppen (KG) nach DIN 276.

In den weiteren Spalten werden drei Beispielvarianten gerechnet: eine minimale, eine mittlere und eine maximale. Die Kosten ermitteln sich aus der Summe Größe/Fläche des jeweiligen Bauteils multipliziert mit den Kosten pro qm eines Bauteils (zum Beispiel „Dach") oder den Kosten pro Stück (zum Beispiel „Treppe" oder „Fenster").

In den darauf folgenden Spalten stellen wir musterhaft vier Kostenpläne vor: Plan A umfasst alles, was getan werden kann (und sollte). Plan B ist im Beispiel wie Plan A, nur ohne „Ausbau des Dachgeschosses". Plan C folgt Plan B, nur ohne „Sanierung der Innenwände" (wenn deren Zustand befriedigend ist). Plan D läuft wie Plan C, nur ohne „Außenputz an der Fassade" (wenn der Zustand der Fassade das zulässt).

Auf diese Weise können Sie den Kostenplan herunterrechnen, wenn Sie Maßnahmen finden, die sich noch aufschieben lassen, bis in einigen Jahren etwa der Bausparvertrag zuteilungsreif ist. Nehmen Sie solche Abstriche vom Gesamtplan vor, sollten Sie prüfen, ob diese Reduzierung überhaupt realistisch ist. Denn wenn aus energetischen Gründen neue Fenster eingebaut werden, liegt auch die energetische Sanierung der Fassade nahe.

Stellen Sie gemeinsam mit Ihrem Altbauexperten sicher, dass Ihre Maßnahmen oder das Maßnahmenpaket möglichst KfW- und Bafakonform sind – und somit förderfähig.

Die letzte (offene) Spalte, Plan E, ist Ihrem persönlichen Kosten- oder auch Investitionsplan vorbehalten. Hier legen Sie fest, wie hoch in Abstimmung mit den Fördermöglichkeiten und der Kostengrobschätzung Ihre voraussichtlichen Belastungen sein werden.

Bei aller Planung: Vor Überraschungen sind Sie dennoch nicht geschützt. Im konkreten Fall einer Denkmalimmobilie etwa hat der Käufer ein Objekt auf dem Wege einer Versteigerung erworben; gekauft wie gesehen. Hatte er wirklich alles gesehen? Erst beim nachträglichen Gang durch die Immobilie stellte sich heraus, dass zum Objekt mehr gehörte als ursprünglich vermutet – nämlich zusätzlich ein Nebengebäude, fast völlig von Efeu überwachsen, gleichsam ein Märchenschloss hinter der Dornenhecke; leider nicht so wohlerhalten, wie es Schlösser im Märchen zu sein pflegen. Dass eine solche nachträgliche Entdeckung die aufzuwendenden Gesamtkosten einer Sanierung beeinflusst, versteht sich.

Seien Sie sich im Klaren: Zahlen können sich ändern, weil Baukosten steigen. Die Strategie aber bleibt. Das ist zu berücksichtigen, wenn Sie Maßnahmen aufschieben wollen: Preiswerter wird's in fünf Jahren aller Erfahrung nach nicht.

Sämtlichen Überlegungen liegt zugrunde, stets den strategischen Maßnahmenplan im Auge zu behalten. Er sichert den Weg zu einer pfiffigen Gesamtsanierung unter Nutzung aller möglichen Komponenten.

Maßnahmen Kostengrobschätzung

Musterstraße 87				Beispiel							
				Min	**Mittel**	**Max**	**Plan A**	**Plan B**	**Plan C**	**Plan D**	**Plan E**
Wichtung	**Summe KG 300 + 400 ohne NK (Euro)**			**275 200**	**330 000**	**381 800**	**367 300**	**265 400**	**236 400**	**159 700**	
	Kosten pro qm Wohnfläche aus Gesamtkosten (EG, OG + DG)	168 qm		1 638 €/qm	1 964 €/qm	2 273 €/qm	2 186 €/qm	1 580 €/qm	1 407 €/qm	951 €/qm	
	KG 300 (Euro)										
A	Trockenlegung	45	qm	18 500	22 500	25 500	25 500	22 500	18 500	12 500	
A	Innenwand	15	qm	3 200	3 900	4 500	4 500	3 900	3 900	3 900	
A	Erdarbeiten	16	lfdm	4 800	7 500	8 600	8 600	7 500	7 500	4 800	
A	Außenputz Fassade	280	qm	39 500	46 500	51 800	51 800	46 500	38 000	0	
A	Außentreppen	1	pauschal	3 000	4 000	4 800	4 000	4 000	4 000	4 000	
A	Dachdämmung/Flachd.	100	qm	21 500	24 500	28 500	28 500	21 500	21 500	17 500	
A	Gaube	1	Stck	4 500	6 500	7 500	7 500	6 500	6 500	6 500	
A	Dachstuhl/Bautenschutz	1	Stck	2 500	3 500	4 500	4 500	3 500	2 500	2 500	
A	Klempner	1	Stck	2 800	3 300	3 900	3 900	3 000	3 000	3 000	
B	Fenster	10	Stck	14 500	16 500	18 500	18 500	14 500	10 500	10 500	
B	Außentüren	2	Stck	7 200	9 500	11 200	9 500	7 500	7 500	7 500	
B	Balkone/Terrasse	1	Stck	3 400	3 900	5 500	5 500	4 500	4 500	4 500	
B	Ausbau	168	qm	15 500	19 500	22 500	17 500	14 500	14 500	8 500	
	Bodenbeläge	168	qm	9 500	12 500	16 500	16 500	12 500	12 500	6 500	
	Decken/Wände/Maler	620	qm	16 000	18 500	22 500	22 500	18 500	17 500	5 500	
	Treppen innen	3	Stck	6 500	8 500	12 500	12 500	7 500	7 500	5 500	
	Ausbau Dachgeschoss	45	qm	45 500	52 000	57 000	52 500	0	0	0	
	KG 400 (Euro)										
B	TGA Heizung	1	Stck	22 500	25 000	28 000	28 000	25 000	25 000	25 000	
B	Sanitär WW Speicher	1	Stck	18 000	22 000	25 000	22 500	22 000	22 000	22 000	
C	Elektroverteilung	1	Stck	7 500	9 500	10 500	10 500	9 500	9 500	9 500	
B	Lüftungsanlage	1	Stck	8 500	10 500	12 500	12 500	10 500	0	0	
	KG 700 (Euro)										
	Nebenkosten ca.	15	%				55 095	39 810	35 460	23 955	

Stand 01.02.2022

INFO

SCHRITT FÜR SCHRITT ZUM STRATEGISCHEN MAẞNAHMENPLAN

A. Gebäude ganzheitlich bewerten
B. Energieberechnung erstellen
C. Mögliche Maßnahmen prüfen
D. Innovationspotenziale nutzen
E. Strategischer Maßnahmenplan
F. Abgleich mit dem Gebäudeenergiegesetz (GEG) und den Effizienzhausstandards
G. Kosten
H. Abgleich mit Fördermöglichkeiten
I. Abgleich der Bilanz mit Varianten und Kosten
J. Effizienz und Ökologie abgleichen

Eigenkapital

Jede Baufinanzierung – ob für ein Neubauvorhaben oder für eine gebrauchte Immobilie – wird über die gleichen Konstruktionselemente organisiert. Sie beginnt mit dem Eigenkapital – gleichsam dem Fundament Ihres Finanzgebäudes. Ohne diese Basis steht jede Finanzierung auf wackeligen Pfeilern. Dabei muss man bedenken, dass man für sein Haus quasi zweimal bezahlt: zunächst den Preis, den das Gebäude tatsächlich – einschließlich aller Nebenkosten und Gebühren – kostet, anschließend die Zinsen für das Geld, das man sich geliehen hat, um das Haus zu erwerben. Dass Sie umso weniger Geldkosten zahlen müssen, je weniger Geld Sie sich leihen, liegt in der Natur der Sache. In genau dieser Natur scheint es aber ebenso zu liegen, dass in Niedrigzinsphasen weniger Geldkosten anfallen. Zu dieser Frage mehr ab Seite 206.

Wenn Sie sich einen Überblick über Ihr Eigenkapital verschafft haben (siehe Seite 78), haben Sie schon festgestellt, dass es gar nicht so einfach ist, alles auf einmal zu einem bestimmten Zeitpunkt flüssig zu machen. Denn normalerweise hat man sein Erspartes nicht im Strumpf, den man nur auszuschütten brauchte. Sicher auch nicht auf dem Girokonto, wo man am schnellsten an sein Geld herankommt, wo es aber auch nichts erwirtschaftet. Eher schon dürfte der klassische Bestseller, das Sparbuch, in deutschen Haushalten verbreitet sein, oder das Festgeldkonto.

Trotz der lange schon anhaltenden Niedrigzinsphase halten viele Menschen nach wie vor an diesem traditionellen Prinzip der Geldanlage fest. Sparguthaben und Termingelder müssen rechtzeitig gekündigt werden, um mögliche Zinsverluste zu vermeiden – allerdings sind die Zinsen bei diesen Anlageformen derzeit nicht so hoch, dass Zinsverluste sonderlich schmerzhaft ins Gewicht fielen.

Leicht verfügbar sind Anteile an Geldmarktfonds. Sie sind bei niedrigen Zinsen nicht attraktiv, lassen sich aber im Regelfall innerhalb weniger Tage verlustfrei zu Barem machen. Rentenpapiere (festverzinsliche Anleihen) haben eine feste Laufzeit. Sie steigen im Kurswert, wenn die Zinsen extrem niedrig sind. Sie lassen sich dann unter Umständen vor Laufzeitende mit Gewinn verkaufen.

Noch komplizierter kann es sich mit Aktien oder Investmentanteilen an Aktienfonds verhalten: Kursschwankungen in den Börsennotierungen können zu erheblichen Verlusten führen, wenn man seine Aktien oder Anteile zur Unzeit verkaufen muss. In Zeiten starker Kursausschläge können wenige Tage Unterschied beim Verkaufstermin Tausende Euro Gewinn oder Verlust bedeuten. Möglicherweise ist es dann sogar rentabler, zunächst über eine höhere Kreditsumme nachzudenken und mit dem Kreditinstitut eine Sondertilgung zu vereinbaren: Sie verkaufen die Aktien dann erst zu einem späteren Zeitpunkt, wenn sich die Kurse stabilisiert haben.

Verfügen Sie über einen angesparten Bausparvertrag? Haben Sie eine kapitalbildende Lebensversicherung, die Sie schon seit einer Reihe von Jahren bedienen und mit deren aktuellem Rückkaufswert sich vielleicht für die Finanzierung etwas anfangen lässt? Oder haben Sie womöglich in Zeiten, da Aktien teuer und Edelmetalle billig waren, ein paar Goldmünzen gekauft und beiseite gelegt, die Ihnen in Zeiten eines hohen Goldpreises einige Tausend Euro zusätzlich bringen?

Möglicherweise halten Sie auch Beteiligungen an Unternehmen, die Sie zwischenzeitlich aus den Augen verloren haben? Beteiligungen – beispielsweise an einem geschlossenen Fonds – lassen sich nicht einfach flüssig machen. Aber ob und unter welchen Umständen das möglich ist, sollten Sie zunächst prüfen, bevor Sie diese Möglichkeit außer Acht lassen.

Generell lässt sich sagen: Liegt die Rendite nach Steuern bei einer Beteiligung höher als der Darlehenszins Ihrer Baufinanzierung, halten Sie die Beteiligung und erfassen die Renditen auf der Einkünfte-Seite. Wirft die Beteiligung weniger ab, als Sie für eine vergleichbare Darlehenssumme an Zinsen zu zahlen hätten, sollten Sie über eine Veräußerung nachdenken. Einzelheiten besprechen Sie am besten mit einem seriösen Finanzberater oder lassen Ihre Hausbank diese ausrechnen.

Und was weitere veräußerbare Sachwerte betrifft: Es kann sehr wohl sinnvoll sein, einen Zweitwagen zu verkaufen, um mit dem Verkaufserlös das Eigenkapital zu stärken.

Finanzplanung längerfristig denken

Befinden sich in Ihrem persönlichen Portfolio nicht sofort verfügbare Kapitalanlagen, sollten sie dennoch in die Betrachtung einbezogen werden. Steht zum Beispiel die Fälligkeit einer kapitalbildenden Lebensversicherung in wenigen Jahren bevor, ist es wahrscheinlich nicht sinnvoll, sie vorzeitig aufzulösen und den Rückkaufswert, der deutlich unter der voraussichtlichen Ablaufleistung liegt, sofort dem Eigenkapital zuzuschlagen. Vielmehr bietet sich hier an, eine Sondertilgung des Baudarlehens auszuhandeln und die garantierte Erlebensfallsumme des Versicherungsvertrags später einzusetzen. Denkbar wäre auch eine Vorfinanzierung der künftigen Auszahlung mit einem tilgungsfreien Darlehen.

Am Ende ziehen Sie von diesem Eigenkapital eine Liquiditätsreserve wieder ab, die Sie als „Notgroschen" für unvorhergesehene Ausgaben unbedingt zurückhalten sollten. Kapital, das Ihnen erst zu einem späteren Zeitpunkt zur Verfügung steht, führen Sie gesondert auf.

Geld vom Arbeitgeber, von der Familie und vom Staat

Gibt es Geld, das man nicht selbst besitzt, das man sich aber trotzdem nicht von der Bank leihen muss? Das gibt es, aber nicht jeder hat die Möglichkeit, darüber zu verfügen.

Manche Arbeitgeber reichen an ihre Mitarbeiter Arbeitgeberdarlehen aus. Sie sind meist zinsgünstiger als Bankdarlehen, müssen im Falle einer Kündigung aber regelmäßig sofort zurückgezahlt werden.

Verwandtendarlehen sind oft noch günstiger. Wenn Verwandte, Freunde oder gute Bekannte Darlehen geben, tun sie das für gewöhnlich nicht mit einer Gewinnerzielungsabsicht. In der gegenwärtigen Niedrigzinsphase sind viele Menschen der Ansicht: „Die 10 000 Euro, die ich jetzt nicht benötige, gebe ich lieber Sophie Charlotte, die es für ihr Hausprojekt dringend braucht, als der Bank, die das Geld sowieso nicht gebrauchen kann." Unter Verwandten und Freunden nimmt man es auch mit den Sicherheiten und anderen Formalia nicht so genau wie eine Bank – oftmals verzichten sie gar gänzlich auf Zinsen und Sicherheiten. Auch ein möglicher Zahlungsverzug hat nicht sofort derart einschneidende Konsequenzen wie bei einem Bankdarlehen. Ein Verwandtendarlehen wird immer dann gern genutzt, wenn der Hauskäufer beim Eigenkapital etwas „schwach auf der Brust" ist oder ein Übergangszeitraum bis zur Fälligkeit einer Lebensversicherung oder Ähnliches überbrückt werden soll. Gegenüber der finanzierenden Bank tritt das Verwandtendarlehen lediglich als Geldsumme auf, deren Herkunft ja niemand auf den Geldscheinen ersehen kann – es wird also wie Eigenkapital eingesetzt, weswegen man auch von „eigenkapitalähnlichen Darlehen" spricht.

Als weitere große Hilfe kann sich Geld vom Staat erweisen. „Der Staat" tritt dem Hauskäufer in Gestalt einer Fülle unterschiedlicher Förderprogramme gegenüber, die auf den jeweiligen Ebenen – von der Europäischen Union bis hinunter auf Länder- und Gemeindeebene – das Erhalten, Sanieren, Modernisieren, Wiederbeleben und Umbauen von Bestandsimmobilien unter bestimmten Bedingungen finanziell unterstützen. Es ist für den Nichtexperten fast unmöglich zu durchschauen, welche Fördermittel wofür und auf welchen Ebenen es gibt und was bei deren Beantragung beachtet werden muss.

Seit 2018 wird wieder Baukindergeld gezahlt – ein jährlicher Zuschuss von 1 200 Euro pro Kind über einen Zeitraum von zehn Jahren. Bis September 2021 waren 673 840 Anträge (für 657 242 Kinder) bei der KfW eingegangen, was 7,88 Milliarden Euro entsprach und somit 78,8 Prozent der im Etat eingestellten Mittel ausmachte. Achtung: Das Baukindergeld steht nicht für Sanierung, Anbau oder Umbau, wohl aber für den Erwerb einer Bestandsimmobilie zur Verfügung, gleichgültig, ob eigenes Haus oder Eigentumswohnung. Den aktuellen Fördervoraussetzungen nach müssen Sie zwischen dem 1.1.2018 und 31.3.2021 Ihren Kaufvertrag unterzeichnet haben oder Ihnen die Baugenehmigung erteilt worden sein. Den Antrag auf Baukindergeld stellen Sie nach Ihrem Einzug, wofür Sie sechs Monate Zeit haben. Der letzte Tag, an dem Familien und Alleinerziehende Baukindergeld beantragen können, ist der 31.12.2023 – dann läuft die Förderung nach aktuellem Stand aus.

Seit 2008 können unter bestimmten Voraussetzungen auch Riester-Verträge für die Baufinanzierung eingesetzt werden, ohne dass die staatliche Förderung dadurch verloren ginge.

Schon allein um das Dickicht der Förderrichtlinien zu durchdringen, hinter dem ja möglicherweise klare finanzielle Vorteile auf den Hauskäufer warten, lohnt der Gang zum „Hausarzt", zu einem unabhängigen Experten, der die richtigen Werkzeuge und Wege kennt, um an Fördermittel heranzukommen – eben weil es sein Job ist.

Wir gehen hier in einer Musterberechnung einmal davon aus, dass Sie ein zinsloses Verwandtendarlehen über 33 000 Euro aufgenommen haben, um Ihre Eigenkapitalbasis zu stärken. Das werden Sie in einigen Jahren auf einen Schlag zurückzahlen können, wenn Ihre Lebensversicherung ausgezahlt wird.

Ziehen Sie von den Gesamtkosten für den Hauskauf das verfügbare Eigenkapital ab, ermitteln Sie die Höhe Ihres Finanzierungsbedarfs (siehe Tabelle unten „Finanzierungsbedarf").

Finanzierungsbedarf

Gesamtkosten Hauskauf	505 600 €
Eigenkapital	-172 600 €
Eigenkapitalähnliches Darlehen	-33 000 €
Finanzierungsbedarf	300 000 €

Finanztest rät

- **Eigenkapital.** Setzen Sie für die Finanzierung Ihrer Immobilie bis auf eine Sicherheitsreserve möglichst viel Eigenkapital ein. Finanzieren Sie nicht mehr als 80 bis maximal 90 Prozent des Kaufpreises auf Kredit, um hohe Zinsaufschläge zu vermeiden.
- **Kreditangebot.** Wie viel mehr Eigenkapital als geplant müssten Sie aufbringen, um einen besseren Zinssatz zu bekommen? Fragen Sie alle Banken und Vermittler, bei denen Sie Angebote einholen. Vielleicht können Sie noch Reserven anzapfen oder das nötige Geld günstig über ein Arbeitgeber- oder Verwandtendarlehen (siehe Seite 198) bekommen. Womöglich lässt sich auch Kapital aus einem Riester-Vertrag einsetzen?
- **Internetrechner.** Wie hoch die Zinsersparnis ausfällt, die Sie mit mehr Eigenkapital erzielen, ermittelt unser kostenloser Grenzzinsrechner unter test.de/rechner-baufinanzierung, direkt auffindbar, wenn Sie das Schlagwort Zinsbindungsrechner eingeben.

Mehr Eigenkapital oder höheres Darlehen?

Die Bankzinsen sind heute so niedrig wie noch nie. Manche sehen das als Anzeichen für eine völlige Zerrüttung des Finanzsystems. Andere sprechen von einem gezielten Angriff auf gesparte Geldvermögen. Dritte befürchten, dass die vielen von der EZB in den Geldkreislauf gepumpten Milliarden irgendwann an unerwarteter Stelle wieder auftauchen und Schaden anrichten.

Insofern kann es für Sie eine Beruhigung sein, dass Sie ein Haus kaufen wollen. Denn da wird das Haus aus Scheinen, das Sie für die Finanzierung aufbauen, zu einem Haus aus Steinen, das nicht nur einen Wert hat, der sich in Geld ausdrücken lässt, sondern auch einen Gebrauchswert, der sich als der geeignete Raum für die Realisierung Ihres Lebensentwurfs erweisen soll: darum die erste Station

So teuer sind die letzten 20 000 Euro

Die Käuferin einer 400 000 Euro teuren Wohnung nimmt einen Kredit mit 15 Jahren Zinsbindung auf. Die Grafik zeigt die Zinssätze, die auf die letzten 20 000 Euro entfallen. Beispiel: Finanziert sie 100 Prozent des Kaufpreises, zahlt sie bei der ING auf den Kreditanteil von 20 000 Euro, der 95 Prozent übersteigt, 7,77 Prozent.

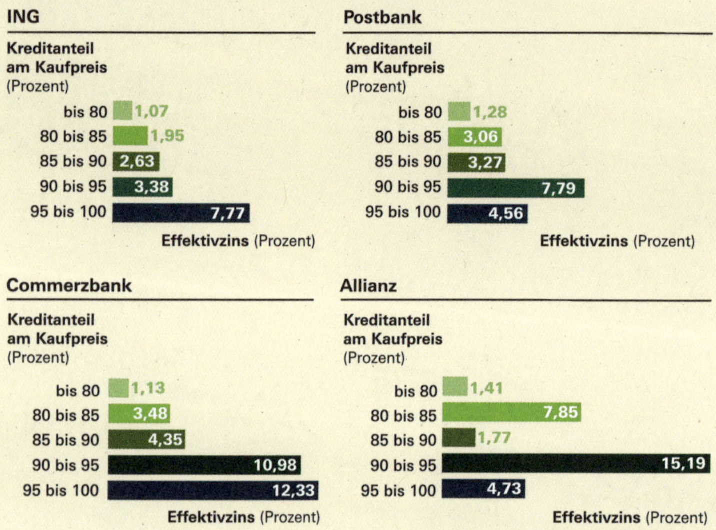

Stand: 12.10.2021

„Käuferprofil erstellen" und die zweite Station „Vermögensanalyse erstellen".

Was bedeutet der Grenzzinssatz?

Sie kennen das vielleicht von Ihrer Steuererklärung. Die Steuerlast steigt progressiv mit dem zu versteuernden Einkommen. Der sogenannte Grenzsteuersatz liegt oft erheblich über dem Durchschnittssteuersatz.

Ähnlich verhält es sich bei Hypothekendarlehen mit dem Grenzzinssatz: Der Zinssatz, den der Kreditnehmer zum Beispiel auf die letzten 10 000 Euro seines Darlehens zahlt, ist oft viel höher als der Durchschnittszinssatz auf das gesamte Darlehen. Besonders teuer ist meist der Kreditanteil, der 80 oder sogar 90 Prozent des Immobilienwerts übersteigt. Die zusätzlichen Zinsen katapultieren den Effektivzins – bezogen auf diesen Kreditanteil – auf bis zu zehn Prozent und mehr.

Mit Hilfe des Grenzzinsrechners (siehe Seite 199) können Sie den Grenzzinssatz leicht berechnen. Wie viel mehr Eigenkapital als zunächst geplant müssten Sie aufbringen, um einen besseren Zinssatz zu bekommen? Fragen Sie alle Banken und Vermittler, bei denen Sie Angebote einholen. Mithilfe des Rechners können Sie dann den Grenzeffektivzins ermitteln, den Sie für den Kreditanteil zahlen müssen, der über der Grenze für das Darlehen mit dem günstigeren Zinssatz liegt. Je höher dieser Effektivzins, desto lohnender ist es, vorhandene Geldanlagen aufzulösen und als Eigenkapital für die Finanzierung zu nutzen. Die letzten 10 000 Euro sind die teuersten.

Vielen Immobilienkäufern ist gar nicht bewusst, dass ihnen ein Mangel an Eigenkapital teuer zu stehen kommt. Auf den Kreditanteil, der 90 Prozent des Kaufpreises übersteigt, zahlen sie mitunter Zinsen wie bei einem Dispokredit. Hier ein vereinfachtes Beispiel für den Kauf einer 400 000 Euro teuren Immobilie in Berlin: Die Commerzbank verlangt für einen Kredit von 360 000 Euro – 90 Prozent des Kaufpreises – einen Sollzinssatz von 1,41 Prozent bei einer Zinsbindung von 15 Jahren (Stand: 12. Oktober 2021). Das sind im ersten Jahr 5 076 Euro Zinsen. Für einen 380 000-Euro-Kredit – entspricht 95 Prozent des Kaufpreises – steigen der Zinssatz auf 1,85 Prozent und die Jahreszinsen auf 7 030 Euro. Für nur 20 000 Euro mehr Kredit verlangt die Bank satte 1 954 Euro mehr Zinsen im Jahr. Das entspricht einem Zinssatz von 9,77 Prozent.

Banken kalkulieren ihre Zinsaufschläge sehr unterschiedlich. Das gilt nicht nur für die Höhe der Aufschläge, sondern auch für die Anzahl und den Abstand der Stufen, ab denen der Kreditzinssatz steigt. Doch eine Tendenz ist eindeutig: Sobald der Kredit 90 Prozent des Kaufpreises übersteigt, springt der Zinssatz deutlich nach oben. Meist lohnt es sich daher, wenigstens so viel Eigenkapital zu mobilisieren, um den Kredit auf die 90– oder die 95-Prozent-

Marke zu drücken. Oft reichen schon wenige Tausend Euro mehr Eigenkapital, um von der Bank einen besseren Zinssatz zu bekommen und fünfstellige Summen zu sparen. Wenn die Finanzierung knapp ist, helfen eventuell Freunde oder Verwandte mit einem niedrig verzinsten Darlehen aus. Auch eine Anfrage beim Arbeitgeber kann sich lohnen.

Unsere Grafik links „So teuer sind die letzten 20 000 Euro" (siehe Seite 200) zeigt typische Beispiele: Bis zu einer 80-Prozent-Finanzierung ist der Zinssatz moderat. Doch sobald der Kredit die 80-Prozent-Marke erreicht oder überschreitet, steigt der Zinssatz teils extrem stark an. Besonders teuer wird es, wenn sich Kreditnehmer mehr als 90 Prozent des Kaufpreises von der Bank leihen. Der Zinssatz für eine Vollfinanzierung liegt mindestens einen halben, mitunter sogar einen vollen Prozentpunkt über dem Bestzinssatz der Bank.

Keine Regel ohne Ausnahme. Es kann auch einmal andersherum laufen. Viele Banken geben ab einer Kreditsumme von um die 200 000 Euro einen „Mengenrabatt". Das ist von Bank zu Bank unterschiedlich, die Rabattgrenzen sind unterschiedlich hoch und auf jeden Fall ist es Verhandlungssache. Wer zum Beispiel 195 000 Euro Kredit braucht, nimmt gegebenenfalls also besser 200 000 Euro auf. Dadurch kann der Zinssatz für den Kredit zwischen ca. 0,05 und 0,15 Prozentpunkte niedriger ausfallen. Diese Zinsersparnis lässt sich sehen.

Beim Bankgespräch sollten Kunden also auch nach Mengenrabatten fragen." Es sind die Grenzfragen, die ganz leichten Drehungen an den Stellschrauben, mit denen sich unter Umständen viel Geld sparen lässt.

Negativzinsen und Hauskauf

Der Natur des Kapitalmarkts gemäß ändern sich die Konditionen der Förderbank KfW relativ häufig. Außerdem können sich auch die Schwerpunkte der Förderung verschieben – sowohl langfristig strategisch als auch kurzfristig aktuell, zum Beispiel nach Hochwasserkatastrophen oder extremer Trockenheit. Es ist also immer nützlich, sich die aktuellen Mitteilungen auf www.kfw.de regelmäßig anzuschauen. Zu den Fördermöglichkeiten des Hauskaufs lesen Sie mehr im Abschnitt „Wer fördert was?" ab Seite 208.

Der Zinsverfall ist längst auch bei der Förderbank des Bundes angekommen. Im Sommer des Jahrs 2019 konnte sie die KfW zeitweise zu Sätzen von –0,4 Prozent, also zu Negativzinsen, refinanzieren. Es war ihr aber zu diesem Zeitpunkt offenbar nicht möglich, diese Negativzinsen an die Verbraucher weiterzugeben; sie argumentierte: „Zum einen mussten erst die technischen Voraussetzungen geschaffen werden und die IT-Systeme der KfW und der beteiligten Banken, Volksbanken und Sparkassen angepasst werden." Dann kam die Corona-Krise und band die Ressourcen der KfW über längere Zeit. Jetzt hat man es aber geschafft, die Verbraucher von den Negativzinsen profitieren zu lassen.

Negativzinsen erreichen also nicht so schnell und direkt den Hauskäufer. Denn die KfW reicht Kredite nicht direkt an Privatkunden weiter, sondern über deren Hausbank – allgemein gesprochen über durchleitende Banken. Diese erhalten eine Zinsmarge. Die Konditionen für den Endkreditnehmer und die Marge sind von der KfW vorgegeben.

Die Wirkung des Negativzinses konnte also erst dann beim Endkunden ankommen, als die technischen Voraussetzungen dafür geschaffen waren. 2021 war es dann so weit. In zwei Stufen gab die KfW ihren Refinanzierungsvorteil weiter: zuerst im Direktgeschäft an die Kommunen, Landesförderinstitutionen und Leasinggesellschaften, dann, ab 1. Juli 2021, profitierten auch die die durchleitenden Geschäftsbanken von den Negativzinsen. Für Kunden heißt das jetzt beispielsweise: Man beantragt eine KfW-Förderung für die Sanierung eines Hauses bei einer Bank. Diese gibt den Zinsvorteil an die Kunden weiter, so dass sich in einigen Fällen die Sollzinssätze ermäßigen.

Immobilienkäufer sollten sich durch die Diskussionen um Negativzinsen nicht verunsichern lassen. Für sie ändert sich kaum etwas und für die Banken ist das Fahrwasser unruhiger geworden als für Sie als Käufer. Auch wenn die Niedrigzinsphase schon lange andauert – nichts ist ewig. Darum gilt es, sich Zinsvorteile jetzt schon langfristig zu sichern.

Noch einmal zu Ihrer Belastbarkeit

Wenn Sie den Weg zum eigenen Haus beschreiten wollen, müssen Sie wissen, welche laufenden finanziellen Belastungen Sie tragen können. Dazu haben Sie bereits in Phase 3 Vorarbeit geleistet. Jetzt wird es konkret, oder, wie die Norddeutschen sagen: „Jetzt mal Butter bei die Fische."

Um die eigene monatliche Belastbarkeit festzustellen, ermitteln Sie die Differenz zwischen Einnahmen und Ausgaben – ohne die Kaltmiete, wenn Sie jetzt zur Miete wohnen. Berücksichtigen Sie dabei auf der Einnahmen- wie auf der Ausgabenseite nicht nur die monatlich anfallenden Beträge (wie Nettogehälter oder laufende Ausgaben für Lebenshaltung), sondern legen Sie auch jährlich anfallende Einnahmen (beispielsweise Tantiemen) oder Belastungen (beispielsweise jährlich fällige Versicherungsprämien) auf 12 Monatsraten um.

Ferner müssen Sie neben den fixen Kosten, die sich leicht nachvollziehen lassen, auch die veränderlichen Kosten (das sind die eigentlichen Lebenshaltungskosten) für Einkäufe, kulturelle Aktivitäten, Bildung, Unterhaltung usw. berücksichtigen. Sie schwanken von Monat zu Monat etwas, berechnen Sie den Durchschnitt lieber etwas großzügiger.

Auch Kosten für Anschaffungen, die nicht regelmäßig anfallen – Garderobe, Ersatz technischer Geräte, Autoreparaturen – erfassen Sie und legen diese auf Monatsbeträge um. Der nützliche Nebeneffekt einer solchen Einnahmen/Ausgaben-Rechnung (siehe Seite 81) ist: Man analysiert bei dieser Gelegenheit, was wirklich nötig ist und was sich im Lauf der Jahre als überflüssiger Ballast erweist, den man quasi unbeabsichtigt noch mitfinanziert.

Vielleicht kündigt man ja ein überflüssiges Zeitschriftenabonnement, trennt sich von einem seiner Mobiltelefone, wählt eine günstigere Sachversicherung. Vielleicht verliert die fördernde Mitgliedschaft in einem Verein, der einem doch nicht so stark am Herzen liegt, angesichts der Immobilienfinanzierung ihre Bedeutung. Und wenn, wie in unserer Beispielrechnung, ein Zweitwagen veräußert wird, um die Eigenkapitalbasis zu stärken, entfallen natürlich auch die laufenden Kosten für dieses Fahrzeug. Die kritische Analyse des Kostenblocks hilft, den einen oder anderen Euro zu sparen, und schnell sind auf diesem Weg jeden Monat 100 Euro Ersparnis zusammengekommen. Was 100 Euro mehr Spielraum für das Kreditvolumen bedeuten können, sehen Sie in der Musterrechnung auf Seite 203.

INFO **WOHNNEBENKOSTEN REALISTISCH PLANEN:** Aus der Kostenberechnung fällt die Kaltmiete, die Sie möglicherweise jetzt noch für Ihre Mietwohnung bezahlen, weg – vorausgesetzt, Sie können das Haus auch schon bewohnen und umgehend beziehen.
Die Wohnnebenkosten fallen allerdings nicht weg. Im Gegenteil: Sie können sogar um einiges höher ausfallen als in Ihrem bisherigen Domizil.

Die monatliche Belastung errechnet sich nach einer einfachen Faustformel:

Finanzierungsbedarf in Euro
× Annuität in Prozent
÷ 12 (Monate)

Die Annuität ist dabei die jährliche Rate, gebildet aus Zinssatz und anfänglichem Tilgungssatz, dargestellt in Prozent vom aufgenommenen Kapital.

Bei unserem Rechenbeispiel ergibt sich daher – einen Zinssatz von 1,5 % und eine anfängliche Tilgung von 3 % vorausgesetzt – die folgende monatliche Belastung:

300 000 Euro x (1,5 + 3,0) % ÷ 12 = 1 125 Euro

Der Bauherr, der den Kauf seines gebrauchten Hauses zu 300 000 Euro finanzieren lässt, hat also grob gerechnet eine monatliche Belastung von 1 125 Euro aus Zins und Tilgung zu tragen. Diese 1 125 Euro sind das minimale Ergebnis, das beim Vergleich der Einkünfte mit den Ausgaben herauskommen muss. Schönrechnen bringt nichts – höchstens eine finanzielle Katastrophe.

Kreditinstitute legen für den Selbstbehalt, den der Bauherr für seine normale Lebensführung übrig behalten muss, Erfahrungswerte an:

- 750 Euro für eine Einzelperson,
- 1 000 bis 1 200 Euro für ein Paar (Ehepaar, Lebenspartner),
- 250 bis 300 Euro zusätzlich für jedes Kind.

Diese Selbstbehalte sind sehr knapp gefasst, große Sprünge oder teure Urlaubsreisen sind damit nicht drin. Einheitliche Regelungen gibt es hierfür nicht. Im Einzelfall wird Ihre persönliche Analyse möglicherweise ergeben, dass Sie erheblich über diesen Werten liegen. Das sollten Sie keinesfalls ignorieren.

Ihren Finanzierungsspielraum können Sie auch auf dem umgekehrten Rechenweg ermitteln. Unterstellt, Sie hätten es tatsächlich geschafft, durch Einsparungen Ihren Spielraum zwischen Einkünften und Ausgaben um 100 Euro zu erweitern, ergäbe sich jetzt die folgende finanzierbare Kreditsumme.

(1 125 + 100) Euro Monatsrate × 12 ÷ 4,5 % (Annuität) = 326 667 Euro

100 Euro monatlich mehr Spielraum in Ihrer persönlichen Bilanz sind also (in unserem Beispiel) für über 26 500 Euro zusätzliche Kreditsumme gut.

Aber auch bei der Berechnung der laufenden Einnahmen und Ausgaben sollte man immer eine Sicherheitsreserve von etwa 200 Euro einplanen, um Unwägbarkeiten und unvermeidliche Unregelmäßigkeiten der Lebensführung ausgleichen zu können.

Auch die Belastungsquote (= Anteil der monatlichen Kreditkosten bezogen auf das Haushalts-Nettoeinkommen), die dauerhaft getragen werden muss, sollte möglichst nicht über 30 Prozent ansteigen. Für unsere Bauherren in der Musterrechnung bedeutet das: Erst bei einem Nettoeinkommen der Familie von über 4 000 Euro liegt die Belastung durch Kapitaldienst und Tilgung unter der Quote von 30 Prozent.

Finanzierungsinstrumente

Für die Finanzierung Ihres Traums vom Haus stellen verschiedene Geldinstitute unterschiedliche Instrumente zur Verfügung. Nicht alle sind in gleicher Weise geeignet.

Hypothekendarlehen

Das Finanzierungsmittel der ersten Wahl wird fast immer ein Hypothekendarlehen sein. Hypothekendarlehen werden zum Zweck der privaten Immobilienfinanzierung von Banken, Bausparkassen, Landesförderinstituten, der Kreditanstalt für Wiederaufbau und von Versicherungsgesellschaften vergeben.

Banken und Sparkassen finanzieren Hypothekendarlehen überwiegend über die Spareinlagen ihrer Kunden und die Ausgabe von Sparbriefen. Jedenfalls war das bislang das klassische Modell. Hypothekenbanken, die über keine Spareinlagen ihrer Kunden verfügen, refinanzieren die ausgereichten Darlehen am Kapitalmarkt, etwa indem sie Pfandbriefe an Kapitalanleger verkaufen. Das hat Auswirkungen auf die Zinshöhe und auf die Zinsbindungsfristen, die man bei den unterschiedlichen Kreditinstituten aushandeln kann. Während sich Banken und Sparkassen früher schwertaten, Zinsbindungen von mehr als 10 Jahren zu vereinbaren (Sparbriefe, eines der Refinanzierungsinstrumente, haben eine maximal zehnjährige Laufzeit), konnte man bei einer Hypothekenbank deutliche längere Zinsbindungen – unter Umständen sogar über die gesamte Laufzeit – aushandeln. Im Zeichen des allgemeinen Zinsverfalls haben sich die Konditionen der Kreditinstitute stark zugunsten der Verbraucher verändert.

Die Stiftung Warentest (siehe www.test.de) ermittelt jeden Monat die Zinskonditionen für Hypothekendarlehen von über 70 Anbietern. Hier kann man – laufend aktualisiert – die günstigsten Immobilienkredite finden: sortiert nach überregionalen Anbietern mit Filialnetz, überregionalen Anbietern ohne Filialnetz und regionalen Instituten. Mit dabei sind neben Banken und Sparkassen auch Versicherer und Kreditvermittler.

Der Zinsvergleich enthält die Effektivzinssätze für Darlehen mit 10, 15 und 20 Jahren

Zinsbindung zur Finanzierung einer Immobilie. Diese Modellkonditionen bieten einen Anhaltspunkt, sie können selbstverständlich nicht für die konkreten Darlehenshöhen und die Verhandlungsergebnisse zwischen Verbraucher und Kreditinstitut garantiert werden. Die Zinssätze der Kreditanbieter hängen nicht zuletzt stark davon ab, wie hoch die Darlehenssumme im Verhältnis zum Immobilienwert ist (siehe dazu den Abschnitt „Was bedeutet der Grenzzinssatz?“, Seite 200). Je höher der Kreditanteil, desto höher liegt meist auch der Zinssatz. Der Zinsvergleich enthält deshalb die Zinssätze für drei verschiedene Darlehensvarianten: Eine 60-Prozent-Finanzierung, eine 80-Prozent-Finanzierung und eine 90-Prozent-Finanzierung.

Hypothekendarlehen der Banken, Hypothekenbanken und Sparkassen sind meistens als Annuitätendarlehen gestaltet. Das bedeutet, dass ein Sollzins und eine anfängliche Tilgungsrate festgelegt werden. (Dass der Sollzins sich wegen zusätzlicher Kosten und Gebühren zum sogenannten Effektivzins immer noch einmal leicht erhöht, spielt für die Konstruktion des Kredits keine Rolle.) Die Summe aus anfänglicher Tilgung und Zinszahlung bildet die Annuität – den Jahresbetrag. Sie wird für den Zinsbindungszeitraum oder für die gesamte Laufzeit festgeschrieben.

Innerhalb der Annuität verändert sich das Verhältnis zwischen Zins und Tilgung aber mit jeder Zahlung, die der Schuldner leistet. Denn Zinsen fallen immer nur auf die verbleibende Restschuld an. Mit jeder gezahlten Rate vermindert sich der Geldbetrag für den Zinsanteil innerhalb der Kreditrate, während sich der Geldbetrag für den Tilgungsanteil im gleichen Maße erhöht. In den ersten Jahren des Vertrags geschieht das nur ganz langsam – und dem Darlehensnehmer kommen möglicherweise manchmal Zweifel, ob er das richtige Finanzierungsinstrument gewählt hat. Richtig Freude machen die Kontoauszüge in den letzten Jahren der Vertragslaufzeit, wenn die Summe der Tilgungen die der Zinszahlungen immer mehr übersteigt und die Restschuld zu schwinden scheint wie Schnee in der Frühlingssonne.

Irritierend ist für viele das finanzmathematische Phänomen, dass ein Darlehen umso schneller zurückgezahlt ist, je (zins)teurer es ist. Warum? Der Tilgungsanteil der Rate erhöht sich bei Annuitätendarlehen im Laufe der Zeit um die mit jeder Tilgungsrate ersparten Zinsen, die Kreditnehmer durch die bereits geleistete Tilgung weniger zahlen müssen. Da die Zinsersparnis umso höher ausfällt, je höher der Zinssatz ist, erhöht sich entsprechend auch der Tilgungsanteil. So wird bei gleicher Anfangstilgung der Kredit mit dem höheren Zinssatz – und der entsprechend höheren Rate – auch schneller getilgt.

Doch wer auf diese Weise schneller tilgt, hat keinen Vorteil, da er jeden Monat eine höhere Rückzahlung leistet. Für die um dreieinhalb Jahre schnellere Tilgung bezahlt der Kunde mit einem Zinssatz von 2 Prozent am Ende rund 38 000 Euro mehr an Gesamtkosten. Zwar könnte sich der Darlehensnehmer bei niedrigen Zinsen relativ leicht auch eine höhere Tilgung leisten. Doch macht das der Bank nicht immer Freude, will sie doch an Ihnen verdienen, gern auch über einen langen Zeitraum. Als Kunde müssen Sie also Ihren Wunschtilgungssatz manchmal mit Nachdruck heraushandeln.

Vorsicht ist geboten bei den Anschlussfinanzierungen. Beispiel: Eine zehnjährige Zinsbindung wird demnächst auslaufen. Das Kreditinstitut unterbreitet dem Kunden ein neues Angebot. Meist kommt es schriftlich ins Haus und muss nur noch unterschrieben werden. Damit wird ein sanfter Druck ausgeübt, zumal meistens auch der Hinweis nicht fehlt, das Angebot gelte nur für eine bestimmte Frist. Hier lauert in den niedrigeren Zinsen eine Gefahr. Mancher Kunde freut sich über die deutlich niedrigere Monatsrate, die bei der neu errechneten Annuität herausgekommen ist. Damit kann sich aber auch die Tilgungszeit deutlich verlängern. Besser ist es, auf einer Annuität zu bestehen, die wenigstens dem vorigen Vertrag entspricht. Damit erreicht man eine deutlich höhere (und damit schnellere) Tilgung.

Es geht aber auch genau anders herum. Je nach Voraussetzungen bieten die Banken auch Volltilgerdarlehen mit einem attraktiven Zinsrabatt an. Ein solches Darlehen muss am Ende der Zinsbindungsfrist – 10, 15 oder 20 Jahre –

Volltilgerdarlehen

Kreditsumme (Euro)	400 000
Zinsbindung (in Jahren)	15
Sollzinssatz (Prozent)	0,75
Tilgungssatz (Prozent)	6,3
Monatsrate (Euro)	2 350,26
Restschuld (Euro)	0
Effektivzins (Prozent)	0,78

vollständig getilgt sein. Das heißt, man vereinbart nicht den Tilgungssatz, aus dem sich die Laufzeit ergibt, sondern man vereinbart die Laufzeit, aus der sich im Verhältnis zum Zins der Tilgungssatz errechnet. Vor allem bei kurzer Kreditlaufzeit erfordern solche Volltilgerdarlehen allerdings eine hohe Tilgungsleistung. Für ein Darlehen über 300 000 Euro mit zehnjähriger Laufzeit bei einem Sollzins von 0,5 Prozent und vollständiger Rückzahlung beispielsweise eine anfängliche Tilgung von 9,75 Prozent (siehe obige Tabelle „Volltilgerdarlehen"). Ein so kurze Laufzeit kommt nur für einkommensstarke Kunden mit guter Bonität oder bei relativ kleinen Kreditsummen infrage. Es gibt inzwischen aber zunehmend auch Volltilgerdarlehen mit bis zu 30 Jahren Laufzeit.

Der Vorteil von Volltigerdarlehen ist im Vergleich zu früheren Zeiten zweifellos geringer geworden. Das Argument der Zinssicherheit wegen einer Zinsbindung über die gesamte Laufzeit zieht nicht mehr so recht, seit Banken auch konventionelle Annuitätendarlehen mit sehr langen Zinsbindungsfristen ausstatten. Andere Vorteile der Volltilger- gegenüber den Annuitätendarlehen sind geblieben:

- Sie gestatten eine hohe Planungssicherheit.
- Die Verbindlichkeiten sind schneller abgelöst; nach der Laufzeit bleibt keine Restschuld.
- Eine Anschlussfinanzierung ist daher nicht notwendig.
- Wegen der schnellen Rückzahlung gewähren einige Kreditinstitute Zinsrabatte.

Man darf nicht verschweigen, dass ein Volltilgerdarlehen teils gleiche oder ähnliche Nachteile mit sich bringen kann wie „normale" Kredite mit z.B. 15 Jahren Zinsbindung:

- Ein Wechsel zu einer anderen Bank während der Laufzeit ist nicht ohne Weiteres möglich, das heißt es sind mindestens Fristen einzuhalten.
- Bei Ratenaussetzung, Zahlungsverzug oder Zahlungsausfall können hohe Entschädigungen fällig werden.
- Sondertilgungen sind in den ersten zehn Jahren oft ausgeschlossen.
- Die Flexibilität ist nicht gegeben; die Raten können während der Laufzeit meist nicht verändert werden.

Letztlich müssen Sie die Vor- und Nachteile gegeneinander abwägen und Ihrer eigenen Bonität gegenüberstellen, um zu entscheiden, ob das die richtige Darlehensart für Sie ist.

Aber auch das ist letztlich verhandelbar, und es gibt schließlich nicht nur ein Kreditinstitut, das Baugeld anbietet. Alternativ können Sie auch einen Teil Ihrer Finanzierung mittels eines Bausparvertrags realisieren.

Spekulation aufs künftige Zinsniveau

Das Zinsniveau für Hypothekendarlehen war 1995 wesentlich höher als 2005. Und 2010 waren die Zinsen sogar abermals niedriger als fünf Jahre zuvor. Auf welcher Höhe (oder Tiefe) sie sich 2015 oder 2020 bewegen würden, hätte zu diesem Zeitpunkt noch niemand vorhersagen können. Bei einem Wort wie „Negativzinsen" hätte man wahrscheinlich nur den Kopf geschüttelt. Gegenwärtig – also bei Redaktionsschluss im Februar 2022 – deutet noch nichts auf eine Zinswende hin. Auf weiter fallende Zinsen zu spekulieren, ergibt kaum einen Sinn.

Engen Sie Ihren Blick nicht auf die erste Zinsbindungsphase ein; besonders dann nicht, wenn Sie den Darlehensvertrag in einer Niedrigzinsphase geschlossen haben. Denn steigende Zinsen können nach Ende der ersten Zinsbindung zu erheblichen Mehrbelastungen führen. Läuft Ihre Immobilienfinanzierung über einen sehr langen Zeitraum, sagen wir über

30 Jahre, kann es Sie auch nach einer zwanzigjährigen Zinsbindung für die letzten zehn Jahre noch übel erwischen. Auf welchen Pfaden die Zinsen in 20 Jahren wandeln werden, kann heute wirklich niemand prognostizieren. Lassen Sie sich von Ihrem Finanzberater oder Ihrer Hausbank immer mehrere Modelle rechnen. Kalkulieren Sie nüchtern, ob Sie gegebenenfalls auch erheblich höhere Zinslasten tragen könnten, wenn Ihre Zinsbindungszeit ausläuft.

Bauspardarlehen

Das Bauspardarlehen einer Bausparkasse hatte früher gegenüber dem klassischen Annuitätendarlehen der Bank mehrere Vorteile: Es besaß einen günstigen Zinssatz (der allerdings mit dem Nachteil einer niedrigen Guthabenverzinsung während der Ansparphase bezahlt werden musste). Wer mehr Geld übrig hat, als er ursprünglich erwartete, kann in der Regel Sondertilgungen leisten; das kann man bei einem banküblichen Hypothekendarlehen nicht, wenn man das zuvor nicht schriftlich vereinbart hat. Und die Bausparkasse begnügt sich im Normalfall mit einer nachrangigen Sicherheit im Grundbuch oder verzichtet, bei relativ kleinen Kreditsummen, ganz auf eine Eintragung. Das dürfte ein wichtiger Vorteil sein, um eine Finanzierungslücke gegebenenfalls zu schließen.

Der Zinsvorteil der Bausparkasse ist in Niedrigzinsphasen relativ gering. Zinssicher sind Bauspardarlehen deshalb, weil der Zinssatz bereits Jahre im voraus festgelegt ist. Man sichert sich also schon heute ein Darlehen in der Zukunft zu verbindlichen Konditionen. Diese Zinssicherheit bieten Bausparverträge natürlich auch heute noch, wenn auch auf geringerem Niveau als in der Vergangenheit. Baugeld ist in solchen Zeiten auch von anderen Kreditinstituten zu günstigen Konditionen zu haben, eine lange Zinsbindungen kann obendrein verhandelt werden. Ein Vorteil der Bausparfinanzierung kann sich in einen Nachteil verwandeln, wenn man seine eigene Belastbarkeit überschätzt. Die vergleichsweise hohen Tilgungsraten (oft 5 Prozent und mehr) bringen eine hohe monatliche Belastung für den Darlehensnehmer mit sich. Ein weiterer Nachteil ist die Unsicherheit über den Zuteilungszeitpunkt des Bauspardarlehens. Sie erfolgt aufgrund einer Bewertungszahl, die zu bestimmten Bewertungsstichtagen aufgrund des Sparguthabens, der erwirtschafteten Guthabenzinsen und des Regelsparbeitrags von der Bausparkasse errechnet wird.

Bausparkassen bieten zur Sofortfinanzierung daher eine Kombilösung an, das heißt ein Vorausdarlehen in Höhe der Bausparsumme. Der Bausparvertrag wird gewissermaßen nachbespart und löst das Vorausdarlehen ab, wenn der Bausparvertrag nach der Ansparphase zuteilungsreif wird. Dieses Modell ist im Regelfall teurer als das klassische Annuitätendarlehen. Es lohnt sich meist nur, wenn einerseits in einer Niedrigzinsphase die Zinsen für das Vorausdarlehen besonders niedrig sind und der Darlehensnehmer andererseits mittels Sparzulagen, Wohnungsbauprämie und gegebenenfalls auch Riester-Förderung seine Guthabenrendite deutlich aufbessern kann. Letztlich ist aber auch dies wie so oft eine Frage der konkreten Konditionen und des eigenen Verhandlungsgeschicks. Es gibt mitunter auch sehr günstige Kombikredite unabhängig von der staatlichen Förderung.

Der Bausparvertrag ist also zumindest für Kurzentschlossene nicht die erste Wahl. Für den Käufer eines Hauses, der sich gründlich auf den Erwerb und die Finanzierung vorbereitet hat, ist er hingegen ein hilfreiches Instrument, wenn er an eine später notwendig werdende Modernisierung seiner Immobilie denkt. Stellen die Modernisierungsmaßnahmen keine Bedingung für den Einzug dar, sondern sollen mittelfristig angegangen werden, kann mit relativ klein dimensionierten Bausparverträgen auch bereits nach kurzer Zeit ein Zuteilungsanspruch auf ein günstiges Bauspardarlehen erworben werden. Außerdem besteht keine Verpflichtung, ein zuteilungsreifes Darlehen auch tatsächlich sofort aufzunehmen. Wer über mehr Zeit verfügt, kann auch einfach die Bausparsumme aufstocken und den Vertrag weiterhin besparen und ganz gelassen auf den nächsten Zuteilungszeitpunkt warten.

Allerdings lohnt es sich nicht, einen Bausparvertrag nur „auf Verdacht" abzuschließen.

Er kostet nämlich immer Gebühren eine Abschlussgebühr von meist 1 bis 1,6 Prozent der Bausparsumme und oft noch jährliche Gebühren von 9 bis 30 Euro. Wenn man ihn nämlich nicht für die Immobilienfinanzierung einsetzt, bleibt nur ein teurer Sparvertrag mit einer miserablen Rendite übrig.

Wenn Ihr zu versteuerndes Einkommen es erlaubt, kommen Sie in den Genuss der staatlichen Wohnungsbauprämie. Zum 1. Januar 2021 wurde sie merklich erhöht. Neben der Höhe der Aufwendungen, für die ein Zuschuss geleistet wird, stiegen auch die Einkommensgrenzen, bis zu denen gefördert wird, deutlich an.

Zusammengefasst kann man einem Bausparvertrag folgende Pluspunkte geben:

- Der Zinssatz für das Bauspardarlehen steht schon bei Vertragsabschluss fest – auch wenn der Bausparer das Geld erst in vielen Jahren abruft und die Zinsen am Kapitalmarkt bis dahin gestiegen sind.
- Viele Bausparer profitieren von der staatlichen Förderung. So erhält ein Ehepaar nach acht Jahren Sparzeit bis zu 1120 Euro Wohnungsbauprämie.
- Bausparkassen vergeben ihre Darlehen zu Einheitszinsen, die bis zu einer Darlehenssumme von 80 oder 100 Prozent des geschätzten Immobilienwerts gelten. Bankdarlehen werden dagegen meist teurer, wenn die Kreditsumme 60 Prozent dieses Beleihungswerts übersteigt. Mit einem ausreichend hohen Bauspardarlehen können sich Haus- und Wohnungskäufer daher erstklassige Bankkonditionen ohne Zinsaufschlag sichern.
- Anders als Banken verlangen Bausparkassen keine „Kleinsummenzuschläge“ für Kredite unter 50000 Euro. Das kann bei kleineren Bauvorhaben, etwa einer Modernisierung, ein erheblicher Vorteil sein. Und für Bauspardarlehen bis zu 30000 Euro ist in der Regel kein Eintrag im Grundbuch (Grundschuldbestellung) erforderlich. Das spart Notar- und Gerichtskosten.

Wohnungsbauprämie ab 1.1.2021

	Einzelpersonen	Ehepaare
Prämienhöhe	10,0 % p. a.	
Maximal bezuschusste Aufwendungen	700,00 €	1400,00 €
Maximale Prämie	70,00 €	140,00 €
Maximales zu versteuerndes Einkommen	35000,00 €	70000,00 €

Kryptowährungen

In aller Munde sind seit einigen Jahren die sogenannten Kryptowährungen (oder virtuelle Währungen), von denen Bitcoin die bekannteste und am meisten verbreitete ist. Sie wird in einem Blockchain-Verfahren generiert und benötigt für Transaktionen keine Banken. Transaktionen gelten als sicher. Sie verursachen geringe administrative Aufwendungen. Unsicher sind hingegen die Umtauschverhältnisse von realen und virtuellen Währungen. Dennoch mehren sich auch auf dem Immobilienmarkt Geschäfte mit virtuellen Währungen.

Virtuelle Währungen sind in Deutschland als offizielles Zahlungsmittel nicht zugelassen. Man kann also mit Bitcoin keinen Kauf im Sinne des BGB abwickeln. Die Bundesanstalt für Finanzdienstleistungsaufsicht (Bafin) beurteilt etwa den Bitcoin als sogenannte Rechnungseinheit. Rechtlich und steuerlich sind virtuelle Währungen also „privates Geld“. Bei einem Bitcoin-Geschäft gehen Veräußerer und Erwerber ein Tauschgeschäft ein, schließen keinen Kauf-, sondern einen Tauschvertrag. Wenn sich beide Partner einig sind, kommt ein rechtskräftiger Handel zustande.

Das gilt auch für Immobiliengeschäfte. Aus Kreisen des Bundesfinanzministeriums verlautete, man könne eine Immobilie grundsätzlich gegen alles tauschen, auch gegen Bitcoin oder gegen einen Apfel. Allerdings gibt es das hohe Risiko der Volatilität der Bitcoin-Kurse. Der Erwerber kann in dem Augenblick, da er die Überweisung an den Veräußerer tätigt, unmöglich wissen, welchen Wert (in Dollar oder Euro) seine Bitcoins tatsächlich haben. Auch die Steuerpflicht besteht weiter, sowohl für Gewinne, die aus einer Wertsteigerung der virtuellen

Hier wird in den nächsten Jahren einiges zu tun sein.

Währung resultieren, als auch hinsichtlich des Grundstückserwerbs.

Bislang wurden Kryptowährungen überwiegend für den Immobilienerwerb im Ausland (Ferienhäuser) und für Kapitalanlagen eingesetzt. Für den typischen Hauskäufer im Inland sind sie eher nicht zu empfehlen.

Finanzieren ohne Geld?

Das Stichwort lautet „Muskelhypothek". Das ist eine schöne Umschreibung für Eigenleistungen am Bau. Vorsicht, Vorsicht und nochmals Vorsicht!

Das erste „Vorsicht" gilt dem Haus, das Sie kaufen wollen oder geerbt haben oder bei dem gerade die Entscheidung ansteht, ob Sie es behalten wollen. Im Interesse der Gebäudesubstanz ist zu hoffen, dass nicht allzu viel an diesem Haus von den Vorbesitzern über Muskelhypotheken „finanziert" worden ist. Denn die Eigenleistungen der Vergangenheit sind leider oft die Sanierungskosten der Zukunft. Zu viel traute sich mancher Bauherr seinerzeit zu. Und den Preis für nicht ganz fachgerecht gebaute Kellerwände, die in Eigenleistung entstanden, „weil man sie ja nicht sieht", haben Sie als Neubesitzer vielleicht mit erhöhten Sanierungskosten zu tragen.

Das zweite „Vorsicht" gilt Ihrer eigenen möglichen Selbstüberschätzung. Lassen Sie im Rahmen Ihrer Eigenleistungen die Finger von allem, wozu man eine Fachausbildung braucht, die Sie allerdings nicht haben. Lassen Sie sich von Ihrem „Hausarzt" erklären, welche Art von „Therapie" Sie bei Sanierungs- und Modernisierungsarbeiten am Haus durchführen können, ohne anderen „Fachärzten" im Weg zu stehen oder gar das „Leiden" des Hauses zu verschlimmern.

Das dritte „Vorsicht" gilt der Darstellung Ihrer Eigenleistungen gegenüber der finanzierenden Bank. Wenn Sie forsch Eigenleistungen für 40 000 Euro anbieten, ohne diese Eigenleistungen konkret darstellen zu können, wird das vermutlich Fragen auslösen.

Eine genaue Spezifizierung der Eigenleistungen und deren Darstellung in Gestalt eingesparter Eurobeträge ist eigentlich erst in der Phase der Ausschreibung und Vergabe möglich, wenn klar ist, welche konkreten Tätigkeiten (zum Beispiel Abbrucharbeiten) Sie in Eigenleistung übernehmen und welchen Preis sie kosten würden, wenn ein Fachbetrieb sie erledigte. Auch darum ist es nötig, bereits an der zweiten Station, der Vermögensanalyse, möglichst eng mit dem „Hausarzt" zusammenzuarbeiten.

Wer fördert was?

Wohnungsbau wird auf unterschiedlichen Ebenen der Länder, des Bundes und der Europäischen Union gefördert. Gefördert werden mit unterschiedlichen Werkzeugen sehr verschiedene Maßnahmen. Oft sind die Programme schwer durchschaubar, und die Konditionen ändern sich recht kurzfristig. Welche Förderung für Sie konkret infrage kommt, und welche Programme gegebenenfalls miteinander kombinierbar sind, wird Ihnen nur der Fachmann verbindlich beantworten können.

Für nahezu alle Förderprogramme gilt aber: Es besteht kein Rechtsanspruch auf Inanspruchnahme. Das bedeutet: Wenn der „Fördertopf" leer ist, dann ist er eben leer, und es gibt keine Zuschüsse oder zinsvergünstigten Darlehen mehr. Der Antragsteller muss dann bis zum nächsten Haushaltsjahr oder bis zur Auflage eines neuen Förderprogramms warten. Maßnahmen steuerlicher Art, die nicht direkt aus einem „Topf" entnommen werden, sind davon nicht betroffen.

Auf der entsprechenden Seite der KfW erscheint dann zum Beispiel folgender Hinweis:

„Sofortiger Antrags- und Zusagestopp: Die Bundesförderung für effiziente Gebäude (BEG) der KfW wurde heute (24.01.2022) mit sofortiger Wirkung mit einem vorläufigen Programmstopp belegt. Das hat der Vorstand der KfW nach Rücksprache mit dem Bundesministerium für Wirtschaft und Klimaschutz (BMWK) am vergangenen Wochenende gemeinsam beschlossen.

Die enorme Antragsflut der letzten Wochen, die in den vergangenen Tagen noch einmal erhebliche zusätzliche Dynamik erlangt hat, führt zu einer Ausschöpfung der vom Bund für die Bundesförderung für effiziente Gebäude (BEG) bereitgestellten Haushaltsmittel; das Programm musste daher auch und angesichts der Vorläufigkeit der Haushaltsführung gestoppt werden. Allein im Zeitraum November 2021 bis heute sind bei der KfW Anträge in Höhe von über 20 Mrd. Euro Fördervolumen eingegangen."

Dieser Stopp löste große Verunsicherung bei Bauherren aus. Sicher ist aber: Förderangebote auf die ein oder andere Weise wird es weiterhin geben.

Die grundlegenden Instrumente der Förderung sind:

- Zuschüsse als nicht zurückzuzahlende Geldbeträge
- Zinsgünstige Darlehen ohne erstrangige Absicherung
- Eigenkapitalhilfen in Form von Ausfallbürgschaften (in der Regel durch Landesbanken)
- Immobilienbezogene Altersvorsorgeprodukte
- Steuervorteile (höhere AfA gibt es nur für vermietete Immobilien, bei selbst genutzten Immobilien erfolgt die Steuerförderung zum Beispiel über den Sonderausgabenabzug)

Die Ziele der Wohnbauförderung, die auch für den Erwerber einer Bestandsimmobilie interessant sein können, sind:

- Bessere Wärmedämmung und weitere Maßnahmen zur Senkung des Energieverbrauchs
- Belebung von Ortsteilen und Erhaltung historisch gewachsener Siedlungsräume
- Versorgung bestimmter Bevölkerungsgruppen (zum Beispiel Alleinerziehende oder Familien mit Kindern) mit Wohnraum
- Altersgerechter Umbau von Bestandsimmobilien (Erreichen weitgehender Barrierefreiheit)

Förderprogramme der Bundesländer

Die Wohnungsbauförderung einzelner Länder war zeitweilig aufgrund der angespannten Haushaltslage stark zurückgefahren worden. Einige Bundesländer hatten die Wohnungsbauförderung aus Landesmitteln sogar ganz eingestellt. In den letzten Jahren wurden die Fördermittel jedoch wieder stark erhöht. Über den aktuellen Status der Fördermöglichkeiten können Sie sich beispielsweise einen Überblick verschaffen bei: vergleich.de/wohnungsbaufoerderung.html.

Die Fördermittel der Länder unterstützen vornehmlich Alleinerziehende und Familien mit Kindern, den Umbau zu barrierefreiem Wohnraum im Bestand, die Unterstützung von Menschen mit Behinderungen sowie die energetische Sanierung. Besonderen Druck übt dabei die angespannte Wohnraumlage besonders in den Metropolen aus.

Ein Beispiel aus dem Land Berlin: Dort wurde der „IBB Wohnungsneubaufonds – Soziale Wohnraumförderung des Miet- und Genossenschaftswohnungsbaus in Berlin" aufgelegt. „Das Land Berlin fördert finanziell den Bau von Miet- und Genossenschaftswohnungen, die zu sozialverträglichen Mieten angeboten werden." Zu diesem Zweck werden zwei Fördermodelle offeriert:

- Im Fördermodell 1 wird ein öffentliches zinsloses Baudarlehen von bis zu 1800 Euro pro Quadratmeter förderfähige Wohnfläche angeboten. Ein Teilverzicht des ausgereichten Baudarlehens wird in Aussicht gestellt. Sofern mindestens 30 Prozent der neu geschaffenen Wohnungen nach Modell 1 gefördert werden, greift für weitere 20 Prozent der gebauten Wohnungen

- Fördermodell 2: Darin kann ein öffentliches zinsloses Baudarlehen von bis zu 1500 Euro pro Quadratmeter förderfähiger Wohnfläche gewährt werden. Dieses zweite Modell soll der „Schaffung oder Erhaltung einer sozial stabilen Bewohnerstruktur" dienen.

Beide Darlehen haben jeweils eine Laufzeit von 30 Jahren. Sie werden nicht nur für Neubauten ausgereicht, sondern auch für den Fall, dass Bestandsimmobilien aus- oder umgebaut werden. Dafür spricht, dass für bestimmte Einzelmaßnahmen, die besonders bei Bestandsimmobilien sinnvoll sind, über die Baudarlehen hinaus weitere Zuschüsse beantragt werden können, etwa für

- Aufzugsanlagen bei Aufstockung und Dachgeschossausbauten,
- Barrierefreie und uneingeschränkt mit dem Rollstuhl nutzbare Wohnungen,
- Zertifiziert nachhaltiges Bauen,
- Architektonische, städtebauliche oder gebäudebedingte Mehrkosten.

Eher auf den kleinteiligeren, ländlichen Raum ausgerichtet, sind beispielsweise die Maßnahmen in Mecklenburg-Vorpommern. Hier ist das Landesförderinstitut federführend. Auch bei diesen Angeboten spielt die Ertüchtigungen von Bestandsimmobilien eine besondere Rolle. Das zeigt sich in Fördermöglichkeiten für

- Modernisierung und Instandsetzung,
- nachträglichen Anbau oder Ersatz von Balkonen,
- Dachaufbau nach einem partiellen Rückbau von Wohngebäuden,
- Wiederherstellung von Außenanlagen an Wohngebäuden nach einem partiellen Rückbau,
- Schaffung von barrierefreien Miet- und Genossenschaftswohnungen und selbst genutztem Wohneigentum,
- Modernisierung und Instandsetzung von Miet- und Genossenschaftswohnungen sowie von selbst genutztem Wohneigentum in innerstädtischen Altbauquartieren,
- Modernisierung und Instandsetzung von selbst genutztem Wohneigentum,
- Barrieren reduzierenden Umbau von Miet- und Genossenschaftswohnungen sowie
- Nachrüstung von Personenaufzügen.

Da die Förderziele, der geförderte Personenkreis sowie der Umfang der Förderung je nach Bundesland sehr unterschiedlich sind, empfiehlt sich eine genauere Suche. Eine Zusammenfassung aller Programme der Länder, des Bundes und der Europäischen Union bietet die Seite des Bundesministeriums für Wirtschaft und Klimaschutz unter foerderdatenbank.de/FDB/DE/Home/home.html. Die dort verfügbare Suchmaschine ist ein wenig speziell in der Handhabung. Man muss zunächst einfache Begriffe eingeben, bevor weitere Filter angewendet werden können. So weist die Suche nach den Stichworten „Sanierung Wohnhaus" sechs Treffer auf: „Altersgerecht umbauen – Kredit", „Energieberatung für Wohngebäude", „Altersgerecht umbauen – Einbruchschutz (Investitionszuschuss)", „Städtebauförderungsrichtlinien Mecklenburg-Vorpommern", „Förderungsergänzende Finanzierungen", „progres.nrw – Programm für Rationelle Energieverwendung, Regenerative Energien und Energiesparen (Programmbereich Klimaschutztechnik)". Klickt man dann auf den letzten Treffer, führt dies zum progres.nrw, wo zu lesen steht:

„Das Land Nordrhein-Westfalen unterstützt Sie bei der Einführung von Technologien zur Nutzung erneuerbarer Energien und zur rationellen Energieverwendung. Sie erhalten die Förderung in folgenden Modulen:

- Fördermodul ‚Erneuerbare Energien': Anlagen, Techniken und Maßnahmen für die Transformation hin zu einem klimaneutralen Energiesystem
- Fördermodul ‚Energiesysteme für klimagerechte Gebäude': Anlagen, Techniken und Maßnahmen zum effizienten Energieeinsatz in Gebäuden sowie der Nutzung von erneuerbaren Energien zur Erzeugung von Wärme, Kälte und Strom

- Fördermodul ‚Energiewende im Quartier': Anlagen, Techniken und Maßnahmen für die effiziente und klimaschonende Wärme- und Kälteversorgung von Gebäuden bis zur Ebene eines Quartiers
- Fördermodul ‚Modellprojekte. NRW': vom Land Nordrhein-Westfalen initiierte Vorhaben für klimagerechte und nachhaltige Gebäude und Quartiere sowie Maßnahmen von besonderem Landesinteresse

Sie können Unterstützung unter anderem erhalten für:

- Photovoltaikanlagen,
- Wasserkraftanlagen,
- Solaranlagen,
- Biomasseanlagen,
- Geothermie,
- Erneuerbare-Energien-Heizungsanlagen,
- Lüftungsanlagen mit Wärmerückgewinnung,
- Nahwärme- und Nahkältenetze,
- Wärme- und Kältespeicher,
- Gewerbliche Anlagen zur Nutzung von Abwärme,
- Wohngebäude im Passivhaus-Standard einschließlich Lüftungsanlagen,
- Wohngebäude im Drei-Liter-Haus-Standard einschließlich Lüftungsanlagen.

Sie erhalten die Förderung als Zuschuss. Die Höhe Ihres Zuschusses ist von Art und Umfang Ihrer Maßnahme abhängig."

Mit diesen Auskünften ist man zwar noch lange nicht am Ziel, aber bei der Recherche schon ein gutes Stück weiter gekommen. Deutlich ersichtlich ist, dass ein beträchtlicher Teil der Fördergegenstände insbesondere für Bestandsimmobilien relevant sind.

Bund und Länder

Eine besondere Bedeutung hat der am 4. April 2019 in Kraft getretenen Artikel 104d des Grundgesetzes. Er besteht im Grunde nur aus einem Satz: „Der Bund kann den Ländern Finanzhilfen für gesamtstaatlich bedeutsame Investitionen der Länder und Gemeinden (Gemeindeverbände) im Bereich des sozialen Wohnungsbaus gewähren."

Doch hat dieser Satz Tragweite. Ähnlich wie beim sogenannten Kooperationsverbot in Bildungs- und Schulangelegenheiten (neuer Artikel 104c) erlaubt das Grundgesetz nun auch direkten Einfluss des Bundes auf das Baugeschehen, obgleich das Bauwesen grundsätzlich Ländersache bleibt. Damit werden nun ein Förderinstrument wie die Bundesförderung für effiziente Gebäude (BEG) und weitere Bundesförderungen rechtlich möglich. Das war auch höchste Zeit. Denn angesichts der Klimaziele muss besonders im Gebäudebestand noch viel getan werden, um etwa die anvisierten Anteile an erneuerbaren Energien zu erreichen.

Achtung: Förderprogramme laufen nur solange die Fördertöpfe ausreichend gefüllt sind.

Bund und Länder schlossen am 25. Februar 2021 eine Verwaltungsvereinbarung zum sozialen Wohnungsbau. Die Präambel umreißt die Ziele dieser Vereinbarung: „Bund und Länder stimmen darin überein, dass mit den nach Artikel 104d GG und dieser Verwaltungsvereinbarung bereitgestellten Mitteln zum sozialen Wohnungsbau die Wohnraumversorgung durch Mietwohnungen und selbst genutztes Wohneigentum der Haushalte unterstützt werden soll, die sich insbesondere aufgrund ihres Einkommens nach Maßgabe landesrechtlicher Bestimmungen am Markt nicht angemessen versorgen können und auf Unterstützung angewiesen sind." Der Bund stellte 2021 den Ländern insgesamt eine Milliarde Euro zusätzlich zur Verfügung. Als Fördergegenstände werden ausdrücklich genannt: „1. Schaffung neuen Wohnraums durch Neu-, Aus- oder Umbau, einschließlich des erstmaligen Erwerbs des Wohnraums innerhalb von zwei Jahren nach Fertigstellung (Ersterwerb), und 2. Modernisierung von Wohnraum." Damit wird der Ertüchtigung von Bestandsimmobilien ein hoher Rang eingeräumt.

Wohnungsbauförderung des Bundes

Da der Wohnungsbau im Wesentlichen Ländersache ist, trat der Bund über Jahre hinweg als Förderer nicht besonders auffällig in Erscheinung. Er unterstützte aber den Bau und den Kauf selbst genutzter Wohnimmobilien mit den Instrumenten der Riester-Förderung, der Wohnungsbauprämien für Bausparverträge und der Arbeitnehmersparzulage. Bei diesen Instrumenten handelte es sich um eine überwiegend indirekte Förderung, die auf die Vermögensbildung mit Prämien reagierte. Darüber hinaus war die Förderbank des Bundes, die Kreditanstalt für Wiederaufbau (KfW), die maßgebliche Institution, über die Fördermittel des Bundes flossen.

Die neu geschaffene Bundesförderung für effiziente Gebäude (BEG) sortiert und bündelt bereits laufende und neu aufgelegte Förderprogramme. Ihr erklärtes Ziel ist es, die Ströme staatlicher Förderung in Richtung Energieeffizienz zu lenken (siehe auch Seite 133).

Viele BEG-Fördermaßnahmen werden nach wie vor über die KfW abgewickelt. Weitere Fördermöglichkeiten bestehen beim Bafa; hier werden in der Regel besonders Einzelmaßnahmen berücksichtigt. Die KfW-Kredite werden von der Kreditanstalt für Wiederaufbau nicht direkt an den Antragsteller ausgereicht, sondern über die Banken und Sparkassen. Dafür bekommen diese Kreditinstitute zwar eine gewisse Zinsmarge; bei kleinen Darlehensbeträgen ist das für Banken nicht attraktiv, bei größeren Darlehen (wie beim Hauskauf oder im Programm Energieeffizient bauen) hingegen schon. Wundern Sie sich also nicht, wenn Ihnen bei kleineren Kreditwünschen Ihre Hausbank nicht als Erstes den KfW-Förderweg vorschlägt. Manche Kreditinstitute kümmern sich um die KfW-Förderung nur, wenn sie Ihnen zugleich eine Bankfinanzierung „verkaufen" können. Hier sind hartnäckiges Nachfragen und selbstbewusstes Verhandeln angesagt – es gibt schließlich nicht nur eine Bank in Deutschland.

Auf den ersten Blick mögen die Zinskonditionen der KfW nicht sonderlich attraktiv erscheinen, kann doch das Baugeld mancher Bank sogar billiger sein. Dabei ist indes zu beachten, dass die günstigen Zinskonditionen der finanzierenden Bank in der Regel nur für erstrangige Darlehen gelten. Meist geht es dabei nur um bis zu 60 Prozent des Beleihungswerts oder 50 Prozent der Anschaffungskosten der Immobilie.

Für ein Darlehen über diesen Rahmen hinaus werden oft erheblich höhere Zinsen berechnet. Entweder erhöht die Bank den Zinssatz für das gesamte Darlehen um 0,10 bis 0,30 Prozentpunkte (je nachdem, wie hoch der Anteil des Kredits am Immobilienwert ist), oder sie splittet das Darlehen auf und berechnet für ein zweites, nachrangiges Darlehen 0,20 bis 0,80 Prozentpunkte mehr als für das erstrangige. Und dann ist da noch das Grenzzinsphänomen (siehe Seite 200), das gerade die letzten 10 Prozent eines Finanzierungsvolumens am teuersten macht. Auch da kann möglicherweise ein KfW-Kredit Entlastung bringen.

Die Zinskonditionen der KfW gelten nämlich auch für nachrangige Darlehen. Um die Gesamtzinsbelastung Ihrer Eigenheimfinanzierung so niedrig wie möglich zu halten, könnten Sie in den Verhandlungen mit der Bank auf ein Darlehenssplitting abzielen:

- für den erstrangigen Teil (zum Beispiel 50 Prozent der Anschaffungskosten) ein zinsgünstiges Annuitätendarlehen der Bank,
- für den nachrangigen Teil (zum Beispiel 20 Prozent der Anschaffungskosten) ein zinsgünstiges KfW-Darlehen.

Allerdings werden so gesplittete Darlehen nur selten wirklich günstiger, als Bankdarlehen, denn die Hausbank haftet auch für die Rückzahlung des KfW-Anteils. Wenn Ihnen die Bank in den Verhandlungen auch für den nachrangigen Teil Konditionen anbieten, die günstiger als die KfW-Darlehen sind – umso besser! Nachrechnen lohnt sich auf jeden Fall.

Kredit oder Zuschuss

Die KfW stellt im Rahmen der BEG-Förderung Kredite mit interessanten Zinskonditionen für nachrangige Darlehen zur Verfügung. Nicht minder interessant sind die direkten Zuschüsse, welche die KfW nach den Programmen der Bundesförderung für effiziente Gebäude (BEG) unter bestimmten Umständen gewährt. Sie haben die Wahl zwischen günstigem Kredit und Zuschuss.

Für Kredite, um Haus und Wohnung energieeffizient zu bauen oder zu sanieren (Programm 261, 262), galten zum Beispiel im Januar 2022 folgende Konditionen:

- Förderkredit ab 0,64 % effektiver Jahreszins für Sanierung, Neubau und Kauf.
- Bis zu 150 000 Euro Kredit je Wohneinheit für ein Effizienzhaus
- Bis zu 60 000 Euro Kredit je Wohneinheit für Einzelmaßnahmen
- Weniger zurückzahlen: zwischen 15 % und 50 % Tilgungszuschuss
- Zusätzliche Förderung möglich, zum Beispiel für Baubegleitung

Zuschüsse sind für den Erwerb und die Modernisierung von Bestandsimmobilien (Programm 461) besonders relevant. Solche direkten Zuschüsse können gewährt werden:

- Für Komplettsanierung, Bau und Kauf eines Effizienzhauses
- Sanierungszuschuss bis zu 75000 Euro je Wohneinheit
- Bauzuschuss bis zu 37500 Euro je Wohneinheit
- Zusätzliche Förderung möglich, zum Beispiel für Baubegleitung

Nach wie vor gibt es das KfW-Wohneigentumsprogramm (Programm 124); hierüber werden Kredite bis zu 100 000 Euro unter anderem für den Kauf eines selbst genutzten Wohnhauses inklusive der Kosten von Instandsetzung, Umbau und Modernisierung sowie für Nebenkosten wie die Notar- und Maklergebühren und die Grunderwerbsteuer ausgegeben.

INFO **WICHTIG!** Den Antrag auf Förderung müssen Hausbesitzer bei der KfW stellen, bevor sie einen Liefer- und Leistungsvertrag oder Kaufvertrag unterschrieben haben. Eine Ausnahme bildete das Baukindergeld. Es kann beim Bau oder Kauf eines Hauses bis zum 31.3.2021 auch nach dem Einzug beantragt werden – letzter Stichtag allerdings hier: 31.12.2023.

Die verschiedenen Förderprogramme (inklusive einer großen Anzahl Formulare, Checklisten und Onlinerechner) finden Sie auf der Internetpräsenz der Kreditanstalt für Wiederaufbau unter: kfw.de/inlandsfoerderung/Privatpersonen. Dem Geist der Klimaschutzzeit folgend, fördert die KfW auch Ladestationen für Elektroautos; zu Redaktionsschluss waren die Fördermittel des Bundes zwar erschöpft, es ist aber nicht auszuschließen, dass hier neue Mittel zugeführt werden. Für die Qualifizierung Ihres Hauses zum Smart Home stehen Mittel aus den Kreditprogrammen „Altersgerecht umbauen" (Programm 159) und „Barrierereduzierung Investitionszuschuss" (Programm 455 B) zu Gebote; Letzteres verfügte zu Redaktionsschluss über keine Mittel mehr, das kann aber ab 2022 schon wieder anders aussehen. Für den Einbruchschutz kommt ebenfalls Programm 159 infrage oder ein Zuschuss bis 1600 Euro über das Programm 455 E.

Das Programm „Erneuerbare Energien – Standard" vergibt an Privatpersonen, Unternehmen und öffentliche Einrichtungen Kredite für

- Anlagen zur Erzeugung von Strom und Wärme, für Netze und Speicher
- Photovoltaik, Wasser, Wind, Biogas und anderes mehr.

Fördermöglichkeiten bestehen nicht nur für junge Familien – unseren ersten Musterbauherrn (siehe Seite 56) –, sondern auch für unseren zweiten Musterfall, das Seniorenehepaar. Für den altersgerechten Umbau von Bestandsimmobilien stehen besondere Förderprogramme bereit. Mit ihrem Programm 159 („Altersgerecht umbauen – Kredit") fördert die Kreditanstalt für Wiederaufbau bauliche Maßnahmen, die das Wohnen im Alter angenehmer machen und ein dauerhaftes, selbstbestimmtes Leben ohne Einschränkungen ermöglichen. Das betrifft zum Beispiel:

- Wege zum Gebäude
- Eingangsbereich und Wohnungszugang
- Überwindung von Treppen und Stufen
- Raumaufteilung und Schwellen
- Badezimmer
- Orientierung, Kommunikation und Unterstützung im Alltag
- Gemeinschaftsräume und Mehrgenerationenwohnen

Auch die Umwidmung von Nichtwohnflächen (zum Beispiel Gewerbeflächen) oder der Dachgeschossausbau) zu barrierearmen Wohnflächen wird gefördert, ebenso der Kauf einer bereits barrierearm umgebauten Immobilie.

Gefördertes Landleben

Und schließlich muss auch das Leben auf dem Land – unser dritter Modellfall – nicht ohne Förderung auskommen. Hier greifen insbesondere Landesmittel. Aber auch bundesweit stehen Förderinstrumente bereit, und gegebenenfalls können auch Fördermittel genutzt werden, die von der Europäischen Union bereitgestellt werden. Hierzu drei Beispiele:

1 Die Landwirtschaftliche Rentenbank fördert „Leben auf dem Land" (siehe: rentenbank.de/export/sites/rentenbank/dokumente/Programmbedingungen-Leben-auf-dem-Land.pdf). Zu den Förderzielen gehören ausdrücklich „Erwerb, Erhaltung und Erweiterung von agrarwirtschaftlich oder ehemals agrarwirtschaftlich genutzter Bausubstanz auch zum Zwecke der Vermietung". Die Rentenbank kann zusätzlich zum zinsgünstigen Darlehen einen Förderzuschuss gewähren. Die Höhe des Darlehens dient in diesem Fall als Bemessungsgrundlage für die Höhe des Zuschusses. Ob und in welcher Höhe ein Förderzuschuss gewährt wird, kann dem jeweils aktuellen Konditionenrundschreiben der Rentenbank entnommen werden. Die Landwirtschaftliche Rentenbank vergibt zinsgünstige Darlehen nicht direkt, sondern über die vom Kreditnehmer gewählte Hausbank. Der Antrag ist vor Beginn des Vorhabens bei der Hausbank zu stellen.

2 Das Land Baden-Württemberg fördert mit dem „Entwicklungsprogramm Ländlicher Raum" schwerpunktmäßig das Wohnen auf dem Land. Förderziel ist hierbei die „Schaffung von Wohnraum innerhalb der historischen Ortslage durch Umnutzung vorhandener Gebäude und ortsbildgerechte Neubauten in Baulücken sowie Vorhaben zur Erreichung zeitgemäßer Wohnverhältnisse (umfassende Modernisierung, Wohnumfeldverbesserung) einschließlich Grunderwerb und vorbereitenden Vorhaben wie Baureifmachung von Grundstücken." Das Förderprogramm setzt ganz bewusst nicht bei flächenfressenden Neubaugebieten, sondern bei der Erhaltung und Entwicklung von Bestandsimmobilien an. Im Rahmen des „Entwicklungsprogramms Ländlicher Raum" wird das Modellprojekt „Eindämmung des Landschaftsverbrauchs durch Aktivierung des innerörtlichen Potenzials (MELAP PLUS)" umgesetzt. Dabei wird auch die Umnutzung ehemals landwirtschaftlicher Gebäude zu Wohnzwecken gefördert.

3 Niedersachsen hat ein Dorfentwicklungsprogramm aufgelegt (das es auch in Nordrhein-Westfalen ganz ähnlich gibt). Es ist Bestandteil eines umfassenderen Konzepts, nämlich der Gemeinschaftsaufgabe „Verbesserung der Agrarstruktur und des Küstenschutzes" (GAK). Die Fördermaßnahmen sind auch für Hauskäufer interessant, die sich an die Förderrichtlinien halten wollen und können. Das Programm setzt unter anderem Schwerpunkte bei:

- der Umnutzung von Gebäuden land- und fortwirtschaftlicher Betriebe
- der Umnutzung ortsbildprägender oder landschaftstypischer Gebäude sowie von Bausubstanz hin zu einem ortsbildprägenden oder landschaftstypischen Erscheinungsbild, vor allem zur Innenentwicklung, unter gestalterischer Anpassung an das Ortsbild
- der Anpassung von Gebäuden einschließlich Hofräumen und Nebengebäuden land-

und forstwirtschaftlicher Betriebe an die Erfordernisse zeitgemäßen Wohnens und Arbeitens, um sie vor Einwirkungen von außen zu schützen oder in das Ortsbild oder in die Landschaft einzubinden, soweit sie nicht im Rahmen des einzelbetrieblichen Agrarinvestitionsförderungsprogramms gefördert werden

- der Revitalisierung (Innenausbau) ungenutzter und leerstehender, ortsbildprägender oder landschaftstypischer Bausubstanz, vor allem zur Innenentwicklung, auch im Zusammenhang mit der gestalterischen Anpassung an das Ortsbild
- der Schaffung, der Erhaltung und dem Ausbau dorfgemäßer Gemeinschaftseinrichtungen, die geeignet sind, als Begegnungsstätte für die ländliche Bevölkerung das dörfliche Gemeinwesen, die soziale und kulturelle Infrastruktur einschließlich Kunst und Bildung zu stärken, einschließlich der gestalterischen Anpassung an das Ortsbild
- der Schaffung, Erhaltung und dem Ausbau von Mehrfunktionshäusern sowie Räumen zur gemeinschaftlichen Nutzung („Co-working-spaces") einschließlich der gestalterischen Anpassung an das Ortsbild

Die Fördervoraussetzungen und -instrumente sind in den verschiedenen Bundesländern so unterschiedlich, dass sich eine genaue Recherche (auch mithilfe Ihres „Hausarztes") lohnt. Das Bundesministerium für Wirtschaft und Klimaschutz hat eine Förderdatenbank erarbeitet, in der Sie nach Fördermöglichkeiten auf den verschiedenen Ebenen und in verschiedenen Regionen recherchieren können: foerderdatenbank.de.

Steuerliche Förderung

Die sogenannte Riester-Rente (oder die Riester-Förderung) geht auf den früheren Bundesminister für Arbeit und Sozialordnung, Walter Riester, zurück. Er dürfte (neben dem Manager Peter Hartz und den nach ihm benannten Arbeitsmarktreformen) einer der wenigen Politiker sein, dessen Name zum festen Vokabular der Wirtschafts-, Finanz- und Sozialpolitik

gehört. Kern war die Förderung der freiwilligen Altersvorsorge durch eine Altersvorsorgezulage.

Aufwendungen für die Altersvorsorge in Gestalt einer Immobilie können unter bestimmten Umständen auch mittels eines Riester-Produkts gefördert werden. Zum Beispiel:

- eine Wohnung in einem eigenen Haus (auch wenn sich die Wohnung im eigenen Mehrfamilienhaus befindet) oder
- eine selbst genutzte Eigentumswohnung oder
- eine Genossenschaftswohnung einer in das Genossenschaftsregister eingetragenen Genossenschaft oder
- ein eigentumsähnliches oder lebenslanges Dauerwohnrecht nach § 33 des Wohnungseigentumsgesetzes, soweit auch die Vereinbarungen nach § 39 des Wohnungseigentumsgesetzes vereinbart wurden

Einzelheiten regelt § 92a Abs. 1 Einkommensteuergesetz (EStG) „Verwendung für eine selbst genutzte Wohnung".

Neben Wohn-Riester-Zulagen, die der Tilgung von Wohn-Riester-Darlehen dienen, der Bausparförderung durch Wohnungsbauprämien und Arbeitnehmersparzulagen fördert der Bund durch steuerliche Gestaltungsmöglichkeiten in gewissem Umfang Investitionen in die eigene Immobilie. So können etwa angerechnet werden:

- Handwerkerkosten,
- Haushaltsnahe Dienstleistungen,
- Kosten von Baumaßnahmen bei denkmalgeschützten Immobilien und Gebäuden in ausgewiesenen Sanierungsgebieten
- Anteilige Kosten für das häusliche Arbeitszimmer, wenn es den alleinigen Mittelpunkt der gesamten selbstständigen Tätigkeit darstellt

Lastenzuschuss

Eine besondere Förderung von Wohneigentum, die von den zuständigen Kommunen geleistet wird, aber auf Bundesrecht beruht, ist der Lastenzuschuss. Er kommt Eigentümern von Eigenheimen, Eigentumswohnungen, Mehrfamilienhäusern und Kleinsiedlungen sowie Inhabern von Dauerwohnrechten und Erbbauberechtigten zugute, die ihre Wohnkosten nicht allein stemmen können. Er ist vergleichbar mit dem Wohngeldzuschuss für Mieter. Der Lastenzuschuss kann als Zuschuss zur monatlichen Belastung für Kapitaldienst und Bewirtschaftung gewährt werden: Ausgaben für Zins und Tilgung bei Krediten, Instandsetzungs- oder Instandhaltungskosten, Grundsteuer, Versicherungsbeiträge und Verwaltungskosten.

Die Höhe des Lastenzuschusses ist abhängig vom Familieneinkommen, von der Haushaltsgröße und der jeweiligen Mietenstufe der Gemeinde, in welcher der Antragsteller wohnt. Die Mietstufe berücksichtigt die durchschnittlichen Wohnkosten der jeweiligen Gemeinde. München und Tübingen haben zum Beispiel die höchste Mietstufe VII; Bad Freienwalde an der Oder und Oberndorf am Neckar die niedrigste Mietstufe I. Lastenzuschuss wird nur für die zu eigenen Wohnzwecken genutzten Teile des Wohneigentums gewährt, nicht für eventuell damit verbundene Wirtschaftsgebäude (zum Beispiel bei Bauernhöfen) oder gewerblich genutzte Räume. Die Berechnung richtet sich nach den maßgeblichen Kosten des Wohnens, die das Wohngeldgesetz (WoGG) und die Wohngeldverordnung (WoGV) festlegen. Die Wohngeldverordnung einschließlich Anhang mit den Mietstufen aller deutschen Kommunen finden Sie unter www.gesetze-im-internet.de/wogv/index.html.

Für die Berechnung eines möglichen Lastenzuschusses gibt es verschiedene online nutzbare Rechner, zum Beispiel unter: biallo.de/vergleiche/soziales/lastenzuschuss-rechner.

Erst die Finanzierung, dann das Projekt

Unterschreiben Sie keine Verträge, Verpflichtungen, Erklärungen, selbstschuldnerische Bürgschaften oder Ähnliches, bevor Ihre Gesamtfinanzierung auf soliden Beinen steht. Die Finanzanalyse ist der Anfang, aber noch nicht die Finanzierung. Nach der Gebäudediagnose und den Maßnahmekonzepten wissen Sie genauer, welche weiteren finanziellen Belastungen aufgrund von Sanierungsmaßnahmen auf Sie zukommen können.

SIE WERDEN EIGENTÜMER

Phase 6: Geschafft! Die Entscheidung ist gefallen. Die Finanzierung steht. Damit sind Sie auf die Zielgerade eingebogen. Jetzt geht es vor allem darum, die formalen Dinge der Transaktion gesetzeskonform abzuwickeln und schließlich für die Zukunft vorzusorgen. Auch wenn noch eine längere Sanierungs- oder Modernisierungsphase vor Ihnen liegen sollte: Es ist dann Ihr Haus. Alles, was Sie bis jetzt nur kalkulatorisch vorweggenommen haben, können Sie nun umsetzen. Entscheidend ist, dass Sie den strategischen Maßnahmenplan nicht aus den Augen verlieren. Ein Haus zu erwerben ist etwas anderes, als eine Tüte Äpfel zu kaufen. Bestimmte Rechtsgeschäfte bedürfen einer gewissen Form – da reicht der bloße Handschlag schlichtweg nicht. Aber auch ein einfacher formfreier Kaufvertrag ist im Fall eines Grundstückskaufs nicht ausreichend.

DER KAUFVERTRAG UND WICHTIGE DOKUMENTE

Für einen Grundstückskaufvertrag gilt die strengste gesetzlich vorgesehene Form: die Beurkundung durch einen Notar (§ 311b Abs. 1 BGB in Verbindung mit § 128 BGB). Die Mitwirkung eines Notars ist zwingend vorgeschrieben, gleichgültig ob es sich um versierte Kaufleute oder um laienhaft agierende Verbraucher handelt: wegen der besonderen wirtschaftlichen Bedeutung dieses Rechtsgeschäfts und wegen der komplizierten Rechtsverhältnisse, die ein Laie im Normalfall nicht zu durchschauen vermag. Der Notarzwang dient sowohl dem Käuferschutz als auch der allgemeinen Rechtssicherheit.

Dem Notar obliegt vor Abschluss eines Grundstückskaufvertrags die Prüfung der rechtlichen Bedingungen. Zum Beispiel prüft er:

- die grundstücksrechtlichen Gegebenheiten, etwa die Grundeigentumsverhältnisse, Lage und Größe der Immobilie, eventuelle Belastungen,
- das Bestehen bestimmter Verpflichtungen, etwa Miet- oder Pachtverträge sowie Grunddienstbarkeiten, die der Käufer übernehmen muss,
- eine möglicherweise bestehende Beeinträchtigung der Grundstücksnutzung in Gestalt von Baulasten oder Vorkaufsrechten.

Das sollten Sie vor dem Notartermin wissen

- Notarwahl: Sie können einen Notar, der in Ihrem Bundesland zugelassen ist, frei wählen. Sie können auch darauf bestehen, dass Sie als Käufer den Notar auswählen, müssen dies aber nicht tun. Wenn Sie keine Empfehlung aus dem Bekanntenkreis haben, hilft Ihnen auch die örtliche Notarkammer mit Informationen. Sie können auch unter www.notar.de suchen.
- Fragen: Üblicherweise entwirft der Notar einen Kaufvertrag für Sie und den Verkäufer. Voraussetzung ist, dass sowohl Sie als auch der Verkäufer den Notar über alle Abreden unterrichten, die Sie miteinander getroffen haben. Haken Sie beim Notar nach, wenn Sie am Kaufvertrag etwas nicht verstehen. Der Notar soll Sie sicher durch das Geschäft lotsen. Er ist zur Neutralität verpflichtet. Vor dem Termin zur Vertragsbeurkundung sollten Sie sich vom Notar einen Vertragsentwurf zuschicken lassen und sich ausreichend Zeit ausbedingen, um den Vertragsentwurf zu prüfen. Haben Sie Zweifel an der Neutralität des Notars, sollten Sie den Vertrag von einem zweiten Notar überprüfen lassen oder mit der Beurkundung beauftragen.
- Grundschuld: Sprechen Sie früh mit Ihrer Bank, wenn Sie für die Immobilie einen Kredit benötigen. Die Bank wird als Sicherheit die Eintragung einer Grundschuld verlangen. Sie erhalten von ihr Bankunterlagen, die Sie für die Eintragung der Grundschuld benötigen. Bringen Sie diese zur notariellen Beurkundung des Kaufvertrags mit oder bitten Sie den Banksachbearbeiter, sie direkt an den Notar zu senden. Der Notar kann Kaufvertrag und Grundschuld dann an einem Termin beurkunden. Das spart Zeit und Geld.
- Zubehör: Teilen Sie dem Notar mit, wenn Sie dem Verkäufer Dinge wie Werkstatteinrichtung, Einbauküche, Sauna, Gartenmöbel oder Heizöl abkaufen. Vereinbaren Sie dafür realistische Preise. Den Kauf muss

der Notar mitbeurkunden. Grunderwerbsteuer fällt für den Kaufpreis des Zubehörs nicht an (siehe den Abschnitt „Das ist drin: Vermögensanalyse" ab Seite 80).

- Eigentumswohnung: Wollen Sie eine Wohnung kaufen, sollten Sie beim Verwalter gründlich recherchieren, wie viel Geld für Reparaturen am Haus zurückgelegt ist (Instandhaltungsrücklage), ob bald eine Sonderumlage geplant ist und ob der bisherige Eigentümer Hausgeld schuldet. Lassen Sie sich eine Abschrift der Teilungserklärung und der Gemeinschaftsordnung zeigen. So erfahren Sie, wie viel Stimmrecht Sie in einer Eigentümerversammlung haben.

Der Notar – die unparteiische Instanz

Der Kauf eines neuen Autos fällt juristisch im Vergleich zum Kauf einer Immobilie schlicht aus. Selbst wenn sich die Parteien schnell einig geworden sind, dauert es immer noch einige Monate, bis der Käufer als Eigentümer im Grundbuch steht. So lange wollen beide Seiten meist nicht warten. Der Käufer möchte rasch einziehen und der Verkäufer den Kaufpreis möglichst bald auf seinem Konto haben. Beiden hilft der Notar.

Auch wenn eine Seite – in der Regel der Käufer – den Notar bezahlt, so ist er doch als unparteiische Instanz für beide Seiten da. Der Notar muss nicht nur den Kaufvertrag beurkunden, sondern auch die rechtlichen Fragen der Vertragspartner unparteiisch beantworten. Wer das Gefühl bekommt, dass der Notar seine Belange nicht ausreichend berücksichtigt, kann einen zweiten Notar zur Überprüfung der Beurkundung einschalten.

Für seine Arbeit erhält der Notar ein gesetzlich geregeltes Honorar. Damit der Notar einen Entwurf für den Kaufvertrag ausarbeiten kann, bittet er die Parteien oft zu einer Vorbesprechung in sein Büro. Das ist aber nicht zwingend vorgeschrieben. Die Parteien können sich auch schriftlich zu den Vorfragen äußern: Etwa bestehende Grundbuchlasten müssen erörtert werden. Die Modalitäten für die Zahlung und Übergabe sind ebenso zu klären wie etwa der Umgang mit bestehenden Mietverhältnissen. Der Termin einer eventuellen Vorbesprechung ist mit den normalen Beurkundungsgebühren abgegolten.

Für die Berechnung der Kosten publizierte die Bundesnotarkammer folgendes Rechenbeispiel für den Kauf einer Eigentumswohnung:

Achtung! Eigenes Risiko!

Wer einen Kreditvertrag abschließt, bevor der Grundstückskaufvertrag beurkundet ist, kann auf den Kosten für die Kreditbereitstellung und eine Entschädigung sitzen bleiben, wenn der Verkäufer zum Beispiel kurz vor dem Notartermin den Kaufpreis erhöht und der Verkauf deswegen platzt.

Unser Tipp: Vergehen allerdings weniger als 14 Tage bis zum Notartermin, können Sie den Kreditvertrag schon unterschreiben. Denn Sie können ihn innerhalb von 14 Tagen nach Abschluss widerrufen. So sichern Sie sich feste Kreditkonditionen, halten sich aber einen Notausstieg offen. Die besten Kreditkonditionen zeigt unser Test „Eigenheim finanzieren" (auf www.test.de den Suchbegriff „Eigenheim finanzieren" eingeben).

INFO **BEISPIEL NOTARKOSTEN** Bei einem angenommenen Kaufpreis von 160 000 Euro fallen folgende Kosten an:

- für den Entwurf und die Beurkundung des Vertrags und die rechtliche Beratung eine doppelte Gebühr nach KV Nr. 21100 GNotKG in Höhe von 762,00 Euro.
- für den Vollzug (Einholung und Entwurf der Genehmigungen und Löschungsbewilligungen) eine halbe Gebühr nach KV Nr. 22110 GNotKG in Höhe von 190,50 Euro.
- für die Betreuung (Überwachung der Kaufpreiszahlung und Eigentumsumschreibung) eine halbe Gebühr gem. KV Nr. 22200 GNotKG in Höhe von 190,50 Euro.

Hinzu kommen Auslagen für Porto und Telekommunikation (ca. 20,00 Euro), für Schreibauslagen (Dokumentenpauschale etwa 0,15 Euro je Seite, insgesamt etwa 10,00 Euro), sonstige Auslagen in tatsächlicher Höhe sowie 19 % Mehrwertsteuer.
Der Geschäftswert kann bei bestimmten Vertragsgestaltungen vom Kaufpreis abweichen; unabhängig von der Anzahl der Vollzugs- und Betreuungstä-

tigkeiten fällt jedoch immer nur eine Vollzugs- oder Betreuungsgebühr an. Stellt die abzulösende Bank dem Notar Treuhandauflagen für die Löschung der Grundschuld, kann zusätzlich eine Treuhandgebühr anfallen, die im Regelfall der Verkäufer trägt.

Die Bundesnotarkammer bietet auf ihrer Seite auch einen Notarkostenrechner an: notar.de/themen/notarkosten/gebuehrenrechner.

Kauft ein Paar eine Immobilie, muss vorab erörtert werden, ob beide Partner Eigentümer werden sollen oder nur einer. Der Notar wird auch fragen, ob der Kauf auf Kredit erfolgt. Denn die Bank des Käufers wird das Geld für die Kaufpreisentrichtung nur dann auszahlen, wenn als Sicherheit zu ihren Gunsten eine Grundschuld im Grundbuch eingetragen wird. Für die Eintragung sorgt dann der Notar.

Was sagt das Grundbuch?

Der Notar sieht das Grundbuch ein. Hierbei handelt es sich um ein öffentliches Register, das in der Regel beim Amtsgericht geführt wird, in dessen Bezirk das Grundstück liegt (in Baden-Württemberg waren es bis Ende 2017 die Staatlichen Grundbuchämter der Gemeinden). Im Grundbuch stehen wichtige Informationen über die Eigentumsverhältnisse und die rechtlichen Lasten auf dem Grundstück wie zum Beispiel Wegerechte der Nachbarn.

Häufig steht im Grundbuch bereits eine Grundschuld. Hat der Verkäufer seine Schulden bei der Bank noch nicht abbezahlt, werden seine Altschulden normalerweise aus dem Kaufpreis abgelöst, damit die Grundschuld aus dem Grundbuch verschwinden kann. Im Kaufvertrag wird dann vereinbart, dass der Käufer den noch offenen Betrag in Anrechnung auf den Kaufpreis an die alte Bank des Verkäufers zahlt. Die beim Verkäufer verbleibende Kaufsumme reduziert sich dementsprechend.

INFO **GRUNDSCHULD** Die Grundschuld ist ein Verwertungsrecht, auch Pfandrecht genannt. Wer einen Immobilienkredit in Anspruch nimmt, muss der Bank meist ein solches Verwertungsrecht als Sicherheit einräumen. Kann der Kredit nicht zurückgezahlt werden, darf die Bank die Immobilie verwerten, das heißt in der Regel versteigern. Erhält die Bank ihr Geld zurück, wird sie der Löschung der Grundschuld zustimmen. So bekommt der nächste Eigentümer die Immobilie frei von fremden Lasten.

Als neuer Eigentümer können Sie Ihre eigene Grundschuld aber auch im Grundbuch stehen lassen (die Löschungsbewilligung der Bank sollten Sie jedoch gut aufbewahren), nachdem der Immobilienkredit getilgt ist. Sie können die Grundschuld jederzeit wieder verwenden, wenn Sie später einen Kredit benötigen – etwa für eine Modernisierung oder für den Kauf eines Autos. Kredite, die durch eine Grundschuld gesichert sind, kosten viel weniger Zinsen als normale Ratenkredite. Sie sparen sich dann die Kosten für eine erneute Grundschuldeintragung, die je nach Kredithöhe einige Hundert Euro betragen kann.

Vom Entwurf zum Vertrag

Nach dem Vorgespräch oder dem vorgelagerten Schriftwechsel formuliert der Notar einen Kaufvertragsentwurf. Den schickt er den Parteien meist vor der Beurkundung zu. Darauf sollte jeder bestehen, der sich auf den Termin gut vorbereiten will. Ist noch etwas zu bemängeln, kann das im Beurkundungstermin vorgebracht werden oder man bittet um einen separaten Besprechungstermin. Grundsätzliches wie etwa Kaufpreisverhandlungen sollte jedoch bereits vor der Beurkundung geklärt sein.

Beim Kauf eines Hauses oder einer Wohnung von einem Voreigentümer wird im Kaufvertrag die Haftung für „Sachmängel" in der Regel ausgeschlossen. Daher ist es so wichtig, sich bei der Vorbereitung an die elf Stationen zu halten, um solche Risiken zu minimieren.

Beispiel: Zeigt sich nach Vertragsschluss, dass das Dach bei der Übergabe der Hausschlüssel undicht war, kann der neue Eigentümer den Verkäufer nicht mehr haftbar machen. Zwar gilt der Haftungsausschluss nicht bei Mängeln, die der alte Eigentümer bei Vertragsschluss kannte und arglistig verschwiegen hat. Aber das zu beweisen, kann im Streitfall sehr schwierig sein.

Im Beurkundungstermin liest der Notar den Vertrag vor und beantwortet Fragen. Erfolgt der Kauf auf Kredit, wird die Bank des Käufers darauf bestehen, dass zu ihrer Sicherheit eine Grundschuld ins Grundbuch eingetragen wird. Nur dann zahlt sie das Darlehen aus. Für die Bestellung einer Grundschuld ist wie beim Kaufvertrag die notarielle Beurkundung oder Beglaubigung gesetzlich vorgeschrieben. Üblicherweise sinnvoll ist, Grundschuld und Kaufvertrag an einem Termin zu beurkunden. Das spart Zeit und Geld. Käufer sollten frühzeitig vor dem Notartermin mit ihrem Banksachbearbeiter reden, sodass dieser alle für die Grundschuld erforderlichen Unterlagen an den Notar schicken kann.

Wie geht es nach der Unterschrift weiter?

Ist alles unterschrieben, geht die Arbeit für den Notar erst richtig los. Er lotst seine Klienten durch das Geschäft, wie es im Vertrag festgelegt wurde. Dafür hat er sich beim Beurkundungstermin von beiden Kaufparteien Vollmachten geben lassen. Normalerweise geht es dann so weiter:

Der Notar beantragt, dass zugunsten des Käufers zunächst eine Auflassungsvormerkung im Grundbuch eingetragen wird. Die Vormerkung sichert die Rechte des Käufers im Grundbuch ab, schützt ihn beispielsweise davor, dass Gläubiger des Verkäufers an die Immobilie herankommen, bevor der neue Eigentümer eingetragen ist. Sie verhindert also einen rechtslosen Zwischenzustand. Sobald die Vormerkung eingetragen ist, kann der Käufer den Kaufpreis zahlen. Er muss nicht warten, bis er als Eigentümer im Grundbuch steht. In den meisten Fällen würde der Verkäufer ein solches Vorgehen auch nicht akzeptieren.

Die Vormerkung ist zwar keine Pflicht, aber dringend zu empfehlen, auch wenn sie je nach Höhe des Kaufpreises einige hundert Euro kostet. Ohne Vormerkung droht Käufern im schlimmsten Fall ein Totalverlust (der Immobilie und des Geldes).

Alles kommt auf den Tisch

Damit der neue Eigentümer eingetragen werden kann, fordert der Notar alle dafür notwendigen Unterlagen an. Stehen etwa noch alte, vom Verkäufer bestellte Grundschulden im Grundbuch, werden sie jetzt gelöscht. Zwar ist es möglich, dass der Käufer die Schulden übernimmt und für seine Bankfinanzierung als Sicherheit nutzt. Das hat den Vorteil, dass der Verkäufer Kosten für die Löschung der alten und der Käufer die Grundbuchkosten für die Bestellung der neuen Grundschuld spart. Sinnvoll ist dieses Modell aber nur, wenn der Kauf über dieselbe Bank finanziert wird, bei der auch der Verkäufer den Kredit aufgenommen hatte.

Der Notar kümmert sich schließlich darum, dass die Gemeinde erklärt, auf ihr Vorkaufsrecht zu verzichten. Zum Schutz des Käufers wird der Notar das Eigentum auch erst dann auf den Käufer umschreiben lassen, nachdem er sich von der ordnungsgemäßen Zahlung des Kaufpreises überzeugt hat.

Grunderwerbsteuer wird fällig

Ist der Kaufvertrag beurkundet, schickt der Notar eine Kopie an das Finanzamt. Das fordert den Käufer dann zur Zahlung der Grunderwerbsteuer auf. Erst wenn die Steuer bezahlt ist, stellt das Finanzamt die sogenannte Unbedenklichkeitsbescheinigung aus, ohne die eine Immobilie nicht umgeschrieben wird.

Nach Abschluss des Vertrags dauert es normalerweise zwei bis acht Wochen, bis der Notar alle Unterlagen zusammen hat. Danach fordert er zur Zahlung des Kaufpreises auf – zum Beispiel innerhalb von zwei weiteren Wochen. Der Kaufpreis wird direkt auf das Konto des Verkäufers überwiesen oder, wenn dieser noch Bankschulden hat, direkt an die Bank.

Eine andere Möglichkeit des Geldtransfers besteht darin, dass der Käufer das Geld zuerst auf ein Konto des Notars (ein Notaranderkonto) überweist, von dem aus es später an den Verkäufer weiterfließt. Das Anderkonto bewahrt das Geld des Verkäufers getrennt vom eigenen Vermögen des Notars auf, ist also geschützt.

Schlüsselübergabe und Lastenübergang

Hat der Verkäufer den Kaufpreis erhalten, kann es noch einige Monate dauern, bis der Käufer als neuer Eigentümer im Grundbuch eingetragen wird. Die Schlüssel zur Immobilie werden meist schon vorher übergeben. Wann, wird im Kaufvertrag festgehalten. Will der Käufer sofort ins Haus, um etwa mit Sanierungsarbeiten zu beginnen, bekommt er den Schlüssel mitunter schon nach Vertragsschluss. Häufig erhält er diesen aber erst, wenn der Kaufpreis gezahlt ist.

Mit der Schlüsselübergabe gehen meist auch die Lasten der Immobilie auf den Käufer über. Er hat dann die Grundsteuer und Kosten wie Müll- und Abwassergebühren zu tragen. Ist das Objekt vermietet, steht ihm aber auch die Miete zu.

INFO

SCHEINGESCHÄFTE – SEHR RISKANT

Im Kaufvertrag wird in jedem Fall vermerkt, dass die Vertragspartner keine „Nebenabreden" getroffen und insbesondere den Kaufpreis richtig angegeben haben. Manchmal entdecken Vertragspartner allerdings, nachdem sie sich über die Erwerbsnebenkosten (Notarkosten, Grunderwerbsteuer, Eintragungsgebühren) informiert haben, plötzlich ihren Hang zur Sparsamkeit. Aber wer den Notar um die Gebühren prellt, die ihm nach GNotKG (Gesetz über Kosten der freiwilligen Gerichtsbarkeit für Gerichte und Notare) zustehen, und die Grunderwerbsteuer zu kürzen versucht, macht sich strafbar. Diese Erklärung im Vertrag sollten Käufer und Verkäufer ernst nehmen und nicht etwa mit Blick auf die vom Käufer zu zahlende Grunderwerbsteuer vereinbaren, der höhere Preis gelte nur unter der Hand. Die rechtlichen Folgen eines solchen Gebühren- und Steuersparmodells sind, wenn es auffliegt, in doppelter Hinsicht fatal. Zum einen ist der Notarvertrag, den man mit einem zu niedrigen Kaufpreis beurkunden lässt, als Scheingeschäft nichtig, sagt § 117 BGB. Das Grundstücksgeschäft ist also geplatzt – mit allen unschönen Folgen, die das haben kann. Zum anderen steht bei einem solchen Deal der Tatbestand der Steuerhinterziehung und des Betruges im Raum. Keine Kavaliersdelikte – da verstehen Gerichte keinen Spaß.
Nebenabreden jeglicher Art sollten also grundsätzlich unterbleiben. Alles, was verhandelt und besprochen wurde, gehört in den Vertrag und muss beurkundet werden – egal ob Einbauküche, Werkstattausstattung oder Heizölvorrat. Auf den Kaufpreis für mitverkaufte Hausbestandteile oder Möbel, die im Kaufvertrag gesondert ausgewiesen werden, fällt übrigens keine Grunderwerbsteuer an.

Papierlose Urkunde

Bitte wundern Sie sich nicht, wenn Ihnen der Notar keine Papierunterlagen mehr zur Unterschrift vorlegt. Zwischen Ämtern, die sich bereits dem elektronischen Rechtsverkehr angeschlossen haben, werden Sie auch die Notare zu einer Unterzeichnung auf einem elektronischen Medium auffordern. Die altehrwürdige Urkundenrolle besteht im Anschluss digital weiter.

„Am 9. Juni 2017 ist das Gesetz zur Neuregelung der Aufbewahrung von Notariatsunterlagen und zur Einrichtung des Elektronischen Urkundenarchivs bei der Bundesnotarkammer in Kraft getreten. Damit steht fest: Das Elektronische Urkundenarchiv kommt. Ab dem 1. Januar 2022 sind alle neu errichteten Urkunden verpflichtend zu digitalisieren und als ‚elektronische Fassung der Urschrift' im Elektronischen Urkundenarchiv zu verwahren", schreibt die Bundesnotarkammer auf Ihrer Website. In einigen Gerichtsbezirken, in denen der elektro-

Gebühren zum Kaufvertrag in Euro

Kaufpreis	Notar-gebühren[1]	Grundbuch-gebühren[2]	Summe[3]
150 000	1 512,00	831,00	2 630
200 000	1 876,50	1 033,50	3 267
250 000	2 257,50	1 237,50	3 924
300 000	2 707,50	1 487,50	4 709
350 000	2 932,50	1 612,50	5 102
400 000	3 307,50	1 812,50	5 748

Durch spezielle Vertragsgestaltungen können höhere Kosten entstehen.

[1] Gebühren für die Beurkundung des Kaufvertrags und die Beurkundung der in der Regel notwendigen Grundschuld bzw. Hypothek. Nicht enthalten ist eine Aufwandsentschädigung des Notars für seine Telefon- und Portokosten. Die Auslagen dafür belaufen sich meist auf 50 bis 150 Euro.

[2] Gebühren für Eintragung der Grundschuld bzw. Hypothek (hier: in Höhe von 80 Prozent des Kaufpreises), für die Umschreibung auf den neuen Eigentümer und für die Eintragung einer Auflassungsvormerkung. Eine Vormerkung ist als Absicherung des Käufers bis zu seiner Eintragung als Eigentümer dringend zu empfehlen.

[3] Gerundet, Summe inklusive 19 Prozent Mehrwertsteuer allein auf die Notarkosten. Stand: 8. Dezember 2021

nische Rechtsverkehr eingeführt wurde, ist das aktuell schon so.

Die Abwicklung der Kaufpreiszahlung über ein sogenanntes Notaranderkonto würde zusätzlich Geld kosten, ist aber nicht bindend vorgeschrieben. Sind spezielle Vertragsgestaltungen vorgesehen, können höhere Kosten entstehen als in der Tabelle „Gebühren zum Kaufvertrag" aufgeführt.

Welche Versicherungen sind nötig?

Ist der Kaufvertrag notariell beurkundet, der neue Eigentümer per Auflassungsvormerkung im Grundbuch eingetragen und der Schlüssel übergeben, ist der Übergang der Lasten vollzogen – und auch die Risiken sind auf den Erwerber und neuen Eigentümer übergegangen. Zwei Gruppen von Versicherungen kann man unterscheiden: Sachversicherungen und Personenversicherungen. Beide sind wichtig. Sowohl das Haus als auch sein Eigentümer müssen gegen Risiken abgesichert sein.

Risikolebensversicherung

Das Grundprinzip der Risikolebensversicherung: Sie zahlt bei Tod der versicherten Person die versicherte Todesfallsumme an die Bezugsberechtigten. Stirbt der Versicherte während der Vertragslaufzeit nicht, werden am Ende des Vertrags keine Leistungen fällig. Von diesem Versicherungstyp gibt es verschiedene Varianten. Hier einige der wichtigsten:

- Mit einer klassischen Risikolebensversicherung können im Todesfall des Hauptverdieners einer Familie die Hinterbliebenen abgesichert werden. Verstirbt der Versicherte während der Vertragslaufzeit, erhält die Familie die vereinbarte Leistung. Wie hoch die Versicherungssumme sein muss, kann ungefähr anhand des persönlichen Jahreseinkommens kalkuliert werden. Wer ein entsprechend ausreichendes Vermögen angespart hat, kann den Vertrag jederzeit zum Ende des Versicherungsjahrs kündigen.
- Statt dem Abschluss von zwei separaten Lebensversicherungen kann eine verbundene Risikolebensversicherung gewählt werden. Dabei sichern sich Partner gegenseitig ab. Die Versicherungssumme wird nur einmal beim Tod des zuerst sterbenden Versicherten fällig. Sterben beide Versicherungsnehmer gleichzeitig, erhalten die Hinterbliebenen die Versicherungssumme nur einmalig ausgezahlt. Ein solcher Vertrag ist allerdings nur sinnvoll, wenn für beide Versicherte gleich hohe Todesfallleistungen wichtig sind und nach dem Tod des einen Versicherten für den anderen kein weiterer Versicherungsschutz mehr benötigt wird – bei der Absicherung eines gemeinsamen Darlehens. Das fällig gestellte Darlehen kann dann aus der Versicherungssumme abgelöst werden. Zu beachten ist, dass es bei einer Trennung der Partner schwierig werden kann.
- Eine Risikolebensversicherung mit fallender Versicherungssumme wird meist zur Sicherung von Darlehen abgeschlossen. Dabei

fällt die Versicherungssumme im Lauf der Zeit linear oder gemäß einem Tilgungsplan. Der Tarifbeitrag bleibt konstant oder sinkt ebenfalls.

Fallende Risikoversicherungen eignen sich gut als Restschuldversicherungen. Haus- und Wohnungskäufer können damit ihre Verbindlichkeiten aus Kreditverträgen sinnvoll absichern. Sind unterschiedliche Immobilienkredite im Spiel – zum Beispiel ein endfälliges Darlehen mit festem Auszahlzeitpunkt und ein Annuitätendarlehen –, sollte eine klassische Risikolebensversicherung mit einer fallenden Risikolebensversicherung kombiniert werden.

Die Stiftung Warentest hat Restschuldversicherungen verglichen und Angebote von über 100 Anbietern von Risikolebensversicherungen eingeholt und bewertet. Den Test und weitere aktuelle Informationen dazu können Sie einsehen unter www.test.de mit Eingabe des Stichworts „Restschuldversicherung" in die Suchmaske.

Berufsunfähigkeitsversicherung

Die Berufsunfähigkeitsversicherung stellt – Hauskäufer hin oder her – eine der wichtigsten Vorsorgemaßnahmen für den dar, der von seiner Erwerbsarbeit lebt und nicht von einem ererbten oder erworbenen Vermögen.

Eine Versicherung gegen Berufsunfähigkeit (BU) gehört zu den wichtigen Versicherungen, die jeder haben sollte. Die Berufsunfähigkeitsversicherung zahlt eine Rente und bewahrt Menschen so vor dem finanziellen Absturz, wenn sie zum Beispiel aufgrund eines Unfalls oder einer Krankheit nicht mehr in ihrem Beruf arbeiten können. Je älter Kunden beim Abschluss sind, desto schwerer wird es, ein gutes und günstiges Angebot zu finden. Die Stiftung Warentest vergleicht BU-Versicherungen regelmäßig und hilft mit ihren Tests, das beste Angebot zu finden (auf www.test.de Suche nach dem Stichwort „Berufsunfähigkeitsversicherung"). Sehr gute Vertragsbedingungen sind wichtig. Sie nutzen Versicherten im Ernstfall, wenn bei der Leistungsprüfung ihr verbliebenes Leistungsvermögen darüber entscheidet, ob die BU-Rente gewährt wird. Vereinbaren Sie im Vertrag eine Laufzeit bis zum 67. Lebensjahr zur Vermeidung von Lücken.

Eine Erwerbsunfähigkeits- oder eine Grundfähigkeitsversicherung kann als Alternative zur BU-Police infrage kommen, zum Beispiel wenn es keinen Berufsunfähigkeitsschutz für einen Kunden gibt oder diese Police zu teuer ist. Sehr viel günstiger ist eine Erwerbsunfähigkeitspolice aber nicht. Gleichzeitig ist die Gesundheitsprüfung sehr umfassend. Einen Rentenanspruch haben Versicherte erst, wenn sie aus gesundheitlichen Gründen gar keiner Erwerbstätigkeit mehr nachgehen können.

Wohngebäudeversicherung

Eine Wohngebäudeversicherung ist für Schäden am Haus zuständig. Die elementaren Grundgefahren wie Feuer, Leitungswasser, Sturm und Hagel werden im Normalfall versichert. Geld vom Versicherer gibt es aber erst, wenn ein Sturm mindestens Windstärke 8 erreicht. Voraussetzung ist, dass der Kunde Schäden durch Sturm und Hagel in die Police aufgenommen hat. Ob es wirklich Stärke 8 war, muss der Kunde nicht selbst messen. Es reicht, wenn eine Wetterstation solche Sturmstärken in der betreffenden Gegend gemessen hat, urteilte das Oberlandesgericht Karlsruhe

Baupreisindizes[1]: Preisentwicklung für den Neubau und die Instandhaltung von Wohngebäuden

Jahr	Monat	Wohn gebäude[2]	Instandhaltung von Wohngebäuden[3]
		Index	
2016		102,1	102,4
2017		105,3	105,6
2018		109,9	109,8
2019		114,6	114,4
2020		116,4	116,9
2020	Mai	117,7	118,1
	August	115,1	115,6
	November	115,6	116,2
2021	Februar	120,8	121,2
	Mai	125,2	125,4
	August	129,6	129,4

[1] Einschließlich Umsatzsteuer

[2] Neubau in konventioneller Bauart (ohne Fertighäuser)

[3] Ohne Schönheitsreparaturen

(Quelle: Statistisches Bundesamt)

(Az. 12 U 251/04). Die Versicherer ersetzen beispielsweise die Kosten für abgedeckte Dächer, abgeknickte Schornsteine oder Schäden am Haus durch umgestürzte Bäume. Nebengebäude wie Garten-, Gewächshaus oder Garage auf dem gleichen Grundstück sind ebenfalls versichert, wenn diese auch in der Police aufgeführt werden.

Die meisten Wohngebäudeversicherungen sind gleitende Neuwertversicherungen. Der Versicherer zahlt seinen Kunden hier nach einem Totalschaden immer den Wiederaufbau des Gebäudes zu den aktuellen Baupreisen. Das ist auch sehr sinnvoll, wenn Sie sich den Baupreisindex beispielsweise der letzten fünf Jahre anschauen (siehe Tabelle „Baupreisindizes“ oben). Der Preis für den Versicherungsschutz hängt vom Wert und von der Lage des Hauses ab und davon, ob der Vertrag mit einem eher teuren oder günstigen Unternehmen geschlossen wird.

Mit einer Elementarschaden-Zusatzversicherung können weitere Risiken abgesichert werden, die zusehends häufiger aufzutreten scheinen. Wetterexperten gehen davon aus, dass schwere Unwetter zunehmen. Der Schutz gilt vor allem bei Schäden durch Überschwemmungen, Erdrutsch, Lawinen, Erdbeben. Starkregenereignisse können überall auftreten und schwerwiegende Folgen haben. Deshalb ist der Elementarschadenschutz auch in Gegenden wichtig, die fernab von Flüssen oder Bergen liegen, die also nicht direkt durch Hochwasser oder Lawinen bedroht sind. Die Police wird als Ergänzung zur Gebäude- und zur Hausratversicherung angeboten. Leider bekommen Hausbesitzer, die in den vergangenen fünf oder zehn Jahren einen solchen Schaden hatten, oft keinen Vertrag. Die Stiftung Warentest hat 2021 insgesamt 178 Wohngebäudeversicherungen untersucht und bewertet. Unser Vergleich Gebäudeversicherungen (siehe bei www.test.de mit Suchbegriff „Wohngebäudeversicherungen“) zeigt empfehlenswerte Tarife, mit denen sich Hauseigentümer schützen können. Für viele Versicherte lohnt sich ein Wechsel, denn die Unterschiede zwischen den einzelnen Tarifen sind enorm.

Wichtig: Wenn etwas passiert ist, muss sich der Hauseigentümer kümmern. Ihn trifft die Schadenminderungspflicht. In der Praxis heißt das zum Beispiel, dass er ein vom Sturm eingedrücktes Fenster oder ein durch heruntergewehte Ziegel entstandenes Loch im Dach – soweit gefahrlos möglich – mit einer Plane abdecken muss, damit nicht noch mehr Regenwasser eindringt und Folgeschäden entstehen, die nicht unmittelbar mit dem Schadensereignis zusammenhängen.

Besonders wichtig: Das Absichern von Schäden, die unter Umständen „grob fahrlässig“ verursacht wurden – eine Kerze auf dem Adventskranz vergessen? Oder die Pfanne auf dem heißen Herd? Brandreste im Kamin? Der unbeaufsichtigte Wäschetrockner? – sollten möglichst mitversichert werden. Ist die „grob fahrlässige Herbeiführung des Versicherungsfalls“ nicht in den Versicherungsumfang einbezogen, kürzen Versicherer ihre Entschädigung. Daneben halten die Versicherungsexperten der

Eine Wohngebäudeversicherung ist unbedingt erforderlich.

Stiftung Warentest weitere Leistungen für wichtig:

- Mehrkosten, die beim Wiederaufbau entstehen, weil behördliche Auflagen heute strenger sind als zum ursprünglichen Bauzeitpunkt;
- Dekontamination des Erdreichs, wenn zum Beispiel Heizöl ausgetreten ist oder die Feuerwehr einen Brand mit Schaum gelöscht hat;
- Überspannung, wenn der Blitz nicht direkt ins Haus einschlägt, sondern in eine Überlandleitung, und dadurch die Haustechnik lahmgelegt wurde;
- Bewegungs- und Schutzkosten, wenn zum Beispiel nach einem schweren Schaden das gesamte Mobiliar monatelang ausgelagert werden muss,
- Abbruch- und Aufräumkosten.

Auch wenn Lawinen das Haus bedrohen oder ein Dach unter der hohen Schneelast einbricht, sind das Fälle für die Elementarschaden-Zusatzversicherung. Die normale Gebäudeversicherung reicht hier nicht. Bei Schneedruck auf Dächern müssen Hauseigentümer aber aufpassen. Denn sobald sich gefährlich viel Schnee auf dem Dach sammelt, sodass das Risiko offensichtlich wird, haben sie die Pflicht, das Dach freizuräumen.

Und wenn der Sturm den Garten verwüstet? Bäume sind im Rahmen der Standardpolicen nicht versicherbar. Umfallen ist kein Schaden, sagen die Gebäudeversicherer und zahlen fürs Entsorgen eines umgestürzten Baumes nicht. Wer seine Bäume dennoch versichern möchte, muss eine Zusatzklausel vereinbaren. Oft trägt sie das Kürzel 7363. Oder sie wird als Zusatzbaustein angeboten. Dann sind die Kosten für das Entfernen und die Entsorgung von umgestürzten Bäumen versichert, wenn eine natürliche Regeneration nicht zu erwarten ist. Das gilt bei Blitzschlag und Sturm ab Windstärke 8.

Hausratversicherung

Hat ein Unwetter auch im Haus gewütet, zum Beispiel weil ein Sturm das Dach abgedeckt hat, ersetzt die Hausratversicherung Schäden an der Einrichtung. Allerdings nicht, wenn der Versicherungsnehmer einfach nur vergessen hat, die Fenster zu schließen und ein Regenguss Teppiche und Möbel beschädigt hat. Wohl aber, wenn ein Blitz ins Haus einschlägt und elektrische Geräte lahmlegt. Bei Kurzschluss- oder Überspannungsschäden durch Blitzeinschlag in eine Überlandleitung ist die Sache allerdings nicht so klar: Überspannungsschäden sind nicht in jedem Vertrag versichert, können aber eingeschlossen werden.

Nicht versichert sind hingegen Gartenmöbel, Blumenkübel oder Skulpturen, die auf einer offenen Terrasse stehen (Amtsgericht München, Az. 251 C 19971/06). Lediglich Markisen und Antennen, die zur Wohnung des Versicherungsnehmers gehören, sind mit versichert.

Tipp: Welche Versicherer wofür aufkommen, zeigen unsere Tests zur Hausratversicherung (siehe www.test.de Suchbegriffe „Hausratversicherung" und „Vergleich Hausratversicherung").

Haftpflichtversicherung

Eine Haftpflichtversicherung tritt ein, wenn man für Schäden gesetzlich haftet. Zum Beispiel müssen Hauseigentümer dafür sorgen, dass der Schnee nicht als Lawine vom Dach rutscht und dabei Schäden anrichtet. Treffen Dachlawinen oder Eiszapfen Autos oder Personen, haftet der Hauseigentümer. Er muss

Schadenersatz und Schmerzensgeld zahlen. Das kann mitunter teuer werden. Deshalb sollte jedermann unbedingt eine Privathaftpflichtversicherung abgeschlossen haben. Sie zahlt sogar, wenn man den Schaden grob fahrlässig verursacht hat.

Wenn Dachziegel, Äste oder Bäume von einem Grundstück auf ein Auto fallen, wird sich der Fahrzeughalter, bevor er seine eigene Kasko-Versicherung belastet, zunächst an den Grundstückseigentümer wenden. Der muss aber nur Schadenersatz leisten, wenn ihn auch eine Schuld trifft. Das heißt, er muss seine Verkehrssicherungspflicht verletzt haben. Das ist zum Beispiel der Fall, wenn ein Baum ganz offensichtlich morsch oder ein Dach ohnehin marode war. Dass sehr guter Schutz nicht teuer sein muss, zeigt der Test Haftpflichtversicherung (siehe www.test.de Suchbegriff „Haftpflichtversicherung").

Versicherungen während der Bauzeit

Für Häuser in der Bauphase – und das gilt natürlich auch für eingreifende Umbau- und Sanierungsmaßnahmen – greift eine Bauleistungsversicherung. Sie tritt ein, wenn auf der Baustelle wegen unvorhersehbarer Umstände Schäden entstehen. Rohbauten sind besonders sturmgefährdet. Aber auch Arbeiten am Dach stellen ein Schadensrisiko dar. Ebenso kann das Material auf der Baustelle von einem Sturm großflächig „umverteilt" werden. Die Bauleistungsversicherung übernimmt die Kosten für Schäden, die der Sturm am Rohbau und auf der Baustelle anrichtet. Dazu zählen zerstörte Bauteile oder -stoffe sowie alle notwendigen Handwerkerleistungen, um den Zustand vor dem Sturm wiederherzustellen. Eine Bauleistungsversicherung ist aber ein Schutz mit Lücken; sie schützt nicht vor jedem finanziellen Risiko. So müssen Bauherren sich selbst helfen, wenn eines ihrer Bauunternehmen insolvent wird, bevor bezahlte Leistungen fertig werden. Auch Diebstahl ist nur und erst dann versichert, wenn Materialien fest eingebaut sind; solange sie lagern oder nur lose befestigt sind, zahlt die Bauleistungsversicherung nicht. Klären Sie mit Ihrem Altbauexperten, ob der Umfang der Umgestaltungsarbeiten an Ihrem Haus eine solche Versicherung erforderlich macht.

Eine besondere Schutzfunktion übernimmt die Bauherrenhaftpflichtversicherung besonders während der Phase der Sanierung, Renovierung und Modernisierung Ihres Hauses. Denn geht beim Bauen etwas schief und nimmt ein anderer Schaden, droht der finanzielle Ruin. Die Bauherrenhaftpflichtversicherung zahlt, wenn der Bauherr haftet. Ohne sie sollte er besser gar nicht erst anfangen zu bauen. Ereignet sich auf Baustellen wegen unzureichender Unfallverhütung ein Unfall, steht fast immer der Bauherr für die Folgen gerade. Hat sich das Opfer schwer verletzt, kann die Schadenersatzleistung für Sie als Eigentümer/Bauherr existenzbedrohend sein. Der Bauherr kann die Pflicht zur Absicherung zwar auf Firmen oder einen Bauleiter übertragen, aber auch ein solches Vorgehen ist Unfallopfern gegenüber oft unwirksam. Dann muss zunächst doch wieder die Bauherrin oder der Bauherr zahlen. Vor diesem Ungemach schützt eine gute Bauherrenhaftpflichtversicherung.

Manche Hauseigentümer sind bereits über ihre Privathaftpflichtversicherung geschützt, oft allerdings reicht der Schutz dieser nur für kleinere Baustellen bis 50 000 Euro. In die für den Versicherungsschutz entscheidende Bausumme sind alle Kosten von der Einrichtung der Baustelle bis zur Fertigstellung einzurechnen. Der Preis fürs Grundstück zählt hingegen nicht mit. Am besten beraten Sie sich mit Ihrem „Hausarzt" über den Kostenrahmen und ob eine Bauherrenhaftpflichtversicherung Bestandteil Ihrer Vorsorge sein muss.

Zeichnet sich im Lauf der Bauarbeiten ab, dass die Kosten die versicherte Bausumme übersteigen, müssen Sie sich als Eigentümer/Bauherr sofort beim Versicherer melden und ihre Bauherrenhaftpflichtversicherung anpassen. Sonst laufen Sie Gefahr, dass der Versicherungsschutz komplett verloren geht. Ist bereits ein Schaden entstanden, kommt die Erhöhung der Versicherungssumme zu spät. Werden die Bauarbeiten nicht rechtzeitig fertig, müssen Sie als Bauherr ihre Police verlängern. Meist ist das gegen Mehrbeitrag möglich. Anderenfalls muss ein neuer Vertrag her.

INFO **PFLICHT ZUR MELDUNG** Generell gilt: Schäden sind der Versicherung unverzüglich zu melden. Das heißt: ohne schuldhafte Verzögerung, am besten noch am selben oder am nächsten Tag. Betroffene sollten bei ihrem Versicherer anrufen oder eine E-Mail schicken. Beim ersten Anruf müssen sie meist noch keine genauen Angaben zu den Schäden machen. Nützlich ist es aber immer, die Lage fotografisch zu dokumentieren, wie sie sich unmittelbar nach dem Schadensereignis darstellte – besonders dann, wenn Sie Ihrer Pflicht zur Schadensminderung nachkommen und nach dem Schadensereignis etwas sichern oder verändern müssen.

Benötigen Sie einen Rechtsanwalt?

Vielgestaltig sind die Gebiete des Rechts. Sollte man sie nicht unergründlich nennen? Was dem juristischen Laien zuweilen dunkel bleibt – Gesetze werden von Juristen für Juristen geschrieben, nicht für Bürger –, das kann ein Rechtsanwalt erhellen. Er kann als Übersetzer dienen – vom Juristischen ins Deutsche. Aber selbst einem erfahrenen Rechtsanwalt fällt es mitunter schwer, in einfachen deutschen Hauptsätzen auszudrücken, was ein Gesetz meint und was die Urteilsbegründung eines oberen Gerichts bedeutet. Ganz zu schweigen von Wortschöpfungen wie „gewillkürtes Betriebsvermögen", bei denen man erst einmal im Wörterbuch nachschlagen muss, was „gewillkürt" eigentlich bedeutet, ein Wort das 99,9 Prozent der Deutschen in ihrem Leben nie in den Mund nehmen würden: „nicht nach dem Gesetz, sondern durch Verfügung des Erblassers oder Vereinbarung der Vertragspartner erfolgend", sagt der Duden.

Und? Benötigen Sie einen Rechtsanwalt? Hoffentlich nicht. Für den Abschluss eines Immobilienkaufvertrags ist ein Anwalt nicht von vornherein erforderlich.

Da Anwaltskosten sich schnell summieren können, ist unter Umständen eine Rechtsschutzversicherung zu empfehlen. Sie tritt beispielsweise ein, wenn es Ärger mit Handwerkern gibt. Das tut sie hingegen nicht, wenn es um den Kauf oder Verkauf von Bauland, die Planung und Errichtung von Bauvorhaben oder Finanzierung des Hausbaus geht. Näheres finden Sie unter www.test.de, wenn Sie die Stichwörter Vergleich und Rechtsschutzversicherung eingeben.

Wenn Sie ein Haus kaufen und für Ihre Zwecke umgestalten, betreten Sie bei der Erstbesichtigung nicht nur ein Grundstück, sondern gleichzeitig mehrere Rechtsgebiete. Das können sein: das Grundstücks- und Immobilienrecht, das Nachbarrecht, das Baurecht und möglicherweise weitere Rechtsgebiete.

Das Baurecht gliedert sich in zwei Untergebiete, das öffentliche und das private Baurecht. Das private Baurecht, das uns hier in erster Linie interessiert, regelt die rechtlichen Beziehungen zwischen den Baubeteiligten. Vornehmlich zu regeln sind die Beziehungen zwischen dem Auftraggeber (im öffentlichen Baurecht und umgangssprachlich „Bauherr" genannt) und den ausführenden Baubeteiligten (zum Beispiel Architekten, Ingenieure, Handwerker und Bauunternehmen) in Gestalt des Bauvertragsrechts.

Zum privaten Baurecht gehört auch das Nachbarrecht als relativ eigenständiges Rechtsgebiet. Im Nachbarrecht werden die Rechtsbeziehungen zwischen Nachbarn und/oder Dritten abgebildet. Dass in der Nachbarschaft unterschiedliche Interessen aufeinandertreffen, die durch Rechtsnormen geregelt werden müssen, berührt Sie auch als neuer Eigentümer Ihres Hauses. So könnten beispielsweise Bauarbeiten an Ihrem Haus die Rechte des Nachbargrundstücks beeinträchtigen. Oder auf dem Nachbargrundstück könnte die einsturzgefährdete Ruine eines Gebäudes stehen, die auf Ihr Grundstück zu fallen droht. In den meisten Fällen lassen sich Konflikte durch zivilisierten Umgang miteinander bereinigen. Manchmal muss man aber auch den Weg des Zivilrechts beschreiten – und dazu braucht man dann einen Anwalt.

Das Grundstücksrecht regelt Fragen, die sich auf die Rechte von Grundstücken beziehen. Vor allem geht es dabei um Grundstücksverträge und dingliche Rechte an Grundstücken.

Checkliste Kaufvertrag/Übernahme Immobilie

Was?	Besteht	Übernahme	Neu	Wer kümmert sich darum?
Dokumente				
Kaufvertrag/Unterlagen prüfen				
Lasten/Grundbuch welche?				
Mietverträge – vorheriger Mieter?				
Termine Übergabe				
Übergang/Risiko wann?				
Wer übergibt wann was wem?				
Versicherungen				
Gebäudeversicherung/Elementarversicherung (Brand/Sturm/Leitungswasser/Wasser). Weitere erforderlich?				
Hausrat				
Haftpflicht				
Restschuldversicherung				
Inbetriebnahme				
Sicherheit gegen Einbruch/Diebstahl				
Zufahrt wie gesichert?				
Ver- und Entsorger				
Strom				
Gas				
Wasser				
Abwasser (Schmutzwasser)				
Regenwasser				
Telefon				
Netz/Internet/DSL wie schnell?				
TV Fernsehen				
Grundstück Nachbarn – welche, wie?				
Einrichtung/Mobiliar – Übernahme was?				
Entrümpelung – Übergabe leer oder?				
Räumpflicht (Winter)				

Das Immobilienrecht (auch als Liegenschaftsrecht bezeichnet) widmet sich vor allem dem Kauf, dem Verkauf und der Belastung von Grundstücken sowie von Haus und Wohnung. Auch das Wohnungseigentumsrecht, das Maklerrecht und das private Baurecht sowie das Architektenrecht fallen unter dieses Rechtsgebiet.

WAS MACHT EIN ANWALT mit dem Schwerpunkt Grundstücks- und Immobilienrecht?

- Er überprüft Grundstücks- und Immobilienverträge.
- Er berät und/oder vertritt Sie während und nach Vertragsabschlüssen.
- Er kann im Rahmen der Projektentwicklung das Vertragsmanagement übernehmen.
- Er vertritt Sie gegenüber Behörden.
- Er managt Kaufpreis- und Gewährleistungsansprüche.
- Er kontrolliert Gewährleistungs- und Verjährungsfristen.
- Er prüft und klärt nachbarliche Verhältnisse.
- Im Fall eines Prozesses führt er ein selbstständiges Beweisverfahren.

Ein Rechtsanwalt ist wichtig für den Streitfall. Er ist nützlich, um Streitfällen vorzubeugen. Er ist notwendig, wenn es darum geht, Ihre Rechte durchzusetzen, falls jemand auf den Gedanken kommt, Ihnen Ihre Rechte vorzuenthalten. Das kann ebenso ein Nachbar, eine Behörde oder ein Handwerker sein, der die vereinbarte Leistung nicht liefert. Je komplexer sich die Rechtsverhältnisse in Ihrem und um Ihr Haus herum gestalten, desto eher ist die Expertise eines Fachanwalts zu empfehlen.

Noch etwas vergessen?

Haben Sie an alles gedacht? Oder doch noch etwas vergessen? Die Checkliste „Kaufvertrag/Übernahme Immobilie" auf Seite 229 hilft Ihnen, das Notwendige gegebenenfalls noch nachzuvollziehen.

SERVICE

ADRESSEN UND LITERATUR

Adressen

Bund Deutscher Architekten (BDA-Bundesverband)
Wilhelmine-Gemberg-Weg 6
10179 Berlin
Tel. (030) 278799–0
E-Mail: kontakt@bda-bund.de
www.bda-bund.de

Bundesamt für Wirtschaft und Ausfuhrkontrolle (Bafa)
Frankfurter Str. 29 – 35
65760 Eschborn
Tel. (06196) 908–0
E-Mail: poststelle@bafa.bund.de
www.bafa.de

Bundesgemeinschaft der Architektenkammern
Askanischer Platz 4
10963 Berlin
Tel. (030) 26 39 44–0
E-Mail: info@bak.de
www.bak.de

Bundesinstitut für Bau-, Stadt- und Raumforschung (BBSR)
im Bundesamt für Bauwesen und Raumordnung (BBR)
Deichmanns Aue 31–37
53179 Bonn
Tel. (0228) 99401–0
E-Mail: zentrale@bbr.bund.de
www.bbsr.bund.de

Bundesministerium der Finanzen
Wilhelmstraße 97
10117 Berlin
Tel. (03018) 682–0
E-Mail: poststelle@bmf.bund.de
www.bundesfinanzministerium.de

Bundesministerium der Justiz und für Verbraucherschutz
Mohrenstraße 37
10117 Berlin
Tel. (030) 18580–0
E-Mail: poststelle@bmjv.bund.de
www.bmjv.de

Bundesministerium für Wirtschaft und Klimaschutz
Scharnhorststraße 34–37
10115 Berlin
Tel. (030) 18 615–0
E-Mail: info@bmwi.bund.de
www.foerderdatenbank.de

Bundesnotarkammer
Mohrenstraße 34
10117 Berlin
Tel. (030) 38 38 66 0
E-Mail: bnotk@bnotk.de
www.notar.de

Bundesverband Altbauerneuerung e. V. (BAKA)
Elisabethweg 10
13187 Berlin
Tel. (030) 48 49 078–55
E-Mail: info@bakaberlin.de
www.bakaberlin.de

co2online gGmbH
Hochkirchstr. 9
10829 Berlin
Tel. (030) 76 76 85 0
E-Mail: kontakt@co2online.de
www.co2online.de

Deutsche Energie-Agentur GmbH (dena)
Chausseestraße 128 a
10115 Berlin
Tel. (030) 66 777–222
E-Mail: info@dena.de
www.dena.de

Deutsche Stiftung Denkmalschutz
Schlegelstr. 1
53113 Bonn
Tel. (0228) 9091–0
E-Mail: info@denkmalschutz.de
www.denkmalschutz.de

Institut Bauen und Umwelt e. V.
Hegelplatz 1
10117 Berlin
Tel. (030) 30 87 74 8–0
E-Mail: info@ibu-epd.com
www.ibu-epd.com

Institut Wohnen und Umwelt
Rheinstraße 65
64295 Darmstadt
Tel. (06151) 2904–0
E-Mail: info@iwu.de
www.iwu.de/aktuell

Kreditanstalt für Wiederaufbau (KfW)
KfW Bankengruppe
Palmengartenstraße 5–9
60325 Frankfurt am Main
Tel. (069) 74 31–0
E-Mail: info@kfw.de
www.kfw.de

Umweltbundesamt
Wörlitzer Platz 1
06844 Dessau-Roßlau
Tel. (0340) 2103–2416
E-Mail: buergerservice@uba.de
www.umweltbundesamt.de

Verband Deutscher Architekten e. V. (VDA)
Edelsbergstr. 8
80686 München
Tel. (089) 570070
E-Mail: info@vda-architekten.de
www.vda-architekten.de

Verbraucherzentrale Bundesverband e.V. (vzbv)
Rudi-Dutschke-Straße 17
10969 Berlin
Tel. (030) 25800–0
E-Mail: info@vzbv.de
www.vzbv.de

Wohnen im Eigentum
Die Wohneigentümer e. V.
Thomas-Mann-Str. 5
53111 Bonn
Tel. (0228) 30 41 26–70
E-Mail: info@wohnen-im-eigentum.de
www.wohnen-im-eigentum.de

Literatur

Baugesetzbuch
www.gesetze-im-internet.de/bbaug

Burgtorff, Walter: Gesundes Wohnen – energetisches Sanieren. Lüften, Heizen, Möblieren, Dämmen, Abdichten, Trocknen, Berlin 2018

Burk, Peter: Kauf eines gebrauchten Hauses. Das große Handbuch – Besichtigung, Auswahl, Kaufvertrag, Düsseldorf 2018

Goldwein, Alexander: Das Immobilien-Praxishandbuch für Eigennutzer. Die richtige Strategie für Immobilienkauf, Immobilienfinanzierung & Neubau, Köln 2018

Schulze, Eike u. a.: Der Altbau – inkl. Arbeitshilfen online, Freiburg i. Br. 2020

Siepe, Werner: Immobilienfinanzierung. Die richtige Strategie, Berlin 2019

Weller, Bernhard; Scheuring, Leonie (Hrsg.): Denkmal und Energie 2021, Wiesbaden 2021

Stichwortverzeichnis

C

D

E

F

G

H

I

J/K

L

M

N

O/P

Q/R

S

T

U

V

W

Z

Die Stiftung Warentest wurde 1964 auf Beschluss des Deutschen Bundestages gegründet, um dem Verbraucher durch vergleichende Tests von Waren und Dienstleistungen eine unabhängige und objektive Unterstützung zu bieten.

Wir kaufen – anonym im Handel, nehmen Dienstleistungen verdeckt in Anspruch.

Wir testen – mit wissenschaftlichen Methoden in unabhängigen Instituten nach unseren Vorgaben.

Wir bewerten – von sehr gut bis mangelhaft, ausschließlich auf Basis der objektivierten Untersuchungsergebnisse.

Wir veröffentlichen – anzeigenfrei in unseren Büchern, den Zeitschriften test und Finanztest und im Internet unter www.test.de

Die Autoren:
Thomas Weyrauch ist langjähriger Redakteur und Sachbuchautor. Bei der Stiftung Warentest sind von ihm bereits die Ratgeber „Gesundes Wohnen", „Das gebrauchte Haus" und „Die gebrauchte Wohnung erschienen"
Dipl. Ing. Ulrich Zink ist freier Architekt mit über 30-jähriger Erfahrung bei der Sanierung und Modernisierung von Bestandsimmobilien. Er ist Vorsitzender des Bundesarbeitskreises Altbauerneuerung e. V. in Berlin.

2. Auflage

Stiftung Warentest
Lützowplatz 11–13
10785 Berlin
Telefon 0 30/26 31–0
Fax 0 30/26 31–25 25
www.test.de
email@stiftung-warentest.de

USt-IdNr.: DE136725570

Programmleitung: Niclas Dewitz

Autoren: Thomas Weyrauch, Ulrich Zink
Projektleitung: Uwe Meilahn, Alexandra Germann
Lektorat: Magnus Enxing
Mitarbeit: Merit Niemeitz
Titelentwurf: Christian Königsmann
Layout: Büro Brendel, Berlin
Grafik, Satz: Anna Bakalovic, Berlin
Bildredaktion: Magnus Enxing
Bildnachweis: Frederike Heim (Foto Titel), Abd Rabbo (Architekt Titel: www.abdrabbo.de), Gisbert Amm (S. 192); BAKA (S. 17, 59, 112, 119, 120f., 150f., 157, 177, 179, 189); getty images Ekaterina Chizhevskaya (S. 211); imago (S. 51, 220); iStock (Titel, S. 53, 96, 168, 215); IWU 2015 (S. 62–68); Landeshauptstadt Wiesbaden, Stadtplanungsamt (S. 73); mauritius images (S. 33, 37, 72,78); Niedersächisches Landesgesundheitsamt (S. 128); Passivhaus Institut (S. 187); shutterstock (S. 52, 153); Claus-Peter Sommer, SV-Büro Schimmel-Doktor (S. 126); stadtentwicklung.berlin.de (S. 16); Stadt Halle (Saale), Fachbereich Planen (S. 70f.); pixelio: Petra Bork (S. 111, 208), Stephanie Hofschlaeger (S. 226), Margot Kessler (S. 181), Thomas Max Müller (S. 25), NicoLeHe (S. 124), Rainer Sturm (S.224), Tim Reckmann (S. 133), Thorben Wengert (S. 114), Erich Westendarp (S. 50); WikiCommons: (S.120), A.Savin (S. 12), Beek100 (S. 11), Codc (S. 127), Michal Bacia (S. 59), Florival fr (S. 59), Gryffindor (S. 15), Knauf-Galindo (S. 189), Gregor Helms (S. 190), Jörg Hempel (S. 59), Thomas Kohler (S. 11), Mätes II (S. 104, 105), Ralph Oesker (S. 190), Jochen Teufel (S. 161), Ulfbastel (S. 129), Roland zh (S. 59); Ulrich Zink (S. 17, 59)

Produktion: Vera Göring
Verlagsherstellung: Rita Brosius (Ltg.), Romy Alig, Susanne Beeh
Litho: tiff.any, Berlin
Druck: Westermann Druck Zwickau GmbH

ISBN: 978-3-7471-0546-7

Wir haben für dieses Buch 100 % Recyclingpapier und mineralölfreie Druckfarben verwendet. Stiftung Warentest druckt ausschließlich in Deutschland, weil hier hohe Umweltstandards gelten und kurze Transportwege für geringe CO_2-Emissionen sorgen. Auch die Weiterverarbeitung erfolgt ausschließlich in Deutschland.